广东改革开放40年研究丛书

广东全面推进依法治省40年

Guangdong Quanmian Tuijin Yifa Zhisheng 40 Nian

石佑启 等 著

版权所有 翻印必究

图书在版编目（CIP）数据

广东全面推进依法治省 40 年/石佑启等著 . —广州：中山大学出版社，2018.12

（广东改革开放 40 年研究丛书）

ISBN 978 - 7 - 306 - 06509 - 4

Ⅰ. ①广… Ⅱ. ①石… Ⅲ. ①社会主义法制—建设—研究—广东 Ⅳ. ①D927.650.04

中国版本图书馆 CIP 数据核字（2018）第 278027 号

出 版 人：	王天琪
责任编辑：	熊锡源　刘亚平
封面设计：	林绵华
版式设计：	林绵华
责任校对：	付　辉
责任技编：	何雅涛
出版发行：	中山大学出版社
电　　话：	编辑部 020 - 84110283，84111997，84110779，84113349
	发行部 020 - 84111998，84111981，84111160
地　　址：	广州市新港西路 135 号
邮　　编：	510275　　　传　真：020 - 84036565
网　　址：	http://www.zsup.com.cn　E-mail:zdcbs@mail.sysu.edu.cn
印 刷 者：	广州家联印刷有限公司
规　　格：	787mm×1092mm　1/16　23.875 印张　444 千字
版次印次：	2018 年 12 月第 1 版　2018 年 12 月第 1 次印刷
定　　价：	106.00 元

如发现本书因印装质量影响阅读，请与出版社发行部联系调换

广东改革开放 40 年研究丛书

主　　任　傅　华

副主任　蒋　斌　宋珊萍

委　　员　（按姓氏笔画排序）

　　　　　丁晋清　王天琪　王　珺　石佑启

　　　　　卢晓中　刘小敏　李宗桂　张小欣

　　　　　陈天祥　陈金龙　周林生　陶一桃

　　　　　隋广军　彭壁玉　曾云敏　曾祥效

创造让世界刮目相看的新的更大奇迹

——"广东改革开放40年研究丛书"总序

中国的改革开放走过了40年的伟大历程。在改革开放40周年的关键时刻，习近平总书记亲临广东视察并发表重要讲话，这是广东改革发展史上具有里程碑意义的大事、喜事。总书记充分肯定广东改革开放40年来所取得的巨大成就，并提出了深化改革开放、推动高质量发展、提高发展平衡性和协调性、加强党的领导和党的建设等方面的工作要求，为广东新时代改革开放再出发进一步指明了前进方向，提供了根本遵循。深入学习宣传贯彻习近平总书记视察广东重要讲话精神，系统总结、科学概括广东改革开放40年的成就、经验和启示，对于激励全省人民高举新时代改革开放旗帜，弘扬敢闯敢试、敢为人先的改革精神，以更坚定的信心、更有力的举措把改革开放不断推向深入，创造让世界刮目相看的新的更大奇迹，具有重要意义。

第一，研究广东改革开放，要系统总结广东改革开放40年的伟大成就，增强改革不停顿、开放不止步的信心和决心。

广东是中国改革开放的排头兵、先行地、实验区，在改革开放和现代化建设中始终走在全国前列，取得了举世瞩目的辉煌成就，展现了改革开放的磅礴伟力。

实现了从一个经济比较落后的农业省份向全国第一经济大省的历史性跨越。改革开放40年，是广东经济发展最具活力的40年，是广东经济总量连上新台阶、实现历史性跨越的40年。40年来，广东坚持以经济建设为中心，锐意推进改革，全力扩大开放，适应、把握、引领经济发展新常态，坚定不移地推进经济结构战略性调整、经济持续快速健康发展。1978—2017年，广东GDP从185.85亿元增加到89 879.23亿元，增长约482.6倍，占全国的10.9%。1989年以来，广东GDP总量连续29年稳居全国首位，成为中国第一经济大省。经济总量先后超越新加坡、中国香港和台湾地区，

2017年超过全球第13大经济体澳大利亚，进一步逼近"亚洲四小龙"中经济总量最大的韩国，处于世界中上等收入国家水平。

实现了从计划经济体制向社会主义市场经济体制的历史性变革。改革开放40年，是广东始终坚持社会主义市场经济改革方向、深入推进经济体制改革的40年，是广东社会主义市场经济体制逐步建立和完善的40年。40年来，广东从率先创办经济特区，率先引进"三来一补"、创办"三资"企业，率先进行价格改革，率先进行金融体制改革，率先实行产权制度改革，到率先探索行政审批制度改革，率先实施政府部门权责清单、市场准入负面清单和企业投资项目清单管理，率先推进供给侧结构性改革，等等，在建立和完善社会主义市场经济体制方面走在全国前列，极大地解放和发展了社会生产力，同时在经济、政治、文化、社会和生态文明建设领域的改革也取得了重大进展。

实现了从封闭半封闭到全方位开放的历史性转折。改革开放40年，是广东积极把握全球化机遇、纵深推进对外开放的40年，是广东充分利用国际国内两个市场、两种资源加快发展的40年。开放已经成为广东的鲜明标识。40年来，广东始终坚持对内、对外开放，以开放促改革、促发展。从创办经济特区、开放沿海港口城市、实施外引内联策略、推进与港澳地区和内地省市区的区域经济合作，到大力实施"走出去"战略、深度参与"一带一路"建设、以欧美发达国家为重点提升利用外资水平、举全省之力建设粤港澳大湾区，广东开放的大门越开越大，逐步形成了全方位、多层次、宽领域、高水平的对外开放新格局。

实现了由要素驱动向创新驱动的历史性变化。改革开放40年，是广东发展动力由依靠资源和低成本劳动力等要素投入转向创新驱动的40年，是广东经济发展向更高级阶段迈进的40年。改革开放以来，广东人民以坚强的志气与骨气不断增强自主创新能力和实力，把创新发展主动权牢牢掌握在自己手中。从改革开放初期，广东以科技成果交流会、技术交易会等方式培育技术市场，成立中国第一个国家级高科技产业集聚的工业园区——深圳科技工业园，到实施科教兴粤战略、建设科技强省、构建创新型广东和珠江三角洲国家自主创新示范区，广东不断聚集创新驱动"软实力"，区域创新综合能力排名跃居全国第一。2017年，全省研发经费支出超过2 300亿元，居全国第一，占地区生产总值比重达2.65%；国家级高新技术企业3万家，跃居全国第一；高新技术产品产值达6.7万亿元。有效发明专利量及专利综合实力连续多年居全国首位。

实现了从温饱向全面小康迈进的历史性飞跃。改革开放40年，是全省居民共享改革发展成果、生活水平显著提高的40年，是全省人民生活从温饱不足向全面小康迈进的40年。1978—2017年，全省城镇居民、农村居民人均可支配收入分别增长了98倍和81倍，从根本上改变了改革开放前物资短缺的经济状况，民众的衣食住行得到极大改善，居民收入水平和消费能力快速提升。此外，推进基本公共服务均等化，惠及全民的公共服务体系进一步建立；加大底线民生保障资金投入力度，社会保障事业持续推进；加快脱贫攻坚步伐，努力把贫困地区短板变成"潜力板"，不断提高人民生活水平，满足人民对美好生活的新期盼。

实现了生态环境由问题不少向逐步改善的历史性转变。改革开放40年，是广东对生态环境认识发生深刻变化的40年，是广东生态环境治理力度不断加大的40年，是广东环境质量由问题不少转向逐步改善的40年。广东牢固树立"绿水青山就是金山银山"的理念，坚决守住生态环境保护底线，全力打好污染防治攻坚战，生态环境持续改善。全省空气质量近3年连续稳定达标，大江大河水质明显改善，土壤污染防治扎实推进。新一轮绿化广东大行动不断深入，绿道、古驿道、美丽海湾建设等重点生态工程顺利推进，森林公园达1373个、湿地公园达203个、国家森林城市达7个，全省森林覆盖率提高到59.08%。

40年来，广东充分利用毗邻港澳的地理优势，大力推进粤港澳合作，率先基本实现粤港澳服务贸易自由化，全面启动粤港澳大湾区建设，对香港、澳门顺利回归祖国并保持长期繁荣稳定、更好地融入国家发展大局发挥了重要作用，为彰显"一国两制"伟大构想的成功实践做出了积极贡献。作为中国先发展起来的区域之一，广东十分注重推动国家区域协调发展战略的实施，加大力度支持革命老区、民族地区、边疆地区、贫困地区加快发展，对口支援新疆、西藏、四川等地取得显著成效，为促进全国各地区共同发展、共享改革成果做出了积极贡献。

第二，研究广东改革开放，要深入总结广东改革开放40年的经验和启示，厚植改革再出发的底气和锐气。

改革开放40年来，广东在坚持和发展中国特色社会主义事业中积极探索、大胆实践，不仅取得了辉煌成就，而且积累了宝贵经验。总结好改革开放的经验和启示，不仅是对40年艰辛探索和实践的最好庆祝，而且能为新时代推进中国特色社会主义伟大事业提供强大动力。40年来，广东经济社会发展之所以能取得历史性成就、发生历史性变革，最根本的原因就在于党中央的正确领导和对广东工作的高度重视、亲切关怀。改革开放以来，党中央始终鼓励广东大胆探索、大胆实践。特别是进入新时代以来，每到重要节点和关键时期，习近平总书记都及时为广东把舵定向，为广东发展注入强大动力。2012年12月，总书记在党的十八大后首次离京视察就到了广东，做出"三个定位、两个率先"的重要指示。2014年3月，总书记参加第十二届全国人大第二次会议广东代表团审议，要求广东在全面深化改革中走在前列，努力交出物质文明和精神文明两份好答卷。2017年4月，总书记对广东工作做出重要批示，对广东提出了"四个坚持、三个支撑、两个走在前列"要求。2018年3月7日，总书记参加第十三届全国人大第一次会议广东代表团审议并发表重要讲话，嘱咐广东要做到"四个走在全国前列"、当好"两个重要窗口"。2018年10月，在改革开放40周年之际，习近平总书记再次亲临广东视察指导并发表重要讲话，要求广东高举新时代改革开放旗帜，以更坚定的信心、更有力的措施把改革开放不断推向深入，提出了深化改革开放、推动高质量发展、提高发展平衡性和协调性、加强党的领导和党的建设四项重要要求，为新时代广东改革发展指明了前进方向，提供了根本遵循。广东时刻牢记习近平总书记和党中央的嘱托，结合广东实际创造性地贯彻落实党的路线、方针、政策，自觉做习近平新时代中国特色社会主义思想的坚定信仰者、忠实践行者，努力为全国的改革开放探索道路、积累经验、做出贡献。

坚持中国特色社会主义方向，使改革开放始终沿着正确方向前进。我们的改革开放是有方向、有立场、有原则的，不论怎么改革、怎么开放，都始终要坚持中国特色社会主义方向不动摇。在改革开放实践中，广东始终保持"不畏浮云遮望眼"的清醒和"任凭风浪起，稳坐钓鱼船"的定力，牢牢把握改革正确方向，在涉及道路、理论、制度等根本性问题上，在大是大非面前，立场坚定、旗帜鲜明，确保广东改革开放既不走封闭僵化的老路，也不走改旗易帜的邪路，在根本性问题上不犯颠覆性错误，使改革开放始终沿着正确方向前进。

坚持解放思想、实事求是，以思想大解放引领改革大突破。解放思想是正确行动的先导。改革开放的过程就是思想解放的过程，没有思想大解放，就不会有改革大突破。广东坚持一切从实际出发，求真务实，求新思变，不断破除思想观念上的障碍，积极将解放思想形成的共识转化为政策、措施、制度和法规。坚持解放思想和实事求是的有机统一，一切从国情省情出发、从实际出发，既总结国内成功做法又借鉴国外有益经验，既大胆探索又脚踏实地,敢闯敢干,大胆实践,多出可复制、可推广的新鲜经验,为全国改革提供有益借鉴。

坚持聚焦以推动高质量发展为重点的体制机制创新,不断解放和发展社会生产力。改革开放就是要破除制约生产力发展的制度藩篱,建立充满生机和活力的体制机制。改革每到一个新的历史关头,必须在破除体制机制弊端、调整深层次利益格局上不断啃下"硬骨头"。近年来,广东坚决贯彻新发展理念,着眼于推动经济高质量发展,不断推进体制机制创新。例如,坚持以深化科技创新改革为重点,加快构建推动经济高质量发展的体制机制;坚持以深化营商环境综合改革为重点,加快转变政府职能;坚持以粤港澳大湾区建设合作体制机制创新为重点,加快形成全面开放新格局;坚持以构建"一核一带一区"区域发展格局为重点,完善城乡区域协调发展体制机制;坚持以城乡社区治理体系为重点,加快营造共建共治共享社会治理格局,奋力开创广东深化改革发展新局面。

坚持"两手抓、两手都要硬",更好地满足人民精神文化生活新期待。只有物质文明建设和精神文明建设都搞好、国家物质力量和精神力量都增强、人民物质生活和精神生活都改善、综合国力和国民素质都提高,中国特色社会主义事业才能顺利推向前进。广东高度重视精神文明建设,坚持"两手抓、两手都要硬",坚定文化自信、增强文化自觉,守护好精神家园、丰富人民精神生活;深入宣传贯彻习近平新时代中国特色社会主义思想,大力培育和践行社会主义核心价值观,深化中国特色社会主义和中国梦宣传教育,教育引导广大干部群众特别是青少年坚定理想信念,培养担当民族复兴大任的时代新人;积极选树模范典型,大力弘扬以爱国主义为核心的民族精神和以改革创新为核心的时代精神;深入开展全域精神文明创建活动,不断提升人民文明素养和社会文明程度;大力补齐文化事业短板,高质量发展文化产业,不断增强文化软实力,更好地满足人民精神文化生活新期待。

坚持以人民为中心的根本立场,把为人民谋幸福作为检验改革成效的根本标准。改革开放是亿万人民自己的事业,人民是推动改革开放的主体力量。没有人民的支持和参与,任何改革都不可能取得成功。广东始终坚持以人民为中心的发展思想,坚持把人民对美好生活的向往作为奋斗目标,坚持人民主体地位,发挥群众首创精神,紧紧依靠人民推动改革开放,依靠人民创造历史伟业;始终坚持发展为了人民、发展依靠人民、发展成果由人民共享,让改革发展成果更好地惠及广大人民群众,让群众切身感受到改革开放的红利;始终坚持从人民群众普遍关注、反映强烈、反复出现的民生问题入手,紧紧盯住群众反映的难点、痛点、堵点,集中发力,着力解决人民群众关心的现实利益问题,不断增强人民群众获得感、幸福感、安全感。

坚持科学的改革方法论,注重改革的系统性、整体性、协同性。只有坚持科学方法论,才能确保改革开放蹄疾步稳、平稳有序地推进。广东坚持以改革开放的眼光看待改革开放,充分认识改革开放的时代性、体系性、全局性问题,注重改革开放的系统性、整体性、协同性。注重整体推进和重点突破相促进相结合,既全面推进经济、政治、文化、社会、生态文明、党的建设等诸多领域改革,确保各项改革举措相互促进、良性互动、协同配合,又突出抓改革的重点领域和关键环节,发挥重点领域"牵一发而动全身"、关键环节"一子落而满盘活"的作用;注重加强顶层设计,和"摸着石头过河"的改革方法相结合,既发挥"摸着石头过河"的基础性和探索性作用,又发挥加强顶层设计的全面性和决定性作用;注重改革与开放的融合推进,使各项举措协同配套、同向前进,推动改革与开放相互融合、相互促进、相得益彰;注重处理好改革发展与稳定之间的关系,自觉把握好改革的力度、发展的速度和社会可承受的程度,把不断改善人民生活作为处理改革发展与稳定关系的重要结合点,在保持社会稳定中推进改革发展,在推进改革发展中促进社会稳定,进而实现推动经济社会持续健康发展。

坚持和加强党的领导,不断提高党把方向、谋大局、定政策、促改革的能力。中国特色社会主义最本质的特征是中国共产党的领导,中国特色社会主义制度的最大优势是中国共产党的领导。坚持党的领导,是改革开放的"定盘星"和"压舱石"。40年来,广东改革开放之所以能够战胜各种风险和挑战,取得举世瞩目的成就,最根本的原因就在于坚持党的领导。什么时候重视党的领导、加强党的建设,什么时候就能战胜困难、夺取胜利;什么时候轻视党的领导、漠视党的领导,什么时候就会经历曲折、遭受挫折。广东坚持用习近平新时代中国特色社会主义思想武装头脑,增强"四个意识",坚定"四个自信",做到"两个坚决维护",始终在思想上、政治上、行动上同以习近平同志为核心的党中央保持高度一致;注重加强党的政治建设,坚持党对一切工作的领导,不断增强党的政治领导力、思想引领力、群众组织力、社会号召力,提高党把方向、谋大局、定政策、促改革的能力和定力,确保党总揽全局、协调各方。

第三,研究广东改革开放,要积极开展战略性、前瞻性研究,为改革开放再出发提供理论支撑和学术支持。

改革开放是广东的根和魂。在改革开放40周年的重要历史节点,习近平总书记再次来到广东,向世界宣示中国改革不停顿、开放不止步的坚定决心。习近平总书记视察广东重要讲话,是习近平新时代中国特色社会主义思想的理论逻辑和实践逻辑在广东的展开和具体化,是我们高举新时代改革开放旗帜、以新担当新作为把广东改革开放不断推向深入的行动纲领,是我们走好新时代改革开放之路的强大思想武器。学习贯彻落实习近平总书记视察广东重要讲话精神,是当前和今后一个时期全省社会科学理论界的头等大事和首要政治任务。社会科学工作者应发挥优势,充分认识总书记重要讲话精神的重大政治意义、现实意义和深远历史意义,以高度的政治责任感和历史使命感,深入开展研究阐释,引领和推动全省学习宣传贯彻工作往深里走、往实里走、往心里走。

加强对重大理论和现实问题的研究,为改革开放再出发提供理论支撑。要弘扬广东社会科学工作者"务实、前沿、创新"的优良传统,增强脚力、眼力、脑力、笔力,围绕如何坚决贯彻总书记关于深化改革开放的重要指示要求,坚定不移地用好改革开放"关键一招",书写好粤港澳大湾区建设这篇大文章,引领带动改革开放不断实现新突破;如何坚决贯彻总书记关于推动高质量发展的重要指示要求,坚定不移地推动经济发展质量变革、效率变革、动力变革;如何坚决贯彻总书记关于提高发展平衡性和协调性的重要指示要求,坚定不移地推进城乡、区域、物质文明和精神文明协调发展与法治建设;如何坚决贯彻总书记关于加强党的领导和党的建设的重要指示要求,坚定不移地把全省各级党组织锻造得更加坚强有力、推动各级党组织全面进步全面过硬;等等,开展前瞻性、战略性、储备性研究,推出一批高质量研究成果,为省委、省政府推进全面深化改革开放出谋划策,当好思想库、智囊团。

加强改革精神研究,为改革开放再出发提供精神动力。广东改革开放40年波澜壮阔的伟大实践,不仅打下了坚实的物质基础,也留下了弥足珍贵的精神财富,这就是敢闯敢试、敢为人先的改革精神。这种精神是在广东改革开放创造性实践中激发出来的,它是一种解放思想、大胆探索、勇于创造的思想观念,是一种不甘落后、奋勇争先、追求进步的责任感和使命感,是一种坚韧不拔、自强不息、锐意进取的精神状态。当前,改革已经进入攻坚期和深水区,剩下的都是难啃的硬骨头,更需要弘扬改革精神才能攻坚克难,必须把这种精神发扬光大。社会科学工作者要继续研究、宣传、阐释好改革精神,激励全省广大党员干部把改革开放的旗帜举得更高更稳,续写广东改革开放再出发的新篇章。

加强对广东优秀传统文化和革命精神的研究,为改革开放再出发提振精气神。总书记在视察广东重要讲话中引用广东的历史典故激励我们担当作为,讲到虎门销烟等重大历史事件,讲到洪秀全、文天祥等历史名人,讲到广东的光荣革命传统,讲到毛泽东、周恩来等一大批曾在广东工作生活的我们党老一辈领导人,以此鞭策我们学习革命先辈、古圣先贤。广大社会科学工作者要加强对广东优秀传统文化和革命精神的研究,激励全省人民将其传承好弘扬好,并化作新时代敢于担当的勇气、奋发图强的志气、再创新局的锐气,创造无愧于时代、无愧于人民的新业绩。

广东有辉煌的过去、美好的现在,一定有灿烂的未来。这次出版的"广东改革开放40年研究丛书"(14本),对广东改革开放40年巨大成就、实践经验和未来前进方向等问题进行了系统总结和深入研究,内容涵盖总论、经济、政治、文化、社会、生态文明、教育、科技、依法治省、区域协调、对外开放、经济特区、海外华侨华人、从严治党14个方面,为全面深入研究广东改革开放做了大量有益工作,迈出了重要一步。在隆重庆祝改革开放40周年之际,希望全社会高度重视广东改革开放问题的研究,希望有更多的专家学者和实际工作者积极投身到广东改革开放问题的研究中去,自觉承担起"举旗帜、聚民心、育新人、兴文化、展形象"的使命任务,推出更多有思想见筋骨的精品力作,为推动广东实现"四个走在全国前列"、当好"两个重要窗口",推动习近平新时代中国特色社会主义思想在广东大地落地生根、结出丰硕成果提供理论支撑和学术支持。

"广东改革开放40年研究丛书"编委会

2018年11月22日

目录

前　言 /1
　　一、广东全面推进依法治省40年回顾 /1
　　二、广东全面推进依法治省40年的主要成就 /6
　　三、广东全面推进依法治省40年的基本经验 /12
　　四、广东全面推进依法治省40年的展望 /19

第一章　改革开放与地方立法 /23

第一节　广东地方立法40年的历程 /23
　　一、起步探索阶段（1979—1992年）/24
　　二、发展完善阶段（1992—2000年）/31
　　三、规范提高阶段（2000—2015年）/39
　　四、全面发展阶段（2015年— ）/52

第二节　广东地方立法40年的成就与经验 /57
　　一、坚持党对立法工作的领导 /58
　　二、发挥人大在立法中的主导作用 /59
　　三、坚持依法立法 /61
　　四、坚持科学立法 /62
　　五、建立健全立法工作机制 /65

第三节　广东地方立法的未来展望 /68
　　一、继续强化人大主导立法 /68
　　二、加强立法能力和立法队伍建设 /69
　　三、健全地方立法工作机制 /69
　　四、增强立法的地方特色 /70
　　五、推进区域立法协调 /71

第二章　依法行政与法治政府建设 /72

第一节　广东依法行政40年的进程 /72

一、广东依法行政萌芽阶段（1978—1989 年）/72
　　二、广东依法行政的初创时期（1989—2004 年）/74
　　三、广东依法行政的发展时期（2004—2012 年）/78
　　四、广东依法行政的新时代（2012 年—）/81
第二节　广东依法行政 40 年的成就与亮点 /83
　　一、强化制度保障，政府依法全面履职进入新常态 /83
　　二、推进重大行政决策的法制化，不断提高政府决策水平 /87
　　三、积极探索行政执法体制创新，行政效能不断提高 /92
　　四、注重行政执法规范化建设，公正文明执法日渐形成 /96
　　五、加强政务公开，阳光政府基本形成 /107
第三节　广东依法行政 40 年的经验与启示 /110
　　一、坚持党的领导、以人民为中心 /111
　　二、贯彻中央精神与先行先试有机互动 /111
　　三、建立健全法制机构 /112
　　四、实行以评促建 /115
第四节　广东依法行政的未来展望与建议 /117
　　一、克服依法行政的观念误区 /117
　　二、提升依法行政的能力 /119
　　三、着力建设高素质专业化行政干部队伍 /121
　　四、加强依法行政的制度保障和执法力度 /122

第三章　公正司法与司法改革创新 /124

第一节　公正司法与广东司法改革 40 年 /124
　　一、公正司法与法治 /124
　　二、司法改革与公正司法 /126
　　三、司法改革的广东实践 /128
第二节　审判制度改革与发展 /131
　　一、审判组织改革与发展 /131
　　二、审判工作改革与发展 /148
　　三、审判制度创新与展望 /157
第三节　检察制度改革与发展 /162
　　一、检察组织改革与发展 /162
　　二、检察工作改革与发展 /169
　　三、检察制度创新与展望 /178

第四章　全民守法与法治社会建设 /186

第一节　法治社会建设在全面依法治省中的战略意义 /186
  一、法治社会建设是全面依法治省的重要基石 /186
  二、民众普遍的法治意识是全面依法治省的思想支撑 /189
  三、社会治理法治化是全面依法治省的基本要素 /191
  四、完备的公共法律服务体系是全面依法治省的必要条件 /193
  五、健全的矛盾纠纷预防化解机制是全面依法治省的坚实保障 /195

第二节　法治宣传与公民法治意识 /196
  一、广东法治宣传教育40年概况 /196
  二、法治宣传教育规范化 /199
  三、建立健全法治宣传教育机制 /202
  四、创新普法宣传工作方式方法 /212

第三节　社会治理的法治化 /214
  一、"一村（社区）一法律顾问"制度 /215
  二、从创建法治城市、法治县（市、区）到全面推开法治建设"四级同创" /218
  三、构建法治化营商环境 /220
  四、加强企业依法治理和企业法治文化建设 /224

第四节　公共法律服务体系建设 /227
  一、广东公共法律服务体系建设40年概况 /227
  二、建设公共法律服务平台"12348广东法网" /232
  三、不断推进法律援助工作 /234
  四、积极创新公证工作机制 /237

第五节　社会矛盾纠纷预防化解机制 /241
  一、广东建立健全社会矛盾纠纷预防化解机制概况 /241
  二、不断创新人民调解工作 /243
  三、不断推进仲裁体制机制改革 /247
  四、行政复议的"广东经验" /252
  五、信访工作步入法治化轨道 /256

第五章　法治监督与权力运行制约监督体系 /263

第一节　法治监督体系 /263
  一、中国特色社会主义法治监督体系的探索 /263

二、新时代中国特色社会主义法治监督体系 /264
三、广东法治监督体系建设40年 /266
第二节 党内监督 /268
一、坚持和健全民主生活会制度 /269
二、执行领导干部重大事项报告和监督制度 /270
三、建立诫勉谈话和述职述廉制度 /271
四、推行党代表任期制和党务公开 /271
五、强化对党政领导"一把手"的监督 /273
六、建立健全巡视制度 /275
七、建立健全党的问责制度 /276
第三节 人大监督 /277
一、探索灵活多样的监督形式 /278
二、财政预算监督的"广东经验" /279
三、环境保护监督的"广东亮点" /281
四、促进"一府两院"依法行政、严格执法、公正司法 /283
五、高度重视底线民生保障工作的监督 /283
第四节 其他国家机关监督 /285
一、从行政监察到国家监察体制改革 /285
二、审计监督全覆盖的广东路径 /289
第五节 政协民主监督 /292
一、探索完善监督形式，推动政协民主监督实践 /292
二、围绕民生进行监督，为公平普惠发展进谏言 /294
三、坚持绿色发展理念，推进生态文明建设民主监督 /297
四、助力创新驱动发展战略，围绕发展主线进行民主监督 /298
第六节 舆论监督 /299
一、改革开放40年来广东舆论监督的发展 /300
二、改革开放40年来广东舆论监督的经验 /305

第六章 全面从严治党与依规治党 /308

第一节 全面从严治党与依规治党的含义及意义 /310
一、全面从严治党的含义和要求 /310
二、依规治党的内涵与使命 /315
三、依规治党对全面从严治党的意义 /321
第二节 依规治党的广东实践 /326

一、广东贯彻落实《中国共产党党内法规制定条例》/326

二、广东贯彻落实《中国共产党地方委员会工作条例》/328

三、广东贯彻落实《中国共产党问责条例》/329

四、广东贯彻落实《中国共产党党内监督条例》/330

五、广东贯彻落实《党内法规和规范性文件集中清理工作的意见》/332

六、广东贯彻落实《关于推进"两学一做"学习教育常态化制度化的意见》/334

第三节　依规治党的广东经验 /335

一、推进依规治党的宏观策略 /336

二、推进依规治党的微观措施 /340

第四节　结　语 /345

参考文献 /347

后　　记 /363

前　言

2018年，是我国改革开放40周年，也是全面贯彻党的十九大精神的开局之年，是决胜全面建成小康社会、实施"十三五"规划承上启下的关键一年。这40年，是中国共产党带领全国人民，找准历史方位，朝向实现中华民族伟大复兴努力奋进的40年。

作为我国改革开放的排头兵、先行地、实验区，广东得天时地利之势，以敢为人先的精神勇于开拓进取，在探索中国特色社会主义道路、践行社会主义法治建设的征程上砥砺前行。可以说，广东改革开放的40年，也是广东全面推进依法治省的40年。对广东改革开放40年、全面依法治省40年的历程进行客观梳理和分析，总结经验，反思得失，以"史"鉴"今"，以再次担当起"走在前列"的时代使命，意义重大。当然，对广东改革开放和全面依法治省40年的总结也可能囿于"只缘身在此山中"的历史时空，面临当代人对当代历史观察的认知困境，无法以文字叙述形式完整描绘多彩的法治实践，但这不能成为阻碍我们总结经验的正当理由。广东全面推进依法治省40年，无论是经验智慧，抑或是反思与警醒之处，均不仅仅是属于广东的，更是作为地方法治实践样本属于全国的；也不仅是为了广东的过去，也是为了广东的未来。

一、广东全面推进依法治省40年回顾

在中国改革开放40年的历程中，"法治"是一个贯彻始终的鲜明主题。从政策之治转向法制之治，再升级到法治的变迁过程，法的精神在改革开放的洗礼之中愈发鲜明与强劲。大体可以分为四个阶段：①1978年至1981年期间的法制恢复与重建。1978年12月党的十一届三中全会颁发公报，结束"文化大革命"，并将民主法制建设提上重要议程，在新中国法制史上具有里程碑意义。随后，1979年全国人大颁布了《刑法》《刑事诉讼法》《地方各级人民代表大会和地方各级人民政府组织法》《全国人民代表大会和地方各级人民代表大会选举法》《人民检察院组织法》以及《中外合资经营企业法》等7部重要

法律；1980年对林彪、江青两个集团进行审判的司法实践，对法制重建具有重大意义。②1982年《宪法》颁布至1992年党的十四大召开，这是法治的发展和推进阶段。1982年《宪法》确立了社会主义法制原则，优化了全国人大、"一府两院"和公民基本权利的相关规定；1992年党的十四大确立建立社会主义市场经济体制，要求建立和完善社会主义市场经济法律体系。③1993年建设社会主义市场经济法治至1999年确立实施依法治国基本方略。1993年修改《宪法》，将建设中国特色社会主义理论和改革开放、社会主义市场经济等规定载入宪法，把以市场为导向的改革目标纳入以宪法为核心的法治体系。1997年党的十五大提出"依法治国，建设社会主义法治国家"纲领；1999年修宪，将"依法治国，建设社会主义法治国家"写进宪法，标志我国治国理政实现从人治向法治的转型。2001年《立法法》颁布，同年广东省人大制定了《广东省地方立法条例》，2001年国务院颁布《规章制定程序条例》，广东省地方立法活动走向规范化，以地方立法为引领的依法治省工作驶入快车道。④2004年修宪至今，是社会主义法治全面推进阶段。2004年将"三个代表"重要思想、国家尊重和保障人权、保障合法私有财产权等重要内容载入《宪法》；2007年党的十七大提出全面落实依法治国基本方略、加快建设社会主义法治国家的总任务。2012年11月党的十八大提出"要推进科学立法、严格执法、公正司、全民守法"，全面推进依法治国。十九大以来，习近平总书记在不同场合多次对全面推进依法治国战略进行阐释。党的十九大报告提出坚持依法治国、依法执政、依法行政共同推进，坚持法治国家、法治政府、法治社会一体建设，坚持依法治国和以德治国相结合，依法治国和依规治党有机统一，为新时代广东全面推进依法治省提供了宏观框架和方向指引。

在我国单一制的国家结构中，地方法治建设的进程及其在中观层面上所做出的制度安排，无不深深受制于国家法治建设的整体进程及其在各阶段的国家宏观宪制安排；但是，地方法治建设也无不体现出地方自主和地方特色。这也正是我国宪法所确立的中央统一领导与发挥地方积极性基本原则之下，中央与地方践行法治建设的一个基本遵循。因此，地方法治建设进程与中央宏观的宪制安排也并非亦步亦趋。因此，具体之于广东的法治建设，其自身法治建设进程与制度安排也自成一格。基于广东在推进依法治省的制度安排与制度实践，以一些标志性事件为分界点，大致可以将广东法治建设40年的发展历程分为三个阶段，具体如下。

（一）法制建设起步发展阶段（1978—1992年）

在这一阶段，在发展社会主义民主、健全社会主义法制的基本方针指引下,有法必依,执法必严,违法必究,成为改革开放新时期法治建设的基本理念,在国家层面制定或修改《宪法》《刑法》《刑事诉讼法》《民事诉讼法》《民法通则》《行政诉讼法》《地方各级人民代表大会和地方各级人民政府组织法》等一批基本法律,为广东地方法制实践奠定了基本框架。

1981年11月全国人大常委会通过决议,授权广东省人大及其常委会根据有关法律、法令、政策规定,制定经济特区的各项单行经济法规;1982年《宪法》进一步扩大了省级地方立法权。广东省人民代表大会通过行使地方立法权,把中央赋予的在经济体制改革和对外开放中的特殊政策和灵活措施以地方性法规形式确立下来,即充分利用国家授予的地方立法权来推动经济特区改革与发展,通过立法启动改革开放,制定社会主义市场经济监管、公民权利保护、环境资源管理等方面的地方性法规,到1992年广东省共制定和批准了60多项地方性法规。其中,尤其是利用特区立法权,在经济特区建制、劳动、土地管理、出入境管理、外商投资、金融与技术产权等领域大胆探索地方立法,开展先行性立法,适应了广东的改革开放,也为全国制定相关法律、法规积累了经验。在政府法制建设方面,建立了专门的政府法制机构,开始重视法律在政府管理中的作用,依法办事观念开始形成。具体来说,1981年5月广东省人民政府在全国率先成立第一个地方政府法制机构——省办公厅法制处,1988年4月27日升格为广东省人民政府法制局,全面负责省人民政府法制行政工作。1988年广州市明确提出"以法治市",曲江县明确提出"以法治县"。[①]在这一阶段,广东以政策行政开始转向与"以法行政"相结合,依法行政处于萌芽状态。在司法领域,自1979年后广东司法组织,包括各级人民法院、专门法院和检察院组织不断完善,管理体制逐步理顺,至2000年,整个司法系统在组织建设与管理体制领域趋向稳定化。在司法活动实践中,广东司法系统勇于创新,取得了不少成效。司法体制机制创新实践,有力推动了司法对改革开放的保障作用。

可以说,广东法制建设与广东改革开放基本同步进行,而广东法制建设又是以广东地方立法强有力推动的,以政策行政和以法行政构成了政府法制建设的主要工作模式,司法组织设置不断完善,司法管理体制逐步理顺,法制教育与宣传工作不断加强,民众法制意识逐步确立,通过司法途径解决争议比重提升,对党和国家组织进行监督的途径、方式等逐步纳入法制轨道。这一阶段广东法制工作整体而言仍处于跟随国家法制建设的整体步骤而展开,处在有意识地推进依法治省的前期积累阶段。

---

① 参见朱森林编著《朱森林访谈录》,红旗出版社2011年版,第271页。

（二）依法治省确立与快速发展阶段（1993—2007年）

1992年邓小平南方谈话，坚定了改革开放的方向，对地方立法提出更高要求；1993年3月通过宪法修正案，确立"国家实行社会主义市场经济"，"国家加强经济立法、完善宏观调控"，启动了中国社会主义市场经济法治建设。

1993年广东地方法制建设迎来一个重要的时刻。1993年3月，时任全国人大常委会委员长的乔石在八届全国人大一次会议期间，对广东省代表团提出了加快立法的要求；同年4月，乔石在视察广东时又提出"在市场经济体制建立过程中，广东可以成为立法工作试验田，先行一步"，一时之间"立法试验田"的美名传遍全国。1993年5月，中共广东省第七次代表大会做出依法治省的决策，强调要建设民主政治，实行依法治省。此后，广东省人大常委会党组决定在深圳市进行依法治市试点工作。1995年12月12日至14日，广东全省各市人大常委会主任会议在深圳召开，会议研讨新形势下如何进一步加强人大工作和推进依法治省工作。深圳市作为依法治省试点市，提出了市委发挥领导作用，人大发挥主导作用，政府发挥主体作用，三个发挥，三位一体，形成合力的基本工作思路。1996年8月22日，中共广东省委颁布了《关于进一步加强依法治省工作的决定》，明确提出建设社会主义法制省的目标任务。1996年10月16日，广东依法治省工作领导小组成立，确立了依法治省的领导体制。1997年1月8日，广东省依法治省工作领导小组召开第一次会议，依法治省的工作机制基本形成。1998年7月24日，中共广东省委办公厅发出《关于调整广东省依法治省工作领导小组成员的通知》，明确依法治省工作领导小组办公室设在省人大常委会，同年9月22日至23日，省依法治省工作领导小组办公室会同省人大内司委、财经委和省政府法制局等有关部门，对十个省直单位建立健全执法责任制的情况进行检查。执法检查情况于11月24日向省九届人大常委会第六次会议作了报告。1999年省依法治省工作重点加强农村普法教育，同年8月20日，全省依法治省工作电视电话会议首次提出要率先建立文明法治社会。2000年7月，全省依法治省工作经验交流会在深圳举行；11月全省依法治镇工作经验交流会在花都召开。2001年依法治省工作重心在公正司法，11月召开广东省政法系统公正司法经验交流会。2002年全省加强信用建设。2003年11月召开全省依法行政工作经验交流会。2004年举办全省法治干部培训。2005年对全省各级党委开展依法执政工作做出部署。2006年、2007年分别召开全省各市依法治市办公室主任会议，交流法治社会和村务公开民主管理等领域法制建设经验。

从以上梳理不难发现，从1993年修改宪法，到2007年总结交流村务公开民主管理的实践经验。在这10多年里，广东省委领导依法治省的能力不断提高，每年工作重点与时势相应而有所不同，广东依法治省一经确立即驶入快车道发展模式。

（三）依法治省全面推进阶段（2008年—　　　）

2008年省委十届三次全会做出全面推进依法治省、加快法治广东建设的部署。2009年，依法治省工作领导小组印发《关于构建法治广东宣传教育大格局工作方案》，召开法治广东宣传教育大格局第一次联席会议；同年，召开全省依法治省工作暨法治城市、法治县（市、区）创建动员大会，全面启动法治城市、法治县（市、区）创建活动。2011年1月，省委十届八次全会审议通过《法治广东建设五年规划（2011—2015年）》，提出到2015年初步建成"地方立法完善、执法严格高效、司法公正、法治氛围良好、社会和谐稳定的法治省"的目标。在此次全会上，广东省委将《法治广东建设五年规划（2011—2015年）》与《广东省委关于制定国民经济和社会发展第十二个五年规划的建议》一同审议并通过，将法治建设摆在与经济社会建设同等重要的位置。同年11月，广东省依法治省工作领导小组办公室与中国社会科学院法学研究所联合组建"法治国情广东调研基地"，该举措是双方联合推动依法治国方略实施的一个全新尝试，基地每年确定1~2个研究主题，在广东省实地开展调研，形成研究报告供国家及广东省有关部门决策参考，这对深入总结广东依法治省工作经验和加快法治广东建设起到重大的推动作用。

党的十八大以后，习近平总书记对广东发展的指示批示，为广东依法治省指明了方向，也提出了更高要求。2012年习近平总书记视察广东时提出广东要实现"三个定位，两个率先"的殷切希望，广东省委、省政府实施了一系列针对性执政措施：实施创新驱动战略，实施粤东西北地区振兴发展战略，加快推进重大基础设施建设，积极培育大型骨干企业，扎实开展生态文明建设，持续提升民生福祉，在全面深化改革中走在前列。2014年3月6日，习近平总书记参加十二届全国人大二次会议广东代表团的审议，要求广东总结运用好率先改革开放的经验，在发展中国特色社会主义中当好排头兵，努力交出物质文明和精神文明两份好的答卷。2014年4月，全省各市依法治市办公室主任会议在广州召开。随后的7—8月调研组到珠海、东莞、汕头、韶关、梅州、河源、湛江、茂名、潮州和揭阳等市及省直部分单位，就贯彻落实和推进工作要点的实施情况开展调研。同年10月，依法治省办联合省文明办、省教育厅、省司法厅、省文化厅和省总工会等单位，抽调部分地级以上市依法治市办工作人员，组成9个小组，对全省各地和单位申报的全省法治文化建设示范点候选单位进行核查确认；12月依法治省办与省司法厅、省民政厅、省普法办等单位组成考核组，对第三批"全省法治县（市、区）"和第六批"全国民主法治示范村（社区）"创建活动先进候选单位进行检查考核。2017年4月4日习近平总书记对广东做出"四个坚持、三个支撑、两个走在前列"的重要批示，这是广东改革发展进程中具有里程碑意义的大事。同年4月11日，广东省委发出《中共广东省委关于认真学习宣传贯彻习近平总书记重要批示精神的通知》，要求各地各部门迅速行动起来，认真学习宣传贯彻，准确领会批示的精神实质，核心是把握好"四个坚持、三个支撑、两个走在前列"的要求。

2018年3月7日上午，习近平总书记参加全国"两会"广东代表团审议时发表重要讲话，要求广东"进一步解放思想、改革创新，真抓实干、奋发进取，以新的更大作为开创广东工作新局面，在构建推动经济高质量发展体制机制、建设现代化经济体系、形成全面开放新格局、营造共建共治共享社会治理格局上走在全国前列"。站在新时代的发展坐标上，广东有责任、有勇气、有智慧担当起"四个走在全国前列"的光荣使命。

二、广东全面推进依法治省40年的主要成就

（一）坚定贯彻党中央的路线方针政策，坚持党对依法治省工作的统筹领导，开创从严治党、依规治党的广东地方实践新局面

广东是改革开放的排头兵、先行地、实验区，在我国改革开放和社会主义现代化建设大局中具有十分重要的地位和作用。"党政军民学，东西南北中，党是领导一切的。"中共广东省委在改革开放40年中，坚定贯彻党中央的路线方针政策，始终坚持党对改革开放和依法治省工作的统筹领导，进一步解放思想、改革创新，开创广东全面依法治省和全面从严治党的新局面。

40年来，广东各级党组织自觉维护党中央权威和集中统一领导，严格遵守宪法法律法规，贯彻执行党的路线、方针、政策，自觉在思想上、政治上、行动上同党中央保持高度一致。尤其是自1996年确立依法治省决策以来，建立以省委主要领导、省长任组长的依法治省工作领导小组，加强对广东法治建设的组织领导。在广东依法治省实践中，坚持党对立法工作的全面领导，建立和完善了请示汇报制度，凡立法涉及重大体制和重大政策调整的事项，必须报地方党委讨论决定，法规制定和修改的重大问题都要由人大常委会党组向党委请示汇报；在依法行政中建立了重大事项及时向各级党委请示汇报制度。党的十八届三中全会以来，广东各级党组织坚决贯彻落实党中央全面从严治党的一

系列重大战略部署,坚持思想建党和制度治党紧密结合,通过学习和落实各项党内法规制度,严格贯彻落实全面从严治党主体责任,扎实推进依规治党与全面从严治党各项工作,把严守政治纪律和政治规矩排在首位,从严正风肃纪、惩治贪腐、严明党纪、健全制度,践行依规治党、从严治党的广东实践。

(二)地方立法机制逐步健全,建立了比较完善的地方立法规范体系,地方立法全方位的引领推动作用得以发挥

40年来,广东地方立法始终坚持结合地方实际,贯彻落实好国家法律法规,发挥配套作用;坚持依法规范地方事务,发挥补充作用;坚持解放思想、先行先试,充分发挥立法"试验田"作用。

广东地方立法40年来,不断探索人大主导立法,由人大及其常委会在立法活动中定目标、定方向,发挥人大立法机关主导作用,不断完善地方立法工作机制,践行科学立法、民主立法、依法立法。在地方立法实践中,在全国率先实行立法听证会、人大代表政协委员直通车制度,逐步建立健全地方立法机制,如创新完善立法规划和计划制定机制,健全立法建议公开征集制度、立法建议论证制度以及立法规划和计划编制、执行制度;创新完善法规起草机制,采用集中起草与委托第三方起草相结合;创新完善法规议案审议机制,明确法规一审、二审和三审的审议标准,推进法规审议规范化、制度化建设,创新审议方式,健全法规审议公开制度;创新完善法规实施和监督机制,采取人大常委会执法检查、听取和审议专项工作报告等法定形式,建立法规实施情况政府绩效考核制度;创新民主立法机制,健全人民政协立法协商制度,健全公众有序参与立法制度,建立公开意见征集机制和公众意见采纳情况反馈制度,建立人民代表联系点制度,合理吸收各方意见,积极回应公众的立法关切。

广东地方立法呈现省级立法主体、特区立法主体、设区的市立法主体以及民族自治立法主体多主体层次。各级地方立法主体结合地方实际,制定了大批地方性法规、地方政府规章和自治条例,形成了比较完善的地方立法规范体系。截至2018年2月,广东省现行有效的法规共1022项,其中省级地方性法规340项,设区的市地方性法规304项,经济特区法规366项,自治条例和单行条例12项,其中广州市人大及其常委会颁布的现行有效的法规为135项,深圳人大及其常委会331项,珠海人大及其常委会80项,汕头人大及其常委会75项。在政府规章制定方面,截至2018年4月30日,根据北大法宝查询显示,广东省各级人民政府制定的现行有效政府规章为925项,其中省人民政府268项,广州市人民政府240项,深圳市人民政府211项,珠海市人民政府95项,汕头市人民政府85项,其他设区的市共计26项。这些地方立法,涵盖广东经济社会文化生态等领域，为广东的改革开放和经济社会发展提供了重要的法治保障。

广东地方立法一直强调科学立法，高度重视发挥立法的引领和推动作用，坚持立法决策和改革决策同步，注重通过立法引领和推动各领域改革，特别是重要领域和关键环节的改革，着力构建更加开放、更加充满活力、更加有利于科学发展的体制机制。尤其在经济社会民生事务领域，围绕先行先试开展立法引领，围绕破解难题开展立法引领，在转变经济发展方式、自主创新、改善和保障民生、节约资源、保护环境、社会管理、行政体制机制、规范行政行为等领域实现立法决策与改革发展决策相统一、立法进程与发展改革进程相适应。同时，在地方立法中突出广东地方特色，注重地方立法的可操作性与可执行性，提高地方立法质量，比较好地促进和引领了广东经济社会文化生态的全面发展。

（三）通过创新制度提升依法行政水平，力推广东法治政府建设上新台阶

广东40年的改革开放，也是广东省委、省政府坚持一手抓改革开放一手抓法治政府建设，不断推动法制政府迈向法治政府的过程。特别是党的十八大以来，广东省委、省政府认真贯彻落实"四个全面"战略布局，坚持以习近平总书记新时代中国特色社会主义思想为指导，把法治政府建设作为实现"三个定位，两个率先""四个走在全国前列"的重要保障，通过制度创新促进依法行政水平不断提高。

自1993年做出依法治省决策后，广东法治政府建设步伐明显加快。进入2000年后法治政府建设更是朝着精细化方向发展。通过制定（修改）《广东省行政机构设置和编制管理条例》《广东省行政执法监督条例》《广州市依法行政条例》等地方政府规章，建立健全行政组织和行政程序法律制度，推进机构、职能、权限、程序、责任法定化。加大规范性文件的制度化管理；开通开设电子政务专栏，建立权力清单上线公开制度和动态调整机制；强化行政复议监督职责，严格行政问责制度，治理政府不作为、乱作为取得成效。建立科学化、民主化、法制化的行政决策机制，探索重大行政决策的法制化，减少决策失误。2012年"广州市完善重大决策程序规范推进科学民主依法决策"项目荣获中国政法大学发起设立的第二届"中国法治政府奖"。经过多年探索，广东逐渐建立健全了公众参与、专家论证、风险评估、合法性审查、向人大报告、重大决策责任追究等重大行政决策制度。针对广东行政执法体制中机构林立、各自为政、多头执法、重复执法、执法扰民、执法缺位等问题，广东各级

人民政府积极进取、锐意改革，通过顶层设计、统筹推进大部制改革（典型有"深圳模式""顺德模式"）、综合执法改革、"省管县""强镇扩权"改革和完善行政执法与刑事司法衔接机制，不断创新行政执法体制，行政效能得到全面提高。在行政执法规范化建设方面，广州市、中山市作为国务院"建立执法全过程记录制度、严格执行重大执法决定法制审核制度、推行行政执法公示制度"（以下简称"行政执法三项制度"）试点城市，行政执法三项制度试点工作取得实质性进展；2012年深圳、珠海、东莞和佛山顺德区等地在全国率先推行商事制度改革，佛山禅城区"一门式"政务服务改革，广州市人民政府优化建设工程项目审批流程，东莞公安实行执法办案格式化改革，实现了执法便民、高效；建立健全行政执法资格证制度，全面推行行政执法责任制，积极推进行政执法监督工作，公正文明执法得到社会认同；创新政府信息公开，不断拓展政府信息公开的深度和广度，注重围绕民生改善推进政务公开，注重强化政务公开能力和平台建设，广东政务公开工作已走上法制化、制度化道路，阳光政府基本形成。

（四）稳步推进司法改革，提升司法公正效能

公正司法是推进法治建设的重要环节。改革开放40年以来，广东始终坚持与国家法治建设任务和司法改革方针相一致，与广东经济社会发展相适应，不断深化司法体制改革，创造了中国司法制度改革的多个第一，助推法治广东进程，也为中国司法改革提供了有益的"广东经验"。

20世纪80年代末至90年代，广东实施以审判机构专业化为重点的司法改革，以深圳市中级人民法院为典型的广东法院实现了司法机构改革创新的多项"全国首个"：1987年成立全国首个经济纠纷调解中心，1988年成立全国首个专司涉外、涉港澳台经济纠纷案件的业务庭，1989年成立全国首个房地产审判庭，1993年成立全国首个破产审判庭。2000年后实施以审判方式规范化为重点的司法改革，2004年深圳市南山区人民法院率先实行由知识产权民事法官与刑庭法官或行政庭法官临时联合组成合议庭的"三审合一"审理方式；2004年广东省高级人民法院在全国率先制定《再审诉讼暂行规定》，积极推动对申诉与申请再审模式程序化、制度化的探索；2006年广东省高级人民法院率先制定《关于死刑上诉案件二审开庭审理工作规程（试行）》，规范了死刑上诉案件二审开庭审理的程序；广东省高级人民法院在全国率先对行政纠纷案件的协调解决展开先行先试。党的十八届三中全会后，2014年正式成立广州知识产权法院，积极探索主审法官办案责任制、人员分类管理和职业保障等改革；广州中级人民法院成立全省首个少年家事审判庭，推动未成年人案件

与家事案件一体化、专业化审判。在诉讼制度改革方面，广州、深圳法院自2014年起积极开展刑事速裁程序试点，探索轻微刑事案件快速办理机制；江门、深圳、珠海等市法院和广州铁路法院积极探索行政案件集中管辖改革；各级法院全面深入推进立案登记制改革等。在人员分类管理改革方面，形成了以深圳福田法院为代表的审判权运行机制改革，以深圳盐田法院为代表的法官职业化改革，以佛山中院为代表的审判长负责制改革，以阳江阳西法院为代表的综合审判机制改革等各具特色的改革类型。

在检察业务机构改革方面，1987年深圳市检察院成立全国首个经济罪案举报中心，1989年广东省人民检察院成立全国首个反贪污受贿工作局，1990年广东省人民检察院成立全国唯一的涉港澳案件个案协查办公室。在检察业务制度改革方面，广东检察机关首创自侦案件侦捕分开、侦诉分开的内部制约制度，并发展成为全国检察机关的一项重要制度。在预防职务犯罪模式创新方面，茂名检察机关"以党委为领导、检察机关为主导，社会各界和人民群众为主体广泛参与"，创立了预防职务犯罪的"茂名模式"；江门检察机关运用系统论方法以规模效应整体推进优化预防效果，创立了预防职务犯罪的"江门模式"；深圳市检察院坚持"打防并举，标本兼治，重在治本"的方针，借鉴香港廉政公署的做法创立了预防职务犯罪的"深圳模式"。党的十八大以来，广东检察机关积极贯彻落实国家司法体制和监察体制改革的精神和要求，积极探索检察机关提起公益诉讼制度改革，为建立完善公益诉讼法律制度提供广东经验；积极推进认罪认罚从宽制度改革试点工作。在检察监督领域，2011年广东检察机关首创全国首个侦查活动监督平台，2014年在全国率先建成全省覆盖、三级联网的"行政执法与刑事司法衔接"信息共享平台，2016年广东省人民检察院联合省扶贫办首创试点扶贫开发廉政监督员制度，有力地配合和推动了预防扶贫领域职务犯罪的专项工作。

（五）创新普法宣传，健全公共法律服务体系建设，优化社会矛盾纠纷预防化解机制，实现社会治理法治化

加强法治社会建设，是提高党的执政能力、实现党和国家长治久安的基础工程，是新形势下保持党同人民群众的血肉联系、维护最广大人民根本利益的必然要求，是加快转型升级、建设幸福广东的迫切需要，对在新形势下全面推进依法治省、开创法治广东建设新局面、推动广东法治建设走在全国前列、实现"三个定位、两个率先"目标具有重要意义。

广东省从1985年起开展以宪法为核心的法制宣传教育，1996年成立省依法治省领导工作小组，开始实施依法治省规划。改革开放40年来，经过"一

五""二五""三五""四五""五五"和"六五"普法工作，逐步构建了党委领导、人大监督、政府实施、普法部门负责、全社会参与的工作格局，形成了省、市、县（市、区）、乡镇、村（居）五级普法工作网，引导全民自觉守法、遇事找法、解决问题靠法，培育出一系列岭南特色普法品牌。法治宣传教育不断规范化，法治宣传教育机制不断健全。在建设法治社会的过程中，广东省深入推进多层次多领域依法治理，开展创建法治城市、法治县（市、区）、法治乡镇（街道）以及民主法治村（社区）的"四级同创"活动，修订完善创建评价标准，实施"一村（社区）一法律顾问"制度，构建法治化营商环境，加强企业法治文化建设，有力推动了社会治理法治化。公共法律服务作为基本公共服务，正在广东"五位一体""法治广东""平安广东""幸福广东"建设中发挥着越来越重要的作用。在社会矛盾纠纷预防化解领域，通过创新人民调解工作，推动社会矛盾纠纷有效解决。东莞创新第三方人民调解工作模式，建立起多层次、多领域的人民调解组织网络体系，肇庆市广宁县建立"138"化解矛盾工作网络，在深圳成立广东自贸区金融仲裁中心，改革劳动人事仲裁办案方式，试行仲裁裁决书社会公开制度，深圳开展仲裁"要素式"办案模式改革，惠州仲裁委积极探索"两化"试点，推进仲裁体制机制改革；打造"阳光复议"工程，推进行政复议委员会试点工作；制定实施《广东省信访条例》，明确信访工作责任，打造"广东信访网"拓展信访渠道等，将信访工作纳入法治化轨道。

（六）创新监督制度机制，编制权力"笼子"，使权力不再任性

形成严密的法治监督体系，通过有效监督来规制公权力，使其能够在法律框架内有效行使，不被滥用，同时又具有活力和创新力，促进经济社会可持续发展，这既是我国国家治理现代化的核心命题，也是中国共产党基于执政经验所提出的法治体系建设任务。改革开放40年来，广东省的法治监督与权力运行制约和监督体系建设工作稳步发展，亮点频现。

法治监督体系建设的核心是权力的监督制约机制。为加强对党政领导干部的权力监督，广东省坚持和健全民主生活会制度，执行领导干部重大事项报告和监督制度，建立诫勉谈话和述职述廉制度，推行党代表任期制和党务公开，强化对党政领导"一把手"的监督，建立健全巡视制度，健全党政领导干部问责制度；建立干部任用投票表决、公开推荐和公开选拔、竞争上岗、规范候选人提名等制度，实现选人用人的科学化、民主化、制度化。广东省人大积极探索听取和审议报告、执法检查、询问与质询、专题调研与视察等监督方式，尤其是对政府财政预算的实时在线全程监督，创造了省人大财政预算监督的

"广东经验",预算联网监督实效不断加强;在环境保护监督领域,广东省人大监督工作中首创引入第三方对人大督办的政府专项工作推进情况及成效进行评估制度。与此同时,广东省对行政监察制度进行了大胆的探索与实践,尤其是近十年来,广东省行政监察制度改革一直走在全国前列,如2007年4月20日,全国第一个省级行政审批电子监察系统——广东省行政审批电子监察系统正式宣告开通运行;在关涉民生的工程建设、征地领域开展效能监察,扩大电子监察的领域和范围,加强对行政权力运行的全程监督,落实以行政首长为重点的行政问责制度,明确问责范围,规范问责程序。党的十九大后,国家监察体制改革在全省推开,从省深化监察体制改革试点工作小组第一次会议召开到省、市、县三级监察委员会全面组建,广东仅用了72天。在政协民主监督方面,广东省政协积极探索富有政协特色和时代气息的民主监督方式,完善政协提案省领导督办制度,加强民主监督的顶层设计;围绕中心选准议题,确保民主监督有的放矢;积极创新方式方法,增强民主监督生机活力;培育倡导民主监督氛围,确保委员善监督、敢监督,有力地推动党委、政府重大决策部署的落实和相关工作改进。广东新闻媒体率先冲破思想禁区,重新按照新闻规律进行新闻报道,加强对党务政务活动的报道,拓展舆论监督空间,充分利用微博微信等新型途径,创办"广东发布"媒体监督新平台,增加媒体监督效果。

三、广东全面推进依法治省40年的基本经验

自1999年宪法修正案确立"依法治国,建立社会主义法治国家"之后,我国的法治建设驶入快车道,法治成为治国理政的基本方式,依法治国是我们党领导人民治理国家的基本方略。2013年习近平总书记在党的十八届三中全上提出,"建设法治中国,必须坚持依法治国、依法执政、依法行政共同推进,坚持法治国家、法治政府、法治社会一体建设。深化司法体制改革"。2014年习近平总书记在十八届四中全会上阐明,"全面推进依法治国,总目标是建设中国特色社会主义法治体系,建设社会主义法治国家"。国家关于依法治国的整体布局和实施策略,为地方法治实践提供了基本的宪制秩序和制度框架。而作为改革开放前沿的广东,40年推进地方法治建设与改革开放实践相结合的历程,在地方实践中践行贯彻中国道路、中国经验,为体现道路自信、理论自信、制度自信、文化自信积累了丰富的地方经验,为法治中国提供了鲜活的地方法治实践样本。其40年依法治省的经验,简要总结为:建立党委领导、人大主导、一府两院主体、社会协同、多主体监督的依法治理体系,以立法为先导,以制度创新为抓手,引领经济社会全面发展、同步发展。

（一）党委领导、人大主导、一府两院主体、社会协同、多主体监督的依法治理体系

全面推进依法治国，完善和发展中国特色社会主义制度，必须坚持党的领导、人民当家作主、依法治国的有机统一。在地方层面，坚持依法治省，是加强党的领导、发扬民主和依法办事的有机结合。其中党的领导是关键，完善人大立法机关的民主机制是基础，政府依法行政和司法机关公正司法是依法治省的执法主体性工程，以法治思维引导社会治理是重要协同部分，建设强有力的权力监督体系是依法治省的有效保障，多维度、多领域、多层次的法治建设全方面展开。在微观层面，这种依法治理体系则通过以下体制机制制度构建加以承载和展现。

1. 设置依法治省工作领导小组及其办公室，全面推进依法治省有推力

广东早期的经济快速发展所暴露出的法制规制不足，让广东省委、省政府意识到必须实行经济建设和法制建设"两条腿"走路。1993年广东省第七次党代会做出依法治省的决策，在全国率先提出"依法治省"，要求"建立社会主义市场经济、民主法治和廉政监督三个机制"。1996年10月，在深圳试点经验的基础上，广东省委在全国率先成立依法治省工作领导小组，由省委书记任组长，省长、省人大常委会主任、省政协主席任副组长，省委、省人大常委会、省政府、省政协有关负责同志及相关部门主要负责人为成员；领导小组办公室设在省人大常委会，由省人大常委会副主任兼任领导小组办公室主任。依托依法治省工作领导小组的成员结构和运作实践，逐步形成和完善了"党委发挥领导作用、人大发挥主导作用、'一府两院'发挥执法主体作用、政协发挥参政监督作用"的领导体制和工作机制。时任中共中央政治局委员、省委书记谢非担任领导小组组长，自始至终参加领导小组会议，对依法治省工作要点的确定和实施提出了重要意见或重要指示。后历届省委书记出任领导小组组长，推进依法治省工作，这是广东依法治省工作领导小组成立至今的一项"惯例"。同时，将办事机构设在省人大常委会，不但有利于人大在发扬人民民主、促进依法办事中发挥积极作用，更有利于依法治省工作的整体推进。各级人大通过行使立法权，将党委的重大决策转化为地方性法规，又通过行使监督权、重大事决定权等职权督促"一府两院"依法执行。

这种领导体制和工作机制，是实施依法治省必须把党的领导、发扬民主和依法办事有机统一起来的原则要求的具体化。这一模式，首先强调坚持党的领导，其次又通过发挥人大、"一府两院"、政协的职能作用来发扬人民民主、促进依法办事。其突出表现在两个方面，一是历届省委始终统览依法治省工作

全局。省委召开多次会议，提高了各级领导干部的认识，加强对依法治省工作的部署，如2008年省委十届三次全会做出全面推进依法治省、加快法治广东建设的部署。二是历届广东省委坚持不懈、一以贯之地加强民主法治建设，推进全省依法治省工作取得明显成效，为广东改革开放和社会主义现代化建设提供了坚定的法治保障。

2. 建立常态化的年度会议制度，制定年度工作目标，全面推进依法治省有抓手

从1997年起，依法治省工作领导小组建立了常态化的会议制度，确定每年召开1～2次会议，总结全年工作，确定新一年度工作要点，布局全面推进依法治省工作在立法、执法、司法、普法和权力监督等环节的落实重点。例如，1998年依法治省工作要点为"抓两头、建两制"，即一是通过建立健全行政执法责任制和冤案错案责任追究机制，促进依法行政和司法公正，二是完善民主制度促进基层民主政治建设。2008年6月依法治省工作领导小组第十四次会议强调工作重点放在立法、执法、司法、守法与普法宣传上。2014年4月8日，时任广东省委书记、省依法治省工作领导小组组长胡春华在省依法治省工作领导小组第二十次会议上强调，2014年是全面深化改革的开局起步之年，也是实施《法治广东建设五年规划》的攻坚之年，落实依法治省工作要认真学习领会好十八届三中全会和习近平总书记重要讲话精神，按照中央统一部署，积极稳妥推进依法治省体制机制改革，充分发挥依法治理在经济社会发展中的重要作用。根据2012年习近平总书记对广东做出的"三个定位、两个率先"和2017年做出的"四个坚持、三个支撑、两个走在前列"重要指示批示，广东省委要求切实用习近平新时代中国特色社会主义思想统领广东一切工作，进一步理清发展思路，完善发展战略，制定发展举措，凝聚全面依法治省的共同意志、共同目标、共同行动。

3. 建立常态化的法治广东宣传机制，全面推进依法治省有共识

法治广东宣传教育周是建立法治广东宣传教育大格局的重要载体，是广东法治建设中一项具有开创性的重要工作，也是法治广东建设的一项长期性、基础性工作。2009年广东省委根据深入学习实践科学发展观总体部署做出一项重要决定，即自2009年起，确定每年12月第一周为全省法治广东宣传教育周，每年法治广东宣传周确定一个主题，如2009年的法治宣传主题是"科学发展·法治环境"。2010年11月召开法治广东宣传教育第四次联席会议暨全省各市依法治市办公室主任会议，广东部署了第二个"法治广东宣传教育周"活动，围绕继续抓好依法治省及法治文化建设工作，全力推进法治文化建设，提升广东法治形象。2012年9月法治广东宣传教育第六次联席会议在广州召开,部署2012年法治广东宣传教育周活动,要求把发展社会主义法治文化、培育社会主义市场经济的文化精神,作为建设幸福广东的一项基础性工作来抓,围绕"三打两建"和全省法治文化建设示范点的评选抓好法治广东宣传教育。2015年12月广东省普法办联合省委依法治省办、省委宣传部、省教育厅举行第7个法治广东宣传教育周。经过9年发展,法治广东宣传贯穿于依法治省全过程,法治广东宣传教育大格局基本建成,法治意识大幅提高,夯实了法治广东建设的基础;抓住法治宣传工作重点,增强了法治宣传教育实效;建立法治宣传工作责任制度,健全了长效机制,不断开创法治广东建设新局面。法治广东宣传教育周活动,对于全面推进依法治省、加快法治广东建设,为争当改革开放排头兵提供法治保障,为广东实现"四个走在全国前列"提供强有力的行动共识。

(二)立法先行,为改革开放保驾护航,引领广东经济社会同步、全面发展

法律是治国之重器,良法是善治之前提。广东作为中国改革开放的窗口,40年来一直作为改革开放的先行者、开拓者形象,塑造了"广东模式",其最为重要的特色就是坚持立法先行,发挥立法对改革开放的保驾护航作用,引领广东经济社会同步、全面发展。可以说,广东地方立法是广东全面推进依法治省的制度引擎。

40年来,广东省大力推行地方立法科学化、民主化,积极发挥"立法试验田"作用。地方立法紧紧围绕全省深化改革开放和经济社会发展大局,不断适应形势发展需要,注重经济、社会、民生等领域立法,提高立法质量。如1993年针对广东市场经济发展的需要,制定了国内第一部规范现代公司制度的地方性法规《广东省公司条例》,开创了中国现代企业制度先河,对刚刚确立建立社会主义市场经济体制的中国经济发展影响深远。1999年制定的《广东省实施〈中华人民共和国消费者权益保护法〉办法》,首次明确消费者的人身安全权应由经营者而非消费者承担无过错举证责任。2000年制定了《广东省各级人民代表大会常务委员会讨论决定重大事项规定》,这是全国首部对地方各级人大常委会讨论决定重大事项的权限与程序进行规范的地方性法规。为了让人大及其常委会对政府预算的审批监督能真正落到实处①,2001年2月广

---

① 在2001年之前的几年中,广东省相继出现了五亿多元排污费被用于购房买车;飞来峡水利工程移民经费被挤占它用3.165亿元;扶贫资金、社保资金、水利资金被挪用等事件。这些事件的出现构成了《广东省预算审批监督条例》出台的现实背景。参见邓新建《政府要花钱人大说了算 广东预算审批监督条例出台》,载《法制日报》2001年2月25日。

东省人大通过了《广东省预算审批监督条例》，使全省各级人大及其常委会对地方财政预算的审批由以往的程序性审议变为实质性审查，提高预算的透明度，这是全国第一个由省人民代表大会通过的预算审批监督的地方性法规。针对与民众生活息息相关的食品安全问题，在没有上位法的情况下，广东于2007年11月30日率先出台《广东省食品安全条例》，为2009年2月通过的《食品安全法》积累了地方经验。

自党的十八大以来，广东全面落实依法治国基本方略，牢牢抓住法治这个关键，不断加强和改进地方立法，尤其是2015年《中共广东省委贯彻落实〈中共中央关于全面推进依法治国若干重大问题的决定〉的意见》强调，要推进科学立法、民主立法，恪守以民为本、立法为民的理念，把公正、公平、公开原则贯穿立法全过程，积极发挥人大及其常委会在立法工作中的主导作用，注重改革决策与立法决策相衔接，切实抓好重点领域立法，推动做好稳增长、促改革、调结构、惠民生、防风险等各项工作，依法保障公民权利，为广东经济社会全面、协调、可持续发展提供法治保障。在广东地方立法中，经济领域立法占据半壁江山。近年来，省委、省政府把创新驱动发展作为全省经济社会发展的核心战略和经济结构调整的总抓手，加快创新型经济发展。为此，省人大常委会先后制定了《广东省促进科技成果转化条例》（2016年）、《广东省职业教育案例（2018年）》，修订《广东省自主创新促进条例》（2016年），以立法引领和推动创新驱动发展战略成为当前广东地方立法的新动向。在社会治理领域，坚持以法治思维和法治方式解决问题的立法理念贯穿于立法全过程，如通过制定《广东省信访条例》推动信访工作制度改革，将信访工作纳入法治化轨道。在设区的市，如佛山出台《佛山市历史文化街区和历史建筑保护条例》《佛山市制定地方性法规条例》和《佛山市机动车和非道路移动机械排气污染防治条例》三部地方性法规，以立法形式解决发展中的热点难点问题。

如果说制定和修改地方立法为经济社会全面发展保驾护航，属于立法引领改革开放"立"的维度，则对既有地方立法进行全面清理，实现立法决策与改革决策相一致，属于立法引领改革开放"破"的维度，有破有立，二者相得益彰。为此，2014年3月27日，广东省人大常委会专门颁发《关于全面清理地方性法规和进一步完善地方性法规案审议程序的决定》，推进清理地方性法规的制度化和规范化。2017年7月20日广东省省长马兴瑞颁发政府令，对截至2013年12月31日有效的232项规章进行了全面清理，对60项省政府规章予以废止，对13项省政府规章的部分条款予以修改，以使省政府规章更好地适应经济社会发展的需要。各级人大常委会和人民政府在地方立法工作中注意对不适应改革和经济社会发展的地方性法规、规章及时进行了修改和废止，做到先修法、再推行，保证重大改革于法有据、立法主动适应改革。

（三）通过制度创新，精准回应广东地方法治实践，探索依法治省的全国样本

通过立法引领广东改革开放，这是广东推进全面依法治省宏观层面的特色。在微观上，则是通过具体的制度创新，精准回应广东地方法治实践中所面临的具体问题，诸多制度创新在全省甚至是全国推广，成为各省推行法治建设的参考和全国实施依法治国方略的地方样本。

为充分发挥人大在地方立法中的主导作用，实现科学立法、民主立法和依法立法，人大不断创新立法机制，提高地方立法质量。如1999年9月，广东省人大举行全国首次立法听证会，开创立法听证制度，后被2000年颁布的《立法法》所吸纳。为发挥专业人士在立法工作中的参谋智库作用，2000年9月广东省人大常委会首次聘请8位立法顾问，建立立法顾问制度。2001年8月，广东省人大常委会就电子商务立法举办立法论坛，开创了我国立法论坛先河。为保障地方立法具有科学性与民主性，广东省人大常委会在编制《广东省第十一届人大常委会立法规划项目（2008—2012年）》过程中，在全国首创法规立项论证制度，同时建立法规起草、提前审议等不同阶段的责任主体制度及其责任追究制度。另外，省人大常委会还出台了关于地方性法规公开、论证、听证、咨询、评估的五项立法工作规定，要求每一项地方性法规的出台至少要过"立项关""公众关""专业关""代表委员关"和"评估关"等五关，从不同的角度、不同的层面着力增强群众的话语权，尽可能多地直接听取和吸纳人民群众、基层单位和利益相关人的意见建议。省人大常委会在制定《广东省电梯使用安全条例》过程中就运用了这些立法机制，让制度创新在实践中得到检验。

40年的改革开放历程，也是广东各级人民政府从政策行政向依法行政的实践探索与开拓过程。在践行法治建设和推进依法行政实践中，广东在全国率先实行政府审批制度改革、国有土地使用权公开招标拍卖、政府采购等措施，推行政务公开，深化行政管理体制和行政执法体制改革等，依法行政工作格局取得初步成效。党的十八大后，广东发展更加注重质量和效益、注重可持续发展、注重绿色发展，以创新驱动引领动力变革，以制度创新引领效率变革，以实实在在的经济发展成果引领质量变革。以广东自贸试验区管理为例，自2014年广东自贸试验区挂牌以来，已累计形成385项改革创新经验分批在广东复制推广，21项改革创新经验在全国范围复制推广。在新时代推进依法治省，依法行政对服务理念的强调与实施各项便民措施、建立服务政府，对权力

制约的认同与推行权力清单制度、负面清单制度，对制度创新的渴望与加大产权保护执法、改革知识产权管理体制、优化营商环境的侧重，无不体现出广东在依法治省实践中对依法行政的提高与完善。

推进司法改革，维护社会公平正义，这是全面推进依法治省工作的两翼之一。40年来，广东省司法系统按照中央推进司法改革的整体布局，不断开展广东司法改革，开创了多项制度创新以加强司法建设。如在20世纪80年代末至90年代，以审判机构专业化为主线的司法改革，在广东以深圳市中级人民法院为典型，创新推出多项"全国首个"，例如：1987年成立全国首个经济纠纷调解中心，提高审理经济纠纷案件的效率；1988年成立全国首个专司涉外、涉港澳台经济纠纷案件的业务庭，有效推动了良好营商环境的形成，彰显了深圳经济特区发展的国际化的特色；1989年成立全国首个房地产审判庭，推动了司法审判与房地产市场发展相适应，为房地产业提供了有力的司法保障。为实现司法公正，广东在全国率先实行立审分离、庭前交换证据、再审申诉等审判工作改革，开展政法工作规范化建设，开展阳光审务、阳光检务、阳光警务、阳光狱（所）务等活动，增强司法工作透明度，努力促进公正司法，维护社会公平正义。

加强法治宣传教育凝聚依法治省共识，实施社会依法治理与依法行政同步推进，这是全面推进依法治省的有机组成部分。40年来，广东先后实施了六个五年普法规划，通过建立各级党委（党组）中心组学习制度、国家工作人员法治教育培训制度、领导干部任前法律知识考试制度、国家机关"谁执法谁普法"责任制度、媒体公益普法制度、青少年学生法治教育工作制度、以案释法制度等，以制度创新初步实现了从法律知识启蒙教育到提高公民法治素质的转变，从单一普法到全面普法的转变，公民的法治观念和法治意识明显增强，有力促进了法治广东的建设。在建设法治社会的过程中，广东省深入推进多层次多领域依法治理，开展创建法治城市、法治县（市、区）、法治乡镇（街道）以及民主法治村（社区）的"四级同创"活动，修订完善创建评价标准，构建法治化营商环境，加强企业法治文化建设，有力推动了社会治理法治化。在公共法律服务平台建设方面，已经实现全省村（社区）法律顾问全覆盖，建成全省集约服务的"12348"公共法律服务热线和公共法律服务网上大厅，完成县（市、区）、镇（街道）和村（社区）的实体平台的基础建设工作。

法治监督体系建设的核心是对权力的监督制约。为实现对领导干部的权力监督常态化、系统化，建立了巡视制度、评议制度、诫勉谈话制度、述职述廉制度、重大事项报告制度等，形成对党政领导干部用权全程监督、对工作生活全方位监督。为加强对行政执法监督工作，在全国率先实行行政审批电子监察系统、人大代表政协委员"直通车"等制度，监督力度不断加大，监督实效不断增强。

四、广东全面推进依法治省40年的展望

2018年是全面贯彻党的十九大精神的开局之年，是改革开放40周年，是决胜全面建成小康社会、实施"十三五"规划承上启下的关键一年。站在新时代的发展坐标上，身为改革开放排头兵、先行地、实验区的广东，要全面推进依法治省，当以习近平新时代中国特色社会主义思想为指导，按照"三个定位、两个率先""四个坚持、三个支撑、两个走在前列""四个走在全国前列"的要求，紧扣社会主要矛盾变化，统筹推进"五位一体"总体布局和协调推进"四个全面"战略布局，继续大力推进改革开放，推动质量变革、效率变革、动力变革，加强和改善民生，推进全面依法治省，全面从严治党，担当起在构建推动经济高质量发展体制机制、建设现代化经济体系、形成全面开放新格局、营造共建共治共享社会治理格局上走在全国前列的新时代使命。

（一）做好统筹规划和年度计划，找准重点领域和关键环节，加强粤东、西、北法治发展，引导广东区域法治均衡发展

广东的珠江东西岸、粤西、粤北等省内区域，经济发展不平衡，2017年广东地区生产总值8.99万亿元，连续29年居全国首位，但各地产业雷同和粗放发展依然存在，资源浪费与环境透支并存，经济结构调整任务依然艰巨，广东境内区域发展、城乡发展不协调问题仍然突出，民生社会事业还存在不少短板，维护社会稳定压力较大，全面从严治党成效还需要进一步巩固。这些现实的省情，是广东未来全面推进依法治省的基础和实施下一步行动必须考量的要素。

因此，需要在广东省委、省政府的领导下，遵循宪法法律框架，结合广东经济发展的短板和发展方向，做好全省经济建设、政治建设、文化建设、社会建设、生态文明建设五位一体协调发展规划、粤东西北区域协调发展规划，制定年度落实措施和推进时间进度表，加强广东在土地、资源、环境等领域的地方立法，以立法引导各地产业规划协同，加强基础设施、资源利用和环境保护方面的协同，细化科技创新制度配套制度，优化产业转型升级政策，强化产权保护，推动经济发展方式有效转变，使广东在更高质量、更有效益和更可持续的基础上实现加快发展促转型。建立各行政区之间的行政管理与执法协调机制，加强社会管理和公共服务一体化建设，建立健全粤港澳大湾区法治一体化建设，促进广东区域法治均衡发展。

(二）进一步解放思想，以高度的政治担当和布局谋篇的智慧，以法治思维和法治方式引领广东改革开放，为全国全面依法治国提供广东地方法治实践样本

在过去的40年中，广东乘天时地利人和，开放思想，转变思路，加强法治建设，创新体制机制，成为改革开放的排头兵。在新时代，广东要确保实现"三个定位、两个率先""四个走在全国前列"目标，必须要进一步加强法治建设的精细化工程，以法治思维和法治方式推动改革创新。

1. 需要布局谋篇，凝聚改革开放的方向和重点，强化干部和人员管理，完善改革的容错与激励相结合的体制机制

广东改革开放在多数领域走在全国前列，如不以一种警醒的心态时时鞭策自己，则改革取得的成果容易成为我们党政干部沾沾自喜的炫耀资本，成为既得利益者不思进取、固步自封的强有力挡箭牌。面对新时代全国各地改革创新浪潮，上至省级单位如北京、上海，下至基层的县市，在制度机制改革创新与法治建设征程中可谓同行者有竞争、后有追兵，逆水行舟不进则退。因此，广东省委需要立足广东省情，站在全国立场看广东，而不是站在广东位置看广东。结合习近平总书记2018年3月发表的讲话精神，细细品味，反复琢磨，聚全省智慧，以高度的政治担当，布局谋篇，引领再一次解放思想，强化党的干部学习，尊重实践，引进人才，尊重知识。尊重创新，健全鼓励改革的激励机制，建立完善宽容改革失败的容错机制，激发新一轮的改革创新动力与活力。

2. 完善地方立法，促进科技创新和绿色发展，促进和规范广东经济更有质量、更有效率、更可持续发展的体制机制

继续强化人大主导立法。正确处理人大主导与党委领导的关系。立法工作中各级人大应强化党的领导作用，主动把立法活动中的重大事项向党委请示和报告，充分听取党委的建议和意见，在重大立法项目和疑难重大复杂问题的解决上，尽可能获得地方党委的指导和支持。处理好人大立法与政府立法、上级立法与本级立法、本级立法与下级立法、立法行为与非立法行为的相互关系，处理好人大起草法规与政府、第三方起草法规的相互关系。要注意立法和改革决策相衔接，做到重大改革于法有据、立法主动适应改革和经济社会发展需要。继续加强立法能力和立法队伍建设，健全地方立法工作机制。

3. 进一步转变政府职能，规范行政权力，促进依法行政，夯实服务型政府和法治政府的具体落实制度机制

打造服务型政府和法治政府，需要广东各级人民政府将这种理念和价值落实到具体的制度机制上，落实在日常的行政管理和服务工作上，保障政府不越位、不错位、不缺位。尽管广东近些年推行的行政改革，如机构改革、行政审批制度改革、综合执法改革等方面取得一定成效，但在食品安全、市场监管、环境保护、交通安全等与百姓生活密切相关的多个领域，仍然存在缺位、错位等现象，行政权力滥用、有法不依、选择性执法等侵害行政相对人合法权益的行为时有发生。进一步改革行政组织机构，行政管理和服务组织扁平化设置与下沉，放宽行政许可，完善行政权力清单和负面清单，制定裁量基准，细化执法规程和规则，通过体系化、精细化的具体制度机制构建规范行政权力，促进依法行政，将服务型政府和法治政府落实在日常的行政管理与服务实践中。

（三）契合国家"一带一路"倡议，实现"四个走在全国前列"，打造新时代国家参与全球治理战略的对外开放法治窗口

在新时代，广东要践行习近平总书记对广东提出的"四个走在全国前列"新使命，需要进一步优化地方立法，加强依法行政，创新社会治理机制，强化司法保障，提高民众法治意识，促进公平正义，将广东建设成为新时代国家参与全球治理体系的改革开放与法治建设窗口。

以针对性的地方立法为引领，为经济高质量发展保驾护航。新时代主要矛盾的变化，对经济发展提出转向高质量发展要求，这是广东省制定经济政策的根本出发点。因此，围绕"三去一降一补"不断调整供给侧结构、不断优化营商环境、完善科技创新体制、完善人才培养引进激励机制，注重质量和效益，注重可持续发展，注重绿色发展，以创新驱动引领动力变革，以制度创新引领效率变革，引领质量变革。

以全面依法行政为推动力量，重视和善于运用区域规划和产业规划，以政策指引产业结构优化，更加重视发展实体经济，要为新兴产业发展腾出空间，面向全球集聚一流创新要素，促进产业迈向全球价值链高端环节，建设现代化经济体系；强化依法行政和服务行政，打造高效、透明、服务的营商环境改革创新试验区，促进实体经济进一步夯实，创新动能进一步增强，高端人才进一步汇聚。

加大开放合作，共建国际一流湾区，展现新时代广东改革开放和全面依法治省的新窗口。习近平在参加2018年全国"两会"广东代表团时指出："要抓住建设粤港澳大湾区重大机遇，携手港澳加快推进相关工作，打造国际一流湾区和世界级城市群。"打造国际一流的粤港澳大湾区，关键要发挥好"一国两制"优势，凝聚粤港澳三方强大合力，促进湾区全面协调发展，探索湾区体制机制创新，建设湾区生态保护屏障，形成湾区金融服务支撑，促进湾区服

务业开放合作，打造湾区创新科技引擎，强化湾区全球商贸功能，推动粤港澳大湾区与国家战略在更高层次的融合发展。

创新社会治理，促进公平正义。以良法促发展、保善治。在新时代，实施乡村振兴战略，缩小城乡差距，缩小粤东、西、北之间差距，打造共建共治共享的社会治理格局，提高社会治理社会化、法治化、智能化、专业化水平，这需要政府加强对社会治理的参与引导，坚持"社会问题社会治"，引导社会力量参与社会治理，建设一个更具包容性的社会治理体系；国家机关要自觉将权力纳入法治轨道，严格按照法律规定办事，带头遵法、守法，维护宪法和法律权威，深入开展法制宣传教育，建立调处化解矛盾综合机制，引导群众以合法手段化解矛盾纠纷。政府有责任加强大数据治理，引导各种信息化平台建设，按照大共享、大融合、大应用路径，最大限度发挥大数据效能，为社会治理提供强大支持。同时，加强专业化人才队伍建设，推进分类治理，提升社会治理专业化水平。

第一章　改革开放与地方立法

法律是治国之重器，良法是善治之前提。建设中国特色社会主义法治体系，建设社会主义法治国家，坚持立法先行，发挥立法的引领和推动作用。地方立法是国家立法的必要补充，在贯彻实施宪法法律，完善以宪法为核心的中国特色社会主义法律体系中负有重要责任，在形成和完善中国特色社会主义法律体系过程中具有不可替代的作用。改革开放40年来，广东省各级人民代表大会及其常委会在立法工作中坚定不移地贯彻党的领导，紧紧围绕全省工作大局，认真履行宪法和法律赋予的职责，扎实有效地开展地方立法工作，为规范市场经济秩序、完善市场经济体制、深化行政管理体制改革、保护公民合法权益、保护生态环境、加强文化建设等提供了有力的法制保障。

第一节　广东地方立法40年的历程

自1979年7月五届全国人大二次会议通过《地方各级人民代表大会和地方各级人民政府组织法》，赋予省、自治区、直辖市人大及其常委会制定地方性法规的权力以来，广东省立法工作已走入第40个年头。40年来，围绕党和国家在不同时期的工作任务，广东省地方立法权限不断调整，从无到有，逐步形成了省级、设区的市、经济特区和民族县的地方立法体制。在立法制度框架下，40年来广东省各级人大立法机关紧紧围绕中共中央、中共广东省委关于改革和发展的重大决策开展工作，在保证一定数量的基础上，把提高立法质量作为重点，积极探索，不断推进立法工作的科学化、民主化，努力把立法同改革开放的重大布局结合起来，通过立法反映人民群众愿望、维护人民群众根本利益，通过立法来回应经济、政治、文化和社会等各个方面的需求，经由立法来引导改革开放的健康运行，借助立法来完善地方政府行政权力运行机制和市场监管机制，推进广东省社会主义法治建设。具体来说，广东省的地方立法发展大致经历了起步探索、发展完善、规范提高和全面发展四个阶段。

一、起步探索阶段（1979—1992年）

广东是改革开放的前沿阵地，邓小平同志要求广东大胆实践，创办特区作为开放窗口。1981年11月全国人大常委会通过决议，授权广东省人大及其常委会根据有关法律、法令、政策规定的原则，制定经济特区的各项单行经济法规。自此，广东地方立法开启了破冰之旅。1982年《宪法》进一步扩大了省级人大的地方立法权，广东省人民代表大会常务委员会享有地方立法权。至此，广东省人民代表大会及其常务委员会的地方立法权正式确立。1992年春，中国改革开放的总设计师邓小平同志视察南方并发表著名的南方谈话。改革开放进一步扩大，由此也对地方立法提出了更高要求。1992年，全国人大常委会授权深圳经济特区的人民代表大会及其常委会制定特区法规的立法权；1996年，全国人大常委会授权珠海和汕头经济特区的人民代表大会及其常委会制定特区法规的立法权。在这个历史时期，从中央到广东地方，改革开放工作的中心就是经济体制改革。广东省地方立法的特点集中体现为：通过地方立法推进广东地方经济发展，即充分利用国家授予的地方立法权来推动经济特区改革与发展。具体来说，改革开放初期，广东地方立法从广东省的实际出发，初步探索广东省地方立法的发展方向，把中央赋予的在经济体制改革和对外开放中的特殊政策和灵活措施用地方性法规的形式确立下来，从而适应改革开放的迫切需要。1984年后，经济体制改革的迅速发展为广东省的地方立法工作拓展了更为广阔的领域，提供了更为丰富的立法实践场域。至1992年，广东省共制定和批准了60多项地方性法规。

（一）通过立法启动改革开放

1. 通过制定《广东省经济特区条例》确立了经济特区建制和运作模式

试办经济特区是广东省实行特殊政策的重要内容，因此，在这一时期，广东省人大对经济特区的立法相当重视。1980年4月15日，《广东省经济特区条例》经广东省第五届人大常委会第3次会议通过，并经1980年8月26日第五届全国人大常委会第15次会议批准执行。这部由广东省人大常委会会同广东省人民政府起草创制，再由国务院报全国人大常委会审议批准生效的地方性法规，为广东省三个经济特区的建制和运作构建了蓝图。该《条例》由六个部分组成：第一章总则，指出广东省设立经济特区的目的是："鼓励外国公民、华侨、港澳同胞及其公司、企业（以下简称客商），投资设厂或者与我方合作设厂，兴办企业和其他事业。"总则还明确表示："特区为客商提供广阔的经营范围,创造良好的经营条件,保证稳定的经营场所。"第二章注册和经营,规定了客商在特区投资设厂,兴办各种经济事业的程序。第三章优惠办法,为客商在经济特区设厂兴办各种经济事业提供多种优惠,包括客商用地的优惠;对特区企业进口生产所必需的机器设备、零配件、原材料、运输工具和其他生产资料,免征进口税;对必需的生活用品,可以根据具体情况,分别征税或者减免进口税;税收优惠,规定特区企业的所得税税率为百分之十五;等等。第四章劳动管理,规定"各特区设立劳动服务公司。特区企业雇用中国职员和工人,或者由当地劳动服务公司介绍,或者经广东省经济特区管理委员会同意由客商自行招聘,都由企业考核录用,同职工签订劳动合同"。第五章经济特区的组织管理权限,规定了"广东省经济特区管理委员会行使以下职权:制订特区发展计划并组织实施;审核、批准客商在特区的投资项目;办理特区工商登记和土地核配;协调设在特区内的银行、保险、税务、海关、边检、邮电等机构的工作关系;为特区企业所需的职工提供来源,并保护职工的正当权益;举办特区教育、文化、卫生和各项公益事业;维护特区治安,依法保护特区内人身和财产不受侵犯"。

2. 制定经济特区的配套法规,完善经济特区的投资环境

美国著名跨国公司问题专家邓宁,将法律环境比喻为投资环境的"晴雨表""风向计",是否有健全的法律法规,是投资者决定是否投资的重要方面。一个安定、可预期的法治环境是市场经济的必备条件,是外来投资者信心的保障。基于这种认识,广东省人大又相继为经济特区制定了一系列规范投资环境的单行法规,这些地方性法规有力地促进了经济特区的快速健康发展。具体来说,根据《广东省经济特区条例》,广东省人大常委会陆续制定、施行了《特区入境出境人员管理暂行规定》(1981年)、《特区企业劳动工资管理暂行规定》(1981年)、《特区企业登记管理暂行规定》(1981年)、《深圳经济特区土地管理暂行规定》(1981年)等单行法规。至此,经济特区改革开放所需要的法律制度日趋完备:

第一,《广东省经济特区入境出境人员管理暂行规定》。广东省的深圳、珠海、汕头三个经济特区毗邻港澳,外国人、华侨、港澳同胞、台湾同胞出入境频繁。为了保卫国家的主权和安全,1981年11月17日广东省人大颁布了《广东省经济特区入境出境人员管理暂行规定》。该《规定》的适用对象是:从各经济特区境内的国家对外开放口岸和对外开放的特区专用口岸进入特区,或从特区出境的外国人、华侨、港澳同胞、台湾同胞。这一规定规范了广东省三个经济特区的边防检查制度,在保障符合条件的人员及行李物品等顺利出入境和防止违反边防检查规定者非法出入境方面发挥了重要作用。

第二,《广东省经济特区企业登记管理暂行规定》。根据1979年《中华人民共和国中外合资经营企业法》和1980年《广东省经济特区条例》,经济特区企业的经营范围十分广泛。一切在国际经济合作和技术交流中具有积极意义的工业、农业、畜牧业、养殖业、旅游业、住宅和建筑业、高级技术研究制造业,以及客商与特区共同感兴趣的其他行业,都可以投资兴办或与特区合资兴办。为了进一步细化和完善有关特区外资企业、中外合资企业和合作企业的规定,广东省人大常委会于1981年制定了《广东省经济特区企业登记管理暂行规定》。该《暂行规定》规定了特区企业设立、变更和终止的条件、程序等商事登记相关内容,是广东省管理特区企业的重要依据。具体来说,该《暂行规定》具有以下几个方面的意义:一是规范了市场主体资格,为市场主体自主经营、平等竞争创造了条件,维护了社会主义经济秩序;二是有利于加强监督管理,贯彻实施国家有关方针、政策、法律、法规,从而维护特区经济交易的安全和当事人的合法权益;三是有利于合理引导产业结构,促进稀缺资源在宏观上的优化配置,提高资源使用效益;四是为广东省国民经济的发展和管理提供了必要的基础信息和统计资料。

第三,《广东省经济特区企业劳动工资管理暂行规定》。经济特区不仅要为投资方提供良好的投资环境,也要维护良好的劳资关系。劳动关系建立的依据是签订劳动合同,劳动报酬权益是劳动合同、劳动关系的核心内容。如果劳动关系紧张、侵权事件不断、劳资矛盾激化,健康稳定的特区经济环境就无从谈起。而且在奉行市场逻辑的经济特区中,政府不能够像计划经济体制那样直接来确定企业职工工资水平和增长幅度,而应该通过法律、经济和必要的行政手段,对企业工资分配进行规范、引导、调节和监督。但是,当时国家在三资企业的劳动关系方面的立法完全是空白。为此,1981年广东省人大常委会通过了《广东省经济特区企业劳动工资管理暂行规定》,该《暂行规定》明确规定特区外资企业、中外合资企业和合作企业雇用职工,实行合同制,并由企业同职工签订劳动合同。劳动合同应包括以下内容:职工的雇用、解雇和辞职;生产和工作任务;劳动服务费和奖惩规定;工作时间和假期;劳动保险和生活福利;劳动保护;劳动纪律。此外,该《暂行规定》还规定了特区内的外籍职工、华侨职工、港澳职工在缴纳个人所得税后的工资及其他正当收入,均可按特区外汇管理办法汇出。

第四,《深圳经济特区土地管理暂行规定》。1949年后,新中国确立了土地的社会主义公有制,1982年《宪法》明确规定"任何组织或者个人不得侵占、买卖、出租或者以其他形式非法转让土地"。这一规定形成了我国当时国有土地使用制度的主要特征:一是土地无偿使用,二是无限期使用,三是不准转让。因此,改革开放之前,广东省城镇国有土地实行的是单一行政划拨制度,除国家因建设需要征用农村集体土地须支付征地补偿费外,国家和农村集体所有制的土地使用者均为无偿无限期使用土地,相应地,土地使用权不能在土地使用者之间流转。经济特区成立后,深圳在"外引内联"的巨大需求和压力下,急需解决城市基础建设资金匮乏这个最基本也是最紧迫的问题。正是建设资金不足这一根本性约束,逼出了深圳的"拓荒牛"们向土地要资金,从最初的以合作开发土地的形式向外商收取费用到收取土地使用费再到公开有偿出让国有土地使用权,从而实现了将国有土地由无偿使用向有偿使用转变的历史性改革。这一新中国土地制度史上的重大突破为1981年广东省人大通过的《深圳经济特区土地管理暂行规定》所确认。该《暂行规定》共四章,第一章总则,规定"本特区范围内已开发和尚待开发的矿藏、水流、荒地、耕地、山林和其他海陆资源,均由广东省深圳市人民政府统一管理;市人民政府可根据建设需要,依照有关法令的规定,对土地实行征购、征用或者收归国有","经批准使用土地的单位和个人,对其所使用的土地只有使用权,没有所有权;禁止买卖和变相买卖土地,禁止出租和擅自转让土地;不得开采、动用或破坏地下资源和其他资源"。第二章规定了特区土地的经营管理。第三章规定了土地使用年限和土地使用费。第四章规定了客商用地范围内按合同或协议书规定应承担建设的供电、供水、排水、下水道、煤气通管和电讯设备等公共设施,须按城市规划要求修建。该《暂行规定》突破当时宪法的规定,第一次将土地使用权和所有权分开,确定特区土地有偿使用和转让制度,成为国家土地产权制度改革的催化剂,为《土地管理法》的修订提供了实践基础。

(二)加强社会主义市场经济方面的立法

市场经济既是自主性经济,也是法治经济。法治是市场经济的内在需求,市场经济要求通过立法确认平等主体的市场主体资格,确定意思自治原则,通过所有权制度界分所有权归属、市场主体的法律责任以及纠纷解决机制。

1. 规范市场主体方面的法律

建立社会主义市场经济体制,首先要解决市场主体问题。到市场上从事经营活动,需要有一定的资格。具体来说,这种类型的立法主要调整各类经济民事主体组织结构、行为、设立、资格、权利、义务、法律地位等等,如我们熟知的《公司法》《合伙企业法》《个人独资企业法》。在改革开放初期,各类市场主体日益活跃,社会经济加速发展。在"快"与"活"中,一些矛盾和问题也随之暴露,一些皮包公司坑蒙拐骗,劳务市场存在虚假信息,令求职者无所适从。为了更好地规范市场主体行为,广东省制定了三部非常重要的规范市场主体组织方面的地方性法规，即1985年广东省人大常委会批准的《广东省经济特区涉外企业会计管理规定》、1986年广东省人大常委会制定颁布的《广东省经济特区涉外公司条例》和1986年通过的《深圳经济特区涉外公司破产条例》。《广东省经济特区涉外企业会计管理规定》有利于规范特区涉外企业的会计行为，保证会计资料真实、完整，有利于维护特区经济秩序和会计秩序，促进经济良性循环，提高特区涉外企业的经济效益。同时，利用法律机制调整和规范特区涉外企业的经济活动，也有利于维护社会主义市场经济秩序。而《广东省经济特区涉外公司条例》则在我国公司法立法史上写下了重重的一笔。改革开放初期，我国法制建设百废待兴，在国家立法层面存在大量立法缺失，其中就包括以规范公司的组织和行为，保护公司、股东和债权人的合法权益为宗旨的公司法。这样一来，特区内的中外合资公司、中外合作公司、外资公司和中外股份有限公司的组织和行为就没有法律依据。为了改变这种无法可依的局面，广东省第六届人民代表大会常务委员会第22次会议通过了《广东省经济特区涉外公司条例》。该《条例》共八章，这部法规的首创性在于它将我国的三资企业法和相关的公司法律制度结合起来，是特区三资企业的基本规范。具体来说，该《条例》规定了特区的中外合资公司、中外合作公司、外资公司的设立程序、组织机构、经营细则、转让和抵押、资产处理，也规定了中外股份有限公司设立程序、组织机构、股票、债券、财务会计、公司的重整、公司的期限、变更和合并、公司的解散和清算等制度。从某种意义上看，这部法规可以视为我国公司领域立法的雏形，对随后公司法立法起了重要的推动作用。而《深圳经济特区涉外公司破产条例》则在《广东省经济特区涉外公司条例》的基础上进一步规定了外商投资企业的破产问题。

2. 规范市场主体行为，维护市场秩序方面的法律

中国的改革是以市场化改革为先导的经济改革，而市场化改革最先又是在深圳等沿海地区推行的。市场化改革要靠法律规范市场主体行为，维护经济秩序。在这一阶段，广东省人大常委会通过和批准了一系列的相关法规。例如《广东省矿产资源开发管理暂行条例》（1985年）、《广东省技术市场管理规定》（1986年）、《广东省土地管理实施办法》（1986年颁布，1991年修正）、《广东省森林管理实施办法》（1987年）、《深圳经济特区抵押贷款管理规定》（1990年）、《广东省渔业管理实施办法》（1990年）、《广东省拍卖业管理暂行规定》（1991年）、《广东省经济特区土地管理条例》（1991年）、《深圳经济特区房地产登记条例》（1992年）、《深圳经济特区房屋租赁条例》（1992年）等等。在上述立法中，1992年12月26日通过的《深圳经济特区房地产登记条例》和《深圳经济特区房屋租赁条例》具有标志性的意义。这两部法规不仅是深圳获得特区立法权之后的首次立法，而且还具有鲜明的深圳立法特色，这是全国首部将房地产纳入政府监管的立法。从此，深圳出台了大量的先行性立法，内容涉及土地、资源、人口、环境、社会文明等领域，基本解决了深圳特区在改革开放中遇到的各种各样的难题。值得一提的是，这一时期涌现了一批规范某一方面的市场行为的地方性法规，如抵押贷款、土地管理、技术市场管理、矿产资源开发管理等。其中最具有创新性的当属土地管理领域的立法。《广东省土地管理实施办法》《广东省经济特区土地管理条例》是对之前制定的《深圳经济特区土地管理条例》的进一步完善和总结，这些立法都明确规定国有和集体土地可以依法转让并实行有偿使用，如前所述，这些立法是对中华人民共和国成立以来土地管理制度的重大突破。1987年，全国人民代表大会修改后的《土地管理法》肯定了上述制度。总之，这一时期经济领域的立法表明，广东地方经济法规体系已经初步形成，从市场主体法律地位的规定，主体行为以及市场秩序的规范，到地方政府管理经济行为的规范，基本上构成了一个有机联系、相互呼应的整体，为地方经济和社会的有序发展，为人们生活质量的提高营造了良好的法制环境。

（三）加大公民权利保障方面的立法

经验表明，基本权利的保障水平与生产力的发展有直接的对应关系。一方面，公民权利观念是生产力发展的必然结果。改革开放解放了生产力，人是生产力中最活跃的因素，生产力解放的核心内容是人的解放——人的身体的解放，人的思想的解放，即人身自由、思想自由、言论自由。另一方面，公民权利也是生产力发展的重要原因。改革开放以来，就是因为给了人们以较多的人身自由、思想自由、言论自由和经济生活领域的自由，财产权得到了较大程度的保障，经济才得到了与日俱增的发展。从1985年到1992年间，广东省公民权利保障方面的立法见证了生产力和公民权利之间的这种辩证关系。随着社会经济的发展，人们的权利意识、平等观念、公民精神日益高涨。在这一期间，广东省地方人大制定了一系列和公民权利相关的法规，它们是：《广东省保护妇女儿童合法权益的若干规定》（1985年）、《广东省经济特区企业工会规定》（1985年）、《广东省普及九年义务教育实施办法》（1986年）、《广东省劳动安全卫生条例》（1988年）、《广东省经济特区劳动条例》（1988年）、《广东省青少年保护条例》（1989年）、《广东省保护公民举报条例》（1989年）、《广东省保护消费者合法权益条例》（1989年）、《广东省维护老年人合法权益条例》（1991年）。制定这些和公民基本权利密切相关的地方性法规，表明广东不仅注重经济的范畴，还牢牢把握立法为民的宗旨，把实现、维护和发展公民权利作为立法工作的出发点和落脚点,从而确保公民的合法权益不受侵害。

(四)重视环境资源保护方面的立法

历史经验告诉我们,水利是国民经济和社会发展的重要基础设施。由于特殊的地理位置和气候影响,广东省洪、旱、风等自然灾害十分频繁,依法治水、管水是促进水利改革和发展、保障水安全的重要手段。基于这一认识,广东省地方人大在改革开放的初期就着手进行水资源领域的立法工作。从 1985 年到 1992 年,广东省人大常委会制定和批准了《广东省水土保持工作管理规定》(1986 年)、《广州市饮用水源污染防治条例》(1987 年)、《广东省实施〈中华人民共和国水法〉办法》(1991 年)、《广东省东江水系水质保护条例》(1991 年)。这些立法,初步建立起广东省水资源领域的地方立法体系。

(五)规范政府行为方面的立法

长期以来,人们都有这样一个认识上的误区,认为法律是管老百姓的,立法者在起草法律的时候,只考虑要老百姓如何做,对行政机关却赋予很多权力。而且在实践中,很多法律、法规和规章往往都是由相关行政主管部门起草,部门利益法制化情况严重,立法甚至沦为一些政府部门寻租的工具。不过,法治不仅仅意味着依法而行统治,不仅仅意味着公民遵守法律,还意味着要用法律来制约那些行使权力的政府及官员。实际上,法治本来的含义并不是为了约束公民权利,强化政府部门的权力,恰恰相反,法治题中之义是保障公民权利,限制政府权力。在 1985 年到 1992 年间,广东地方立法已经开始在"限制政府权力、保障公民权利"这条道路上进行了初步的探索,制定了《广东省人民代表大会常务委员会关于加强对罚款、收费的监督管理的决议》(1985 年)、《广东省人民代表大会常务委员会关于执行〈广东省物价管理暂行条例〉第二十五条有关罚款问题的决定》(1985 年)、《广东省行政事业性收费管理条例》(1991 年)、《广东省统计管理条例》(1992 年)等法规。上述立法规范了行政处罚、行政收费的行使主体、行使权限和行使方式,有力地防止了政府权力的滥用。以 1991 年通过的《广东省行政事业性收费管理条例》为例,该《条例》共 25 条,第一条中明确了立法宗旨,"为加强行政事业性收费管理,维护国家利益,保护公民、法人和其他组织的合法权益,根据国家有关法律、法规,制定本条例";该《条例》明确规定行政事业性收费的依据,即法律、法规和规章,除此之外,行政主体不得依据其他任何文件进行行政收费。根据该《条例》,1992 年广东省进行了大规模的行政事业性收费的清理工作,强化行政事业性收费年审工作,取消一切不合法收费项目,实行年审结果公示制度，从而有效地遏制了行政部门滥收费现象。

综上，这一时期广东地方立法具有以下特点：第一，立法者充分利用国家授予的地方立法权来推动经济特区改革与发展，在经济特区建制、劳动、土地管理、出入境管理等领域进行了大胆的制度创新，基本建立了外商投资的法律框架。第二，立法者认识到立法与经济发展的辩证关系，大胆探索地方立法新领域，为改革开放和经济发展提供法制保障。如在这一时期制定了关于经济特区抵押贷款管理、技术市场管理、消费者合法权益保护、经济特区企业工会等一批地方性法规。第三，针对改革开放中出现的新情况、新问题，在国家当时尚未制定法律的情况下，改革地方立法模式，开展先行性立法，为全国制定法律、法规摸索经验。如《广东省经济特区涉外公司条例》，是我国第一部地方性公司立法；《深圳经济特区涉外公司破产条例》关于涉外公司破产方面的规定，弥补了国家法律的不足。此外，广东省关于经济特区涉外企业会计管理、经济特区抵押贷款管理和技术市场管理的立法，在全国来说都是具有试验性和首创性的。第四，顺应市场经济是权利经济的时代需要，广东省人大还制定了一系列有关公民权利保障、社会保障以及环境保护方面的地方性法规。

二、发展完善阶段（1992—2000 年）

1992 年春，中国改革开放的总设计师邓小平视察南方并发表著名的南方谈话。改革开放对地方立法提出更高要求。1992 年，全国人大常委会授权深圳市人民代表大会及其常委会制定特区法规的立法权；1996 年，全国人大常委会授权珠海市、汕头市人民代表大会及其常委会制定特区法规的立法权。至此，广东省形成了以广东省人民代表大会及其常委会为主，以深圳市、珠海市、汕头市的特区立法权为辅的多元多层次地方立法体系。此外，广东省连山壮族瑶族自治县、连南瑶族自治县和乳源瑶族自治县的人民代表大会也享有制定自治条例和单行条例的立法权。1993 年 3 月，第八届全国人民代表大会第 1 次会议审议通过了《中华人民共和国宪法修正案》。该修正案将宪法原有第 15 条关于计划经济的规定，修改为"国家实行社会主义市场经济"，"国家加强经济立法、完善宏观调控"，从而启动了中国市场经济及其发展中的法治建设。1993 年 11 月 14 日，党的十四届三中全会通过的《中共中央关于建立社会主义市场经济体制若干问题的决定》，明确了社会主义市场经济体制的基本框架。我国经济体制改革进入全局性整体推进阶段。随着社会主义市场经济体制改革目标的确立，广东省改革开放也不断向纵深发展，在建立现代企业制度、发展和完善社会保障制度以及建立适应市场经济的法律体系等方面继续进行大胆探索。以社会主义市场经济为导向的改革开放的纵深发展为广东省人大立法带来了新契机。1993年3月，时任全国人大常委会委员长的乔石在八届全国人大一次会议期间，对广东省代表团提出了加快立法的要求。同年4月，乔石在视察广东时又提出："在市场经济体制建立过程中，广东可以成为立法工作试验田，先行一步。"有了全国人大的支持，广东地方人大也开始调整立法节奏，根据社会发展需要，进一步加快立法进程，广东省地方立法进入发展完善阶段。

（一）有关市场经济方面的立法

第八届全国人大及其常委会为建立适应社会主义市场经济的法律体系，把经济立法作为第一位任务。乔石在第八届全国人大常委会第一次会议上指出，"本届全国人大常委会要把加强经济立法作为第一位任务"。与此相适应，广东地方立法也牢牢抓住促进地方经济发展这一主题。广东省第八届人大常委会主任林若就指出，"要加快步伐，努力使各方面有法可依，为规范市场行为、维护市场秩序、保障和促进广东省经济发展和社会稳定发挥积极的作用"。这一时期市场经济领域的立法包括以下几个方面。

1. 规范市场经济主体地位的立法

深圳经济特区创办以来，各种公司"遍地开花"，对生产贸易、繁荣经济起到了重要作用。但是，由于无法可依，也出现了混乱无序的现象。"深圳经济特区发展初期，得改革开放风气之先，凭借国家政策的大力扶持以及毗邻港澳的地理优势，各种公司如雨后春笋遍布特区，在活跃市场经济的同时，也为市场主体的规范带来新问题。"原深圳市人大常委会法制委员会主任张灵汉回忆说。面对这一局面，深圳市人大常委会决心通过立法来根治这些混乱现象。1993年4月26日，深圳市一届人大五次会议同时通过了《深圳经济特区有限责任公司条例》和《深圳经济特区股份有限公司条例》，首次确立了公司的法律地位，规范了公司的组织经营行为，为规范深圳市公司和现代企业制度奠定了基础。条例颁布施行后，深圳市3万多家有限责任公司重新登记，股份制公司循章开始试点发行股票。值得一提的是，这两部法规的实施还为《中华人民共和国公司法》的制定提供了宝贵的立法经验。在相同的时代背景下，1993年5月，广东省也出台了《广东省公司条例》。据广东省人大法制委员会办公室负责人回忆，时值广东企业启动股份制改造"热火朝天"，股市也刚进入国民的视野，国有企业"路要怎么走"缺乏法律指引。我国著名公司法专家、清华大学法学院原院长王保树教授多次提到这部地方法规，认为它"开了中国现在企业制度的先河，对中国经济发展影响深远"。市场经济领域中市场主体是多元化的，它不仅包括公司，还包括合作社、合伙组织、国有企业、集体企业、私营企业、独资企业和个体工商户等等。广东省地方立法也对这些市场主体进行了立法。如1994年制定的规范个体工商户和私营企业的《广东省个体工商户和私营企业权益保护条例》，规范合伙组织的《广东省合伙经营条例》（1993年）和《深圳经济特区合伙条例》（1994年）；1995年制定的规范深圳经济特区国有资产管理的《深圳经济特区国有资产管理条例》；1999年制定的规范社会主义市场经济中集体经济的新的组织形式的《广东省股份合作企业条例》；1999年制定的规范国有独资公司的《深圳经济特区国有独资有限公司条例》；1999年制定的规范商事主体活动的《深圳经济特区商事条例》；1997年制定的保护私营企业的《广东省私营企业权益保护条例》。此外，1993年广东省人大常委会和深圳市人大常委会还分别通过了《广东省公司破产条例》和《深圳经济特区企业破产条例》来规范公司和企业的破产清算程序，有效地保护了债权人利益和破产公司、企业职工的利益，维护了社会主义市场经济秩序的安全运转。

2. 促进市场体系发展的立法

在这一时期，广东省地方立法已经初步形成培育要素市场、发展市场秩序的法律体系，初步形成了五个方面的市场法规体系：

第一，房地产市场，确定了土地使用权出让、房地产登记、房地产租赁、房产转让等一系列的法规，形成了房产与地产、一级市场和二级市场、三级市场的配套法规，从而将广东省房地产纳入市场经济的法制监管轨道。具体来说，这一阶段广东地方人大制定的相关法规有：《广东省征地管理规定》（1993年）、《广东省房地产开发经营条例》（1993年）、《广东省房地产评估条例》（1994年）、《深圳经济特区房地产转让条例》（1993年）、《广东省城市房屋拆迁管理条例》（1994年）、《广东省城镇房屋租赁条例》（1994年）、《广东省城镇房地产转让条例》（1994年）、《广东省城镇房地产权登记条例》（1994年）、《深圳经济特区土地使用权出让条例》（1994年）、《深圳市土地征用与收回条例》（1999年）、《广东省物业管理条例》（1999年）、《广东省商品房预售管理条例》（1999年）。这些法规的颁布和实施促进了广东省房地产市场的发育和生长，使广东省土地房地产的登记、销售、租赁、转让、管理有法可依，改变了过去多头管理、职能部门之间经常扯皮的弊端，率先在全国建立起市场经济下的土地使用制度。

第二，劳动力市场及其保障方面的立法逐渐完善。依法保障外来员工的合法权益，建立和谐健康的劳动力市场始终是广东省关心爱护外来员工的工作重点，7年间，广东省地方人大劳动立法取得了丰硕成果，已经制定了劳务工、劳动合同、最低工资、职业技能鉴定和失业保险、工伤保险等方面的立法。具体来说，规范劳动力市场管理的立法有《深圳经济特区劳务工条例》（1994年）、《广东省流动人员就业管理条例》（1999年）、《广州市劳动力市场管理条例》（1999年）；规范劳动合同管理层面的立法有《深圳经济特区劳动合同条例》（1993年）、《广州市劳动合同管理规定》（1996年），《广东省企业集体合同条例》（1996年）；规范劳动保障方面的立法有《广东省珠海经济特区职工社会保险条例》（1993年）、《广东省企业职工劳动权益保障规定》（1994年）、《广东省社会劳动保险条例》（1996年）、《深圳经济特区企业欠薪保障条例》（1996年）、《深圳经济特区失业保险条例》（1996年）、《广东省工伤保险条例》（1998年）、《深圳经济特区企业员工社会养老保险条例》（1998年）等等；规范劳动监察与安全生产方面的立法有《广东省劳动监察条例》（1996年）、《深圳经济特区安全管理条例》（1997年）、《广东省劳动安全卫生条例》（1997年修正）。在这些立法中，值得一提的是1993年5月颁布实施的《深圳经济特区劳务工条例》，该法规规定了外来员工的用工手续办理、外来员工的有序流动和外来员工权益的保护，使深圳成为我国第一个通过立法来保障外来员工合法权益的城市。随着立法的完善，广东省劳动力市场也日益走向法制化轨道，以劳动合同管理为例，从1998年到2001年底，深圳市国有、集体、外资、民营等8万多家企业中，劳动合同签订率达90%。劳动力市场的立法的不断完善促进了广东劳工市场的发育和繁荣，为广东地方经济的发展奠定了基础。

第三，建筑市场，制定了建筑工程施工招标、建筑工程质量的法规。如《深圳经济特区建设工程施工招标投标条例》（1993年）、《深圳市建设工程质量管理条例》（1994年）、《广东省建设工程质量管理条例》（1996年）、《广州市建筑条例》（1996年）、《广东省建设工程造价管理规定》（1998）、《深圳经济特区建设工程施工安全条例》（1998年）、《广州市城市建设管理监察条例》（1998年）、《广东省建设工程招标投标管理条例》（1999年）。这些立法不仅保障了建筑工程领域内立法的安全，也有效地防范了建筑工程领域内的腐败现象。

第四，医疗市场立法。在这个阶段制定了《深圳经济特区实施〈医疗机构管理条例〉若干规定》（1994年）、《深圳经济特区公民无偿献血及血液管理条例》（1995年）、《广州市传染病防治规定》（1995年）、《广州市公民义务献血和血液管理条例》（1996年）、《广州市社会急救医疗管理条例》（1996年）、《广州市社会医疗机构管理规定》（1997年）、《广州市性病防治规定》（1997年）、《广东省母婴保健管理条例》（1998年）、《广东省医疗器械管理条例》（1998）等等。这些立法有效地规范了医疗市场的运作，促进了医疗市场健康发展。

第五，技术市场方面的立法。随着第三次产业革命的兴起，技术市场在20世纪的后20年里迅速发展起来。在专利普及前的传统市场中，交换的对象是有形商品，而一项技术的买卖只是偶然现象。但是随着科技的发展、工业的进步，技术本身越来越成为商业成功的关键要素。在这一时期，广东省也开始通过立法来培育、发展广东省技术市场。1996年，广东省人大常委会通过了《广东省专利保护条例》，以维护发明创造专利权人和公众的合法权益。这一立法成果卓然，1985年广东开始实施专利制度时，专利受理量仅286件，专利授权数只有1件，而到2000年广东专利申请量已冲破10万件大关。此外，广东省地方人大还制定了《广东省技术秘密保护条例》《深圳市经济特区技术秘密保护条例》。

3. 维护市场经济秩序方面的立法

在广东改革开放、建设市场经济的进程中也出现了市场经济所带来的各种问题，如假货泛滥，劣质产品充斥市场，一些地方生产、销售假冒伪劣商品长期得不到有效的遏制，发生了一些影响恶劣的全国性案件。此外，不正当竞争、行业垄断、地区封锁的现象也很多。改革开放的经验告诉我们，市场经济也有弱点，一个健康的市场经济绝对不能走自由放任的路线，在发挥市场在资源配置中的决定性作用的同时，我们还应该通过法制手段来监管、服务市场，保护消费者权益，从而为市场经济创造良好的发展环境。在本阶段，为了规范市场经济的有序发展，广东省人大集中在以下几个方面进行了立法：第一，围绕扰乱市场秩序的突出问题，制定了《广东省产品质量监督条例》《广州市禁止生产和销售假冒伪劣商品条例》《深圳经济特区打击生产、销售伪劣商品行为条例》（1994年）、《广东省查处生产销售假冒伪劣商品违法行为条例》《广东省实施〈中华人民共和国消费者权益保护法〉办法》《广州市食品商贩和城乡集市经营者食品卫生管理规定》《深圳经济特区严厉打击生产、销售假冒、伪劣商品违法行为条例》（1993年）、《深圳经济特区产品质量管理条例》（1995年）、《深圳经济特区实施〈中华人民共和国消费者权益保护法〉办法》（1996年）。上述法律对于规范广东省地方市场经济秩序发挥了重要的作用。第二，围绕建设全国统一市场中的突出问题，针对不正当竞争、行业垄断、地区封锁等现象制定了《广东省实施〈中华人民共和国反不正当竞争法〉办法》《深圳经济特区商品市场条例》（1999年）。这些法律的制定有利于维护和扩大经营者在市场活动中的自由权利，排除进入市场的障碍，鼓励创新，优化资源配置，从而形成和谐有序的竞争环境。第三，制定实施《广东省物价管理暂行条例》和《广东省实施〈中华人民共和国价格法〉办法》。这两部法规对维护公平竞争的价格环境和维护消费者合法权益发挥了重要作用。

(二) 发展教育、科学、文化、服务行业等方面的立法

经济的发展并不是衡量改革开放成败的唯一指标。改革开放是一个宏大的系统工程,是我国社会主义历史新时期国家在政治、经济、文化等领域全方位的转型。作为改革开放先锋的广东省所进行的改革不仅承载了经济功能,还承载了更为广泛的政治、法律、文化、教育、技术功能。因此,在广东省改革开放背景下的法制建设也服务于教育、科技、文化和服务行业等领域的发展。在1992年到1999年的八年间,广东省、广州市、深圳市人大制定了一系列的法律法规,促进当地文化、教育和科技事业的发展。如有关教育方面的《深圳经济特区成人教育管理条例》(1994年)、《深圳经济特区教育督导条例》(1995年)、《深圳经济特区实施〈中华人民共和国教师法〉若干规定》(1997年);有关科学技术发展方面的《广东省促进科学技术进步条例》(1995年)、《广州市科学技术协会条例》(1998年)、《广州市科学普及条例》(1999年);有关文化事业方面的《深圳经济特区文化市场管理条例》(1993年)、《广东省书报市场管理条例》(1998年)、《深圳经济特区公共图书馆条例》(1997年);有关服务行业的《广东省经纪人管理条例》(1993年)、《深圳经济特区注册会计师条例》(1995年)、《深圳经济特区律师条例》(1995年)。在上述立法中,存在许多亮点。如1995年通过的《深圳经济特区律师条例》,不仅开创了中国律师制度的立法先河,还为两年后的香港回归做出了重要贡献,让许多香港法律界人士增强了对回归的信心。此外,该法规作为中国首部律师法规,为《律师法》的立法奠定了基础。《律师法》中的许多内容与立法原则都是参照深圳律师条例而制定的。这部律师条例是中国首部律师立法,为深圳市律师制度乃至全国律师制度和律师行业发展奠定了法制基础。

(三) 城市管理和环境资源保护方面的立法

广东作为先发展地区,城市化步伐较快,环境问题也较早暴露出来。因此,城市的依法规划与管理、污染的防范与治理也比其他地区更为紧迫。广东省、广州市和深圳市在这些领域的立法也十分活跃。具体来说,这些领域的立法体现在以下几个方面:

第一,保护自然环境,为人民群众营造良好环境的立法。如《广州市野生动物保护管理若干规定》(1992年)、《深圳经济特区环境噪声污染防治条例》(1993年)、《广东省野生动物保护管理规定》(1993年)、《深圳经济特区城市绿化管理办法》(1994年)、《深圳经济特区环境保护条例》(1994年)、

《广东省实施〈中华人民共和国环境噪音污染防治法〉》(1997年)、《广东省建设项目环境保护管理条例》(1997年)、《深圳经济特区水土保持条例》(1997年)、《深圳经济特区实施〈中华人民共和国固体废物污染环境防治法〉规定》(1997年)、《深圳经济特区海域污染防治条例》(1999年)等等。

第二,解决人民群众关心的"净畅宁"难题的立法。如《深圳经济特区社会治安综合治理条例》(1994年)、《深圳经济特区城市园林条例》(1995年)、《广州市销售燃放烟花爆竹管理规定》(1996年)、《广东省商业网点管理条例》(1996年)、《广州市城市规划条例》(1996年)、《广州市城市市容和环境卫生管理规定》(1996年)、《广州市养犬管理规定》(1996年)、《广东省实施〈中华人民共和国城市规划法〉办法》(1997年)、《广州市公园管理条例》(1998年)、《深圳经济特区控制吸烟条例》(1998年)、《深圳经济特区市容和环境卫生管理条例》(1999年)等等。

第三,保护人民群众赖以生存的基础产业的立法。如《广东省实施〈中华人民共和国水土保持法〉办法》(1993年)、《广东省基本农田保护区管理条例》(1993年)、《广东省乳源瑶族自治县水资源管理条例》(1993年)、《深圳经济特区水资源管理条例》(1994年)、《深圳经济特区饮用水源保护条例》(1994年)、《广东省森林保护条例》(1994年)、《广东省森林防火管理规定》(1995年)、《广东省河道堤防管理条例》(1996年修订)、《深圳市人民代表大会常务委员会关于加强农业保护区管理的若干规定》(1996年)、《广东省土地管理实施办法》(1997年)、《广州市实施〈中华人民共和国水法〉办法》(1997年)、《广州市流溪河水源涵养林保护条例》(1997年)、《广东省农业环境保护条例》(1998年)、《广东省林地保护管理条例》(1998年)、《深圳经济特区信息化建设条例》(1999年)。

(四)规范政府权力方面的立法

如前所述,改革开放不仅是经济层面的,还涉及到政法层面。当然,政法层面的改革是需要勇气和胆识的。广东在改革开放的进程中,以通过法律来规范行政权力为切入点,不断探寻政治法律领域改革的途径。1996年广东省人大常委会通过了《广东省农民负担管理条例》,在当时的背景下,该法规为减轻农民负担,保护农民和农村集体经济组织的合法权益发挥了积极作用。1996年广东省人大常委会通过了《广东省规章设定罚款限额规定》,该法规贯彻了《行政处罚法》的处罚法定原则,明确规定广东省规章可以在法律、行政法规或者地方性法规规定的给予罚款处罚的行为、种类和幅度的范围内做出具体规定;尚未制定法律、行政法规或者地方性法规的,规章可以根据不同的违法行为的事实、性质、情节以及对社会的危害程度，在限额内设定不同罚款数额的行政处罚。该法规有效防治了地方政府规章违反《行政处罚法》不合理设置罚款的现象，有利于规范行政立法权，保障公民权利。在实践中行政执法是一种最常见的行政权力运作方式，也是最容易侵害公民权利的一种行政权力。为了规范行政执法的合法进行，提高行政主体的执法水平，1997年广东省人大常委会通过了《广东省行政执法队伍管理条例》。此外，1997年广东省人大常委会还通过了《广东省各级人民政府执法监督条例》，为建立和完善行政执法检查、督察等制度，严格落实行政执法保障制度，为本级政府所属各部门、各单位的执法提供了必要条件。改革开放进程中，广东省地方立法不仅致力于打造法治政府，还致力于打造阳光政府，用立法来规范政府的市场行为。1998年10月27日，深圳市人大常委会第27次会议上正式通过了《深圳经济特区政府采购条例》，这是我国首部有关政府采购的地方性法规，实施时间比2003年1月1日起实施的《中华人民共和国政府采购法》早了整整四年。正是这个条例，让深圳政府依法采购行为成为一种常识。近10年来，这个条例为政府节约资金达8亿元，更将政府的一种商业行为法定化、规范化，也有效地防治了政府采购领域的商业贿赂等腐败现象，为市民监督政府行为提供了法律保障。

（五）人大自身建设方面的立法

人民代表大会制度是中国历史和人民的选择，是推进中国民主政治进程的必然载体。地方人大是推进中国民主政治进程的主体力量，肩负着重要历史使命。"工欲善其事，必先利其器"，在改革开放的历史进程中，广东省地方人大也不断自我建设、自我更新，着力于从思想意识、工作方法和运作机制等方面适应时代需求。从1993年到1999年间，广东省地方人大就人大自身建设制定了一系列法律法规，如《深圳市人民代表大会常务委员会议事规则》（1993年）、《深圳市人民代表大会议事规则》（1993年）、《深圳市人民代表大会常务委员会讨论决定重大事项规定》（1994年）、《深圳市人民代表大会常务委员会关于法规解释的规定》（1998年）、《广东省人民代表大会议事规则》（1999年）。这些立法使人大及其常委会行使各项职权都做到有法可依，对进一步推动广东省依法治省和民主建设，产生了深远影响。

综上所述，这一阶段的广东地方立法有以下几个比较明显的特点：第一，邓小平南方谈话后，确立我国要建立社会主义市场经济体制，这一时期广东也开始打破传统立法思维，树立起以维护市场主体权利为本位，把立法决策同经济改革紧密结合的原则，始终把经济立法放在首位，将改革措施与改革开放的成果上升为法律规范,使立法进程与社会主义市场经济的发展相适应。以广东省第八届人大常委会的立法工作为例,在该届人大的立法中,经济方面的立法达812项,占总数的53%。与此同时,这一阶段也抓紧其他方面的立法,促进政治、经济、文化、社会诸方面的全面协调发展。第二,勇于创新、大胆借鉴,继续进行先行性和试验性立法。在改革开放的探索中,广东省面临着很多前所未有的问题,如新的经济关系,新的改革措施,新的经济主体,新的调控手段。面对这些全新的领域,广东省人大大胆展开先行性试验立法。例如在珠海市进行的社会保障立法,针对珠海经济特区经济较为发达、老职工较少的情况,1993年制定了《珠海经济特区社会保险条例》,为全省性的社会保险立法先行探路。随后,1995年7月广州市人大常委会又通过了《广州市社会保险条例》。这些立法试验得到了国家的肯定,1996年,珠海市和广州市被国务院列为扩大医疗保障制度改革的试点城市。第三,立法数量不断增加,广东省迈入地方法制史上的"立法时代"。这一阶段立法的突出特征就是数量多,1993年到1994年两年间,广东省人大常委会制定和批准法规60项,为广东省第七届人大常委会期间立法总数的125%。自1995年起,广东省人大常委会连续三年召开全省立法工作会议,及时总结立法工作经验,研究进一步加强立法工作的措施,从而推动广东省立法工作继续稳步发展,1995年到1997年间共制定和批准地方性法规90项。1993年到1999年间共立法216项,超过了1979年到1992年这13年间制定和批准97项法规的总和。第四,开辟多渠道的法规起草工作,加快立法步伐。在这一时期,广东省人大常委会组织起草或者委托起草的法规占22%。由于省人大常委会立法主动性和专家学者的参与,起草法规渠道拓宽了,立法工作效率和法规质量都得到了明显提高。第五,立法制度和立法技术不断成熟,在立法工作中不断贯彻立法民主、开门立法精神。为了适应人民群众直接参与的民主要求,广东省人大还运用征求意见书和专题座谈会、召开立法工作会议、登报征求意见、召开立法听证会等方式,实施立法公开。例如1998年7月,广东省为制定《物业管理条例》首次让市民展开辩论;1999年9月9日,广东省人大常委会就《广东省建设工程招标投标管理条例(修订草案)》举行了全国首次立法听证会。第六,在这个阶段,广东地方立法权还得到了极大的拓展——1992年7月1日七届全国人大常委会授予深圳特区立法权。深圳市人大利用深圳的特殊优势,充分利用特区立法权,大胆创新,先行先试,制定了很多先行性立法。

三、规范提高阶段(2000—2015年)

2000年《立法法》颁布实施后到2015年《立法法》的修改,这一阶段是广东省地方立法的规范提高阶段。在这一时期，根据现行《宪法》《地方各级人民代表大会和地方各级人民政府组织法》和《立法法》的规定，广东省地方人大立法权的基本情况如下：广东省人民代表大会及其常委会在不同宪法、法律和行政法规相抵触的前提下，制定地方性法规的地方立法权。广州市、深圳市、珠海市、汕头市这四个较大的市在不同宪法、法律和行政法规及省地方性法规相抵触的前提下，可以制定地方性法规。深圳、珠海、汕头三个经济特区的人大及其常委会根据全国人大的有关授权决定，根据经济特区的具体情况和实际需要，遵循宪法的规定以及法律和行政法规的基本原则，制定经济特区法规，在经济特区范围内实施。连山壮族瑶族自治县、连南瑶族自治县和乳源瑶族自治县的人民代表大会也享有制定自治条例和单行条例的立法权。

这一时期在思想上，广东省地方立法以邓小平理论、"三个代表"重要思想、科学发展观为指导思想；在立法理念上，广东省地方立法不断贯彻落实以人为本、立法为民的理念；在立法领域上，同前几个阶段相比，这个阶段广东地方立法的领域不断拓展，从过去侧重经济立法转向以经济立法为中心，通过立法促进政治、文化和社会各个领域的科学发展；在立法工作思路上，这个阶段立法工作以提高立法质量为重点，立法开始从重数量向重质量转移；在立法方式上，坚持科学立法、民主立法，立法技术和立法程序等立法制度也不断成熟和健全。

（一）经济领域的广东地方立法

这方面的立法主要有：

第一，基础产业和环境资源方面的立法。如前所述，进入2000年之后，广东省工作重心有所转移，开始关注经济发展和环境保护之间的协调发展。在保护基础产业和环境资源方面，制定了一系列法规。其中涉及基础产业方面的地方法规有：《广东省河口涂滩管理条例》（2001年）、《广东省基本农田保护区管理条例》（2002年）、《深圳市资源综合利用条例》（2003年）、《广东省湿地保护条例》（2006年）、《广东省跨行政区域河流交接断面水质保护管理条例》（2006年）。涉及环境资源保护方面的立法有：《广东省机动车排气污染防治条例》（2000年）、《广东省韩江流域水质保护条例》（2001年）、《广东省野生动物保护管理条例》（2001年）、《广州市固体废物污染环境防治规定》（2001年）、《珠海市防治船舶污染水域条例》（2001年）、《乳源瑶族自治县森林资源保护管理条例》（2001年）、《乳源瑶族自治县水污染防治条例》（2001年）、《深圳市生态公益林条例》（2002年）、《广东省节约能源条例》（2003年）、《广东省地质环境管理条例》（2003年）、《广州市生态公益林条例》(2003年)、《广东省固体废物污染环境防治条例》(2004年)、《广东省实施〈中华人民共和国环境噪声污染防治法〉》办法(2004年)、《广东省城市绿化条例》(2004年)、《广东省环境保护条例》(2004年)、《广州市大气污染防治规定》(2004年)、《深圳市节约用水条例》(2005年)、《深圳经济特区建设项目环境保护条例》(2006年)、《深圳经济特区循环经济特区促进条例》(2006年)。这些法规对于保护广东省基本农业用地、保护水土资源、防治环境污染、促进社会经济与环境保护协调发展，实现可持续发展，起到了十分重要的作用。

第二，经济管理领域的立法。经济建设始终是改革开放的中心，2000年之后，广东省地方人大通过了一系列经济立法。如《广东省商品房预售条例》(2000年)、《广东省建设工程监理条例》(2000年)、《深圳市政府投资项目管理条例》(2000年)、《广州市专利管理条例》(2001年)、《汕头市惩治生产销售伪劣商品违法行为条例》(2001年)、《广东省商品交易市场管理条例》(2002年)、《广东省电子交易条例》(2002年)、《广东省实施〈中华人民共和国招标投标法〉办法》(2003年)。这些法律保障了广东社会主义特色市场经济体系，规范了社会主义市场经济秩序，促进了广东地方经济的健康发展。此外，珠海于2012年出台了《珠海经济特区横琴新区条例》，作为横琴的"基本法"，该条例借鉴港澳经验全方位创新体制机制，国内首创委会、管委会和咨委会"三位一体"的管理运作机制，将横琴与港澳在交通、资金、人才、商务、旅游、科教研发、公共服务等方面的合作内容法定化。2013年，珠海市人大出台了《珠海经济特区商事登记条例》，在全国率先通过立法开展商事登记改革，建立了完备的商事登记法规规章体系。

第三，转型升级领域的立法。为促进转型升级，推动经济发展方式转变，2012年广东省人大制定了《广东省实施珠江三角洲地区改革发展规划纲要保障条例》，突出纲要的指导地位和刚性作用，鼓励探索、先行先试，建立组织协调、争议处理、信息共享、法制协调、评估基本公共服务等关键领域的法律制度，推进区域经济社会发展一体化，为推动珠三角科学发展、先行先试提供法律保障。为了促进我省经济转型升级，广东省人大制定了《广东省自主创新条例》，建立和完善提升研发能力、促进成果转化、强化人才队伍建设的激励机制，发挥自主创新对经济社会发展的支撑和引领作用。这部法规凝聚了我省改革开放以来自主创新的经验成果，是国内第一部规范促进自主创新的地方性法规。制定《广东省专利条例》，明确促进专利应用做法，保护专利权益，推动发明创造产业化。

（二）政治领域的广东地方立法

1. 规范政府权力的立法

权力导致腐败，绝对的权力导致绝对的腐败。人类实践证明，只有依法行政才能制约政府权力，保障公民权利。基于这一认识，1999年11月，国务院发布了《国务院关于全面推进依法行政的决定》（国发〔1999〕23号），这一文件标志着我国进入全面依法行政阶段。随后党的十六大明确提出"加强对执法活动的监督，推进依法行政"。在这一背景下，自2000年以来，广东省开始全面推进依法行政。在立法领域，广东省地方人大也制定了一系列的法规来规范政府权力。建立法治政府，首先必须依法治编。2000年广东省人大常委会制定了《广东省行政机构设置和编制管理条例》，这是广东省第一部专门对机构编制管理工作进行规范的地方性法规，它的出台标志着广东省行政机构设置和编制管理从传统的行政指令模式向依法管理的法制化轨道迈出了坚实的一步。该条例确立了行政机构和编制立法的三条重要原则——机构设置和编制确定的法定和统一原则、机构职能的科学配置原则、机构和编制管理的精简高效原则，规范了机构编制的工作程序并且设置了监督机制。该条例的实施强化了各个部门的机构编制意识，提高了机构编制部门的地位，各级党政机关及其工作部门在实际工作中，遇到有关机构编制事项，都会按程序先征求机构编制部门的意见，还为机构编制依法管理提供了依据。根据2005年8月广东省人大对《条例》实施情况的检查，各级政府及机构编制部门都出台配套办法，探索了一系列行之有效的管理办法，逐步强化了机构编制的协调管理和监督约束机制，从严控制了行政机构的设置和编制增长。所以，从实施效果上看，该条例控制了行政机构的设置和编制增长，为适应我省经济社会发展奠定了良好的行政体制基础，初步走出了长期以来行政机构设置和编制"膨胀—压缩—再膨胀—再压缩"的怪圈。我国《行政复议法》自1999年颁布实施后，广东省行政复议案件大幅增加，2000年广东省各级政府及部门共收到行政复议申请3348宗，比1999年增长196%。2001年全省共收到行政复议申请4213宗，又比上年增长22%。而国家层面的《行政复议法》过于原则化而缺乏实操性，已经远远不能胜任实践中繁多且复杂的行政复议案件。为此，2003年广东省人大常委会通过了《广东省行政复议工作规定》，完善了行政复议办案规则和程序，为广东省行政复议工作提供了细致的操作规程。

在市场经济条件下，社保基金是老百姓为了对付随时可能袭来的社会、经济风险——譬如年老、疾病、失业、工伤或生育——而储备起来的用以切实保障遭遇风险时的基本生活的资金。所以，这笔基金要是被滥用，后果将是十分严重的，它不仅会影响到经济领域，还会引起社会动荡。改革开放以来，广东省社保基金数额一直位于全国前列，如何监管这笔资金也一直是一个难题。为此，2000年珠海市人大常委会通过了《珠海市社会保险基金监督条例》，2004年广东省人大常委会又通过了《广东省社会保险基金监督条例》，这是我国第一部社会保险基金监督省级地方法规，得到国家主管部门的充分肯定。这两部条例改善了我国社会保险基金立法空白的局面，构建了人大监督、监督委员会监督、基金监督部门行政监督和社会监督的多层次监督体系，规定了严厉的责任追究机制，赋予了基金监督工作强大的法律武器，开创了基金监督工作的新局面，使基金监督工作进入依法监督的新阶段，对规范基金管理行为、保障基金安全、维护被保险人的合法权益，起到了重要作用。

打造现代服务型的法治政府，政务公开是关键的一环。一直以来广东省政务公开都走在全国前列。1984年，深圳设立了新闻发言人制度。1993年，广东省开始在"两会"期间向境内外记者发布新闻。1998年，广东省下发《中共广东省委办公厅、广东省人民政府办公厅关于在乡镇政权机关全面推行政务公开制度的意见的通知》。1999年，广东省政府明确以"广东省人民政府新闻办公室情况介绍会"的形式，定期向境内外媒体发布广东社会经济发展最新信息。2003年1月1日起，《广州市政府信息公开规定》开始实施，被称为国内首部"阳光政府"法案。2005年7月29日，广东省第十届人大常委会第十九次会议通过了《广东省政务公开条例》，这是我国第一部全面、系统规范政务公开的省级人大立法。

此外，2002年广东省人大常委会还通过了《广东省查处无照经营行为条例》，规范了各级工商行政机关查处无照经营行为的工作以及公安、税务、建设、国土等部门在各自职责范围内，协同做好查处无照经营行为的工作。2002年《行政许可法》实施之后，行政许可的设定必须严格遵守该法的规定，为此，广东省地方人大还对以往立法中的行政许可进行了清理，2004年广州市人大常委会通过了《广州市人民代表大会常务委员会关于取消广州市地方性法规中的部分行政许可事项的决定》，2005年又取消了第二批广州地方性法规中的部分行政许可事项。2011年到2012年，根据全省行政审批制度改革的需要，修改《广东省民营科技企业管理条例》等23项法规，保障和推动政府取消、转移、下放行政审批权限，全面推进以简政放权为核心的行政管理体制改革，促进政府职能转变，提高行政效率和服务水平。2012年实施的《广东省〈中华人民共和国实施政府采购法〉办法》，引入竞争机制，规范政府采购权力。修订《广东省行政执法责任条例》，规范对行政执法工作的监督。2014年制定《广东省行政许可监督管理条例》，条例坚持"将权力关进制度的笼子",建立权责清单和行政许可目录管理制度,规范行政许可实施程序,细化了对行政许可的过程监督。

2. 地方人大制度建设方面的立法

这一时期在人大自身制度建设方面,广东省地方人大还制定了一系列的法规。如人大会议、预算审批和选举方面的立法有《广东省各级人民代表大会常务委员会讨论决定重大事项规定》(2000年)、《珠海市人民代表大会常务委员会议事规则》(2001年)、《深圳市人民代表大会审查和批准国民经济和社会发展计划及预算规定》(2001年)、《广东省预算审批监督条例》(2001年)、《深圳市人民代表大会任免国家机关工作人员条例》(2001年)、《汕头市人民代表大会常务委员会讨论决定重大事项规定》(2002年)、《深圳市人民代表大会常务委员会关于代表议案办理规定》(2004年)、《广州市人民代表大会代表议案条例》(2005年)、《广东省各级人民代表大会选举实施细则》(2006年)。人大监督方面的立法有:《广东省各级人民代表大会常务委员会信访条例》(2002年)、《广东省各级人民代表大会建议、批评和意见办理规定》(2002年)、《深圳市人民代表大会常务委员会联系代表和保障代表执行职务的规定》(2002年)。人大立法方面的立法有:《广东省地方立法条例》(2001年)、《广州市地方性法规制定办法》(2001年)、《深圳市制定法规条例》(2001年)、《深圳市人民代表大会常务委员会听证条例》(2001年)、《珠海市人民代表大会及其常委会制定法规规定》(2001年)、《汕头市立法条例》(2001年)和《汕头市人民代表大会常务委员会立法听证条例》(2003年)。在上述立法中,2001年通过、2005年修订的《广东省地方立法条例》具有重要意义。特别是2005年的修改,使这部法律具有很多亮点。如为了避免立法过程中的部门利益主导,该条例规定,起草地方性法规草案应当注重调查研究,广泛征询社会各界意见;设定行政许可、行政收费、重大行政处罚等内容的,应当依法举行听证会或公开听取社会意见;起草地方性法规草案,可以委托有关专业机构和专家进行;法规草案要发送30名以上省人大代表征求意见。条例还建立草案三次审议程序,推进了该省立法程序与国家立法程序的接轨。另外,修改后的条例还建立重大条款表决制度,对有较大意见分歧的个别重要条文进行单独表决。

(三)文化领域的广东地方立法

2000年以来,广东省地方人大在科技、教育等文化领域的立法也不断发展,力求经济改革与社会进步协调发展、全面进步。具体来说,涉及科技领域的立法有《广东省技术市场条例》(2000年),该法有效地保护技术交易当事人的合法权益，促进技术市场的繁荣和发展，促进科技成果向生产力转化；另外还有《汕头市促进农业技术推广若干规定》（2001年）、《广东省促进科学技术进步条例》（2004年）。涉及医疗卫生领域的立法有《广东省发展中医条例》（2000年），该条例的实施有利于充分利用广东省丰富的中医药资源，有利于广东省中医药科学研究和技术开发和推进中医药国际传播；另外还有《广东省爱国卫生工作条例》（2003年）。涉及文化宣传领域的立法有《珠海市法制宣传教育条例》（2000年）、《广东省文化设施条例》（2005年）和《汕头市文化市场管理条例》（2005年）。

（四）社会领域的广东地方立法

这方面的立法主要有：

第一，公民权利保障领域的立法。2000年以来，广东省地方人大进一步加大公民权利保障领域的立法力度。从2000年到2008年3月，共制定了涉及公民权利保障的立法多达15项。这些立法既有涉及公民民主政治权利的《广东省村务公开条例》（2001年）、《广东省村民委员会选举办法》（2001年）、《广东省厂务公开条例》（2002年）、《广东省政务公开条例》（2005年）；也有涉及弱势群体权利保障的《广东省分散按比例安排残疾人就业办法》（2000年）、《广东省母婴保健管理条例》（2004年）、《广东省老年人权益保障条例》（2005年）、《珠海市社会养老保险条例》（2005年）、《广东省预防未成年人犯罪条例》（2006年）、《广东省法律援助条例》（2006年修订）和《广东省实施〈中华人民共和国妇女权益保障法〉办法》（2007年）；还有涉及一些特殊群体的权益保障，如《珠海市见义勇为人员奖励和保障条例》（2002年）、《珠海市律师执业保障条例》（2003年）、《广东省实施〈中华人民共和国工会法〉办法》（2004年）、《广东省企业和企业经营者权益保护条例》（2005年）。

一部部保障公民权利方面的立法之所以出台，一个根本的原因就在于人大和政府部门日益认识到国家意志在保障公民权利方面的主导作用。在上述立法中有几部立法的现实意义值得单独一提：首先，2006年的《广东省预防未成年人犯罪条例》。为了净化未成年人健康成长的社会环境，减少和消除诱发未成年人犯罪的不良因素，降低未成年人犯罪率，《广东省预防未成年人犯罪条例》被列入2006年10项新制定项目。这部法规在制定的过程中就有很多亮点，这是我国首部由未成年人参与起草的地方性法规，张萌萌等11名未成年学生代表提出的8项建议被立法机关吸纳，整理归纳成为法律条文。广东探索未成年人"参与立法"的这一新形式，被称为落实"儿童参与权"的益举和"开门立法"的新尝试。从立法内容上看，该法具有鲜明的时代特色：首次在法律上确立了我省预防未成年人犯罪工作协调机构的性质、组成和职责，解决了长期以来预防未成年人犯罪工作机构地位问题；首次在法律上确立了预防未成年人犯罪工作经费保障、使用体制，从根本上解决了预防未成年人犯罪工作经费来源问题；首次在法律上明确了工读学校性质、地位、设置，解决了长期以来我省工读学校发展严重滞后的问题。此外，该法规还设立了几条保护未成年人权益的"高压线"，如"禁止流动摊贩在学校内或者校门附近摆摊设点"。"任何经营场所不得向未成年人提供或者出售烟酒。任何人不得向未成年人提供烟酒，不得要求未成年人为其购买烟酒。"其次，2006年修订的《广东省法律援助条例》。该条例于1999年制定，是我国第一部由省一级人大颁布的法律援助地方性法规。它的颁布实施有力地推动了广东省法律援助工作的全面发展，促进政府法律援助机构网络的建立和健全，促使法律援助经费保障得到初步解决。更为重要的是，它的颁布实施促进了困难群众"打官司难"问题的有效缓解。到2006年，该条例的一些条款已不适应法律援助事业发展的客观要求，而且与2003年国务院颁布的《法律援助条例》有冲突。为了保证法制统一性，适应形势发展要求，进一步完善广东省法律援助制度，广东省人大对之进行了修改。再次，《广东省企业和企业经营者权益保护条例》也是这个阶段公民权利方面的一个重要立法。该法规共有29条，其中规范政府及相关部门等的职责，规定其维护企业和企业经营者权益的义务，以及对企业和企业经营者权益的保护措施的有15条；另有3条规定了行政、司法机关及其工作人员侵害企业和企业经营者权益的违法责任；3条分别规定了社团组织、三方协商机制对于保护企业和企业经营者权益的义务及公民举报侵害企业和企业经营者权益的权利。该法规有效地规范、制约了政府及各部门行政权力的行使，有利于防止行政权力的滥用，保证企业和企业经营者的合法权益。对于发挥企业经营者的聪明才智和创造性，促进广东经济又好又快发展具有十分重要的意义。最后，2007年制定的《广东省实施〈中华人民共和国妇女权益保障法〉办法》也有颇多亮点。作为改革开放的前沿地区，农村土地纠纷特别是出嫁女的土地承包经营权和分红权一直是广东省面临的难题，多年来都是上访和群体性事件热点。在该法规中广东总结归纳了各地解决这方面问题的做法和经验，规定"农村集体经济组织成员中的妇女，结婚后户口仍在原农村集体经济组织所在地，或者离婚、丧偶后户口仍在男方家所在地，并履行集体经济组织章程义务的，在土地承包经营、集体经济组织收益分配、股权分配、土地征收或者征用补偿费使用以及宅基地使用等方面，享有与本农村集体经济组织其他成员平等的权益。符合生育规定且户口与妇女在同一农村集体经济组织所在地的子女，履行集体经济组织章程义务的，享有前款规定的各项权益"。这是国内首个以立法形式明确保护"外嫁女"合法权益的法规,对广东"外嫁女"权益纠纷的解决提供了明确的法律依据。该法规还细化了妇女权益保障法中的"家庭暴力"这一概念,"禁止以殴打、捆绑、残害、强行限制人身自由或者其他伤害身体和精神的手段,对妇女实施家庭暴力"。这一规定将精神摧残列入家庭暴力范围,反映出立法的进步和人性化,也有利于扩大对妇女的保护范围。此外,禁止对妇女性别歧视、不得强制孕妇换岗、制定法规政策要听取妇女代表意见等都表明这部法规具有很强的适用性、针对性、操作性和时代性,是保障妇女权益、促进男女平等的坚实法律后盾。

第二,社会保障领域的广东地方立法。建立稳定和谐的劳资关系对一个国家的经济发展至关重要,而保护劳动者的合法权益不受侵害是保持和谐劳资关系的关键所在。但是,由于《劳动法》和《工资支付暂行规定》等配套法律法规的滞后、缺失以及欠缺操作性,长期以来拖欠、克扣劳动者工资问题是广东省劳工领域的突出矛盾。在欠薪追讨无果、屡屡投诉无门的情况下,作为欠薪链条中最底层的弱者,在"事闹得越大,越容易引起重视,问题也就越好解决"错误想法的指使下,跳楼、爬塔吊、上路阻断交通等恶性事件一再发生。据广东省有关部门统计,广东64.4%的外资和私营企业存在拖欠、克扣、拒发工资现象,且呈上升态势。截至2004年11月,全省发生民工欠薪投诉8000多起,涉及民工81.4万人,金额7.34亿元,省劳动管理部门查处无故克扣、拖欠工资的案件达30567宗。在这种背景下,2001年珠海市人大常委会率先通过《珠海市企业职工工资支付条例》,2004年深圳市人大常委会通过《深圳市员工工资支付条例》,2005年广东省人大常委会通过《广东省工资支付条例》。这些立法设置了多项制度来防治企业欠薪,例如:明确界定了工资、正常工作时间工资和拖欠、克扣工资等基本概念的含义,并通过正面列举和反面排除的方式明确了其范围,工资定义的明确,为构建系统的规范工资支付行为的制度奠定了基础;明确规定加班加点,劳动者应该得到总计为正常工作时间的四倍工资;用"先行垫付"的方式解决建筑行业欠薪;等等。此外,还加大了对欠薪企业的查处力度,重罚违法欠薪企业,如《深圳市员工工资支付条例》规定,"支付员工工资低于最低工资的;克扣或者无故拖欠员工工资的;以实物等非货币形式支付员工工资的,可罚款3万至5万元"。2000年之后,广东省地方人大还通过了《广东省工会劳动法律监督条例》(2000年)、《广东省失业保险条例》(2002年)、《深圳市实施〈中华人民共和国工会法〉办法》(2003年)、《广东省工伤保险条例》(2004年)。这些法规的实施为促进和谐劳动关系的形成,最终促进经济发展和社会稳定,为实现"和谐广东"提供坚实的法制基础。2012年上述立法进一步修订。2012年修订的《广东省工伤保险条例》，扩大参保范围，提高补贴标准，建立工伤康复及保险待遇先行支付制度，进一步保障职工权益。制定《广东省实施〈中华人民共和国就业促进法〉办法》，强化就业管理和服务，突出职业教育和培训，建立就业援助制度体系。修订《广东省劳动保障监察条例》，完善欠薪预警制度，加大对违法欠薪行为的打击力度，维护劳动者的合法权益。2013年，修订了《广东省失业保险条例》。这些立法的出台，填补了我省工资支付方面的立法空白，为劳动者的合法权益提供了保护伞，为用人单位建立规范的工资支付制度提供了指南针，也为劳动保障部门的工资监督执法提供了有力的法律武器。据统计，自2005年9月到今年6月，广东已累计向社会公布了84户严重欠薪违法企业，对违法行为起到了有效的震慑和阻遏作用。《广东省工资支付条例》自2005年5月1日施行以来，广东各级劳动保障部门和总工会认真贯彻实施，根据《条例》第37条规定，率先在全国建立重大劳动保障违法行为社会公布制度，将欠薪等重大违法行为的用人单位，暴露在社会公众舆论的监督之下，为维护劳动者合法权益发挥了重要作用，取得了显著效果。据悉，2006年春节前广东省拖欠工资案件涉及的劳动者人数和金额，比《条例》颁布实施之前的2005年分别下降了28%和22%。

第三，社会管理领域的广东地方立法。在社会管理领域，2000年之后广东省也制定了大量的法规，如《深圳经济特区殡葬管理条例》（2000年）、《广东省城市垃圾管理条例》（2001年）、《广东省动物防疫条例》（2001年）、《广东省征用农村集体所有土地各项补偿费管理办法》（2001年）、《广州市产品维修质量监督条例》（2001年）、《广州市违法建设查处条例》（2001年）、《广东省易制毒化学品管理条例》（2002年）、《广东省旅游管理条例》（2002年）、《广东省安全技术防范管理条例》（2002年）、《广东省安全生产条例》（2002年）、《广州市房地产中介服务管理条例》（2002年）、《广东省公路条例》（2003年）、《广东省特种设备安全监察规定》（2003年）、《广东省渔业管理条例》（2003年）、《广东省突发公共卫生事件应急办法》（2003年）、《广东省爱国卫生条例》（2003年）、《广州市房地产开发办法》（2003年）、《广州市城市房屋拆迁管理办法》（2003年）、《深圳市建设工程质量管理条例》（2003年）、《珠海市政府投资项目管理条例》（2003年）、《广东省城市控制性详细规划管理条例》（2004年）、《广东省拆迁城镇华侨房屋规定》（2004年）、《珠海市旅游业管理条例》（2004年）、《珠海市商品交易市场管理条例》（2004年）、《深圳市学校安全管理条例》（2005年）、《深圳市预防职务犯罪条例》（2005年）、《深圳市食用农产品安全条例》（2006年）、《深圳市义工服务条例》（2005年）、《深圳经济特区物业管理条例》（2007年）等等。在上述立法中，最引人注目的有：首先，2001年的《广州市专利管理条例》。该条例在很多方面都走在全国立法的前列，如规定发明人或设计人需获专利咨询、申请服务，但是又没有能力支付专利的服务费用，可以向市专利管理工作部门申请服务援助，经审查符合条件的，由专利服务机构提供服务援助，减免收费；还特别规定政府投资的科研项目立项、专利技术的进出口以及需要鉴定、登记、评奖的项目，都要出具专利的检索报告，被检验没有侵权的才被允许进行下一步工作；此外，同专利法实施细则相比，专利酬金比例大幅提高。其次，2002年的《广东省电子交易条例》。广东省作为改革开放的前沿和电子商务发展领先的地区，信息化得到广泛应用，电子商务基础架构正在形成，电子商务认证中心、支付网关系统以及相配套的物流配送系统也正逐步形成。企业间的电子商务非常普及，企业通过互联网进行业务洽谈和交易已成为一种新的趋势，但由于得不到电子商务相关的法律法规的支持，严重制约了我省电子商务有序、健康、深入的发展。为了解决这种局面，2002年《广东省电子交易条例》出台这是全国首部关于电子商务的条例。该条例共有七章三十四条，其主要突破点在于确立了电子签名的法律地位，解决了电子数据的法律有效性、法律取证两大难题。再次，2007年的《广东省食品安全条例》。食品安全是百姓关注的热点问题之一。但如今，吃得安全，似乎却成了一件奢侈的事。食品安全危机近年来不断爆发，而且问题显得越来越严重。经历4次审议后，2007年11月30日，广东省人大常委会通过了《广东省食品安全条例》。针对目前食品安全监督管理的现状，该条例在诸多方面实现了突破，比如建立职责明确、互联互动的监督管理体制，强化生产经营者作为保证食品安全第一责任人的责任，明确生产者、销售者和餐饮经营者的义务，构建食品安全保障体系，包括食品安全风险监测和评估、食品安全标准的制定和实施、不安全食品召回制度、食品安全信息发布，食品安全应急处理机制等。在广东地方立法的历史上，这部条例创造了很多个"第一"，是国内第一部专门、系统和综合性的食品安全的地方性法规；草案审议次数最多的地方性法规；首次在法律层面提出食品召回制度的地方性法规。最后，2007年的《深圳经济特区物业管理条例》。2007年，历时四年、先后十二易其稿深圳市人大常委会通过了《深圳经济特区物业管理条例》，该法规共7章127条，对业主、业主大会、业主委员会的权利义务，物业管理服务权责及服务管理方式，物业使用与维护，物业服务收费以及相关法律责任做出了明确的规定。与国家物业管理条例相比，该法规有不少突破和创新之处，而且更具体，操作性更强，对加强物业管理和服务，对保障相关方面的权利，具有重要意义。

第四，自然资源能源、环境保护领域的立法。2012年，广东省人大制定

《广东省民用建筑节能条例》，建立新建建筑全程节能监管制度，明确既有建筑节能改造要求，促进可再生能源利用，提高建筑节能效能。修订《广东省节约能源条例》，建立健全节能目标责任制和评价考核制度，强化节能管制措施和激励措施，推进全社会节约能源。制定《广东省实施〈中华人民共和国循环经济促进法〉办法》，促进减少资源消耗和废物产生，提高资源利用效率，实现可持续发展。制定《广东省实施〈中华人民共和国海洋环境保护法〉办法》，推动解决重点海域排污，沿海生活污水处理以及海洋环境监管，珍稀海洋动物保护等问题。修订《广东省机动车排气污染防治条例》，进一步明确各部门职责，强化监管手段，完善机动车排气检测制度。2013年出台的《广州市流溪河流域保护条例》是为流溪河流域水质保护设定了明确具体的指标，规定到2020年年底前流域交接断面水质应当达到或者优于Ⅲ类水质标准，城镇生活污水处理率达到95%以上，农村生活污水处理率达到90%以上，并对干流5公里以内、支流1公里范围的禁止新建、扩建的项目做了明确列举，为广州母亲河的保护提供了明确的法制保障。2012年深圳通过的《深圳经济特区文明行为促进条例》，在我国没有专门规范不文明行为法律的背景之下，率先对市民文明行为规范进行立法，首创了社会服务制度，首次不采用部门立法的方式，而是在面向全社会的三次问卷调查的基础上开门立法。该条例规定十种不文明行为，并按照有关法律、法规规定的最高罚款额度予以处罚。2013年珠海制定《珠海经济特区生态文明建设促进条例》，成为珠海全面开展生态文明建设的核心制度基础，这是广东省首个生态文明建设条例。

综上所述，这一时期广东地方立法具有以下几个特点：

第一，从立法理念上看，2000年之后广东省地方立法落实以人为本、立法为民的立法新理念，将实现好、维护好、发展好最广大人民群众的根本利益作为立法工作的出发点和落脚点，为构建和谐社会提供有效的法制保障。胡锦涛指出，科学发展观的核心是以人为本。一方面，在立法观念上广东地方立法工作彻底转变重管理、轻权益的立法理念，实现了以政府权力、公民义务为本位的立法思路向以政府职责、公民权利为本位的立法思路的转变，从重管理、重处罚到重权利与义务、权力与责任平衡的立法观念转变；另一方面，在立法内容上广东地方立法还实现了从注重方便政府管理、注重约束管理相对人的"管理型"立法，向注重规范政府行为、保护管理相对人合法权益的"维权型"立法的转变，制定了大量公民权利保障和规范政府权力的地方立法。此外，广东地方立法还制定了大量攸关民生社稷的社会领域方面的立法。如针对外资和私营企业拖欠职工工资的问题，2005年广东省人大通过了《广东省工资支付条例》，促使各地政府部门出台一系列政策措施，对企业工资支付的情况实现了在线实时监控，为解决拖欠劳动者工资问题起了重要作用。2007年制定的《广东省食品安全条例》，作为首部关于食品安全的地方性法规，对健全食品安全保障制度、保障公众身体健康和生命安全起到了重要作用。2007年通过的《广东省实施〈中华人民共和国妇女权益保障法〉办法》，在国内首次以立法的形式明确保护"外嫁女"合法权益，保障农村妇女外嫁之后仍然享有与本村集体经济组织其他成员平等的权益。

第二，从立法内容上看，2000年之后广东省地方立法以经济立法为中心的同时，通过立法促进经济、政治、文化和社会各个领域的科学发展。改革开放后，党和国家的工作重心转移到经济建设上来，地方立法必然要围绕经济建设这个中心来开展。为了回应社会主义市场经济的高速发展，广东地方立法的一个突出特征就是侧重于经济领域的立法，据统计，2000年前广东省制定的经济法规约占立法总数的2/3。2000年之后，广东地方立法的内容不断拓宽，在以经济立法为主导的基础上，广东省立法范围逐步扩大，涉及到政治、经济、文化、公民权利等社会生活的各个领域。特别是自2005年以来，以改善民生为重点的社会领域立法已经成为广东地方立法的新目标，为促进广东省经济社会全面协调可持续发展提供了重要保障。

第三，从立法思路上看，2000年以来广东地方立法实现了从注重立法数量和立法速度的观念，向更加注重立法质量和效益的立法观念的转变。广东地方立法工作之所以要把提高立法质量作为立法工作的重心，主要是由以下几个因素决定的：首先，从上世纪90年代中后期，尤其是进入21世纪以来，随着经济的发展，我国的社会主义民主法制建设成就显著，反映在立法方面，就是在经济和社会发展的众多领域，国家都制定了相关的法律法规，地方立法的空间相对缩小。面对这一变化，必须在立法观念、立法思路、立法机制等方面进行相应的转变，以更好地适应经济和社会的发展，适应国家法制建设的需要，从有法可依上保证社会主义民主法制的顺利发展。其次，自上世纪90年代以来，广东省已经在地方市场经济、环境资源保护、城市管理、公民权利保障、基础产业、规范政府权力、人大自身建设等领域制定了一系列法规，可以说，到上世纪90年代末期广东省地方立法已经为广东省改革开放构筑了一个相对完备的法律体系。再次，2000年《立法法》的颁布也改变了广东地方立法的工作思路。《立法法》是一部小宪法，它对立法工作提出了很多要求：如从内容上，应该提高立法质量，让法律真正成为可以执行的法律；从形式上，应该讲究立法程序，规范立法名称；从立法技术上看，立法活动不仅意味着立法，还应该理法，注意保持与国家法制的统一，及时废、改等。此外，《立法法》对立法的权限做了相对明确的划定，实际上缩小了地方立法的空间，尤其是各地在控制立法数量、提高立法质量的立法理念指导下，逐年减少了立法数量。基于以上几个原因，2000年之后广东省地方立法的步伐逐渐缓下来，从注重立法数量和立法速度的观念，向更加注重立法质量和效益的立法观念转变，树立"精品意识"，着重提高立法质量。

第四，从立法方式上看，法治立法、民主立法和科学立法的思路逐步明确。2002年12月，在首都各界纪念现行宪法公布施行20周年大会上，时任中共中央总书记胡锦涛强调，发展社会主义民主政治，最根本的是要把坚持党的领导、人民当家作主和依法治国有机统一起来。自2000年以来，广东地方立法活动一直牢牢贯彻立法法治的精神，完善立法制度，严格依照法定的权限和程序，从国家整体利益和改革大局出发，地方立法活动日渐规范。2001年以来广东省、广州市、深圳市、珠海市以及汕头市分别制定了规范立法活动的地方法规——《广东省地方立法条例》《广州市地方性法规制定办法》《深圳市制定法规条例》《珠海市人民代表大会及其常委会制定法规规定》《汕头市立法条例》。总之，通过立法规范行为，在充分尊重广东省本地经济水平、地理资源、历史传统、法制环境、人文背景、民情风俗的基础上，维护社会主义国家法制统一和尊严，已成为广东省构建法治广东的重要途径。这一时期，广东省地方人大更加注重立法机制和立法方法的创新，积极探索和完善法规起草、公众参与、立法协调的新机制，通过立法顾问、立法助理、委托起草、专家论证、立法听证、将法规草案登报或上网征求公众意见等形式，广泛听取社会各界意见，充分发挥社会各界在立法中的重要作用，增强立法的科学性、民主性，扎实提高立法质量。比如，广东省人大常委会在制定《广东省商品房预售条例》的过程中，在《羊城晚报》上公布法规草案，许多群众、律师和学者积极回应，中央主要媒体进行了现场直播，引起了积极而广泛的社会影响。这是广东省进行民主立法的一次有意义的探索。此外，2005年9月1日，广东省人大常委会办公厅和省政府办公厅联合下发了《关于印发〈广东省法规草案指引若干规定（试行）〉的通知》。这是广东省人大常委会和省政府共同提出的改进立法工作的新举措。《若干规定》的出台，标志着全国第一个立法指引制度在广东正式建立。这一规定主要用来规范法规草案的起草、协调、审议，对提高立法质量、规范地方立法行为具有重要意义。

四、全面发展阶段（2015年—）

改革开放是一个不断发展的过程，在不同的时期，党和国家工作的重点和任务各不相同。党的十八届三中全会提出"逐步增加有地方立法权的较大市数量"，十八届四中全会进一步要求"依法赋予设区的市地方立法权"。为了更好贯彻和落实新时代党和国家对地方立法工作的战略部署,2015年,十二届全国人大三次会议通过修改后的《立法法》,重新调整了地方立法权限。根据现行《宪法》《地方各级人民代表大会和地方各级人民政府组织法》和《立法法》的规定,目前广东省地方立法权的基本情况如下:①广东省人民代表大会及其常委会在不同宪法、法律和行政法规相抵触的前提下,制定地方性法规的地方立法权。②19个设区的市在不同宪法、法律和行政法规及省地方性法规相抵触的前提下,对城乡建设与管理、环境保护、历史文化保护等方面的事项制定地方性法规的地方立法权。③2个不设区的市——东莞市和中山市,在不同宪法、法律和行政法规及省地方性法规相抵触的前提下,对城乡建设与管理、环境保护、历史文化保护等方面的事项制定地方性法规的地方立法权。④深圳、珠海、汕头三个经济特区的人大及其常委会根据全国人大的有关授权决定,根据经济特区的具体情况和实际需要,遵循宪法的规定以及法律和行政法规的基本原则,制定经济特区法规,在经济特区范围内实施。⑤连山壮族瑶族自治县、连南瑶族自治县和乳源瑶族自治县的人民代表大会也享有制定自治条例和单行条例的立法权。至此,广东省共有2个省级、42个地市级以及3个县级47个立法主体。根据广东省人大常委会的决定,2015年5月佛山、韶关、梅州、惠州、东莞、中山、江门、湛江、潮州9个市率先行使地方立法权。此后,省人大常委会在同年9月确定河源、阳江、茂名、肇庆、清远、揭阳6个市开始行使地方立法权,12月又确定汕尾、云浮2个市开始行使地方立法权。加上较早享有立法权的省人大、省政府,省会城市广州以及深圳、珠海、汕头三个经济特区市和乳源瑶族自治县人民代表大会、连山壮族瑶族自治县人民代表大会、连南瑶族自治县人民代表大会,全省47个立法主体都拥有了地方立法权。

2015年以来随着《立法法》的修改,广东省各级立法主体积极履行立法职能,取得了较多的立法成果。两级人大常委会在立法工作中特别重视地方立法与中央方针政策、法律法规的衔接,针对现实发生的各类社会、经济、制度改革性问题的解决,广东地方立法进入全面发展阶段。这一阶段广东地方立法具有以下几个特点。

(一)重视立法的计划性、完整性、系统性

2015年广东省人大立法继续实施《法治广东建设五年规划(2011—2015年)》,在五年规划收官之年再创法制建设佳绩。广东省两级人大立法机关认真贯彻落实《〈广东省贯彻落实党的十八届四中全会决定重要举措2015年工作要点〉实施方案》,地方性法规的制定,大致遵循了"前一次会议对等待通过的草案做审议,待草案表决通过后,后一次会议对已通过的法规做评估"的路径,环环相扣,步步推进。从省人大到各市立法主体,2015年它们中的绝大多数都制定了立法计划和地方性法规制定条例等地方立法规则,如《广州市人大常委会2015年度立法计划》《深圳市人大常委会2015年度立法计划》等,立法计划清晰,立法规则明确,大大提升了立法效果,节约了立法资源;同时注重立法的阶段性,实现了立法全过程的连贯性、完整性、一致性,提升了立法质量。

(二) 有序推进设区的市地方立法工作

《立法法(2015)》赋予了设区的市立法权,推进设区的市地方立法工作有序进行,广东省人大常委会根据珠三角地区和粤东西北地区的不同特点和需要,按照分类分批的原则来推进。根据《广东省人民代表大会常务委员会关于确定佛山、韶关、梅州、惠州、东莞、中山、江门、湛江、潮州市人民代表大会及其常务委员会开始制定地方性法规的时间的决定》,第一批佛山、韶关、梅州、惠州、东莞、中山、江门、湛江、潮州等九个市于2015年5月底确定行使地方立法权。根据《广东省人民代表大会常务委员会关于确定河源、阳江、茂名、肇庆、清远、揭阳市人民代表大会及其常务委员会开始制定地方性法规的时间的决定》,第二批河源、清远、肇庆、茂名、阳江和揭阳等六个市于2015年9月确定行使地方立法权。根据《广东省人民代表大会常务委员会关于确定汕尾、云浮市人民代表大会及其常务委员会开始制定地方性法规的时间的决定》,第三批城市汕尾、云浮于2016年1月确定行使地方立法权。2015年以来,上述设区的市人大常委会围绕"城乡建设与管理""环境保护""历史文化遗迹保护"三个方面推进立法工作,制定了:《佛山市历史文化街区和历史建筑保护条例》《中山市水环境保护条例》《深圳市制定法规条例》《韶关市制定地方性法规条例》《珠海市制定法规条例》《梅州市制定地方性法规条例》《惠州市西枝江水系水质保护条例》《惠州市制定地方性法规条例》《中山市制定地方性法规条例》《东莞市制定地方性法规条例》《江门市制定地方性法规条例》《湛江市制定地方性法规条例》《清远市制定地方性法规条例》《潮州市制定地方性法规条例》《揭阳市制定地方性法规条例》《云浮市制定地方性法规条例》《阳江市制定地方性法规条例》《佛山市制定地方性法规条例》《佛山市机动车和非道路移动机械排气污染防治条例》《肇庆市制定地方性法规条例》《肇庆古城墙保护条例》《肇庆市城区市容和环境卫生管理条例》《汕头市电力设施建设与保护条例》《汕尾市水环境保护条例》《江门市潭江流域水质保护条例》《韶关市烟花爆竹燃放安全管理条例》《河源市恐龙地质遗迹保护条例》《惠州市历史文化名城保护条例》《汕尾市城市市容和环境卫生管理条例》《中山市供水用水条例》《湛江市湖光岩景区保护管理条例》《茂名市高州水库水源水质保护条例》《清远市饮用水源水质保护条例》《云浮市农村生活垃圾管理条例》。此外，各设区的市人大及其常委会也不断建立健全各项立法工作机制。例如，在新获地方立法权的市中，佛山、韶关、河源、梅州、惠州、汕尾、东莞、中山、江门、湛江、茂名、肇庆、清远、潮州、揭阳、云浮等市均已建立法规立法后评估制度，推动了法规评估工作机制的健全。

（三）实施城市管理、环境保护等社会热点问题立法

随着城市化进程加快，"城市病"在我国大部分城市普遍存在，主要表现为交通拥堵、房价过高、环境污染、看病难等症状。2015年，广东省人大常委会通过了《广东省环境保护条例》《广东省城乡生活垃圾处理条例》，批准了《广州市历史文化名城保护条例》，对《广州市建筑条例》《广州市城市轨道交通管理条例》的修改做了积极回应，以法规的批准通过引导大城市向人文发展、科学发展的方向推进，有力推动了"责任广东"的建设。2015年是环境法治年，由全国人大修改的《环境保护法》于2015年1月1日正式实施。为推进《环境保护法》的贯彻实施，广东省第十二届人大常委会第十三次会议通过了《广东省环境保护条例》，该条例大幅度提高了对环境违法的行政罚款额度，明确了按日加罚的6种情形，且上不封顶。这明显加大了环境违法的成本，对解决环境污染问题起着重要作用。为防患于未然，减少安全事故的发生，省人大常委会通过了《广东省特种设备安全条例》《广东省电梯使用安全条例》，并听取了省人大常委会执法检查组关于《广东省建设工程质量管理条例》立法后评估执法检查的报告、关于《广东省安全生产条例》立法后评估执法检查的报告。此外，深圳、汕头、珠海等市人大也紧紧围绕经济社会发展的重点问题立法，通过了《深圳经济特区道路交通安全管理条例》《汕头经济特区职工权益保障条例》《珠海市人民代表大会常务委员会关于废止〈珠海市土地管理条例〉的决定》等地方性法规，体现了重视社会热点问题立法的特点。在设区的市人大立法方面，2016年以来，多个设区的市均围绕本地区水源水质问题展开立法，如《惠州市西枝江水系水质保护条例》《汕尾市水环境保护条例》《江门市潭江流域水质保护条例》《茂名市高州水库水源水质保护条例》《清远市饮用水源水质保护条例》《潮州市韩江流域水环境保护条例》等，体现了设区的市人大立法对水环境保护重点领域的高度关注。在制定、修改的地方性法规中，《广东省环境保护条例》的通过影响深远，该条例对环境污染祭出多记重拳，如"建立与行政区划适当分离的环境资源案件管辖制度，

设立跨行政区划环境资源审判机构，审理跨行政区划环境污染案件"。逐步实施责任终身追究制，对环境污染实行重罚，"对拒不改正者按日连续处罚"，"对违法排污造成环境事件的企业事业单位和其他生产经营者，如造成重大或者特大环境事件的，按照直接损失的30%处以罚款，并可以报经批准责令关闭"。此外，针对电梯事故频频发生的问题，省人大主动回应社会关切，经过召开立法评估会、一审、征求公众意见、再次评估等程序后，表决通过了《广东省电梯使用安全条例》。该条例的出台备受社会关注，它明确了政府依法监管和使用管理人使用安全责任与义务。针对管理人先行赔付这一争议较大的问题，经过反复研究论证，该条例最终将使用管理者"先行赔付垫付"从草案稿中"拿下"，规定首负责任不再涉及赔付或垫付，只涉及安全管理义务。

（四）加强重点领域立法

作为中国（广东）自由贸易试验区的"基本法"，《中国（广东）自由贸易试验区条例》经由广东省第十二届人大常委会第26次会议通过。《中国（广东）自由贸易试验区条例》建立创新容错机制以及法律、法规、规章在自贸试验区的特别适用机制，鼓励公民、法人和其他组织在自贸试验区开展创新活动；优化和创新管理体制，简化管理层级，实现扁平化管理，促进管理权限最大限度下放，鼓励三个片区探索治理模式创新；实行负面清单管理模式，完善通关便利措施和高效监管手段，促进投资贸易金融等领域改革创新；鼓励发展总部经济，支持新型贸易业态发展，促进高端产业集聚发展；加强粤港澳深度合作，促进与"一带一路"沿线国家自贸园区合作；实行权责清单制度，建立纠纷多元化解决机制，着力建设国际化、市场化、法治化营商环境。广东省第十二届人大常委会第25次会议审议通过《关于修改〈广东省自主创新促进条例〉的决定》。修改后的《广东省自主创新促进条例》主要根据国家关于自主创新的相关法律、政策，适应广东创新驱动发展的新形势和新需求，进一步规范健全相关制度和机制，推动落实创新驱动发展战略。在新型研发机构方面，修改后的《广东省自主创新促进条例》明确新型研发机构的定位是投资主体多元化、实行市场化运作、从事关键共性技术研发与创新成果转化；在推进大型科学仪器设施共享方面，修改后的《广东省自主创新促进条例》进一步规范了大型科学仪器设施共享服务平台的运行机制；在支持大众创业、万众创新方面，修改后的条例《广东省自主创新促进条例》增加了鼓励和支持大众创业、万众创新，推动新业态发展的规定等。

（五）凸显地方立法的广东特色

地方特色是地方立法的生命力。在2016年9月召开的第二十二次全国地方立法研讨会上，全国人大常委会副委员长李建国强调，特色是地方立法始终保持活力的重要体现，也是衡量地方立法质量的一条重要标准。广东省人大立法始终坚持这一标准。为贯彻落实国家《中药材保护和发展规划（2015—2020年）》《广东省推动中药材保护和发展实施方案（2016—2020年）》的部署安排，加强岭南中药材种源、种植、产地等保护，广东省第十二届人大常委会第29次会议通过《广东省岭南中药材保护条例》。《广东省岭南中药材保护条例》从省统一遴选出的第一批保护岭南中药材入手，融合广东岭南地域特色，就具有广东道地特征的化橘红、广陈皮、阳春砂、广藿香、巴戟天、沉香、广佛手、何首乌等八种中药材的保护进行精细立法。《广东省岭南中药材保护条例》一方面通过明确和强化部门责任、设立专项资金进行政策扶持、确立保护基本制度等完善岭南中药材保护的基本框架，另一方面则通过建立种源保护制度、产地保护制度、种植保护制度、品牌保护制度，构建岭南中药材保护的具体制度，解决保护重点、保护方法、保护主体责任等问题。

第二节　广东地方立法40年的成就与经验

广东作为改革开放的前沿阵地，40多年来，充分发挥立法"试验田"作用，围绕"贯彻落实、先行先试、拾遗补缺、自主立法"四个方面开展立法工作，为促进地方各项事业的全面、协调和可持续发展发挥了重要作用，见证了我国地方立法的起步、成长和发展过程。总的来说，40年来，广东地方立法坚持结合地方实际，贯彻落实好国家法律法规，发挥了配套作用；坚持依法规范地方事务，发挥了补充作用；坚持解放思想、先行先试，发挥了探索作用。地方立法已经成为中国特色社会主义法律体系中不可或缺的重要组成部分。截至2018年2月，广东省现行有效的法规共1022项，其中省级地方性法规340项，设区的市地方性法规304项，经济特区法规366项，自治条例和单行条例12项，其中广州市人大及其常委会颁布的现行有效的法规为135项，深圳人大及其常委会331项，珠海人大及其常委会80项，汕头人大及其常委会75项，为广东的改革开放和经济社会发展提供了重要的法治保障。具体来说，40年来广东地方立法的成就和经验体现为以下几个方面。

一、坚持党对立法工作的领导

《立法法（2015）》第 3 条明确规定立法应当坚持党的领导。党的领导是中国特色社会主义最本质的特征，是社会主义法治最根本的保证。党的十八届四中全会决定第一次全面系统地回答了如何认识党和法的关系问题，在顶层设计和制度安排中把党的领导与依法治国有机统一起来。党的十九大明确指出，坚持党的领导下的全面推进依法治国。2018 年修改的宪法明确规定："中国共产党领导是中国特色社会主义最本质的特征。"党的领导和法治的关系，不仅是一个法学问题，更是一个政治问题。习近平总书记指出：党和法的关系是一个根本问题，处理得好，则法治兴、党兴、国家兴；处理得不好，则法治衰、党衰、国家衰。坚持党的领导是社会主义法治的根本要义，是全面推进依法治国的题中应有之义。地方立法权是宪法赋予地方人大及其常委会的一项重要职权，加强党对立法工作的领导，完善党对立法工作中重大问题决策的程序，对保证立法正确的政治方向、推动重大决策部署贯彻落实至关重要。40 年来，广东地方立法始终从以下几方面坚持党对立法工作的全面领导。

（1）认真学习贯彻党的路线方针政策和决策部署，确保党的主张经过法定程序成为国家意志。如广东省人大常委会建立了推进"两学一做"学习教育常态化制度，全面落实习近平总书记关于推进"两学一做"学习教育常态化制度化的重要指示精神、中央和省委关于推进"两学一做"学习教育常态化制度化的会议精神。

（2）建立完善请示汇报制度，凡立法涉及重大体制和重大政策调整的，必须报地方党委讨论决定，法规制定和修改的重大问题都要由人大常委会党组向党委请示汇报。具体来讲，广东从以下几方面建立完善了请示汇报制度：①地方立法规划和计划应当由人大常委会党组报送同级党委审查批准。②新制定的地方性法规在交付表决前，应当由人大常委会党组报同级党委审批。例如，广东省人大常委会在新制定的地方性法规提交省人大常委会审议前，都由人大常委会党组报省委审批。③修改的地方性法规项目，确有必要的，可以由人大常委会党组报同级党委审批。例如，2009 年将《广东省流动人员管理条例》修改为《广东省流动人口服务管理条例》时，考虑到流动人口及其子女的"入户入学"等问题涉及广大流动人口的切身利益，省人大常委会党组将该项法规报省委审批。④立法工作中的重要事项应当及时由人大常委会党组向同级党委请示报告。例如，2015 年《立法法》修改后，省人大常委会党组及时就赋予设区的市的立法权问题专门向省委进行请示。2015 年 3 月 27 日，省委常委会议在专题听取省人大常委会党组的汇报时强调，要积极稳妥地推动这项工作，成熟一批，确定一批，各市要加强立法能力建设，协调解决好立法机构编制的调整问题，按照国家规定的立法权限范围，结合本地实际开展立法工作，省人大常委会要加强对各市立法工作的指导。在省委的坚强领导下，广东省设区的市立法工作顺利推进，取得良好成效。

（3）要求从事立法工作的同志牢固树立政治意识、大局意识、责任意识，自觉在思想上、行动上同以习近平总书记为核心的党中央保持高度一致，自觉严守政治纪律和政治规矩。

二、发挥人大在立法中的主导作用

发挥人大及其常委会在立法中的主导作用，是新形势下加强和改进地方立法工作的一个重要着力点。我国《宪法》规定，国家的一切权力属于人民。同时规定，全国人民代表大会和地方各级人民代表大会是人民行使国家权力的机关。党的十八届四中全会提出要健全人大主导立法工作的体制机制，发挥人大及其常委会在立法工作中的主导性作用。《立法法》（2015）第51条也明确规定："全国人民代表大会及其常务委员会加强对立法工作的组织协调，发挥在立法工作中的主导作用。"人大主导立法，意味着在政治上，要坚定不移地坚持党的领导，确保地方立法反映人民的共同意志和根本利益，真正使党的主张通过法定程序成为国家意志；在制度上，要体现和维护人民代表大会制度的根本政治制度要求，要将对人民代表大会制度的制度自信贯穿立法全过程，确保立法实现党的领导、人民当家作主、依法治国的有机统一，努力使每一项立法体现和尊重人民的主体地位，保证人民当家作主；在工作上，要突出组织协调作用，发挥和调动各方面积极性，进一步完善立法机关主导，有关部门参加，人大代表、专家学者、教学科研单位、企事业单位、人民团体、社会组织和人民群众共同参与的立法工作机制。广东地方立法40年来，不断探索人大主导立法，在立法活动中让人大及其常委会定目标、定方向，居于主导性地位，发挥人大及其常委会的主导性作用。例如，《广东省信访条例》的制定就是人大主导立法的具体体现。在政治上，坚持党的领导，这主要体现在：一是根据中共广东省委的决定，将《广东省信访条例》补充列入2013年立法计划。二是在制定《广东省信访条例》过程中，始终坚持贯彻落实党中央关于信访工作改革的决策部署，紧紧围绕"维护信访人的合法权益，维护信访秩序，维护社会公平正义"的立法目的。在工作机制上，发挥广东省人大及其常委会的主导作用，委托中山大学、广东外语外贸大学、暨南大学课题组分别起草《广东省信访条例（专家建议稿）》，然后由广东省人大及其常委会统筹完成《广东省信访条例（草案）》，并通过各种形式实现公众参与，实现党的领导、人民当家作主、依法治国的有机统一。

深圳更是在实践的基础上,进一步总结制定了人大主导立法的相关制度。2014年深圳市委出台了《中共深圳市委关于进一步发挥市人大及其常委会在立法工作中主导作用的意见》。《意见》提出"五个创新",以进一步完善立法工作机制,以实现立法格局更加完善、立法质量显著提高、立法实践全面提升、法治权威明显增强的工作目标,为深圳改革发展提供坚实的法制保障:"第一,创新完善立法规划和计划制定机制。健全立法建议公开征集制度、立法建议论证制度以及立法规划和计划编制、执行制度,重点强调制定立法规划和计划要有前瞻性、战略性,与经济社会发展规划和计划充分衔接,并及时公开立法规划和计划的执行情况。第二,创新完善法规起草机制。由市政府提出议案、确定采用集中起草形式的,由市政府法制办统一组织起草;市政府之外的其他主体提出的议案,确定采用集中起草形式的,可以由市人大常委会专门机构统一组织起草。市人大常委会专门机构组建立法项目组,负责法规草案起草工作。第三,创新完善法规议案审议机制。进一步明确法规一审、二审和三审的审议标准,推进法规审议规范化、制度化建设;同时提出要创新审议方式,健全法规审议公开制度,探索对法规审议情况进行现场直播,市人大常委会组成人员提交书面审议意见等。第四,创新完善法规实施和监督机制。市人大常委会要采取执法检查、听取和审议专项工作报告等法定形式,加强对执法情况的监督检查。法规实施部门每年要向市人大常委会书面报告上一年度法规实施情况,政府部门法规实施情况纳入政府绩效考核。第五,创新完善民主立法机制。要健全人民政协立法协商制度;健全公众有序参与立法制度,建立公开意见征集机制和公众意见采纳情况反馈制度,合理吸收各方意见,积极回应公众立法关切。"① 深圳市人大常委会党组进一步研究制定了《落实〈中共深圳市委关于进一步发挥市人大及其常委会在立法工作中主导作用的意见〉实施办法》。实施办法从创新完善立法规划计划制定机制、法规起草机制、法规议案审议机制、民主立法机制、法规实施和监督机制,以及加强立法工作队伍建设等方面,规定了发挥人大在立法工作中主导作用的具体举措。在此基础上,主任会议还讨论通过了《深圳市人大常委会年度立法计划编制和实施办法》《深圳市人民代表大会常务委员会立法技术规范》等,为进一步发挥人大在立法工作中的主导作用提供了制度保障。②

---

① 李舒瑜:《我市出台全国首部人大主导立法的专门文件,建立人大主导多方参与立法新机制》,载《深圳特区报》2014年9月25日。

② 参见丘海:《深圳:充分发挥人大在立法中的主导作用》,载《广东人大信息》2015年第8期。

三、坚持依法立法

《立法法》(2015)第3条规定,立法应当遵循宪法的基本原则。第4条规定,立法应当依照法定的权限和程序。这是《立法法》对依法立法原则的规定。依法立法原则也被称为立法合法原则,是指地方立法的立法权限、立法程序、立法内容应当符合宪法、法律和行政法规的规定。广东40年来地方立法在以下几个方面坚持依法立法原则。

(1) 依照法定的权限开展地方立法。职权法定,立法应当遵循法定的权限。一是立法主体法定。立法权限是对不同立法主体的立法权限进行划分,立法主体是立法权限的载体,如果立法主体随意变更,立法权限法定就无从落实。无论是职权立法主体还是授权立法主体,都应当基于宪法、立法法、地方组织法的规定,行使其立法权。二是立法权限明确。不仅要求明确地方立法权限的具体范围,还要求明确程序性的立法权力,即明确法规案提案权、审议权、表决权及法规的公布权的归属。不同立法主体必须在其法定的立法权限范围内行使立法权,不得超越法定的立法权限。

(2) 依照法定的程序开展地方立法。立法程序是立法活动中必须遵循的重要内容,它可以保障立法权的行使。《立法法》《地方各级人民代表大会和地方各级人民政府组织法》等法律,对地方人大及其常委会制定地方性法规的程序作了规定。严格依照这些法定程序进行立法活动,可以规范立法行为,实现民主立法与科学立法。

(3) 确保地方立法的内容符合宪法、法律和行政法规的规定。《立法法》(2015)第72条规定,地方性法规不得同宪法、法律、行政法规相抵触。第七十三条规定,在国家制定的法律或者行政法规生效后,地方性法规同法律或者行政法规相抵触的规定无效,制定机关应当及时予以修改或者废止。第八十七条规定,宪法具有最高的法律效力,一切法律、行政法规、地方性法规、自治条例和单行条例、规章都不得同宪法相抵触。这是立法法对不抵触的概括性规定。具体来说,广东省地方立法在以下几个方面坚持不抵触原则:一是地方立法必须服从和服务于法律体系的整体要求,严格遵守立法权限的规定,在立项、调研、起草、审议等各个环节强化其合法性,重点在行政许可、行政强制、行政处罚等制度设定方面严格把关。二是不得与上位法已有的明文规定相抵触,这不仅要从地方立法与上位法的条文规定和文字表述是否一致来判断,也要从两者规定的内容是否相违背、相矛盾来判断。三是不与上位法的基本原则和基本精神相抵触,即不得"间接抵触"。当然,坚持不抵触原则并不意味着广东省地方立法没有自主性和先行性。

四、坚持科学立法

立法是实行依法治国的前提和基础。实践是法律的基础,法律要随着实践的发展而发展。不是什么法都能治国,不是什么法都能治好国;越是强调法治,越是要提高立法质量。① 40 年来,尤其 2012 年以来,广东省地方立法一直强调科学立法,高度重视发挥立法的引领和推动作用,坚持立法决策和改革决策同步,注重通过立法引领和推动各领域改革,特别是重要领域和关键环节的改革,重视着力构建更加开放、更加充满活力、更加有利于科学发展的体制机制。坚持立足本地实际,把握客观规律,做好制度设计,提高立法的前瞻性,适应和服从改革需要,找准改革与立法间"平衡点",选准立法项目,使规范内容能够更加充分、更加及时地反映我省经济社会发展的客观要求。坚持通过法定程序凝聚社会共识,引导社会各方面力量,切实解决本地社会改革、经济发展中存在的一些深层次矛盾和问题,为改革决策提供扎实的民意基础和动力支持,既保证改革决策的合法性和正当性,又有效预防和减少改革所带来的诸多社会矛盾。具体而言,广东科学立法主要体现在以下几方面。

(一) 注重维护人民群众的根本利益

习近平指出,人民群众对立法的期盼,已经不是有没有,而是好不好、管用不管用、能不能解决实际问题。从这个意义上说,"为谁立法",是一个至关重要的问题,直接关系到立法的性质、方向和效果。② 坚持以民为本、立法为民,实现发展成果更多更公平地惠及全体人民,是 40 年来广东地方立法的基本宗旨。在地方立法工作中,广东地方立法一直尊重人民主体地位,始终站在人民群众立场上想问题、作决策,坚持把反映人民群众的呼声,体现人民群众的意志,维护人民群众的利益,作为立法工作的基石,努力做到为了人民群众立法、依靠人民群众立法、立人民群众所需要的法。把地方立法的着力点放到对公民、法人和其他组织合法权益的保护上,切实维护人民群众的合法权益,严格界定公权力的边界,做到权力与部门责任紧密挂钩、权力与部门利益彻底脱钩,真正做到把权力关进制度的笼子,防止和克服公共利益部门化、部门利益法制化的倾向,最大限度维护人民群众的根本利益。

(二) 注重发挥立法的引领和推动作用

古人云:"法令行则国治,法令弛则国乱。""明法者强,慢法者弱。"在

---

① 中共中央组织部干部教育局等编著:《领导干部法治读本》,党建读物出版社 2016 年版,第 65 页。
② 本书编写组编著:《法治中国梦》,当代中国出版社 2014 年版,第 83 页。

改革开放中,广东地方立法十分注重发挥立法的引领和推动作用:一是围绕先行先试开展引领立法。如2016年,为全面贯彻落实国务院批准《中国(广东)自由贸易试验区总体方案》,推进中国(广东)自由贸易试验区改革,广东省各级人大及其常委会借鉴和参考国内外自由贸易试验区、自由贸易园区卓有成效的做法和有效举措,及时制定《中国(广东)自由贸易试验区条例》,建立"容错机制",为创新提供法制保障;简化层级,下放自贸区行使职能时所需要的管理权限,优化和创新管理体制;鼓励探索营商化环境和机制,促进投资、贸易、金融等领域的创新,促进高端产业的聚集发展,为持续的改革预留空间;自贸试验区所有的规则,要跟国际接轨,能呼应得上,规则要透明公开,营造良好的法治环境,从而为自由贸易试验区先行先试改革发挥立法的引领和推动作用,并为中央立法进行有益探索。二是围绕破解难题开展引领立法。信访问题一直是各级人民政府的难题。根据党中央对信访工作制度改革的决策部署,在中共广东省委的领导下,为推动信访工作法治化,化解社会矛盾,维护社会和谐稳定,广东省人大常委会于2013年开展信访立法工作,于2014年3月27日审议通过《广东省信访条例》。条例的出台,使广东省信访工作法治建设进入一个新的阶段,推动了诉访分离,规范了信访秩序,依法行使信访权利、依法逐级理性表达诉求逐渐成为广大基层群众的共识,同时明确了国家机关及时就地解决信访问题的工作责任,取得良好的社会效果。在信访立法工作中,广东省人大常委会始终坚持发挥主导作用,明确立法方向,把握立法进程,创新制度设计,组织各方参与,及时将广东省信访工作纳入法治化轨道,切实发挥立法对信访工作制度改革的引领和推动作用。①

(三)重视重点领域立法

改革开放以来,广东各级立法主体科学把握立法时机和立法规律,重点加强有关转变经济发展方式、促进自主创新、改善和保障民生、节约资源、保护环境、创新社会管理、完善行政体制机制、规范行政行为等方面的立法,实现立法决策与改革发展决策相统一、立法进程与发展改革进程相适应②:一是先后制定、修订《广东省行政执法监督条例》(1997、2016)、《广东省依法行政考评办法》(2013、2016)、《广东省法治政府建设指标体系(试行)》(2013、2016)、《广东省重大行政决策听证规定》(2013)、《广东省行政许可监督管理

---

① 广东省人大常委会法制工作委员会:《制定广东省信访条例推动以法治方式解决信访突出问题》,http://www.npc.gov.cn/npc/lfzt/rlyw/2015-09/28/content_1947305.htm。访问时间:2018年3月25日。

② 参见田禾主编《广东经验:法治政府建设》,社会科学文献出版社2014年版,第60-67页。

条例》(2014)等地方性法律法规,加强规范政府行为立法,确保行政权力合法运行。二是强化经济领域立法,先后制定《广东省实施珠江三角洲地区改革发展规划纲要保障条例》,为推动珠三角地区区域协调发展、先行先试提供法律保障;紧扣广东省经济转型升级的实际,制定《广东省自主创新促进条例》,建立和完善提升研发能力、促进成果转化、强化人才队伍建设的激励机制,发挥自主创新对经济社会发展的支撑等等,从而为优化营商环境提供法制保障。三是围绕保民生、促和谐的目标,广东省加强社会管理和公共服务领域法制建设,制定、修改了《流动人门服务管理条例》、《实施就业促进法办法》、《农村五保供养工作规定》等一系列强化社会管理、改善公共服务、完善社会保障、维护社会正义、促进社会进步的法规和规章,为构建和谐广东提供了有力的制度保障。四是制定《广东省民用建筑节能条例》,建立新建建筑全程节能监管制度;制定《广东省实施〈中华人民共和国循环经济促进法〉办法》,减少资源消耗和废物产生,提高资源利用效率,实现可持续发展;制定《广东省实施〈中华人民共和国海洋环境保护法〉办法》,推动解决重点海域排污、沿海生活污水处理以及海洋环境监管、珍稀海洋动物保护等问题;修订《广东省机动车排气污染防治条例》,进一步明确各部门职责,强化监督手段,完善机动车排气检测制度等,促进广东绿色发展、循环发展、低碳发展,促进生态文明建设。

(四)突出广东地方特色

"有特色原则是指地方立法应当具有地方特色,这是地方立法的生命力所在。"[①] 改革开放 40 年来,广东地方立法从国情、省情、市情和发展阶段出发,准确把握经济社会发展规律,把广东改革发展的丰富实践作为地方立法的客观依据,坚持立法与广东改革发展稳定的重大决策相结合,既及时把改革发展中的成功经验以法规形式固定下来,破除了体制障碍、推动制度创新,又为深化改革预留空间,充分发挥了地方立法在解决地方问题上的特有优势。如 2016 年,在省级地方性法规方面,广东省人大常委会制定的《广东省岭南中药材保护条例》凸显广东特色,及时、有效地回应了当前岭南中药材在保护、利用等方面的现实需求;在设区的市人大立法方面,河源市人大常委会制定的《河源市恐龙地质遗迹保护条例》、惠州市人大常委会制定的《惠州市历史文化名城保护条例》、湛江市人大常委会制定的《湛江市湖光岩景区保护管理条

---

① 参见石佑启《地方立法原则析论》,石佑启、朱最新主编《软法治理、地方立法与行政法治研究》,广东教育出版社 2016 年版,第 89-90 页。

例》、肇庆市人大常委会制定的《肇庆古城墙保护条例》等地方性法规，均充分表现出各设区的市立法的地方特色，使设区的市立法能够真正地契合地方实际而"接地气"，从而有效发挥设区的市立法的功用，并在一定程度上避免了设区的市立法对法律法规照搬照抄而造成重复立法。①

五、建立健全立法工作机制

提高立法质量，实现良法善治，根本途径在于依法立法、科学立法和民主立法。2012年以来，广东省地方立法紧紧抓住提高立法质量这个关键，强化制度建设，创新工作机制，把公正、公平、公开原则贯穿立法全过程，深入推进科学立法、民主立法，不断增强地方性法规的及时性、针对性、有效性。②

（一）健全立法起草、论证、协调、审议、表决机制

深入探索法规多元起草机制。2013年以来，广东省加大委托第三方起草力度，将信访条例、救灾条例、工商登记条例、社会组织条例、环境保护条例、市场监管条例等17部法规委托高校立法基地起草专家建议稿，并对每一项建议稿开展评估论证，将可行的制度吸收到法规草案中去，充分发挥专家学者在立法中的作用。积极探索建立由省人大相关专门委员会、常委会工作委员会组织有关部门参与起草综合性、全局性、基础性等重要法规草案制度。2015年，将山林权属纠纷处理条例、地方立法条例、预算审批监督条例，分别交由有关专门委员会、常委会工作委员会牵头组织起草。加强立法论证工作，每个法规案都在二审环节召开论证会，邀请立法咨询专家、人大代表等对立法的必要性、可行性、合法性以及涉及的重点难点问题进行论证。完善审议表决机制。常委会组成人员在年度立法计划公布后，选择适当立法项目提前介入法规起草工作，深入开展调研，有关专门委员会审议法规时，邀请部分常委会组成人员参与调研和论证，有利于常委会组成人员深入了解情况，提高审议质量。党的十八届四中全会决定提出完善法律草案表决程序，对重要条款可以单独表决的要求后，及时做出关于法规案个别重要条款单独表决的决定，并于2015年1月广东省人大常委会会议在表决通过环境保护条例前，就设立跨行政区划环境资源审判机构的条款进行单独表决。开展表决前评估和立法后评估。制定立法评估工作规定，对地方立法表决前评估和立法后评估作了规范。2013年

---

① 参见石佑启、潘高峰、朱最新主编《中国地方立法蓝皮书：中国地方立法发展报告（2016）》，广东教育出版社2017年版，第250页。
② 以下内容参见黄龙云主编《广东地方立法实践与探索》，广东人民出版社2017年版，第7-10页。

以来，凡新制定、全面修订及涉及重大制度调整的法规草案，都要召开表决前评估会，就草案的科学性、出台时机、社会影响等进行评估，切实把好法规出台前的质量关。2014年，组建地方立法社会参与和评估中心后，委托开展了安全生产条例和建设工程质量管理条例等立法后评估，将评估结果作为立法决策的重要依据。

（二）完善公民有序参与立法工作机制

广东高度重视推动立法公开工作，健全立法机关主导、社会各方有序参与立法的工作机制，制定了关于立法公开、立法论证、立法听证等工作规定，改进法规征求意见方式，不仅公开法规条文，还公开立法背景资料，不仅一审要公开，二审、三审也要公开。建立公众提出意见的研究、处理和统一反馈机制，提高公众参与立法积极性。将基层立法联系点作为代表联系群众和基层群众直接参与立法的重要平台，切实加强省人大及其常委会与基层群众和基层组织的联系。不断拓宽公民有序参与立法的渠道，使法规更好地体现民意、反映民情、集中民智，努力使每一项立法都符合宪法精神、反映人民意愿、得到人民拥护。在立法调研的具体实施方面，广东省人大常委会于2013年首次在全省范围内启动为期一个月的立法大调研，5个调研组深入全省21个地级以上市及部分县（市、区）、镇，召开了74场座谈会，广泛听取各级人大代表和人民群众的意见。调研组共计收集到137个涉及政治、经济、文化、社会、生态文明建设等方面突出问题的具体的立法建议，经过进一步研究论证，形成的立法调研报告提交省人大常委会审议同意后，成为加强和改进立法工作、编制省人大常委会五年立法规划的重要依据。通过此次立法大调研，政府部门把《广东省信访条例》《广东省企业集体合同条例》等涉及人民群众最关心、最直接、最现实的切身利益问题优先列入立法议程，优先制定修改相关法规，确保立法工作最大限度地满足人民群众的期待。2014年《广东省信访条例》出台，这是全国首部规范信访工作的地方性法规，也是全国第一个实行诉访分离、把信访工作纳入法治化轨道的地方性法规。

（三）充分发挥人大代表作用

广东省人大立法机关认真研究办理代表的立法议案和建议，邀请代表参与立法工作，通过座谈会等方式有针对性地向熟悉情况的代表征求意见，直接邀请代表参与立法调研和起草协调等工作，认真听取代表的意见。每个法规草案都征求全体在粤的全国人大代表和省人大代表的意见，每次常委会会议都邀请代表列席会议，召开专门座谈会听取意见，每次常委会会议邀请部分全国人大代表和省人大代表在所在县（市、区）通过在线交流平台远程列席会议，对会议审议的法规提出意见。搭建为代表服务的大数据平台。紧紧围绕省人大代表和在粤全国人大代表依法履职的需求，继 2014 年 11 月开通基层省人大代表与省人大常委会在线交流平台后，运用移动互联网、云计算和大数据技术，搭建资源丰富、智能分析、个性服务、持续更新的大数据平台，为代表履职、参与常委会立法等各项工作提供保障。为更好反映民意，体现立法决策的民主性，2015 年 11 月，广东省人大常委会在全省建立了 21 个基层立法联系点，42 个联络单位。联系点设在县（市、区）人大常委会，42 个联络单位在地域、行业等方面具有代表性，包括乡（镇）人大、街道办、村委会、社区共 14 个，司法机关 6 个，学校、医院、电视台共 6 个，另外还有 16 个企业。联系点和联络单位主要工作包括参与立法、监督代表以及联系群众，这些联系点和联络单位作为一个平台，将专门收集基层的社情民意，使立法更"接地气"。

（四）发挥专家学者作用

为促进科学立法、民主立法，发挥高等学校的智库作用，省政府与中山大学、华南理工大学、广东外语外贸大学、暨南大学、广州大学、广东海洋大学、嘉应学院、韩山师范学院、韶关学院合作建立了广东省地方立法研究评估与咨询服务基地，并由中山大学牵头成立了地方立法研究高校联盟。立法基地和高校联盟的主要任务是受省人大常委会的委托，参与和组织法规起草、调研、评估、论证以及信息收集和理论研究等工作。高校联盟和立法基地自成立以来，充分发挥智力、专业和资源优势，积极开展工作，发挥了重要作用。组建立法咨询专家库，遴选 66 名法律专业人士以及财政经济、城建环保、农业农村、科教文卫、民族宗教、语言文字等方面的专家作为立法咨询专家。与广东省法学会、省青年联合会、省律师协会、省工商联等合作建立广东省立法社会参与和评估中心，扩大了社会对立法的有序参与。

（五）注重培养立法人才

在建立长效机制培育立法人才方面，为提高立法工作队伍的正规化、专业化、职业化水平，加强立法理论研究。2016 年，广东省人大常委会创办了"一所一刊一站"，即广东省立法研究所、《地方立法研究》期刊和博士后工作站。在立法人才队伍培养建设方面，立法研究所成立了博士后创新实践基地，培养高素质立法人才。

第三节　广东地方立法的未来展望

建设社会主义法治国家，必须坚持立法先行。广东地方立法必须把贯彻执行宪法、法律、行政法规以及党和国家的方针政策与广东实际紧密结合，为促进全面深化改革提供有力的法治保障。

一、强化人大主导立法

人大立法是地方立法的主干部分。发挥好人大在地方立法工作中的主导作用，是实现地方立法功能和价值的根本保证。它要求省市两级人大及其常委会必须明确自身的历史定位和法律定位，敢于、善于主导地方立法全过程，要求省市两级人大及其常委会主动作为，积极把握立法工作的主动权、决策权。明确自己的历史定位和法律定位就是强调地方人大及其常委会对立法功能的实现肩负着重要的历史使命，行使好地方立法权重任主要在省市两级人大及其常委会肩上，搞好立法工作既是国家授予立法权的根本要求，也是完善国家法律体系、实现地方治理法治化、推进地方经济和社会发展的内在要求。行使好地方立法权、掌管好地方立法权，无论从历史使命、历史意义来讲，还是从法律地位、法律意义来讲，地方人大及其常委会都应是地方立法的主角，统领地方立法发展大局，都应该积极主动地行使权力，而不能懈怠权力。

发挥好人大在地方立法工作中的主导作用，党的领导是关键，它要求省市两级人大及其常委会必须正确处理人大主导与党委领导的关系。立法工作中各级人大应强化党的领导作用，处理好党的领导与人大主导的关系，主动把立法活动中的重大事项向党委请示和报告，充分听取党委的建议和意见，在重大立法项目和疑难复杂问题的解决上，尽可能获得地方党委的指导和支持。

发挥好人大在地方立法中的主导地位，还必须同时处理好人大立法与政府立法、上级立法与本级立法、本级立法与下级立法、立法行为与非立法行为的相互关系，使不同主体的立法行为、自身的立法行为与非立法行为在界限分明的基础上实现相互协调一致、一盘棋发展。省级人大应统领全省立法工作事项，对同级政府立法和下级人大立法工作给予必要的帮助和指导；市级人大应统领全市立法工作事项，并对同级政府的立法工作给予必要的帮助和指导。最终形成地方人大立法与政府立法相得益彰、各具特色、协调一致的良好局面。

发挥好人大在地方立法中的主导地位，也必须处理好人大起草法规与政府、第三方起草法规的相互关系。人大主导立法并不意味着人大自己要起草法规草案，但在政府起草或委托第三方起草过程中，人大立法机构要把握好立法起草的知情权、指挥权，使法规起草的方向把控、工作节奏、重大问题的立法处理等，都牢牢掌握在自己的手中，而不能被起草单位牵着鼻子走。

发挥好人大在地方立法中的主导地位，要注意立法和改革决策相衔接，做到重大改革于法有据、立法主动适应改革和经济社会发展需要。实践证明行之有效的，要及时上升为法律。实践条件还不成熟、需要先行先试的，要按照法定程序做出授权。对不适应改革要求的法律法规，要及时修改和废止。

二、加强立法能力和立法队伍建设

立法能力的高低和立法队伍整体实力如何，直接决定着立法质量的高低和立法科学性、民主性的实现。整体来讲，经过多年的经验积累，广东省人大及其常委会、广东省人民政府、广州、深圳、珠海、汕头四市人大及其常委会以及市政府都已经有了较好的立法能力和立法经验，立法队伍也相对健全。但佛山、东莞等新获得立法权的市在立法能力和立法队伍建设方面还有较大的差距，这就需要尽快健全立法工作队伍，提升工作机构和工作人员的立法能力。需要从以下方面着手加强立法能力建设，不断提高内在素质：①加强社会主义法治理念教育，强化立法人员的全局意识、责任意识、法治意识，不断提高立法人员分析问题、解决问题的能力。②实现教育培训的制度化，改变立法队伍知识结构单一化的状况，不断充实立法人员各方面的专业知识。③建立健全地方立法人员资格管理制度，形成一支职业化的立法队伍，为地方立法建设提供智力支撑。另外，因为立法工作需要广泛的社会参与，立法机关立法能力的高低也受制于社会公众参与立法能力的高低，试想，一个立法者无论其立法水平多么高超、立法意识多么超前，如果社会公众对超前的立法意识、立法方案接受不了，那么立法者最后也是徒劳无功的。因此，提升社会参与主体的立法观念、参与意识也是提升立法机关整体立法能力和实力的重要方面。

三、健全地方立法工作机制

立法工作机制是实现地方立法工作程序化、法治化、系统化的根本保证。完善的立法工作机制有利于使立法工作成为专业的机构和人员干的专业的事，有利于实现科学立法、民主立法、依法立法，有利于不断提高立法质量、增强立法的实用性。为此，必须采取以下措施继续健全地方立法工作机制：①建立健全党委领导地方立法工作机制。党委应当建立健全相应的工作机构和工作程序，加强对重要地方性法规、规章的审查，适时提出立法建议；地方立法机关应当建立健全相应工作制度，确保把中央、上级和同级党委的方针政策通过法定程序转化为地方性法规和规章,把实践证明行之有效的工作举措以法规、规章形式加以规范,使党委的正确主张、人民的共同意愿统一到法律规范上,成为全社会共同遵守的行为规则。②完善地方立法起草工作机制。为有效防止部门利益和地方保护主义法律化,创新地方立法起草工作机制,完善立法项目征集和论证制度,建立健全由人大相关专门委员会、人大常委会法制工作委员会组织有关部门参与起草综合性、全局性、基础性等重要法律草案制度,完善委托第三方起草法律法规草案机制,健全法律法规规章起草征求人大代表意见制度等。③健全社会参与地方立法的机制。各级立法机关应当进一步建立健全专门委员会、工作委员会立法专家顾问制度,建立健全草案公开征求意见制度,建立健全地方立法听证制度,完善地方立法咨询论证制度,健全立法机关和社会公众沟通机制,健全法律法规规章草案公开征求意见和公众意见采纳情况反馈机制等。④完善地方立法的审议程序。完善地方法规和规章审议程序,对地方制度的质量起着决定性意义。为此,一是要建立健全法规规章草案说明理由制度以及法规规章草案审议准备时限制度,确保立法审议者能够充分理解法规规章制定的理由,有足够的时间为审议做准备;二是要建立健全审议充分讨论制度,对人大常委会审议法规草案原则上实行三审制,对政府审议规章要有充分的时间保障;三是建立健全重要条款单独表决制度等。总之,在立法工作中,要不断创新立法工作机制,应围绕提高立法质量这个目标,在立法工作的各个层面下功夫,在不断的摸索、磨合中,积极发挥各个主体在立法中的应有作用,最终形成较为完善的党委领导立法工作、人大主导立法工作、行政机关协同立法工作、社会各界积极参与立法工作的工作机制和良好立法形态。

四、增强立法的地方特色

地方特色是地方立法的灵魂和生命所在。没有了地方特色,地方立法就失去了存在的意义和价值。因此,尽可能地使立法与地方特色相结合、与现实情况相符合,才能使制定出来的法规、规章更有现实生命力,发挥更大的作用。在以后的地方立法中,重视立法的地方特色将是立法时应着重考虑的因素。结合本地的实际和特色制定各种内容的地方性法规和规章,也将是今后在地方立法实践中需着重加强的方面。地方立法机关应把主要精力集中放在如何凝练立法的特色上。只有符合现实需要的立法,才会扎根于法治的土壤,才会在社会生活中生根发芽,才具有地方特色。各级立法主体必须把社会生活的实际需求作为启动立法项目首要考虑的因素,尽量排除一切非相关因素,使所立之法真正成为引领地方发展的助推器,使量少质精、不重复、有特色成为地方立法追求的目标。

五、推进区域立法协调

粤港澳大湾区发展要求突破行政区划的界限,构建稳定、协调、透明的具体规则,建立无障碍、无壁垒的统一大市场。这种发展需求,在国家统一立法难以完全顾及的情况下,完善粤港澳大湾区地方立法协调,就成为社会各方强烈的呼声。区域立法协调包括广东区域内各立法机关之间的立法协调,也包括粤港澳大湾区发展各立法机关之间的立法协调。为此,广东地方立法应当在广东区域内各立法机关之间、粤港澳大湾区发展各立法机关之间两个层面建立健全区域立法规划机制以及区域立法起草论证机制、区域立法后评估机制、区域立法信息共享机制、建立定期和非定期协调会议制度等区域立法协调机制,形成区域法规规范体系的和谐统一。

第二章　依法行政与法治政府建设

40年来,广东作为改革开放的先行地和排头兵,各项事业蓬勃发展。广东法治政府建设作为广东全面依法治省的重要组成部分,同样突飞猛进,日新月异。40年来,广东依法行政一直走在全国的前列,发挥着法治示范区的功能;广东省各级人民政府不忘初心、风雨兼程、攻坚克难,谱写了法治政府建设的新篇章。①

第一节　广东依法行政40年的进程

1978年,党的十一届三中全会公报指出:"为了保障人民民主,必须加强社会主义法制,使民主制度化、法律化,使这种制度和法律具有稳定性、连续性和极大的权威,做到有法可依,有法必依,执法必严,违法必究。"从而开启了中国法治建设的新纪元。在这一宏大历史背景下,广东依法行政以党的十一届三中全会为起点,经历了从萌芽、初创、发展到新时代的历史过程。

一、广东依法行政萌芽阶段(1978—1989年)

建国以来相当长的时间内,由于受历史文化传统等各种因素影响,我国行政机关主要是依领导指示办事,以政策行政。党的十一届三中全会后,人们从十年"文革"内乱的惨痛教训中意识到了法律的重要性,开始主张运用法律手段来管理公共事务。彭真提出,"国家管理要从依政策办事逐步过渡到不仅

---

① 广东省人民政府法制办、广州市人民政府法制办等省市政府法制机构为本课题研究提供了大量依法行政年度工作报告、总结、调研报告等第一手材料。本章中除另有注明外,相关资料皆来源于省市政府法制机构提供的依法行政年度工作报告、总结、调研报告等第一手材料,文中不再一一注明。因此,本章内容可以说是集体智慧的结晶。在此,对广东省人民政府法制办、广州市人民政府法制办等省市政府法制机构的支持与帮助表示衷心感谢。

依靠政策，还要建立、健全法制，依法办事"，① 从而吹响了以政策行政向以法行政转变的号角。1979 年 11 月 29 日，第五届全国人大常委会第十二次会议通过了《关于中华人民共和国建国以来制定的法律、法令效力问题的决议》，确定从 1949 年 10 月 1 日建国以来国家制定的法律、法令，除了同第五届全国人大制定的宪法、法律和第五届全国人大常委会制定、批准的法令相抵触以外，继续有效。同时，1982 年宪法规定，一切国家机关，包括国家行政机关在内都必须在宪法、法律范围内活动，任何组织和个人都没有超越宪法和法律的特权。对于行政机关及其工作人员的违法失职行为，公民享有检举、控告、申诉的权利。造成损害的，公民有请求赔偿的权利。1982 年《国务院组织法》出台，明确了国务院的职权职责，从而确立了职权法定的观念。1983 年的《民事诉讼法（试行）》、1986 年的《民法通则》、1986 年的《治安管理处罚条例》相继出台，指出在法律面前人人平等，行政机关及其工作人员也必须守法，违法同样要承担法律责任。

1979 年 7 月，党中央、国务院批准广东省设立深圳、珠海、汕头三个经济特区，在对外经济活动中实行"特殊政策、灵活措施"。在国家以法行政的大背景下，基于改革开放的现实需要，广东省十分重视法制在行政管理中的作用。1980 年 2 月 2 日，广东省人大常委会制定了广东省首个地方性法规——《广东省计划生育条例》，将计划生育工作纳入法律调整之中。截至 1989 年底，广东省人大及其常委会先后制定《广东省经济特区入境出境人员管理暂行规定》《广东省经济特区企业登记管理暂行规定》《广东省经济特区企业劳动工资管理暂行规定》《深圳经济特区土地管理暂行规定》等 39 项地方性法规，广东省人民政府先后颁布《广东省物价管理暂行条例》《广东省劳动安全卫生监察办法》《广东省私人（外商）承包经营对外加工装配、补偿贸易业务暂行规定》等地方政府规章 187 项。② 地方立法的逐渐恢复，为以法行政提供了良好的法律基础，广东以法行政得以逐步开展起来。1981 年 5 月，广东省人民政府在全国率先成立第一个地方政府法制机构——省人民政府办公厅法制处，具体负责有关法制行政工作。1988 年 4 月 27 日，广东省人民政府将省人民政府办公厅法制处升格为广东省人民政府法制局，全面负责省人民政府有关法制行政工作。广东省人民政府法制机构的设立为以法行政提供了组织保障。1988 年，广东省广州市明确提出"以法治市"，曲江县（现韶关市曲江区）

---

① 彭真：《在首都新闻界人士座谈会上的讲话》，载《人民日报》1984 年 4 月 8 日。
② 相关数据来源于北大法宝 http：//www.pkulaw.cn/cluster_ form. aspx？check_ gaojijs＝1&menu_ item＝law&EncodingName＝&db＝lar. 访问时间：2018 年 2 月 5 日。

明确提出"以法治县"。① "以法行政"是行政与法的关系的初级形态。其主要特征是：行政法从属于权力，行政权从总体上优越于法律；立法以保障国家权力为本位；行政法以治理、约束或规范公民的行为为主要或基本内容；法律的实现主要是通过自上而下的监督机制来保证的。② 在这一阶段，广东以法行政与以政策行政"双轨"运行，政策不仅是行政的先导和指南，而且其权威远远高于法律，法律却常常是政策实施的副产品。因此，广东以政策行政向以法行政的转变并不意味着广东依法行政的产生，而只是广东依法行政的萌芽。

二、广东依法行政的初创时期（1989—2004 年）

我国是一个有着几千年封建专制历史和一百多年半殖民地半封建历史的国家。文化传统中民主成分较少，公民权利观念淡薄，而封建专制影响很深，权力崇拜根深蒂固。依法行政的本质是规范和监督行政权力。1989 年 4 月《行政诉讼法》的颁布，反映了我国行政立法在指导思想和价值取向上的一个重大转变，我国开始从注重对行政权力的确认和维护转向注重对公民权利的赋予和保护，开始通过行政诉讼来促进行政机关依法行政③，从而使政府法制建设的基本目标开始由"以法行政"向"依法行政"转变。1993 年 3 月，八届人大一次会议通过的政府工作报告中，第一次明确规定了依法行政原则，提出"各级政府都要依法行政，严格依法办事"④。1997 年党的十五大明确提出"依法治国，建设社会主义法治国家"的治国战略，并明确要求："一切政府机关都必须依法行政，切实保障公民权利，实行执法责任制和评议考核制。"1999 年国务院发布了《关于全面推进依法行政的决定》，1999 年九届全国人大二次会议将依法治国，建设社会主义法治国家载入宪法。2002 年党的十六大报告指出："加强对执法活动的监督，推进依法行政。"同时，1995 年 1 月 1 日实施的《国家赔偿法》进一步解决了究竟承担怎样的赔偿责任问题；1996 年 10 月 1 日开始施行的《行政处罚法》开启了行政执法行为的规范化进程；1997 年 5 月 9 日施行的《行政监察法》建立了以权力制约为手段促进政府廉洁的具有中国特色的行政监察制度；1999 年 10 月 1 日生效的《行政复议法》构建了一个为行政相对人提供有效解决行政纠纷的救济制度；2004 年 7 月 1 日起施行的《行政许可法》对行政许可的全过程进行了规范。依法治国战略的确立，以及这一系列法律的实施，既有力地保护了公民、法人和其他组织的

---

① 参见朱森林编著《朱森林访谈录》，红旗出版社 2011 年版，第 271 页。
② 参见江必新著《法治政府的制度逻辑与理性构建》，中国法制出版社 2014 年版，第 40 – 41 页。
③ 张正德、况由志主编：《依法行政的理念与实践冲突研究》，重庆出版社 2004 年版，第 153 页。
④ 参见《中华人民共和国全国人民代表大会常务委员会公报》1993 年第 2 号，第 20 页。

第二章 依法行政与法治政府建设

合法权益，又有效地保障和规范了行政机关实施行政管理，开启了我国依法行政的历史进程。

在这一历史进程中，广东发挥了政府在法制建设中先行先试的作用，从多方面开启了广东依法行政的历史进程：

（1）依法治省战略全面确立。1993年5月，中共广东省第七次代表大会正式提出"建立社会主义市场经济、民主法治和廉政监督三个机制"，强调要建设民主政治，实行以法治省。此后，广东省人大常委会党组决定在深圳市进行依法治市试点工作。1995年12月12日至14日，广东全省各市人大常委会主任会议在深圳召开，会议研讨新形势下如何进一步加强人大工作和推进依法治省工作。深圳市作为依法治省试点市，提出了市委发挥领导作用，人大发挥主导作用，政府发挥主体作用，即三个发挥，三位一体，形成合力的基本工作思路。1996年8月22日，中共广东省委颁布了《关于进一步加强依法治省工作的决定》，明确提出建设社会主义法制省的目标任务。1996年10月16日，广东依法治省工作领导小组成立，时任中共中央政治局委员、广东省委书记谢非任领导小组组长，确立了依法治省的领导体制。1997年1月8日，广东省依法治省工作领导小组召开第一次会议，明确了领导小组及其办公室的机构性质、编制、职责和工作制度，依法治省的工作机制基本形成。

（2）依法行政的组织动员开始得到重视。2000年4月20日，广东省人民政府发出《关于在全省开展"依法行政年"活动的通知》，要求全省各地、各部门结合实际开展活动，深入贯彻《国务院关于全面推进依法行政的决定》精神，"要通过开展'依法行政年'活动，按照职能法定原则，使各级行政机关依法履行职责，依法行政，从严治政；要将政府运作纳入法制轨道，提高行政效率；并在转变政府职能过程中，改善工作方式，改进工作作风，巩固政府机构改革成果"。

（3）开启行政执法队伍规范化建设。1995年，时任中共中央政治局委员、广东省委书记谢非指出："我省人数众多的执法队伍，是实行以法治省的中坚力量。这支队伍的素质状况，直接关系我省实施法治的水平。因此，要着力建立一支高素质的执法队伍。"[①] 1995年4月26日，广东省公安厅印发《广东省公安机关人民警察执法过错责任追究规定（试行）》，开始了行政执法队伍规范化建设。1996年3月，广东省八届人大四次会议上有代表提出《关于清理整顿行政执法队伍及其"三乱"问题的议案》和《关于整治路桥收费站问题的议案》，统一交由省人民政府办理，省人民政府法制局具体承办。1996年4

---

① 谢非：《加强法制建设 坚持以法治省》，载《人民之声》1995年第2期。

月 11 日,广东省人民政府办公厅发布《关于全面清理整顿行政执法队伍及其"三乱"问题的通知》,对全省行政执法队伍中存在的"三乱"(即乱设立、乱收费、乱处罚)问题进行全面清理整顿:一是清理整顿全省行政执法队伍和路桥收费站。广东省人民政府先后组织公安、交通、财政、人事等 33 个部门,并邀请广东省人大内司委、财经委参加,组成 20 个检查组,分三个阶段对全省 21 个地级以上市、169 个收费站进行了全面检查,通过采取实地调查、重点清查、逐个甄别、依法审核的清理原则,对各地区、各部门行政执法队伍和路桥收费站的设立依据、机构性质、人员构成、经费来源以及执法、收费等情况进行严格的审查,对无法律法规依据、未经机构编制部门批准而擅自设立的行政执法队伍依法予以撤销、解散,对不符合执法资格条件的人员或合同工、临时工实行调离或清退,对未经省人民政府批准设立的路桥收费站(点)依法予以取缔,对经合法批准但站点距离不符合国家规定标准的路桥收费站依法予以撤并。根据省人民政府的统一部署,全省各地区、各部门对本地区、本部门的行政执法队伍亦同步开展了清理整顿,省人民政府治理公路"三乱"督察队也不断加大对公路"三乱"行为的查处力度。2002 年,经省人民政府同意,广东省人民政府法制办组织省编办、财政厅等 21 个单位,组成 5 个检查组分赴全省 21 个地级以上市,对全省清理整顿行政执法队伍及其"三乱"问题议案的办理情况进行了全面检查。据统计,全省共清理出行政执法队伍 2582 支(不含公安系统),撤销了不符合执法资格条件的队伍 799 支,清退了不具备执法资格的临时工、合同工及其他人员共 11274 名,撤销了公路收费站卡 103 个。全省"大盖帽满天飞"的现象得到了有效遏制。二是依法规范对行政执法队伍的监督管理。结合《行政处罚法》的贯彻实施,广东省人民政府着力加强行政执法监督配套制度建设,先后报请广东省人大常委会通过了《广东省行政执法队伍管理条例》《广东省各级人民政府行政执法监督条例》,配合广东省人大常委会制定了《广东省行政执法责任制条例》,出台了《广东省〈行政执法证〉管理办法》《广东省各级人民政府实施行政处罚规定》《广东省行政执法队伍审批和公告办法》《广东省行政处罚听证程序实施细则》等规章,实行严格的行政执法主体资格制度、持证上岗执法制度、行政执法督察制度、罚缴分离制度和行政处罚听证等制度,强化了对行政执法队伍的监督管理,全省乱设执法队伍、乱罚款、乱收费等"三乱"现象明显减少。三是结合相对集中行政处罚权改革,进一步清理整顿行政执法队伍。为有效解决行政执法中普遍存在的重复处罚、执法机构膨胀、多头管理等问题,1997 年,经国务院批准,广东省率先在全国开展了以城市管理综合执法为主要内容的相对集中行政处罚权试点工作。2001 年 4 月,广东省编办、法制办、财政厅联合下发《关于清理整顿市县行政执法队伍的通知》(粤机编办〔2001〕127号),要求全省各地结合市县和乡镇机构改革,进一步清理整顿行政执法队伍。2001年10月29日,广东省人民政府颁布了《广东省人民政府关于进一步做好相对集中行政处罚权试点工作的通知》;2002年10月31日,广东省人民政府转发《国务院关于进一步推进相对集中行政处罚权工作的决定的通知》,从而将相对集中行政处罚权与规范行政执法队伍相结合,较好地解决了行政执法中普遍存在的多头管理、重复处罚、执法机构膨胀等问题。

(4)行政审批制度改革开启。1999年2月13日,深圳发布第83号政府令,公布《深圳市审批制度改革若干规定》,为广东省各级政府行政审批制度改革首开先河。2001年,广东省人民政府法制办与省政府办公厅、省计委、省监察厅、省编办等部门共同组成了"广东省人民政府行政审批制度改革联合审查办公室",负责这次改革的协调、指导以及对省直有关部门改革实施方案的审查和改革总体方案的综合上报工作。2003年12月2日,广东省人民政府转发国务院关于贯彻实施《中华人民共和国行政许可法》的通知。广东省各地区、各部门结合本地区、本部门实际,认真贯彻实施《行政许可法》相关工作:一是加强组织领导。广东省人民政府成立了由一位常务副省长任组长、分管法制的副省长任副组长,法制、计划、财政、监察、编制等部门组成的清理工作领导小组,切实加强对全省各地区、各部门清理行政许可有关规定和行政许可实施机构工作的领导;召开全省各地级以上市和广东省人民政府各部门法制机构负责人会议,就贯彻实施这部法律的各项准备工作进行了动员和部署。二是积极开展宣传培训工作。《行政许可法》颁布后,广东省人民政府法制办及时在网站上开辟专栏,全文公布了这部法律,并就学习这部法律的有关疑点、难点问题,刊登了国家有关专家、学者的相关解释;连续编发了两期《法制信息》,向有关领导机关宣传这部法律;根据中共广东省委办公厅、省人民政府办公厅的要求,分别组稿上报中办和国办。召开全省贯彻实施《行政许可法》工作会议、地厅级领导干部《行政许可法》专题研究班和报告会。组织"讲师团"到全省巡回宣讲,协助、指导各地区、各部门开展培训活动,全省受训人员达25万人次。三是开展有关行政许可规定的清理工作。广东省人民政府成立了省法制办清理行政许可有关规定工作班子,着手开展清理工作。经报广东省人民政府常务会议研究决定,取消行政许可事项63项,保留64项,不列为行政许可、按一般业务管理继续保留100项,改变管理方式15项,委托下放14项,接收国务院决定下放、由省人民政府有关部门管理事项28项,设立1年过渡期的许可事项19项;取消行政许可主体4个,保留19个,作为过渡期许可主体11个;提请省人大常委会修订地方性法规13项、废止 1 项，修改省人民政府规章 4 项，废止省人民政府规章 3 项；取消省直机关涉及行政许可的收费项目 24 项。

（5）率先实行政府信息公开制度化。2002 年，广州市人民政府制定《广州市政府信息公开规定》，率先在全国以政府规章明确打造公开、透明、阳光政府，并因此荣获首届"中国法治政府奖"。

在这一历史阶段，广东实现了由以法行政向依法行政的转变。但是，依法行政的内容主要集中于与人民日常生活密切相关的行政执法工作的规范化、法制化建设，而对行政权力运行的源头——行政决策、规范性文件等缺乏应有的关注，依法行政的全面统筹工作有待整合。

三、广东依法行政的发展时期（2004—2012 年）

为适应全面建设小康社会的新形势和依法治国的新要求，2004 年国务院颁布了《全面推进依法行政实施纲要》（以下简称《纲要》）。《纲要》在《国务院关于全面推进依法行政的决定》的基础上，围绕"全面推进依法行政、建设法治政府"的主题，明确规定了今后十年全面推进依法行政的指导思想和具体目标、基本原则和要求、主要任务和措施。《纲要》"从总结依法行政现实问题切入，按照行政权运行的内在逻辑顺序依次梳理、检讨现行行政法制度体系，并在此基础上全方位链接行政实体法、行政程序法和行政监督救济法的制度变革"。"《纲要》是一根'红线'，能够将各种分散的行政法制度及其创新的'珍珠'连接起来，形成一个致力于全面推进依法行政的整体结构。""《纲要》通过对现有行政法机制的有效整合，能够形成一种全面推进依法行政的合力。"①《纲要》是我国法治政府建设的行动纲领，其颁布实施意味着我国进入全面推进依法行政的历史阶段。

这一历史阶段，广东依法行政开始从侧重于行政执法工作的规范化、法制化向全面依法行政转变。这主要体现在以下几个方面：

（1）高度重视依法行政的全面统筹推进。2004 年国务院《纲要》颁布后，广东省人民政府及时颁布《关于贯彻落实国务院全面推进依法行政实施纲要的意见》，全面统筹广东依法行政工作。2004 年 11 月 12 日，广东省人民政府办公厅发布《关于全面推进依法行政工作职责分工的通知》，对广东省人民政府各职能部门在全面推进依法行政工作中的职责分工做出了具体而明确的规定。2007 年 9 月 30 日，为进一步贯彻落实《纲要》，努力实现广东率先建成

---

① 罗豪才著：《为了权利与权力的平衡——法治中国建设与软法之治》，五洲传播出版社 2016 年版，第 14、20 页。

法治政府的目标，广东省人民政府及时总结依法行政经验，颁布了《广东省人民政府关于加快推进市县（区）政府依法行政的意见》，2008年8月15日，广东省人民政府转发了《国务院关于加强市县政府依法行政的决定》，对推进市县（区）政府依法行政进行全面统筹。2010年12月25日，广东省人民政府转发了《国务院关于加强法治政府建设的意见的通知》，明确要求抓紧制订依法行政工作规划，健全依法行政配套制度，深入推进行政执法责任制，积极推进依法行政体制机制创新，加强对依法行政工作的组织领导和督促检查。

（2）行政决策开始纳入法制轨道。2009年，广州市人民政府出台《关于对重大事项进行社会稳定风险评估的实施意见》，充分评估事关广大群众切身利益、容易引发社会矛盾等重大事项的风险因素，制定应对策略，预防和减少社会矛盾及社会危机。2010年以来，广州市先后出台《重大民生决策公众征询工作规定》《广州市重大行政决策程序规定》《广州市重大行政决策和听证事项目录管理办法》和《广州市重大行政决策专家论证实施办法》，把公众参与、专家论证、风险评估、合法性审查和领导班子集体讨论决定作为重大行政决策的必经程序。2012年，"广州市完善重大决策程序规范 推进科学民主依法决策"荣获第二届"中国法治政府奖"。2012年4月27日，广东省人民政府办公厅总结广州等地行政决策法制化的经验，印发了《广东省重大行政决策专家咨询论证办法（试行）》等规范性文件，开始将行政决策纳入法制化轨道。

（3）规范性文件规范化管理得以加强。2004年12月23日，广东省人民政府颁布了《广东省行政机关规范性文件管理规定》；2005年1月31日，广东省人民政府法制办印发《广东省人民政府法制机构规范性文件审查工作指导意见》；2005年6月16日，广东省人民政府法制办发布《关于规范法规、规章和规范性文件办理工作有关事项的通知》，强化了对规范性文件的规范化管理。2012年，广东省人民政府法制办共审核广东省人民政府规范性文件29件，审查省人民政府部门规范性文件105件，审查处理由社会公众建议审查的规范性文件11件，登记备案各地级以上市人民政府报送的规章、规范性文件384件。

（4）以实施综合行政执法试点工作为重点，稳步推进行政执法体制改革。2005年1月31日，广东省人民政府办公厅颁布《广东省综合行政执法试点方案》，继续抓好广州、深圳等8个城市相对集中行政处罚权工作；2006年，将相对集中行政处罚权与综合执法改革相结合，在东莞启动了城市管理综合执法改革试点工作；在广东省交通、环境保护领域开始全面推进综合行政执法试点改革。

（5）行政审批制度改革不断深化。2007年11月5日，广东省人民政府颁布实施《广东省行政审批管理监督办法》,开通全国首个省级行政审批电子监察系统,加强行政审批监督管理。同时,落实了国务院取消和调整的188项审批项目,全省各地又继续精简了一批审批事项,其中省一级取消和调整的达157项。2009年第四轮行政审批改革中,广州在全国率先将行政备案纳入行政审批制度改革的范畴,对行政备案行为进行了全面清理。2010年12月31日,广州市颁布了全国第一部关于行政备案管理的地方政府规章——《广州市行政备案管理办法》,进一步巩固了行政审批改革成果。2012年11月30日,广东省人民政府颁布《广东省行政审批事项目录管理办法》,建立健全了行政审批事项目录管理制度。

(6)政务公开不断深入。在总结广州等地政府信息公开的基础上,2005年7月29日,广东省人大常委会通过《广东省政务公开条例》,同年10月1日正式实施。2010年5月12日,广东省人民政府办公厅发布《广东省人民政府信息依申请公开工作规程》。

(7)权力清单制度日渐形成。2005年5月8日,广东省人民政府通过了《广东省第一批扩大县级政府管理权限事项目录》,首次以目录清单形式明确了扩大县级政府管理权限事项范围。2008年,广东省人民政府依法完成了省直44个工作部门行政执法职权核准界定公告工作,理清了省人民政府各部门的"权力清单"及其依据。2011年5月27日,广东省人民政府通过了《广东省第二批扩大县级政府管理权限事项目录》。

在这一历史阶段,广东依法行政工作取得了巨大成就。但对法治政府建设的顶层设计和依法协同推进关注不够。法治中国建设是一项系统的社会工程。法治政府建设是法治中国建设的关键,但不是法治中国建设的全部。法治中国建设不是某一个领域、某一个方面单兵突进就能够取得突破的,需要整体协同推进。在广东依法行政中,政府却没有注意到这个问题,反而认为"依法行政完全可以在行政问题与法治理想之间做到'左顾右盼':一方面,行政问题的实质是依法行政问题,自然完全可以通过全面推进依法行政的方式来解决;另一方面,依法行政是实现法治理想的关键,只要我们坚持不懈地推进依法行政,就会逐步实现法治理想。因此,只要我们诉诸依法行政,那么制度变革左右为难的处境就会得到改变,就能够在脚踏实地地解决行政问题的同时,日益接近我们的法治目标"①,从而导致依法行政实践与人民对依法行政的需求间存在较大差距。

---

① 罗豪才著:《为了权利与权力的平衡——法治中国建设与软法之治》,五洲传播出版社2016年版,第17页。

四、广东依法行政的新时代（2012年— ）

2012年11月8日，党的十八大的胜利召开标志着中国特色社会主义进入新时代。依法行政也由此进入新的历史时代。党的十八大报告提出，推进依法行政，切实做到严格规范公正文明执法，并明确提出2020年法治政府基本建成的奋斗目标。2014年10月23日，十八届四中全会通过了《中共中央关于全面推进依法治国若干重大问题的决定》（以下简称《依法治国决定》）。《依法治国决定》总结了新中国65年法制建设的经验和教训，特别是在对党的十一届三中全会以来我国法制建设和法治发展进行全面概括和总结的基础上，提出了全面推进依法治国的指导思想、总目标、具体任务和制度改革措施，以党的文件形式第一次全面系统地论述了中国特色社会主义法治理论的内涵和特征，通过确定建设中国特色社会主义法治体系和法治国家的总目标，对全面推进依法治国进行了总体上的政策规划和制度安排，是贯彻落实依法治国基本方略过程中具有历史性意义的文件，具有法治建设里程碑的作用。①

为加强广东省依法行政工作的组织领导，推进法治政府建设，2012年12月4日广东省人民政府成立了以时任省长朱小丹为组长的广东省依法行政工作领导小组。为贯彻中央"四个全面"战略布局，落实《依法治国决定》，全面推进依法治省，加快建设法治广东，2015年1月17日，中共广东省委通过了《中共广东省委贯彻落实〈中共中央关于全面推进依法治国若干重大问题的决定〉的意见》，对广东法治政府建设进行了统筹规划。2015年11月30日，为在珠三角地区创建法治政府示范区，通过典型示范、辐射带动方式，推动广东省法治政府建设工作走在全国前列，率先实现基本建成法治政府的目标，广东省人民政府办公厅印发了《广东省创建珠三角法治政府示范区工作方案》。在中共广东省委、省人民政府的组织统筹下，广东省法治政府建设正有序地推进：①依法行政年度考评常态化、制度化。2013年3月27日，广东省人民政府颁布《广东省依法行政考评办法》及《广东省法治政府建设指标体系（试行）》，开启了全省依法行政年度考评常态化、制度化。根据依法行政年度考核的情况，2016年12月19日广东省人民政府修订通过了《广东省依法行政考评办法》及《广东省法治政府建设指标体系（试行）》，进一步健全了依法行政考评制度。②及时开展规章和规范性文件清理工作，为法治政府建设扫除障碍。根据党的十八大和十八届三中、四中全会精神，2017年完成对截至2013年底前230项现行有效的省人民政府规章的全面清理，经清理废止规章

---

① 莫纪宏著：《法治中国与制度建设》，方志出版社2016年版，第67页。

60项、打包修改规章13项，有力促进全省经济社会改革和发展，维护社会主义法制统一。2017年，积极推动"放管服"改革，广东省人民政府先后出台4项规章，将一批省级行政职权事项调整为由地方实施；全面清理全省涉及"放管服"改革的规章、规范性文件以及省人民政府自1980年至2016年制发的文件，提请省人民政府修改或者宣布失效了一批规章和规范性文件，提请暂时调整实施涉及"证照分离"的部分地方性法规和政府规章。③行政执法进一步规范化。2013年12月31日，广东省人民政府修订通过《广东省〈行政执法证〉管理办法》。2014年5月29日，广东省人大常委会通过了《广东省行政许可监督管理条例》。2016年3月31日，广东省人大常委会修订通过了《广东省行政执法监督条例》。2016年12月26日，广东省人民政府印发了《广东省行政执法案卷评查办法》。在此基础上，2017年广东省人民政府法制办先后出台了《广东省行政执法公示办法》《广东省行政执法全过程记录办法》和《广东省重大行政执法决定法制审核办法》；加快行政执法监督信息化建设步伐，扎实推进"行政执法信息平台与行政执法监督网络平台"建设；出台《广东省行政执法评查标准》，制定全省统一的行政执法流程和执法文书范本；全面推行行政执法人员综合法律知识网上考试工作制度；强化个案监督，对群众投诉举报案件开展调查处理并发出督察建议书。④规范性文件备案进一步规范化。2014年4月1日，广东省人大常委会办公厅、广东省人民政府办公厅颁布了《关于加强省人民政府规范性文件备案工作的暂行办法》。2014年6月11日，广东省人民政府办公厅发布了《关于进一步加强行政机关规范性文件监督管理工作的意见》，加强规范性文件备案管理，并根据国务院法制办部署开展了乡镇规范性文件合法性审查试点工作。⑤行政审批制度改革进一步深化。2014年11月6日，广东省人民政府办公厅发布了《广东省行政审批事项通用目录》，以后每年更新。2015年新取消和调整省级行政审批事项120项。2015年8月31日，广东省人民政府颁发《广东省人民政府关于取消非行政许可审批事项的决定》，再次取消了37项非行政许可审批事项，将38项非行政许可审批事项调整为政府内部审批，不再保留"非行政许可审批"这一审批类别。首次开展省直部门行政许可实施和监督管理评价工作，全面推进行政审批标准化，指导各地各部门开展标准化工作。全面完成广东省人民政府各职能部门权责清单编制，向社会公开51个职能部门保留的6971项权责事项，取消、下放和实行重心下移的2580项职能事项。2016年，广东省深化行政审批制度改革，再次取消中央指定广东省实施的行政审批事项170项，分两批公布实施126项清理规范的行政审批中介服务事项。⑥重大行政决策制度日趋完善。2013年4月1日，广东省人民政府颁布《广东省重大行政决策听证规定》。2018 年 1 月 28 日，广东省人民政府审议通过了《广东省人民政府重大行政决策出台前向省人民代表大会常务委员会报告规定（试行）》，进一步规范了重大行政决策，有力提升了全省法治政府建设的成效。

第二节　广东依法行政 40 年的成就与亮点

40 年来，历届省委、省政府都高度重视法治政府建设，坚持一手抓改革开放，一手抓广东法治政府建设。特别是党的十八大以来，中共广东省委、省人民政府认真贯彻落实"四个全面"战略布局，坚持以习近平新时代中国特色社会主义思想为指导，法治政府建设取得了丰硕成果。

一、强化制度保障，政府依法全面履职进入新常态

依法全面履行政府职能是深入推进依法行政，加快建设法治政府、服务型政府的必然要求。①广东省各级人民政府非常注重抓制度建设，通过建立健全制度规范，使各级人民政府依法全面履职进入新常态。

（一）建立健全行政组织和行政程序法律制度，推进机构、职能、权限、程序、责任法定化

健全组织规范和程序规范是依法全面履行政府职能的重要制度保障。为适应全面履行职能的需要，广东省人大及其常委会先后于 2000 年制定、2009 年修订了《广东省行政机构设置和编制管理条例》。该条例遵循精简、统一、效能的原则，对广东省各级人民政府行政机构设置、职责配置、编制核定以及对机构编制工作监督管理等进行全方位规范，以法定化方式确定了政府的权力来源和边界、机构职责设置与人员配备。广东省人大及其常委会先后于 1998 年制定、2016 年修订了《广东省行政执法监督条例》等地方性法规，对行政执法程序进行法律调整。汕头市人民政府先后于 2011 年制定、2016 年修订了《汕头市行政程序规定》，对全市行政机关履行行政职责的行政程序进行全方位规制。2016 年，广州市人民政府在多年依法行政实践积累的基础上，吸收行政法理论成果，提请市人大制定《广州市依法行政条例》，并于 2017 年 5 月 1 日起实施，将依法行政的基本要求以地方性法规的形式确定下来，把法治政府建设的政策要求上升为法律规范，奠定了法治政府建设的制度基础和法规保障。

---

① 彭道伦等主编：《新常态下的法治国家建设研究》，红旗出版社 2016 年版，第 116 页。

（二）强化规范性文件的制度化管理，防止权力任性

加强规范性文件的制度化管理是从源头上规范行政权力的运行，有助于防止行政机关法外设定权力，防止没有法律法规依据减损相对人合法权益或者增加其义务。2004年，广东省人民政府颁布《广东省行政机关规范性文件管理规定》，开启了行政机关规范性文件的法制化建设。2012年12月29日，广东省人民政府办公厅颁布了《关于开展流通领域规章和规范性文件清理工作的通知》，要求全面清理广东省人民政府和广州、深圳、珠海、汕头等较大市政府制定的涉及流通领域的政府规章，以及广东全省各级政府、各部门制定的涉及流通领域的规范性文件，凡与《国务院关于深化流通体制改革加快流通产业发展的意见》（国发〔2012〕39号）、《国务院办公厅关于促进物流业健康发展政策措施的意见》（国办发〔2011〕38号）、《国务院办公厅关于加强鲜活农产品流通体系建设的意见》（国办发〔2011〕59号）等政策文件相抵触、不一致的，要及时予以修改完善或废止。2012年，广东省人民政府法制办建立了规范性文件备案审查工作电子化工作机制，实现了规章、规范性文件备案的统一登记、统一公开；制定了《规范性文件（规章）电子备案登记发布规定和规范性文件备案审查问题文件处理实施办法》，完善了规范性文件（规章）备案审查的工作程序；发布了《广东省人民政府法制办公室关于实时公布规章、规范性文件备案登记目录的公告》，拓宽监督渠道。2014年6月11日，广东省人民政府办公厅颁布了《关于进一步加强行政机关规范性文件监督管理工作的意见》，从公开征求社会意见、防止规范性文件违法创设行政权力、加强政策解读、畅通社会监督渠道等9个方面加强对规范性文件的监督管理；建立了规范性文件的自动清理和失效机制，积极推行规范性文件有效期制度。通过这一系列制度建构，规范性文件合法性审查工作机制日趋完善。仅2012年一年，广东省人民政府法制办共办理规范性文件合法性审查及规章、规范性文件备案660件，其中审核省人民政府规范性文件21件，审查省人民政府部门规范性文件118件，配合省委办公厅办理党内规范性文件备案审查95件，登记备案各地级以上市政府报送的规章、规范性文件401件，办理公民、法人和其他组织提出的规范性文件审查建议4件，办理行政复议附带规范性文件审查2件，其他征求意见的规范性文件19件。这有力地防止了行政机关法外设定权力，以及没有法律法规依据而减损公民、法人和其他组织合法权益或者增加其义务现象的出现。

（三）大力推行权责清单制度并实行动态管理，政府权责范围得以明晰

"权责清单制度是中国划定政府权力边界，约束行政权力，解决政府权责不对等、权责不公开、权责不明晰等问题的制度化尝试，是中国试图给出的建构现代政府的重要方案。"[①] 2005年5月8日，广东省人民政府通过了《广东省第一批扩大县级政府管理权限事项目录》，首次以目录清单形式明确了县级政府管理权限事项范围。2008年，广东省人民政府完成了对省直44个工作部门行政执法职权的依法核准界定公告工作，理清了省人民政府各部门的"权力清单"及其依据。2011年5月27日，广东省人民政府通过了《广东省第二批扩大县级政府管理权限事项目录》。2013年11月，广州市规范行政权力公开运行电子政务专栏正式开通，行政权力清单正式上线发布，广州成为全国首个"晒"行政权力清单的城市。2014年，为全面贯彻落实党的十八大和十八届三中、四中全会关于推行政府权力清单制度的重大部署，根据《中共中央关于全面深化改革若干重大问题的决定》（中发〔2013〕12号）、《中共广东省委贯彻落实〈中共中央关于全面深化改革若干重大问题的决定〉的意见》（粤发〔2014〕1号）的要求，广东省人民政府组织开展了省级转变政府职能、清理行政职权和编制权责清单工作。至2016年底，广东省各地级以上市及县（市、区）政府工作部门基本完成权责清单编制和公布工作，正式启动省级部门权责清单动态调整和完善工作；顺利完成试点部门和地区纵向权责清单编制工作。

（四）大力推进行政审批制度改革，明确政府权力边界

1997年，深圳市政府首开先河开展行政审批制度改革试点工作。1999年深圳市人民政府颁布《深圳市审批制度改革若干规定》，在全国范围内第一次以立法形式对行政审批行为进行规范。2001年10月22日，广东省人民政府印发了《关于深化省人民政府行政审批制度改革的意见》，对深化行政审批制度改革的指导思想和原则、主要内容、组织实施等进行了规范。2003年4月21日、2005年5月17日、2006年4月13日，广东省人民政府办公厅分别发布广东省年度行政审批制度改革工作方案，对行政审批制度改革的目标、工作重点、工作措施等作了规定。2008年1月1日，《广东省行政审批管理监督办法》正式施行，对行政审批的设定和废止，行政审批的程序、收费、公开、

---

① 唐亚林、刘伟：《权责清单制度：建构现代政府的中国方案》，载《学术界》2016年第12期。

监督、责任追究等多项内容进行了规范。2008年10月,《广东省行政审批电子监察管理办法(试行)》《广东省行政审批电子监察系统受理投诉办法(试行)》《广东省行政审批电子监察预警纠错办法(试行)》出台,有力地推进了行政审批的信息化管理。2012年11月30日,广东省人民政府颁布《广东省行政审批事项目录管理办法》,建立行政审批事项目录管理制度,从源头上杜绝行政审批的无序膨胀。2015年8月31日,广东省人民政府发布《关于取消非行政许可审批事项的决定》,全面取消非行政许可审批。同时,加快推进行政审批的标准化工作,至2016年底,已完成省级1173项和市级10017项行政许可事项标准的编制工作,行政审批事项标准录入模块与省网上办事大厅事项目录管理系统的融合对接等信息化基础工作也基本完成。行政审批制度不断完善,遏制了行政权力的扩张,明确了政府与市场、社会的界限,消除了行政权力设租寻租空间。2016年,广东省人民政府新取消中央指定省实施的行政审批事项170项,分两批公布实施126项清理规范的行政审批中介服务事项,修订发布《广东省行政许可事项通用目录(2016年版)》。2014年5月29日,广东省人大常委会通过《广东省行政许可监督管理条例》,将行政许可的设定、实施、评价与监督检查等全部纳入法律规范之中,行政审批由此进入精细化发展轨道。

(五)健全监督问责机制,坚决纠正不作为、乱作为

对政府权力的有效监督是政府依法全面履职的关键。广东监督问责机制的健全主要体现在两个方面:一是行政复议监督机制日益健全。现代社会,行政法制监督是多元化的,行政复议是其重要一环。2003年7月25日,广东省人大常委会通过了《广东省行政复议工作规定》;2015年3月6日,广东省人民政府办公厅印发了《广东省行政复议案件庭审办法(试行)》;2013年4月25日,汕头市人大常委会通过《汕头经济特区行政复议条例》;2013年12月13日,珠海市人民政府颁布《珠海市人民政府行政复议规定》;2016年11月18日,广州市人民政府办公厅印发《广州市行政复议案件庭审规则》;等等。这一系列法规、规章、规范性文件的制定,完善了广东行政复议监督机制,推进了行政复议开庭审理、公开听证等"阳光复议工程",有利于发挥其层级监督作用。以广州为例,2013年以来,全市共受理行政复议案件21898件,其中广州市政府收到行政复议案件6727件。自2016年以来,市政府应诉应议案件达到1387件。仅2017年,市政府共收到复议案件2007件,比2016年同比增加71.8%;审结案件1914件,审结率95.4%,综合纠错率17.68%。二是严格行政问责制度。广东省各级人民政府注重加强行政问责的制度建设。2008

年8月26日、2016年1月13日,广东省人民政府办公厅先后印发《广东省行政过错责任追究暂行办法》《关于加强督查问责工作的若干意见》等规范性文件,为规范开展督查问责工作,充分发挥督查问责作用,克服和防止乱作为、不作为、慢作为,保持政令畅通发挥了制度保障作用。同时,广东省各级人民政府严格执行《公务员法》《行政机关公务员处分条例》等国家法律法规和党内法规,"坚持有错必纠、有责必问。对有令不行、有禁不止、行政不作为、失职渎职、违法行政等情形导致一个地区、一个部门发生重大责任事故、事件或者严重违法行政案件的,依法依纪严肃追究有关领导直至行政首长的责任,督促和约束行政机关和工作人员依法行使职权、履行职责"。①

二、推进重大行政决策的法制化,不断提高政府决策水平

行政决策是指"行政机关及其工作人员在处理国家行政事务时,为了达到预定的目标,对所要解决的问题或处理的事务拟定和选择行动方案,并做出决定的过程"。②科学民主的行政决策能够有效地平衡各方利益,充分发挥各方积极性,降低社会风险,提高政府管理公共事务的水平。因此,建立科学化、民主化、法制化的行政决策机制,减少决策失误是法治政府建设的必然要求。"行政决策可以分为一般行政决策和重大行政决策,对于重大行政决策的'重大'的理解是指具有全局性、长期性、综合性等特点的事项,或涉及决策相对人较多,成本或金额较大,对公共利益或公民权利义务影响较深刻的应属于重大行政决策。"③以往"拍脑袋决策,拍胸脯保证,拍屁股走人"的决策现象严重影响了政府形象与政府公信力,不利于法治政府建设。究其缘由,在于重大行政决策法制化、制度化不足。为此,广东省各级人民政府先行先试,探索重大行政决策的法制化。2012年"广州市完善重大决策程序规范 推进科学民主依法决策"项目荣获中国政法大学发起设立的第二届"中国法治政府奖"。评委会评价指出:"完善重大决策制度,是法治政府建设中的一项枢纽型工程。广州市政府秉持敢为人先的创造精神,在难点上立题,在关节上突破,在其体系初成、硕果初结之际,值得我们寄予更多期待。"④经过多年探索,广东逐渐建立健全了包含公众参与、专家论证、风险评估、合法性审查、

---

① 彭道伦等主编:《新常态下的法治国家建设研究》,红旗出版社2016年版,第118页。
② 曹康泰主编:《国务院关于加强市县政府依法行政的决定辅导读本》,中国法制出版社2008年版,第26页。
③ 曾哲:《我国重大行政决策权划分边界研究》,载《南京社会科学》2012年第1期。
④ 全国政协文史和学习委员会编:《十四个沿海城市开放纪实·广州卷》,中国文史出版社2015年版,第491页。

向人大报告、重大决策责任追究等内容的重大行政决策制度。

(一) 健全重大行政决策公众参与制度,增强决策的民主性

当今社会,公众参与有关涉及自身切身利益的重大行政决策已成为民主行政的重要内容。而有序引导公众参与重大行政决策是避免决策失误、提高决策水平的重要保障。经过多年探索,广东各级人民政府逐渐把听证会、座谈会、民意调查、公开征求意见等作为公众参与重大行政决策的主要方式,并以制度规范形式予以保障。如《广州市重大行政决策程序规定(2010)》第 14 条规定:"决策征求意见稿向社会公开征求意见的,决策起草部门应当通过报刊、互联网或者广播电视等公众媒体进行。公开征求意见时间不得少于 20 日。公众可就决策征求意见稿提出意见和建议,也可以提出其他决策方案。"第 17 条规定:"以座谈会方式征求公众意见的,决策起草部门应当邀请有利害关系的公民、法人或者其他社会组织代表参加。决策征求意见稿及其起草说明应当至少提前 5 日送达与会代表。以民意调查方式征求公众意见的,应当委托独立调查研究机构进行,并做出书面调查报告。"听证会"是将司法审判模式引入行政和立法程序的制度,其过程模拟司法审判,由双方相互辩论,其结果通常对最后的处理有约束力"。[1] 听证会是公众参与重大行政决策最直接也是最有效的方法。但由于社会公众在参与决策中处于弱势,因而必须将听证会程序制度化、规范化、法律化才能有效规制行政决策权,从而提高行政决策水平。为此,广东各级人民政府先后制定了《广东省重大行政决策听证规定》(2013)、《清远市重大行政决策听证规定》(2013)、《广州市重大行政决策听证办法》(2014)、《珠海市重大行政决策听证办法》(2014)等规章或规范性文件,从而以政府规章或规范性文件的形式对重大行政决策听证会程序予以规范,有力地推动了重大行政决策公众参与的制度化。

(二) 完善重大行政决策专家论证制度,确保决策的科学性

重大行政决策专家论证制度不仅能为重大行政决策提供外部智力支持,弥补政府部门专业技术人才储备不足的问题,而且能够依托专家学者的社会信誉为重大行政决策提供更多的权威性,更易于获得社会公众的认同与支持。专家学者的社会信誉一方面来自于其娴熟的专业技术,另一方面得益于知识分子不畏权贵的文化传统。[2] 但现实中,有的重大行政决策专家论证的组织者不是出

---

[1] 田禾主编:《广东经验:法治政府建设》,社会科学文献出版社 2014 年版,第 198 页。
[2] 参见田禾主编《广东经验:法治政府建设》,社会科学文献出版社 2014 年版,第 198 页。

于对专业知识的尊重，而是另有所图；有的参与重大行政决策的专家见利忘义，或迷恋权贵，完全顺着行政机关的思路说话；有的参与重大行政决策的专家对决策领域并未有所研究，或并没有认真阅读材料，或根本听不到另一方的不同声音……如此等等，导致不少重大行政决策的专家论证流于形式。为此，《广东省重大行政决策专家咨询论证办法（2012）》《珠海市重大行政决策专家咨询论证办法（2012）》《深圳市重大行政决策专家咨询论证暂行办法（2013）》《广州市重大行政决策专家论证办法（2014）》《韶关市重大行政决策专家咨询论证办法（2014）》等多个政府规章或规范性文件明确规定，应进行专家咨询论证而未进行的重大事项，不得做出决策；各级行政机关应当保障专家依法、独立、客观地开展论证工作，选择确定专家对重大行政决策进行咨询论证时，应当考虑专家的代表性和专业均衡性，实行相关利益回避制度；重大行政决策专家论证应当向专家提供咨询论证所需的资料；参加重大行政决策咨询论证的专家，具有查阅相关档案资料、列席相关会议、参加相关调研活动等权利，同时要排除干扰、独立自主地开展研究，对提出的意见和建议署名负责，并服从监督管理，承担应尽的保密等义务，使行政决策专家论证落到实处，从而促进重大行政决策的科学化。

（三）建立重大行政决策风险评估制度，提高决策的社会效应

风险评估是重大行政决策法治化的重要环节，也是民主决策、科学决策的必然要求。为此，《广东省法治政府建设指标体系（试行）》（2013）明确要求："建立健全部门论证、专家咨询、公众参与、专业机构测评相结合的决策风险评估机制，科学评估决策风险，并制定相应的处置预案，未经评估或者评估不通过的，不予决策。"根据这一要求，广东省各级人民政府及其职能部门制定了一系列政府规章或行政规范性文件，如清远市人民政府制定了《清远市人民政府重大行政决策风险评估办法（试行）》（2014），深圳市人民政府制定了《深圳市人民政府重大行政决策程序规定》（2016），广东省发改委先后制定了《广东省发展改革委重大项目社会稳定风险评估工作实施细则（试行）》（2011）、《广东省发展改革委重大政策社会稳定风险评估工作实施细则（试行）》（2011）、《广东省发展改革委重大改革社会稳定风险评估工作实施细则（试行）》（2011）、《广东省发展改革委重大项目社会稳定风险评估暂行办法》（2012）等，建立健全了广东特色的重大行政决策风险评估制度：第一，明确了重大行政决策风险评估的合法性、合理性、客观性、可行性和可控性原则以及风险评估的相关程序规则。第二，明晰了重大行政决策风险评估的范围和对象。凡是有关经济社会发展和人民群众切身利益的重大政策、重大项目等

决策事项都应进行合法性、财政经济、行政监管、社会稳定、环境生态等方面的风险评估。第三,注重重大行政决策风险评估主体的多元化。根据重大行政决策风险评估的实际情况,可以由主管部门负责风险评估,也可以委托有关专门研究机构进行风险评估。在重大行政决策风险评估过程中强调社会公众的参与。第四,强化了重大行政决策风险评估报告的效力,强调"未经评估或者评估不通过的,不予决策"。

(四)完善重大行政决策合法性审查制度,确保依法决策

重大行政决策合法性审查是确保依法决策的制度性保障,也是法治政府建设的重要内容。2005 年,为贯彻落实国务院《全面推进依法行政实施纲要》的要求,广东省人民政府修订了《广东省人民政府工作规则》,专门增加了"实行科学民主决策"和"推行依法行政"两章,明确了省人民政府重大决策的范围和做出重大决策的具体规则和程序,规定重大决策和重要行政措施都必须事前交由政府法制机构进行合法性论证。[①] 2007 年 9 月,广东省人民政府颁发了《关于加快推进市县(市、区)政府依法行政的意见》,规定:"凡重大决策必须经过调查研究、听取民意、专家咨询、合法性论证和领导集体民主讨论等环节,坚持'四不决策'原则,即不经过认真调查研究的不决策、不经过科学论证的不决策、不符合决策程序的不决策、不符合法律法规的不决策。"各地级市、县(区)政府也陆续制定了重大行政决策合法性审查的专门规定,如《汕头市人民政府行政决策法律审查规定》(2008)、《韶关市重大行政决策听证和合法性审查制度》(2008)、《河源市重大行政决策合法性审查制度》(2009)、《阳江市人民政府重大行政决策合法性审查制度》(2009)、《惠州市人民政府重大行政决策合法性审查规定》(2010)、《湛江市重大行政决策听证和合法性审查制度》(2010)、《深圳市人民政府重大行政决策合法性审查办法》(2016)等等,从而逐步建立了以政府法制机构人员为主体、吸收专家和律师参加的重大行政决策合法性审查队伍,健全了重大行政决策合法性审查机制,确保了重大行政决策未经合法性审查或经审查不合法的,不得提交讨论,从而在制度上保障了政府依法决策。以广州为例,2013 年以来,广州市政府法制机构审查政府及部门决策方案、工作方案、行政管理行为、民事行为以及国企经营管理行为等,出具法律意见 3043 件,参与多起政府投资、招商引资等重大项目谈判,审查以市政府名义签订的合同以及部门签订的重大合同

[①] 参见广东省依法治省工作领导小组办公室编《广东法治建设 30 年》,广东人民出版社 2008 年版,第 37 页。

830份，合同涉及金额5900多亿元，有效防范了政府合同的法律风险，确保政府行政决策的合法有效。

（五）建立重大行政决策出台前向同级人大报告制度，确保决策的合宪性

重大行政决策出台前向同级人大常委会报告，是人民主权原则的根本要求，是一切权力属于人民的具体体现，"是确保党和政府主张通过法定程序成为国家意志的重要体现，是人民依法管理国家事务、管理经济和文化事业、管理社会事务的重要形式，是政府自觉接受人大监督、健全行政权力运行制约体系的重要方面"①，是促进科学决策、民主决策、依法决策的重要一环，也是我国宪法、组织法和监督法规定的政府的法定责任。2018年1月，广东省人民政府制定了《广东省人民政府重大决策出台前向省人民代表大会常务委员会报告规定（试行）》，确立了实行年度报告清单制度，明确了重大决策出台前向人大报告的事项范围、报告内容以及相关程序。这一制度推动了重大行政决策出台前报告工作制度化、规范化，不仅有利于避免和减少决策失误，实现政府决策科学化，而且有利于维护宪法和法律权威，推进法治政府建设，确保决策的合宪性。

（六）建立健全重大行政决策责任追究制度，有效避免拍脑袋决策

责任追究是权责一致的内在要求，是决策制度落实的重要保障。责任追究制度不完善、落实不到位，科学民主依法决策制度就是一句空话。② 2012年，《广东省重大行政决策专家咨询论证办法》规定："应进行专家咨询论证而没有进行专家咨询论证，或者对专家提出的合理可行的咨询论证意见建议不予采纳而导致决策不当，造成损失或不良影响的，应按《广东省〈关于实行党政领导干部问责的暂行规定〉实施办法》《广东省行政过错责任追究暂行办法》的规定，追究有关行政机关和责任人的责任。"《广州市重大行政决策程序规定》（2010）、《深圳市人民政府重大行政决策程序规定》（2016）等政府规章或规范性文件也明确了重大行政决策相关的责任追究机制。重大行政决策责任追究机制的建立健全，不仅有效地防止拍脑袋决策、避免决策严重失误，而且

---

① 符信：《马兴瑞主持召开省政府全体（扩大）会议暨常务会议》，载《南方日报》2017年12月22日。
② 宋大涵主编：《建设法治政府总蓝图：深度解读〈法治政府建设实施纲要（2015—2020年)〉》，中国法制出版社2016年版，第107页。

能够确保依法及时做出决策,有力推进了重大行政决策的法治化进程。

三、积极探索行政执法体制创新,行政效能不断提高

良善的行政执法体制是推进规范公正文明执法的有效保障。针对广东行政执法体制中机构林立、各自为政、多头执法、重复执法、执法扰民、执法缺位等问题,广东各级人民政府积极进取、锐意改革,通过顶层设计、统筹推进大部制改革、综合执法改革、"省管县""强镇扩权"改革和完善行政执法与刑事司法衔接机制,不断创新行政执法体制,行政效能得到全面提高,并为全国深化行政执法体制改革提供了鲜活的广东经验。

(一)实行大部制改革,遏制"揽权卸责"

2008年8月,中共中央、国务院印发了《关于地方政府机构改革的意见》,要求根据各层级政府的职责重点,合理调整地方政府机构设置,建立办事高效、运转协调、行为规范的行政管理体系,以及适应社会主义市场经济体制的有中国特色的地方行政管理体制。为落实中央《关于地方政府机构改革的意见》,2009年初广东省颁发了《关于深圳等地深化行政管理体制改革先行先试的意见》,启动了以"着力转变职能、理顺关系、优化结构、提高效能、形成权责一致、分工合理、决策科学、执行顺畅、监督有力的行政管理体制"为目标,以深圳、珠海、广州和佛山顺德区四地为"创新行政管理体制先行先试"地区的大部制改革。在这场改革中,形成了以"行政三分"为重头戏的深圳模式,以"党政联动"为特点的顺德(及珠海)模式和体现因地制宜、统筹兼顾之稳健特色的广州模式等三种模式:①深圳模式。深圳模式重点在"行政三分"。深圳政府部门设置打破现有的局、办模式,按照"行政三分"即政府决策权、执行权、监督权既相互制约又相互协调的要求,完善行政运行机制。市政府实行委、局、办并行,各机构统称工作部门,根据职能定位区分。即主要承担制定政策、规划、标准等职能,并监督执行的大部门称为"委";主要承担执行和监管职能的机构称为"局";主要协助市长办理专门事项,不具有独立行使行政管理职能的机构称为"办"。一部分主要承担执行和监管职能的局,由主要承担制定政策、规划、标准等职能的委归口联系。深圳改革最大的看点之一,是首次出现了承担决策权的"委员会"这一政府部门架构,对不同职能部门领域进行了分拆合并。①②顺德(及珠海)模式。顺德(及珠海)模式的重点在"党政联动"。顺德、珠海改革最为突出的是实行

---

① 参见彭澎《广东大部制改革:比较与思考》,载《探索》2010年第2期。

"党政联动",即打破党政界限,只要党委部门设置有管理机构,政府部门就不再设立同类管理机构。不仅区委、区政府办公室合二为一,而且审计局合并到纪委,文体广电新闻出版局及旅游局合并到宣传部,司法局合并到政法委,民政局合并到社工部。①③广州模式。广州模式的最大亮点在于重新划分、合并各种政府职能,而不是一味地减少机构数量。②

在深圳、珠海、广州和佛山顺德区等四个试点城市取得成效和经验后,2010年12月,中共广东省委办公厅、广东省人民政府办公厅印发了《关于推广顺德经验在全省部分县(市、区)深化行政管理体制改革的指导意见》,将阳江市所辖各县,佛山市除顺德区以外的各区,江门、云浮市各2个县,其他地级以上市(深圳、珠海、东莞、中山市除外)各1个县,共25个县(市、区),列为深化行政管理体制改革的试点城市。2012年,中共广东省委办公厅、广东省人民政府办公厅印发了《关于加快转变政府职能深化行政审批制度改革的意见》,提出在全省两批试点共29个县(市、区)完成改革试点工作的基础上,进一步扩大试点范围,除已在全市范围内全面实施大部门体制改革的珠海、佛山、阳江等市及东莞、中山外,其他地级以上市至少再选择2个县(市、区)进行推广。③2013年又在全省范围推广大部门体制,全面启动县(市、区)加快转变政府职能工作。2014年2月25日在全省地方政府职能转变和机构改革工作电视电话会议上,时任省长朱小丹强调,本轮省级机构改革要在2014年第一季度前完成,地级以上市要在2014年5月底前基本完成,县(市、区)要在2014年7月底前基本完成。④经过近十年的大部制改革,广东省不仅实现了行政执法机构整合,而且机构整合这种表面上的"物理变化",促进了行政执法机构职能重组、转变,极大地激发了市场活力和社会创造力,方便了民众和企业办事,提高了行政效率。

(二)实行综合行政执法改革,有效整合执法机构职责、队伍、资源

"有好处就抢着干,有责任就踢皮球"——权责交叉、界限不清、多头执法是执法体制中存在的问题,执法"缺位""越位""错位"的现象备受诟病。⑤为克服这些问题,1997年10月31日,广东省人民政府向国务院提出在

---

① 参见彭澎《广东大部制改革:比较与思考》,载《探索》2010年第2期。
② 参见彭澎《广东大部制改革:比较与思考》,载《探索》2010年第2期。
③ 谢思佳、符信:《今年7月底基本完成省市县机构改革》,载《广州日报》2014年2月26日。
④ 谢思佳、符信:《今年7月底基本完成省市县机构改革》,载《广州日报》2014年2月26日。
⑤ 刘珊:《行政执法体制改革广东样本》,载《瞭望新闻周刊》2014年第46期。

广州市开展城市管理综合执法试点工作的请示。同年12月，国务院法制局批准广东省人民政府在广州市开展城市管理综合执法试点工作。1998年11月24日，广东省人民政府颁发《关于设立广州市城市管理综合执法队伍的告示》。根据国务院法制局《关于在广东省广州市开展城市管理综合执法试点工作的复函》（国法函〔1997〕186号）和广东省人民政府公告，广州市人民政府制定了《广州市人民政府关于推进城市管理综合执法试点工作的决定》，正式启动广州市城市管理综合执法试点工作。2001年，广东省人民政府办公厅发布《关于进一步做好相对集中行政处罚权试点工作的通知》，要求按照相对集中行政管理职能的要求设置行政机关，合理调整、配置行政管理职能，从而以相对集中行政处罚权试点形式不断推进综合执法试点工作。2002年，广东省人民政府办公厅转发《国务院办公厅转发中央编办关于清理整顿行政执法队伍实行综合行政执法试点工作意见的通知》，强调清理整顿行政执法队伍，实行综合行政执法。2005年，广东省人民政府办公厅印发《广东省综合行政执法试点方案》，以"建立权责明确、行为规范、监督有效、保障有力的行政执法体制，建设廉洁务实、业务精通、素质过硬的行政执法队伍"为目标，全面推进综合行政执法改革。在中共广东省委、省人民政府的全力推动下，各级人民政府展开综合行政执法试点工作，并及时将综合行政执法法制化。2008年8月，广州市人大常委会制定了《广州市城市管理综合执法条例》，2013年深圳市人大常委会制定了《深圳经济特区城市管理综合执法条例》，综合行政执法改革趋向法制化。随后，有关综合行政执法的具体制度机制也逐步建立健全，如广州市城市管理委员会印发了《广州市城市管理综合执法规范行政处罚自由裁量权规定》，深圳市城市管理行政执法局印发了《深圳市城市管理综合执法案卷评查办法》《深圳市城市管理综合执法培训管理规定》《深圳市城市管理综合执法法制员管理规定》《深圳市城市管理综合执法案件审理规定》等等。2016年，中共广东省委、广东省人民政府颁布了《关于深入推进城市执法体制改革　改进城市管理工作的实施意见》，强调"把深入推进城市管理和综合执法体制改革作为促进城市发展转型、增强创新优势的重要举措，与简政放权、放管结合、转变政府职能、规范行政权力运行等有机结合，构建权责明晰、服务为先、管理优化、执法规范、安全有序的城市管理体制"。目前，广东已在食品药品监管、安全生产监管、城市管理、国土资源、交通运输、环境保护、海洋渔业、文化市场等领域推进了综合行政执法改革，不断创新行政执法体制，取得了比较明显的成效。例如，广州市近年来积极推进省以下环保机构监测监察执法垂直管理体制改革和劳动监察综合行政执法体制改革，完成市本级农业综合行政执法体制改革，完成全市商务综合行政执法体制改革工作；

推进区、镇（街）行政执法体制改革，全面摸清市、区、（镇）（街）涉及改革单位的职责、机构和人员编制现状，梳理各区13支专门行政执法队伍机构编制情况，掌握没有专门执法队伍相关领域的历史沿革和管理情况，做好镇（街）综合执法体制改革前期准备；推进南沙自贸区综合行政执法体制改革试点工作，组建南沙自贸区综合行政执法局，集中行使14个领域行政执法权，实现"一支队伍管执法"。又如，广东交通运输综合行政执法改革成效显著①：①管理机制日益健全，制度管理更完善，如惠州修订54项规章制度，全面覆盖内部管理、案卷评查、应急处置预案、案件查处等流程。河源制定《执法过错追究制度》等规范性文件，进一步规范执法人员的行为。②人员管理更精细。如深圳明确行政执法证件申领、补办、注销流程，清理离退调离人员信息，共涉及12人，并报市法制办核销执法证件。③应急处置更高效。广州明确应急处置队伍人员配备情况，分别制定道路、公路、高速公路、水路领域的突发事件应急处置方案。④执法保障不断完善，装备配置更科学。如佛山顺德区为执法人员配置便携式摄录机，基本做到执法全过程录音录像，确保执法过程透明公开。

（三）完善行政执法与刑事司法衔接机制，实现无缝对接

自2001年国务院颁布施行《关于行政机关移送涉嫌犯罪案件的规定》以来，尤其是党的《依法治国决定》明确要求"健全行政执法和刑事司法衔接机制"以来，广东积极探索完善行政执法与刑事司法衔接机制，完善案件转送标准和程序，建立完善市场监管部门、公安机关、检察机关之间案情通报机制。2014年12月，广东行政执法与刑事司法衔接工作信息共享平台正式启动，有效地解决了行政领域存在的有案难移、有案不立、降格处理、以罚代刑甚至充当"保护伞"等问题。广东食品药品监管部门与公安、检察院、法院已经形成了良好的两法衔接协作工作机制。2015年、2016年、2017年广东食品药品监管部门与公安、检察院、法院先后组织开展了以打击肉与肉制品生产经营违法犯罪为主要内容的"秋风行动"，打击食品非法添加违法犯罪的"清源行动"，打击药品（含医疗器械、化妆品）违法犯罪的"雷霆行动"，打击保健食品非法添加违法行为的"蓝剑行动"以及打击利用互联网实施食品药品违法犯罪的"清网行动"，取得了良好的社会效果。2016年11月30日，广东省食品药品监督管理局、公安厅、高级人民法院、人民检察院、食品安全委员会办公室联合出台了《广东省食品药品行政执法与刑事司法衔接工作实施

---

① 参见李春晓《广东交通运输综合行政执法大检阅》，载《中国交通报》2015年2月2日。

办法》，对广东省食品药品"两法衔接"工作中行之有效的经验和做法进行了规范提升，对贯彻实施国家办法的有关规定进行了细化，对贯彻执行广东省食品药品"两法衔接"现行有关制度提出了明确要求。至2017年，广州全面完成对市政府各部门2 539项行政处罚事项与刑事司法衔接的临界点进行全面梳理和审核验收，制定了《广州市行政执法与刑事司法衔接临界点指引》，梳理行刑衔接证据指引，完善行刑衔接机制，强化行政执法与刑事司法的衔接工作；制定了《关于开展行政执法与刑事司法衔接证据指引梳理工作方案》，并发文要求各单位开展行政执法与刑事司法衔接证据指引梳理工作，31个部门的2 913种移送情形的证据指引工作和证据指引材料审核工作均已完成。

四、注重行政执法规范化建设，公正文明执法日渐形成

"法令行则国治，法令弛则国乱。"法律的生命力在于实施，法律的权威也在于实施。行政执法是行政机关最经常、与人民群众权益最直接相关的管理活动。"从内涵上看，行政执法是指行政机关依照法律的规定对行政相对人实施的影响其权利义务的具体行政行为；从外延上看，行政执法包括行政许可、行政征收、行政强制、行政处罚等。"① 严格规范公正文明执法是法治政府建设的合理外化，是社会主义政治文明的外在表现。"严格文明公正执法是一个整体，要全面贯彻。文明执法、公正执法要强调，严格执法边要强调，不能畸轻畸重。"② 然而，行政执法中有法不依、执法不严、违法不究等消极执法或行政执法不作为等现象依然存在。为此，广东全省在行政执法规范化建设方面做了大量工作，取得了巨大成效，规范公正文明执法日渐形成。

（一）全面谋划和推动行政执法三项制度试点工作

党的十八届四中全会通过的《依法治国决定》提出要"建立执法全过程记录制度、严格执行重大执法决定法制审核制度、推行行政执法公示制度"（以下简称"行政执法三项制度"）。2017年2月，国务院办公厅印发了《推行行政执法公示制度执法全过程记录制度重大执法决定法制审核制度试点工作方案》（以下简称《试点工作方案》），要求在广州市、中山市等32个地方和部门开展试点工作，并要2017年底前完成。广州市在被国务院确定为行政执法三项制度试点城市后，及时组织召开了行政执法三项制度全市动员大会及全

---

① 陈洪波主编：《法治政府建设论集》，湖北人民出版社2011年版，第38页。
② 习近平：《严格执法，公正司法》，载《十八大以来重要文献选编》（上）中央文献出版社2014年版，第722–723页。

市推行行政执法三项制度试点工作协调小组会议，形成"一张蓝图"谋划、"二个系统"支撑、"五个文件"指引的"1+2+5"制度体系，加强对相关单位试点的督导。"一张蓝图"是指《试点工作方案》，"二个系统"是指统一公示平台和"广州市行政执法监督系统"，"五个文件"是指行政执法公示办法、执法数据公开办法、执法案卷指引、全过程记录指引和重大执法决定法制审核办法等5个配套文件。目前广州全市有21个市级部门实现行政处罚全过程电子记录，35个市级部门实现行政许可全过程电子记录，有条件的部门对易引发争议的执法过程和直接涉及人身自由等重大权益的现场执法活动场所进行音像记录。编制《广州市推行行政执法三项制度100问》手册，以一问一答简明易懂的形式，为全市三项制度改革厘清概念、统一标准。中山市为落实国务院行政执法三项制度试点工作，由中山市法制局牵头，经与市编委办、市住建局、市政务办、市水务局、市国土局等重点试点部门磋商、讨论，及多次专题座谈、征求意见，最终完成实施方案的起草工作。实施方案草案经市政府同意印发全市各部门及镇区落实执行。2017年底，《中山市行政执法信息公示办法（试行）》《中山市行政执法全过程记录办法（试行）》《中山市重大行政执法决定法制审核办法（试行）》相继出台，中山市行政执法信息公示平台也宣告正式上线，行政执法三项制度试点工作取得实质性进展。

（二）推进"放管服"改革，探索执法程序再造，实现执法便民、高效

行政执法程序是行政机关实施行政执法行为时所应当遵循的方式、步骤、时限和顺序。便民、高效是行政执法程序的重要价值追求。广东各地各级政府一直为此进行着不懈的探索。2015年5月12日，李克强在全国推进简政放权、放管结合、职能转变工作电视电话会议上首次提出，"当前和今后一个时期，深化行政体制改革、转变政府职能总的要求是：简政放权、放管结合、优化服务协同推进，即'放、管、服'三管齐下"。广东各级政府结合"放管服"改革，在以前探索的基础上进一步再造行政执法程序，以实现执法便民、高效。

（1）广东省商事登记制度改革。2012年，在国家工商总局的大力支持下，广东省深圳市、珠海市、东莞市和佛山顺德区等地在全国率先推行商事制度改革试点工作。2014年在试点基础上，广东省人民政府办公厅发布《广东省商事登记制度改革方案》，全面启动商事登记制度改革，精简前置审批事项、改革商事登记审批流程，放宽商事登记条件、规范商事登记服务。《广东省商事登记制度改革方案》提出了"先照后证"、公司注册资本实行认缴登记制、市场主体年度报告制度、市场主体退出市场增加经营异常名录制度等重大改革举

措。与《广东省商事登记制度改革方案》配套的多项制度措施也在2014年陆续出台。2015年12月省人大常委会审议通过《广东省商事登记条例》,及时总结固化商事登记改革经验,并为后续的"三证合一""五证合一"等改革措施的有力推进提供了法律支撑。广东省商事登记制度改革使全省开办企业时限大大缩短,企业办照时限普遍在5个工作日以内,开办企业从"准入"环节向"准营"延伸;简化住所登记手续,合理释放住所资源;加快改革经营范围登记,放宽市场主体经营范围登记条件,最大限度还权于市场;加快推进全程电子化登记和电子营业执照应用,推行网上注册大厅,让信息多跑路、企业少跑腿;全面实施企业简易注销登记改革,推进市场主体退出便利化。①广东省在进行商事登记制度改革的同时,以《广东查处无照经营行为条例》(2002制定、2012修订)《广东省市场监管条例(2016)》为配套,完善事中事后监管体系:一是大力实施"双随机、一公开",加强企业信息数据归集公示,全面建成国家企业信用信息公示系统(广东),强化信用监管。截至2017年7月底,全省有63.28万户企业被列入经营异常名录,有33.43万户企业改正违法行为后申请移出异常名录,经营异常名录信用修复率达34.58%。共限制失信被执行人工商登记4796人次,限制失信市场主体办理变更登记(备案)4.8万人次,产生了较大社会影响力和威慑力。②二是重申和细化了"谁审批,谁监管"和行业归口管理原则,以地方性法规、政府规范性文件的形式进一步明确了"谁审批,谁监管"的责任,规定凡从事许可经营项目的商事主体,无论是否已取得经营许可证,均由行业主管部门对其经营行为进行监管。东莞市依此原则,对33个部门的130项监管许可事项进行了梳理,形成《东莞商事登记制度改革后续市场监管实施办法汇编》,明确了各部门在市场监管中的职责分工;深圳市机构编制委员会下发了《关于商事登记制度改革后有关无证无照监管职责及执法力量调整的通知》,就商事登记制度改革后有关无证无照经营监管职责和执法力量做了重新调整和明确,确保各部门审批和监管职责有效统一。商事登记制度改革是广东省人民政府职能转变、厘清事权、优化社会管理、简政放权的突破口之一,极大地刺激和带动了政府各部门的职能转变,推动了市场监管执法体制机制的改革、创新。③

---

① 参见刘倩《广东商事制度改革成效显著 多证合一群众办事少跑腿》,http://news.southcn.com/gd/content/2017-08/28/content_176823286.htm,访问时间:2018年3月1日。

② 刘倩:《广东商事制度改革成效显著 多证合一群众办事少跑腿》,http://news.southcn.com/gd/content/2017-08/28/content_176823286.htm,访问时间:2018年3月1日。

③ 李海明、居燕芳:《广东省商事登记制度改革调查研究》,http://www.saic.gov.cn/zt/sszdgg/ztzw/201607/t20160708_167700.html,访问时间:2018年3月1日。

（2）佛山禅城区一门式政务服务改革。2014年3月，佛山禅城区坚持以问题和需求为导向，启动一门式政务服务改革，推动行政执法程序再造。一门式改革秉持"把简单带给群众和政府、把复杂留给信息技术"的核心理念，将"化繁为简"的理念和方法融入整个改革过程，实现事项、行政层级（区、镇街、村居）、地域的全覆盖，构建"一窗办多件事、办事不求人"的政务服务新模式。一门式改革运用信息化技术，以系统跳转和对接、电子章应用、材料复用等方式，打破现行体制下条线系统不互联、部门信息不共享的壁垒，以前台一窗通办的"物理变化"倒逼整个审批后台的"化学反应"，支撑复杂的行政审批后台的高效运转。至2017年底，改革实现28项事项应用电子章审批，48类材料实现材料复用，37项人才服务事项一门式办理，39项事项实现办事"零跑腿"，让办事群众明显感受到"三少"，即少跑腿、少费事、少带材料，群众获得感不断增强。改革从N个部门窗口办事到1个综合窗口通办，目前又通过区块链技术解决了身份认证与信用问题，实现从1到0的全流程网上办，推动群众办事流程简化"从N到1""从1到0"的跃变。改革得到了各界的高度肯定和认可，先后入选"粤治——政府治理创新优秀案例"、全国"创新社会治理最佳案例"；中编办、民政部、国家信息中心先后在禅城区组织三次全国现场会；国务院两次予以表扬。2016年4月18日，广东省人民政府专门召开全省推进"互联网+政务服务"改革工作电视电话会议，在全省部署推广"一门式、一网式"政务服务模式改革，要求全面梳理和公开政务服务事项目录，并通过标准化规范事项名称、实施依据、服务对象、服务类别等基本要素，全部进驻实体办事大厅和网上办事大厅，并建设上下左右无缝对接、数字贯通的电子交换共享体系。

（3）广州市人民政府优化建设工程项目审批流程。2013年，广州市出台了《广州市建设工程项目优化审批流程试行方案》，采取流程再造、并联审批、限时办结等改革方式，将建设工程投资项目流程整合为立项、用地审批、规划报建、施工许可、竣工验收5个阶段，审批时限压缩为37个工作日，实现了广州市建设工程项目审批的大提速。此后，针对实施过程中遇到的问题，又出台了补充规定，保障流程优化的实现。2017年，广州市政府以提高项目落地服务效率为突破口，制定《关于建设工程项目审批制度改革的实施意见》，对企业投资项目、政府投资项目进行分类管理、分类指导、分类实施，着力创新项目生成和管理机制，有效降低制度性交易成本。

（4）东莞公安实行执法办案格式化。2012年，为了让一线民警实现"一警多能"，提升执法办案的质量，提高群众对公安工作的满意度，东莞公安启动执法办案格式化改革。执法办案格式化的主要内容，是以执法规范化为目标，通过整合各警种、各部门的业务程序、政策法规等，形成一整套好学好用的电子辞典，以直观、便捷的方式，严格规范执法执勤的每一个流程。执法办案格式化改革，提高了执法效率和质量，为"一警多能"奠定了坚实基础，使警方得以有效整合警力资源，释放出大批警力专职担任警务区民警，有力地助推了全市公安机关全面推行警务改革。①

（三）坚持规范与监督并举，公正文明执法得到社会认同

"权力不受监督和制约，就会被滥用。行政执法是行使行政权的重要形式，具有将法从文本规定转化为实际行为规范的作用，直接影响到作为行政管理相对人的公民、法人和其他组织的权利和义务。如果缺少对行政执法的有效监督和制约，就可能偏离法治轨道，导致专横、滋生腐败等一系列不良后果，从而难以实现行政管理的目标和保障公民的合法权益。"②执法文明、行政权行使规范是法治政府的内在要求。行政执法监督，即行政系统内的监督，是指基于行政系统层级性特点，由上级行政主体对其下级行政执法主体行政执法行为的合法性与适当性进行监督与检查的活动。③加强行政执法监督也是法治政府的应有之义。因此，广东在行政执法规范化建设中十分注重规范行政执法与监督行政执法并举，积极探索相关制度变革与制度创新，规范行政执法行为，加大执法力度，努力做到公正文明执法。

1. 建立健全行政执法资格证制度，提高执法队伍素质

1997年，广东省人民政府颁布《广东省〈行政执法证〉管理办法》。该办法规定：除国家法律、法规明确规定了行政执法证件的名称和核发机关者外，全省各级行政机关、法律法规授权的组织和行政机关依法委托的组织的行政执法人员都必须申领省人民政府统一制发的《行政执法证》，实行持证上岗执法制度；申领省人民政府《行政执法证》的具体工作由省人民政府法制局具体负责。根据省人民政府的要求，广东省人民政府法制局和法制办公室对申领省人民政府《行政执法证》的单位和人员的行政执法资格条件严格依法审查把关，凡不具备行政执法资格条件的人员，一律不予发证。至2007年底，广东全省申领省人民政府《行政执法证》的人员共14万多人，省人民政府法制办（局）实际核发《行政执法证》9万多个，近5万人因不符合申领条件而

---

① 程癸键：《执法办案格式化 助推警务改革》，http：//epaper.timedg.com/html/2013 – 08/16/content_ 1206879.htm，访问时间：2018年3月1日。
② 吴明场：《强化行政执法监督，促进政府依法行政》，载广州市法学会编《法治论坛》2011年第4辑，中国法制出版社2011年版，第89页。
③ 林莉红主编：《失当行政行为救济研究》，武汉大学出版社2016年版，第300页。

未能领取《行政执法证》。1997年9月,广东省人大常委会通过《广东省行政执法队伍管理条例》,确立了行政执法主体资格管理制度。该条例规定:"设立行政执法队伍必须由县级以上人民政府、省人民政府各职能部门报省人民政府批准并予公告。省人民政府可以根据实际情况和需要,授权广州市和经济特区所在市的人民政府审批并予公告。"2001年,广东省人民政府颁发的《广东省行政执法队伍审批和公告办法》规定:"县级以上人民政府有权依法撤销擅自成立的行政执法队伍,并追究有关责任人的行政责任。"通过实行严格的行政执法队伍资格管理制度,全省乱设行政执法队伍的现象得到了有效遏制。2013年,广东省人民政府修订了《广东省〈行政执法证〉管理办法》,健全了行政执法证件的申领条件和考试制度,进一步明确了行政执法证件的申领程序和审核要求。同时,开发了"广东省行政执法人员网上综合法律知识考试系统",统一了行政执法人员综合法律知识考试的方式、内容及通过标准;实现"广东省行政执法证管理系统"与省网上办事大厅对接,《行政执法证》的办理已进驻省网上办事大厅主站,实现了在线办理。2014年,广东省人民政府继续推行行政执法人员网上资格考试系统,完成了省人民政府法制办网上办事大厅2014年度建设任务,实现了申领《行政执法证》的全网办理,成为广东省第一批实现"三率一数"建设目标(即项目网上办理率、网上受理率、网上办结率百分百及申请人到场数为零)的网上审批项目。2014年上半年,广东省人民政府法制办举办考试66场,考试人数2968人,合格率80.8%[①];全年共审核办理行政执法证申领件62177宗,制发《行政执法证》60739张,退回申请1378宗;核发《行政执法督察证》188张,达到以考促训、提高行政执法人员素质的目的。

2. 规范行政执法自由裁量权,全面监督行政执法行为

2007年,中山市率先在全省开展规范行政处罚自由裁量权工作,梳理量化各行政执法部门的行政处罚自由裁量标准;2008年,中山市人民政府总结实践经验,印发了《中山市规范行政处罚自由裁量权暂行规定》。随后,行政处罚裁量权规范改革在深圳、广州、韶关等市展开。2009年4月21日,广州市人民政府制定了全国首部全面规范行政执法自由裁量权的政府规章——《广州市规范行政执法自由裁量权规定》,启动了对行政许可、非行政许可审批、行政处罚、行政征收、行政强制、行政确认、行政裁决、行政给付等行政行为自由裁量权的规范工作,强化了对权力运行的监督。随后,各地级市纷纷启动了对行政执法自由裁量权的规范工作,如潮州市人民政府印发了《潮州

---

① 参见李林、田禾主编《中国地方法治发展报告》,社会科学文献出版社2015年版,第97-98页。

市规范行政执法自由裁量权规定（2010）》、惠州市人民政府办公室印发了《惠州市规范行政执法自由裁量权办法（2011）》等等。这些政府规章和规范性文件开启了广东行政执法裁量权基准制度的创新，细化、量化了行政裁量标准，规范了裁量范围、种类、幅度，从而从源头上有力地防止了滥用行政执法自由裁量权的现象，促进了行政权力运行的规范。在总结各市行政执法裁量权基准制度创新经验的基础上，广东省人民政府于2011年8月25日制定了《广东省规范行政处罚自由裁量权规定》。随后，根据《广东省规范行政处罚自由裁量权规定》和依法行政的要求，广东省海洋与渔业局、广东省住房和城乡建设厅、广东省农业厅、广东省科学技术厅、广东省司法厅、广东省教育厅、广东省水利厅等省人民政府职能部门和各地市纷纷制定行政处罚裁量标准，进一步规范行政处罚裁量权，实现了公开、公平、公正执法。2015年，广州市人民政府修订《广州市规范行政执法自由裁量权规定》，通过三年时间完成了全市各部门行政审批自由裁量权的规范工作，并因此荣获第二届"中国法治政府奖"提名奖。广东规范行政执法自由裁量权工作的不断创新，实现了对行政执法行为的全面有效监督。

3. 全面推行行政执法责任制，确保法律有效实施

1994年8月，广东省人大常委会和省人民政府开始部署建立行政执法责任制。随后，省人大常委会办公厅和省人民政府法制局、省普法办联合编印了省直国家行政机关《执法责任制手册》，将现行有效的法律、法规和规章进行全面梳理后分解落实到省人民政府各有关部门，明确各部门的具体执法责任。1995年5月，广东省人民政府发出通知，要求省人民政府各部门着手编印本部门、本系统的《执法责任制手册》。1996年8月，中共广东省委《关于进一步加强依法治省工作的决定》明确要求各级政府要坚持依法行政，切实落实执法责任制。1997年10月广东省人大常委会和省人民政府联合检查了8个省直单位建立行政执法责任制的情况，1998年9月再次联合检查了8个省直单位。1997年11月，广东省人大常委会办公厅和省人民政府办公厅联合召开全省行政机关执法责任制建设经验交流会，总结推广了省工商局、省卫生厅、深圳市规划国土局、湛江市工商局和佛山市建立健全行政执法责任制的经验。① 1999年11月27日，广东省人大常委会制定了《广东省行政执法责任制条例》，广东行政执法责任制建设开始走上法制化、规范化轨道。

为贯彻落实《广东省行政执法责任制条例》，全面推进行政执法责任制建

---

① 参见《广东改革开放纪事》编纂委员会编《广东改革开放纪事 1978~2008 上》，南方日报出版社2008年版，第327页。

设,广东省人民政府采取了四项措施[①]:

(1) 提出配套贯彻意见。2000年7月,广东省人民政府下发了《关于认真做好〈广东省行政执法责任制条例〉贯彻实施工作的通知》,就建立行政执法责任制的各项配套制度、乡镇和街道如何推进此项工作、各级政府法制机构如何发挥协调指导作用等问题提出具体指导性意见。

(2) 建立健全领导机构。2005年广东省人民政府成立了省人民政府推行行政执法责任制工作领导小组,领导小组办公室设在省人民政府法制办,日常工作由法制办负责。各市、县、区也分别成立了领导小组。

(3) 突出抓好行政执法职权的核准界定和公告工作。2001年5月,经省人民政府同意,省人民政府法制办发出通知,着手开展对省人民政府各部门、各直属机构行政执法职权的核准界定公告工作。2005年《国务院办公厅关于推行行政执法责任制的若干意见》下发后,广东省人民政府进一步完善了行政执法职权核准界定公告工作方案,明确了核准界定范围主要包括行政处罚、行政许可、行政强制、行政征收、行政确认、行政裁决和行政给付等职权。从2005年3月下旬开始,省人民政府法制办牵头,全力开展省级行政执法职权核准界定工作。至2007年底,完成了对省直44个部门的核准界定公告工作。省人民政府直属各部门的行政执法"权力清单"及其依据已在省人民政府公众网、省人民政府法制办门户网站上公示,《广东省人民政府公报》《南方日报》也发布了省人民政府的公告决定。同时,"广东省人民政府以《意见》的发布为契机,在全省推进行政执法责任制工作。为了全面贯彻落实《意见》的各项要求,广州市成立了市政府推行行政执法责任制办公室,抽调市法制办、编办、监察、财政、人事以及其他相关部门的联络员集中办公,对所属60多个部门的执法依据逐一梳理审核,予以确定,最后公告,并按要求分解执法职权、确定执法责任。同时财政予以充分保证。这种做法确实是保障这项工作完成的一个创造性举措。广州市天河区以评议考核为突破口带动这项工作;中山市的行政执法责任制工作开展得比较广泛,从市里20多个部门到所有的乡、镇,都开展了这项工作;珠海市金湾区创造出一个服务型小而高效的政府;湛江市以案卷评查为核心,加强评查和考核力度;省地税局充分发挥信息平台的作用,建立公平公正的考核机制"[②]。

(4) 部署开展行政执法评议考核工作。2005年9月,经广东省人民政府

[①] 参见《广东改革开放纪事》编纂委员会编《广东改革开放纪事 1978~2008 上》,南方日报出版社2008年版,第328-329页。

[②] 青锋:《抓规范执法,促经济发展》,载《政府法制研究》2006年第4期。

同意，广东省人民政府办公厅在《转发国务院办公厅关于推行行政执法责任制的若干意见的通知》中，明确要求全省各地、各部门结合建立行政执法案卷评查制度，建立健全以公正为本、兼顾效率的行政执法评议考核制度，对查出的问题要求认真整改。通过推行行政执法责任制，广东各级领导的依法行政意识普遍得到提高，行政执法部门和行政执法人员的执法责任意识明显增强，行政执法中越权执法、滥用职权执法和消极不作为等现象得到有效遏制。但是，行政执法责任制作为一项复杂而艰巨的系统工作，实践中仍然存在着许多问题，有待进一步完善：一是行政执法责任制工作在不同地方和部门发展不平衡。有的地方刚开展工作，有的地方已经做得很好。二是行政执法责任制具体实施方式不规范。如：执法责任量化标准不科学、不合理，有的执法机构以罚款数额的多少作为考核标准，结果尽管罚款很多，执法目的却达不到；不依程序执法，随意性大，还存在"重实体，轻程序"的现象。三是执法的队伍、手段和水平还不适应客观要求。县、乡两级执法队伍力量弱小且素质不高，行政执法者的知识、经验不足，手段落后，执法机关办案经费、技术设备与社会管理需求也不相适应。四是对执法人员违法责任追究力度不够。执法单位的领导和执法人员的思想认识上有偏差，对执法中的违法情况往往以大事化小、小事化了的心态进行处理，大多是"只纠错，不责人"。①

为总结行政执法责任制经验，解决实践中仍然存在的许多问题，2009年7月30日，广东省人大常委会修改了《广东省行政执法责任制条例》。为贯彻修订后的《广东省行政执法责任制条例》，广东省各地在行政执法责任制方面进行制度创新，其中最重要的是行政执法评议、案卷评查制度的创新和全面推行。案卷评查是对规范执法、监督执法的一个行之有效的办法。2010年6月2日，珠海市人民政府出台了《珠海市行政执法案卷评查办法》，这是广东省首部专门规范行政执法案卷评查的政府规章。该办法的出台，为广东省各地的规范性执法提供了可操作性的参考路径。规章内容主要包括四个方面：①明确了行政执法案卷评查作用机制，即政府法制部门负责，与监察、人事和有关行政执法部门共同开展组织、指导、协调、监督工作。②既定期开展评查，又开展专项行政执法检查活动。③确定了案卷评查标准：基础标准和一般标准。④明确评查结果责任考核机制。2016年12月8日，广东省人民政府总结各地实践经验，制定了《广东省行政执法案卷评查办法》。其内容具体包括评查依据、评查标准和评查办法三个方面，通过合法性标准与规范性标准两个指标来进行

---

① 参见蒋斌、梁桂全主编《敢为人先：广东改革开放30年研究总论》，广东人民出版社2008年版，第183页。

评查，切实有效地对行政执法与案卷起到了规范作用。①

4. 积极推进行政执法监督工作，强化行政监督效能

随着依法行政工作的不断推进，广东的行政执法监督工作不断加强，主要体现在以下几个方面：

（1）行政执法监督制度不断完善。1993年5月，广东省人民政府颁发《关于全面加强政府法制工作的通知》明确规定："各级政府法制机构代表政府对各部门执法活动实施监督，并向政府报告监督检查情况"，"省、市、县（区）政府法制局设若干名行政执法监督员，由省人民政府批准并发给行政执法监督检查证。监督员持证对各行政机关执法活动实施监督检查，对执法犯法者有权予以制止或责令纠正"。1996年3月，全国人大通过《行政处罚法》后，广东省人大常委会和省人民政府着力抓好实施《行政处罚法》的相关配套制度建设，先后制定了《广东省规章设定罚款限额规定》《广东省行政执法队伍管理条例》《广东省各级人民政府行政执法监督条例》《广东省行政执法责任制条例》等地方性法规和《广东省〈行政执法证〉管理办法》《广东省各级人民政府实施行政处罚规定》《广东省行政处罚听证程序实施细则》《广东省行政执法队伍审批和公告办法》等政府规章。随着行政执法监督的不断深入，经验不断积累，广东省人大常委会、广东省人民政府先后制定、修订了《广东省行政执法队伍管理条例（2012修正）》《广东省行政执法监督条例（2016修订）》《广东省行政执法案卷评查办法（2016）》等地方性法规、规章，广东的行政执法监督制度日趋完善。

（2）行政执法督察网络逐步健全。1996年5月，省人民政府转发《国务院关于贯彻实施〈行政处罚法〉的通知》，明确要求县级以上各级政府要建立投诉、督察等制度，查处其职能部门及下级政府的违法行政行为。同年12月，广东省人民政府批准省人民政府法制局在行政执法监督处加挂广东省人民政府行政执法督察办公室牌子，作为省人民政府的行政执法监督检查机构，具体负责对重大行政执法活动的协调督察，依法纠正违法或不当的行政执法行为。1997年12月，广东省人大常委会通过的《广东省各级人民政府行政执法监督条例》明确规定："县级以上人民政府法制工作部门在本级人民政府领导下，负责办理行政执法监督中的具体工作。"为适应行政执法监督工作的需要，全省各级政府法制局普遍设立了行政执法监督处（科、股），成立了行政执法督察办公室或者行政执法投诉中心，并公开办公地址和投诉举报电话，专门受理企业、群众对行政执法违法行为的投诉举报，形成较完善的行政执法督察网

---

① 参见田禾主编《广东经验：法治政府建设》，社会科学文献出版社2014年版，第20页。

络，有效地开展了行政执法投诉举报的受理和督察工作。① 党的十八大以后，广东省人民政府加快推动建设全省统一的"行政执法信息平台和行政执法网络监督平台"，推进全省行政执法的规范化、标准化、智能化。

（3）行政执法检查工作有效开展。行政执法检查是行政执法监督的重要形式之一。1988年省人民政府批准成立省人民政府法制局时，明确其主要任务之一就是"检查法规执行情况，研究法制建设中存在的问题并提出建议"。此后，广东省人民政府法制局每年都报请省人民政府下发年度行政执法检查计划，直接代表省人民政府组织开展5至10项重要法律、法规、规章执行情况的检查活动；并配合省人大常委会，参与或协同组织开展重要法律法规执行情况的检查工作。据统计，1988—1999年，广东省人民政府法制局代表省政府组织或参与的行政执法检查活动达200多项，检查的法律、法规和规章涉及交通、公安、工商、财税、金融、国土、建设、农业、林业、渔业、气象、地震、环保、劳动、文化、科教、卫生、档案和消费者权益保护等领域。通过行政执法检查，及时发现并纠正行政执法中存在的偏差和问题。② 党的十八大以来，广东省各级政府进一步加强重点领域专项执法监督工作。近三年来，广州市开展了专项执法检查，规范重点领域行政执法行为，先后组织对燃气、水务、环保、食品药品监督、交通、文化、教育以及安监部门等八个重点领域开展行政执法监督检查，通过单位自查、查阅案卷、持证人员抽查考试、体验式执法、与相对人座谈等多种形式，收集、分析了近三年来的行政执法数据，全面系统地掌握重点行业、重要领域的行政执法情况，查找行政执法中存在的重点问题，并提出改进建议，找到了行政执法监督的新路子。

（4）规范行政执法投诉举报制度。2000年10月9日，珠海市人民政府通过了《珠海市行政执法投诉处理办法》，对行政执法投诉的方式和范围、投诉的受理和办理、法律责任等进行规范。2000年12月15日，广东省人民政府法制办公室印发《广东省各级人民政府受理行政执法投诉办法》，就行政执法投诉的受理、处理程序、期限等内容做出规定，以加强各级人民政府对行政执法的监督，依法纠正违法或者不当的行政行为，保护公民、法人和其他组织的合法权益。随后各级政府以各种方式建立健全行政投诉处理制度。2013年，广东省人民政府法制办建立行政执法投诉案件统计分析定期报告制度，并于7月份向省人民政府提交了第一份报告，分析了近半年行政执法投诉情况、成因及

---

① 《广东改革开放纪事》编纂委员会编：《广东改革开放纪事·1978～2008 上》，南方日报出版社2008年版，第326页。
② 《广东改革开放纪事》编纂委员会编：《广东改革开放纪事·1978～2008 上》，南方日报出版社2008年版，第327页。

其工作建议，并于 2013 年 8 月 14 日发布《广东省法制办建立行政执法投诉案件统计分析报告制度》。该制度的推行使各级政府在规范行政执法方面做到心中有数，及时纠正、及时规范，有利于防止行政过错行为发生，保证行政机关及其工作人员正确、及时、公正、高效执法。

五、加强政务公开，阳光政府基本形成

"传统中国是一个权力至上的国度。为了保证权力行使者的至高权威，往往把权力的来源和行使过程笼罩在一种神秘的氛围中。建国后，权力的来源已经明确，它来自人民。但权力行使在很长时间内仍然处于神秘之中，政府的许多活动仍然处于不公开状态。"① "阳光是最好的防腐剂，路灯是最好的警察。"这句格言表明了公开的极端重要性。英国大法官休厄也曾指出："公平的实现本身是不够的。公平必须公开地、在毫无疑问地被人们能够看见的情况下实现。这一点至关重要"②，"没有公开则无所谓正义"。③ 可见，行政公开原则是现代法治政府的必然要求。其基本含义是：政府行为除依法应保密的以外，应一律公开进行；行政法规、规章，行政政策以及行政机关做出影响行政相对人权利、义务的行为的标准、条件、程序应依法公布，让行政相对人依法查阅、复制；有关行政会议、会议决议、决定以及行政机关及其工作人员的活动情况，除依法应保密的以外，应允许新闻媒体依法采访、报道和评论④。1992 年，广州市人民政府制定《广州市人民政府公开政务活动试行办法》，开历史先河，实现政务公开的制度化。1999 年，中共广东省委办公厅、广东省人民政府办公厅颁布《关于在全省乡镇推行政务公开的意见》，大力推行乡镇政务公开，促进基层依法行政。2002 年 4 月，中共广东省委办公厅、广东省人民政府办公厅颁布《关于在县级以上政权机关全面推行政务公开制度的意见》，政务公开在全省推行。2002 年 11 月，广州市人民政府在全国率先出台了政府规章《广州市政府信息公开规定》，在打造"阳光政府"上先行先试，迈出了关键的一步。随后，全国各地纷纷效仿进行政府信息公开立法。2004 年 3 月，国务院印发《全面推进依法行政实施纲要》，吸取了广州等地政府信息公开的成功经验，明确提出要推进政府信息公开，"除涉及国家秘密和依法受到保护

---

① 朱最新、刘云甫：《现代政府理念与〈行政许可法〉的实施》，载《行政与法》2005 年第 6 期。
② [英] 彼得·斯坦等著：《西方社会的法律价值》，王献平译，中国人民大学出版社 1990 年版，第 97 页。
③ [美] 伯尔曼著：《法律与宗教》，梁治平译，三联书店 1991 年版，第 48 页。
④ 参见姜明安主编《行政法与行政诉讼法》（第二版），北京大学出版社、高等教育出版社 2005 年版，第 74 页。

的商业秘密、个人隐私的事项外，行政机关应当公开政府信息。对公开的政府信息，公众有权查阅。行政机关应当为公众查阅政府信息提供便利条件"。2005年7月29日，广东省人大常委会通过《广东省政务公开条例》，广东全省政务公开进入法治化轨道。在中共广东省委、省人民政府的高度重视和强力推动下，广东省政务公开工作取得了巨大成就。

（一）广东政务公开工作已走上法制化、制度化道路

经过改革开放以来的探索和实践，广东省已经建立起以《广东省政务公开条例》为基础，以《广州市政府信息公开规定（2002）》《深圳市政府信息公开规定（2006）》《中山市政府信息公开规定（2008）》《韶关市政府信息公开办法（2008）》《清远市政府信息公开实施办法（试行）（2012）》等为支撑，包括广东省人民政府办公厅颁发的《广东省人民政府信息公开工作考核办法（试行）（2009）》《广东省人民政府信息公开社会评议办法（试行）（2009）》《广东省人民政府信息公开工作过错责任追究办法（试行）（2009）》《广东省人民政府信息发布协调制度（试行）（2009）》等制度在内的政务公开制度体系。这些规定使得广东政务公开工作有了强有力的制度保障。

（二）积极创新政府信息公开，不断拓展公开的深度和广度

广东各级各地人民政府及其职能部门积极开展政府信息公开创新，不断拓展政府信息公开的深度和广度。以广州为例，广州市人民政府主要围绕以下几方面拓展政府信息公开的深度和广度：①强化公开力度。及时公开人民群众热切关注的重大信息，全市年度新增主动公开政府信息数量大幅度提升，从2008年的17.9万条增加到2013年的67.1万条，增长了374.86%。②拓展公开深度。广州市敢为人先，重点抓好"三公"经费、财政预决算、政府采购、招投标、社会民生等领域信息公开。2009年首次公开市一级部门预算，引起全国热议，也为国务院推行财政预算公开提供了宝贵的经验；2013年广州市成为全国首个实现市、区（县级市）、街道（镇）三级政府"三公"经费全面公开的城市；2017年，广州市出台《广州市行政执法数据公开办法》，率先建立了市、区行政执法机关执法数据的公示制度，成为全国首个"晒"行政执法数据的城市。③创新公开平台。广州市人民政府在全国率先建立市政府常务会议后即时新闻发布制度和市政府领导定期新闻发布制度，把政府的决策第一时间向社会发布。

（三）注重围绕民生改善推进政务公开

广东省各级政府十分重视围绕民生改善推进政务公开。以2016年为例，

广东省人民政府围绕民生改善从以下几方面推进政务公开：① ①启动精准扶贫、精准脱贫三年攻坚战，及时公开政策措施文件，做好认定标准及申报程序公示，公开扶贫资金项目申报指南、评审结果及资金安排，公开精准扶贫脱贫考核结果、贫困退出情况，完成176.5万名扶贫对象的精准识别、建档立卡，统筹实施产业发展、劳动力就业等帮扶工程，全年共投入扶贫资金112.08亿元，50万相对贫困人口顺利脱贫。②公开最低生活保障、特困人员供养、医疗救助和临时救助等救助项目的最新政策法规、救助标准、救助人次和资金等内容，对申请对象审核、审批情况公示不少于7天，对救助对象情况实行长期公示。③及时通过网站发布灾害信息、灾害救助资金和物资下拨情况。印发《关于做好农村危房改造信息公开工作的通知》，在网站公开农村危房改造政策、对象认定过程、补助资金分配等信息。④及时发布有关环境保护、就业就学、卫生食品医疗等领域的资讯。加强省重点区域及主要城市空气质量预警预报信息公开，在主流媒体发布各地AQI登记范围及首要污染物预报，在省环境信息综合发布平台公开集中式饮用水源水质状况报告和月报信息，督促指导建设单位按时公开环境评测信息。发布各类招聘信息20万条，推进就业创业信息公开。做好进城务工人员随迁子女参加中考、高考报考信息公开工作。广东省卫生计生部门积极指导各级医疗卫生机构院务公开工作，做好食品安全地方标准和企业标准备案信息公开，发布突发公共卫生事件信息12期、H7N9和寨卡病毒疫情信息28期。广东省食品药品监管部门公布食品安全抽检不合格1180批次，不合格药品信息796批次，不合格医疗器械监督抽检信息30批次，不合格保健食品抽检信息8批次，不合格化妆品抽检信息17批次，公开食品药品行政处罚案件信息13839条次。

（四）注重强化政务公开能力和平台建设

为贯彻落实中央关于政务公开工作纳入政府绩效考核，分值权重不低于4%的要求，广东省人民政府办公厅制定政务公开考核指标和评分办法，严谨细致评分，列明扣分原因，圆满完成了绩效考核相关工作。结合省依法行政考评、法治广东建设考评，切实加强对各地、各部门政务公开工作的年度考核。举办全省人民政府网站业务培训会、依申请公开座谈会，进一步提高业务能力。在2016年全国政府网站绩效评估中，广东省人民政府门户网站获评"优秀"。开展2016年全省人民政府网站考评工作，抽查政府网站1789个，关停

---

① 以下内容参见《广东省人民政府2016年政府信息公开工作年度报告》，http：//zwgk.gd.gov.cn/006939748/201703/t20170321_697140.html，访问时间：2018年2月28日。

不合格政府网站472个，处理网民留言反映我省各级政府网站问题318宗。严谨细致办好省人民政府公报，切实发挥政府公报传达政令、宣传政策、指导工作、服务社会的作用。认真办理政府信息公开申请，将依法依规与合情合理、照章办事与人性化操作相结合，确保答复的政策性、法律性、合理性，优化省人民政府信息依申请公开系统，开通全国其他地区公民、法人和社会组织网上申请功能。① 各地级市人民政府也积极推动政府服务与互联网的融合创新，打造透明高效政府。如广州市人民政府着力从三个方面来促进政府服务与互联网的融合创新，打造透明高效政府：一是加强网上办事能力建设，健全政府服务标准。2016年制定《广州市网上办事管理办法》，为广州市网上办事服务提供了制度支撑，基本实现市、区、街（镇）、村（居）四级网上办事服务。2017年制定《广州市政务服务事项标准化统一管理办法（试行）》，确保服务事项内部审核标准、外部受理标准、群众办事标准"三统一"。目前，广州市网上办事大厅已进驻46个市级部门和4个中央驻穗单位，市级网上办事大厅可为99.5%的行政审批事项和91.2%的社会服务事项提供网上办理服务。二是推动政府信息互联共享。制定全国第一部地方政府信息共享管理规章——《广州市政府信息共享管理规定（2012）》，出台《广州市政府信息共享管理规定实施细则（2016）》，打破行政机关"信息孤岛"，确立行政机关无偿共享政府信息、不重复采集信息原则，将包括户籍、婚姻、出生死亡、企业和个体户等16类基础信息纳入政府信息共享范畴，规范市政府网站，搭建政府数据统一开放平台，将沉睡在各种数据档案库中的大量有效信息资源向公众开放，为公众所用。

第三节　广东依法行政40年的经验与启示

"人类社会发展事实证明，依法治理是最可靠，最稳定的治理，要善于运用法治思维和法治方式进行治理，要强化法治意识。"② 伴随着改革开放，广东依法行政40年取得了巨大成就。对其进行认真研究和探索，可以总结出诸多宝贵经验，从而为今后加快广东法治政府建设打下坚实基础，为全国各地法治政府建设提供经验借鉴。

---

① 参见《广东省人民政府2016年政府信息公开工作年度报告》，http://zwgk.gd.gov.cn/006939748/201703/t20170321_697140.html，访问时间：2018年2月28日。
② 习近平：《在庆祝澳门回归祖国十五年大会暨澳门特别行政区第四届政府就职典礼上的讲话》，载《人民日报》2014年12月21日。

一、坚持党的领导、以人民为中心

"党政军民学,东西南北中,党是领导一切的。"广东依法行政工作的最大特点就是始终坚持党对依法行政工作的统筹领导。党对广东依法行政工作的统筹领导主要体现在五个方面:①自觉维护党中央权威和集中统一领导、维护广东省委权威和集中统一领导,自觉在思想上政治上行动上同党中央、广东省委保持高度一致,依法行政中的重大事项及时向各级党委请示汇报。②建立以省长任组长的依法行政领导小组,加强对依法行政工作的组织领导。③通过自觉严格遵守法律法规来实现党的领导。我国的法律法规是党领导人民制定的,体现了党的意志和人民意志的统一。依法行政中严格遵守法律法规,是贯彻党的意志的体现。④通过贯彻执行党的路线、方针、政策来实现党的领导。党的领导主要是通过党的路线、方针、政策来进行的。广东依法行政实践中,党的路线、方针、政策的贯彻执行不仅通过立法上升为法律法规来实现,而且注重将党的路线、方针、政策作为合理行政的主要依据予以执行。⑤充分发挥党对行政执法活动的监督作用,保证行政机关依法行政。

"人民对美好生活的向往,就是我们的奋斗目标。"坚持以人民为中心是广东依法行政的根本方向。广东依法行政始终坚持人民主体地位,以人民为中心,以人民满意为目标,把增进人民福祉、保障人权、促进人的全面发展作为依法行政工作的出发点和落脚点,坚决杜绝执法上的地方保护主义、部门保护主义和以权谋私。坚持以人民为中心是推动广东依法行政的力量来源。"群众对自身利益最关切,对矛盾纠纷产生的原因、存在的症结最清楚,解决起来最有智慧。"① 广东依法行政始终坚持群众路线,把群众路线和法治思维结合起来,全面依靠人民群众,自觉接受人民群众的监督,不断提高人民群众对依法行政工作的信任度和认同感。

二、贯彻中央精神与先行先试有机互动

广东依法行政是对《行政诉讼法》《国家赔偿法》《行政处罚法》《行政许可法》《行政强制法》《行政复议法》等法律行政法规以及《全面推进依法行政实施纲要》《关于全面推进依法治国若干重大问题的决定》《法治政府建设实施纲要(2015—2020年)》等中央方针、政策的贯彻实施。同时,广东十分重视依法行政方面的先行先试。"先行先试是对既有制度和规则的超越,既意味着尝试去做没有预先规制的事情,更是通过探索试验,进而认识、掌握并

---

① 罗先泽等主编:《社会主义法治文化建设研究》,中国政法大学出版社2016年版,第150页。

运用事物发展的客观规律。"① 广东依法行政方面先行先试的成功经验常常为国家所吸收，成为国家法律、行政法规或政策，从而有效地实现了贯彻中央精神与先行先试的有机互动。比如，在政务公开方面，1999年11月7日，中共广东省委办公厅、广东省人民政府办公厅颁布《关于在全省乡镇推行政务公开的意见》，先行先试启动乡镇政务公开实践。2000年12月6日，中共中央办公厅、国务院办公厅总结广东等地经验，颁布了《关于在全国乡镇政权机关全面推行政务公开制度的通知》。2002年11月6日，在贯彻实施《关于在全国乡镇政权机关全面推行政务公开制度的通知》精神的基础上，广州市人民政府总结经验，制定了全国第一部政务公开的地方政府规章——《广州市政府信息公开规定》。2005年，广东省人大常委会总结广东各地政务公开的经验，制定了《广东省政务公开条例》。2008年，国务院总结广东等地政务公开经验，制定了《政府信息公开条例》，在全国全面推进政务公开。正是通过贯彻中央精神与先行先试有机互动的路径依赖，打造了政务公开的广东样本。

三、建立健全法制机构

1981年5月，为适应改革开放对立法工作的迫切需要，广东省人民政府办公厅设立了法制处，具体负责省人民政府有关法制方面的行政工作，重点承办经济立法工作。1984年8月，为弥补立法力量不足，广东省人民政府成立了经济法规研究中心，负责对省人民政府所属各有关部门拟订、修改经济法规、规章的工作进行规划、指导、组织和协调，中心办公室与省人民政府办公厅法制处合署办公，办公室日常工作由法制处负责。1988年4月，广东省人民政府颁布《关于成立省人民政府法制局的通知》，将省人民政府办公厅法制处升格为省人民政府法制局，全面负责省人民政府法制行政工作，副厅级建制，归口省人民政府办公厅管理。1989年8月，为适应依法行政形势发展的需要，广东省人民政府颁布《关于建立和健全政府法制工作机构的通知》，具体部署广东全省各级政府法制机构建设问题，并明确各级政府法制机构在推进依法行政方面的七项职责任务。此后，全省各地纷纷着手组建政府法制机构。至1992年，全省各市、县（市、区）人民政府全部成立了法制机构，其中大多数挂靠在同级政府办公室，为二级局建制。1993年5月，广东省人民政府颁布《关于全面加强政府法制工作的通知》，强调"在机构改革中，政府法制局只能加强，不能削弱"。2007年12月，经广东省机构编制委员会同意，广东省编办印发《关于加强县级政府法制工作机构建设的意见》，统一了县区政

---

① 林依标著：《由思集：土地管理研究与实践》，福建人民出版社2013年版，第282页。

府法制机构的名称、组织架构和机构规格,明确"县(市、区)政府法制工作机构已经独立设置的,维持不变;未独立设置的,可采取挂靠政府办公室的形式设置。机构名称可统一称为'××县(市、区)人民政府法制局'(正科级建制)",并要求各地"适当充实县级政府法制工作机构的人员力量,确保与其所承担的工作任务相适应"。2016年6月,广东省机构编制委员会发布《关于加强市县政府法制机构建设的意见》,规定在人员编制方面,在地级以上市法制工作机构一级,珠三角地区原则上不少于20名,粤东西北地区原则上不少于18名……政府法制工作任务较重的地区,可适当增加人员,现用于政府法制工作的人员编制超出上述标准的不减少,未达到上述标准的,要在本级编制总额内逐步统筹解决。至此,经过40年的建设,广东省21个地级以上市、119个县(市、区)普遍成立了政府法制机构。正是广东不断强化政府法制机构建设,从而为广东省全面推进依法行政、建设法治政府提供了有力的组织保障:①政府法制机构是全面转变政府职能、深入推进依法行政的谋划者。全面转变政府职能是依法行政工作的重要组成部分,依法行政是全面转变政府职能的重要体现,二者相辅相成,密不可分。从2012年开始,在各级政府法制机构的推动下,省、市、县各级人民政府普遍成立了"依法行政工作(法治政府建设)领导小组",由此形成了以各级人民政府为主体、法制机构为主导、部门协同推进的依法行政工作格局。每年年初,政府法制机构牵头会同机构编制、人力资源、财政、监察等部门起草年度依法行政工作要点,对本行政区域全面转变政府职能、推进依法行政做出具体部署,经依法行政工作(法治政府建设)领导小组审议通过后印发各地、各部门执行,并由政府法制机构督促落实。为加快广东省法治政府建设进程,2012年底,由广东省人民政府法制办起草的《广东省法治政府建设指标体系(试行)》《广东省依法行政考评办法》经省人民政府审议通过并向社会颁布①,由此拉开了广东省通过定期开展依法行政考评加快推进法治政府建设的序幕。2014年,经广东省人民政府法制办精心筹划,省人民政府组织开展第一次全省依法行政考评,摸清了全省依法行政工作的"家底",找准了各级行政机关依法行政的薄弱环节,展现了广东省加快建设法治政府的魄力和决心,此次活动引起《人民日报》等重要媒体的高度关注,在全国范围内引起了热烈反响。2015年、2016年、2017年的全省依法行政考评,进一步推进了全省依法行政工作。②政府法制机构是科学民主依法决策、防范行政法律风险的安全阀。规范性文件是行政机

---

① 省政府第184号令、第185号令。《广东省法治政府建设指标体系(试行)》是我国第一部关于法治政府建设指标体系的省级政府规章。

关实施行政管理的重要依据,也是行政机关违法实施行政行为、损害群众权益的重要源头。2005—2014年,各级政府法制机构为本级政府及其部门1602份规范性文件进行发布前审查,对下级3591份政府规章、规范性文件进行备案审查,有效防止了违法设立行政审批、行政处罚、行政收费和实施地方保护等问题发生;为防止政府决策法律风险,各级政府法制机构充分发挥忠诚度高、专业性强、情况熟悉等优势,为本级政府签订重要协议、建设重大项目、处理历史遗留问题等重大行政决策提供法律咨询意见,节约了巨额法律服务开支①,由此避免的合同损失、消除的决策风险则难以计量。③政府法制机构是纠正违法行政行为、维护群众合法权益的主渠道。行政复议作为群众不服行政机关行政行为的法定救济渠道,由于具有门槛低、不收费、纠错快等特点,在维护群众合法权益、化解行政纠纷等方面具有独特优势。广东省行政复议案件数量一直位居全国第一,且呈逐年递增趋势②。各级政府法制机构作为本级政府行政复议工作机构,时刻坚持忠于职责、忠于法律、忠于事实,坚决纠正违法不当行政行为,依法维持合法适当的行政行为,耐心劝导不熟悉法律、不理解政策的群众,努力实现定纷止争、"案结事了"。许多复议案件涉及山林土地纠纷,人数多、关系复杂,为防止引发群体事件,复议人员经常利用"上山下乡"、现场取证的机会,边办案边普法,把矛盾化解在田间地头,以务实为民的作风赢得了基层百姓的一致好评。按照省委的部署,省法制办从2012年开始,在15个市、县、区开展行政复议委员会试点工作,通过行政复议案件集中管辖,提高案件办理的公正性、独立性和权威性,受到群众普遍欢迎。2014年底,广东省人民政府法制办还提请广东省人民政府印发《广东省行政复议案件庭审办法(试行)》,通过庭审方式保障行政复议申请人程序权益,让群众在每一个复议案件中都感受到公平和正义。④政府法制机构是规范和约束行政权力、确保行政机关依法执法的监督人。根据《广东省各级人民政府行政执法监督条例》,县级以上人民政府法制工作机构在本级人民政府领导下,负责行政执法监督的具体工作。近年来,广东省各级政府法制机构以全面推行行政执法责任制为抓手,加强行政执法监督工作:一是严把行政执法资格

---

① 据不完全统计,2012年省市两级政府法律顾问完成承办案件3652件,涉及标的总金额2260.8亿元;2013年完成承办案件4272件,涉及标的总金额4803.8亿元。按《广东省物价局、司法厅律师服务收费管理实施办法》确定的律师服务费计算标准,如上述案件向社会购买律师服务,2012年至少需要花费11.45亿元,2013年至少需要花费24.2亿元。

② 十年期间,省、市、县三级政府法制机构共代表本级政府办理行政复议案件57413宗,案件数量逐年递增。以省法制办为例,2005年省法制办办理行政复议案件104宗,2010年达到345宗,2014年达到457宗,是10年前数量的4.4倍。

第二章 依法行政与法治政府建设

准入关口,开展行政执法人员考试和资格审查,为符合条件的行政执法人员核发《广东省人民政府行政执法证》[①],保障全省行政执法队伍素质和执法水平。二是依法处理行政执法投诉,纠正各级行政机关违法不当行政执法行为,维护群众合法权益。三是规范行政执法自由裁量权,通过制定规章、加强审查等手段,督促指导各级行政机关制定行政处罚自由裁量规则,防止执法不当、执法不公。四是定期开展行政执法案卷评查,发现和纠正行政执法程序、内容、文书等不合法、不规范等问题,提高各部门行政执法质量。五是开展行政执法人员培训,派出业务骨干为行政执法上岗人员讲授相关法律法规,受到各部门尤其是基层部门行政执法人员的普遍欢迎。

四、实行以评促建

法治政府建设,是国人对近代百年以来"落后挨打"的发展困境痛定思痛后的制度变革与创新举措,是全面推进依法治国的工作重点和总抓手。依法治国是指人民群众"在党的领导下,依照宪法和法律管理国家事务、经济文化事业、社会事务等;保证各项工作依法进行,逐步实现民主的制度化、法律化,使之不因领导人的改变而改变;不因领导人看法和注意力的改变而改变"。[②] 依法治国的实质就是规范国家权力,保障人民群众的权利。党的十八届四中全会通过《中共中央关于全面推进依法治国若干重大问题的决定》,明确提出了法治政府建设的蓝图——"各级政府必须坚持在党的领导下、在法治轨道上开展工作,创新执法体制,完善执法程序,推进综合执法,严格执法责任,建立权责统一、权威高效的依法行政体制,加快建设职能科学、权责法定、执法严明、公开公正、廉洁高效、守法诚信的法治政府"。无论是从依法治国的本质,还是从《中共中央关于全面推进依法治国若干重大问题的决定》描绘的法治政府建设蓝图来看,把权力装进法律的笼子,接受法律的有效规制,从而保障公民的基本权利和自由是法治政府建设的根本目的。然而,中国是一个有着长期人治传统的国度,在人们的血液和骨髓中一直都渗透着官本位思想和对权力的迷信。法治是在西风东渐中传来的。虽然经过改革开放的洗涤,公民权利意识有所觉醒,但权力崇拜并未消失,推动依法行政的社会力量仍然非常薄弱。法治政府建设主要是依靠国家权力,尤其是政府权力的自我推动。在这种现实国情下,依法行政考评就成为推进依法行政、建设法治政府不

---

① 2011年至2014年,省法制办平均每年收到全省各级行政机关行政执法证申请59027人次,审核发放《广东省人民政府行政执法证》52565张。

② 杜洪波著:《国家司法考试攻略 理论法攻略》(第3版),中国财政经济出版社2014年版,第124页。

可或缺的重要抓手。通过依法行政考评把依法行政的原则和要求转化为具体标准，将考评结果与党政领导班子和领导干部的工作业绩挂钩，从而使依法行政有了硬指标、硬约束，必将促进各级政府及其部门以及领导干部强化依法行政意识，增强用法律规范、法律精神、法律原则思考问题和处理问题的自觉性，形成依法履职、依法决策、依法办事的良好习惯。广东省2014年启动的全省依法行政工作考评，成为广东依法行政的主要抓手，从多个方面推动着广东依法行政的发展：①各地各部门推进依法行政力度明显增强。在依法行政考评工作的有力推动下，各地、各部门对依法行政工作的重视程度明显提高，许多地方和部门通过召开依法行政专题工作会议、印发年度依法行政工作要点等方式，对本地区、本部门或本系统的依法行政工作做出具体安排和部署，并通过政府常务会议、法制专题讲座等方式组织开展领导干部学法活动。②依法行政工作制度不断完善。通过考评推动，国务院要求建立的行政执法岗位责任制、重大行政决策、政府信息公开等30多项配套制度在广东省各级行政机关已经普遍建立并全面实施。各地、各部门在创新制度建设方面成果显著，广东省发展改革委等单位的经验还受到国家部委肯定并在全国范围内推广，受到媒体高度关注。③规范性文件制定水平不断提升。在2014年度考评中，有14个地级以上市人民政府由于规范性文件未履行合法性审查、统一发布、报送省人民政府备案等情形而被严重扣分。而在2015年度实地考核时，虽然加大了抽查范围和力度，却只发现5个市人民政府在规范性文件制定程序方面存在一定瑕疵。由此可见，经过考评，各地政府依法制定规范性文件的意识明显增强。④重大行政决策履行法定程序的情况明显改善。通过考评，推动各地各部门普遍制定了重大行政决策听证目录，大部分省直部门和被抽查的市直部门都开展了重大行政决策听取意见、专家论证、风险评估等工作，而且各项决策都履行了合法性审查和集体讨论程序，履行重大行政决策程序的积极性和主动性有所提高。⑤行政执法行为不断规范。从考评情况看，广东省各级行政执法机关及其工作人员在行政执法中能够严格遵守法定程序，积极开展调查取证，正确运用法律法规，除存在一些程序内容上的瑕疵外，未发现严重违法或损害当事人合法权益的情形。然而，依法行政考评中行政执法案卷的抽查非常严格，而且具有高度随机性，从而对各级行政执法部门产生了强烈的触动。近两年来，广东各地、各部门以各种形式加强了对行政执法的规范力度，有的职能部门实行行政执法案卷检查全覆盖，及时发现和纠正存在的问题；有的职能部门注重行政执法人员素质，强化行政执法人员的培训力度；有的职能部门建立健全了行政执法的程序机制、法制审核机制，有效地防止了违法执法行为的发生。⑥行政机关接受司法监督的意识明显增强。依法行政考评将考评年度内行政机关负责

第二章　依法行政与法治政府建设

人出庭应诉情况列为加分事项，各级政府、各部门负责人出庭应诉的积极性和主动性明显提高，2015年度，广东省各地级以上市政府和省直部门负责人出庭应诉行政诉讼案件已达到29人次。另外，依法行政考评又将各地各部门不履行人民法院生效裁判的情形列为扣分事项，也取得了非常好的效果。比如根据省法院提供的数据，截至2015年底，广东省有16个地级以上市存在不履行人民法院生效裁判的案件61宗。考评开始后，各地政府积极敦促有关单位履行法院生效裁判，明显加速了裁判执行效率。截至2016年4月，已有49宗案件履行完毕，其余案件的履行工作也在加紧协调推进。

第四节　广东依法行政的未来展望与建议

2017年4月4日，习近平总书记对广东工作做出重要批示，充分肯定党的十八大以来广东各项工作，希望广东坚持党的领导、坚持中国特色社会主义、坚持新发展理念、坚持改革开放，为全国推进供给侧结构性改革、实施创新驱动发展战略、构建开放型经济新体制提供支撑，努力在全面建成小康社会、加快建设社会主义现代化新征程上走在前列。[①] 2018年3月7日，习近平总书记在参加全国"两会"广东代表团审议时，要求广东要进一步解放思想、改革创新、真抓实干、奋发进取，以新的更大作为开创工作新局面，并在构建推动经济高质量发展体制机制、建设现代化经济体系、形成全面开放新格局、营造共建共治共享社会治理格局这四个方面走在全国前列。2018年10月，在改革开放40周年之际，习近平总书记再次亲临广东视察指导并发表重要讲话，要求广东高举新时代改革开放旗帜，以更坚定的信心、更有力的措施把改革开放不断推向深入，提出了深化改革开放、推动高质量发展、提高发展平衡性和协调性、加强党的领导和党的建设四项重要要求，为新时代广东改革发展指明了前进方向、提供了根本遵循。我们必须以习近平中国特色社会主义思想及其对广东的重要批示为统领，克服观念误区、提高依法行政能力、提升政府公信力、建设一支高素质专业化的行政干部队伍，全面推进广东法治政府建设。

一、克服依法行政的观念误区

依法行政的观念是依法行政能力的观念性要素，也是依法行政能力的核心要素，在依法行政能力建设中居于主导地位。[②] 一旦观念错误，再完善的法律

---

① 刘远忠、陈育柱：《习近平总书记对广东工作作出重要批示》，载《南方日报》2017年4月12日。
② 安徽省人事厅组编：《公务员通用能力教程》，安徽人民出版社2008年版，第85页。

制度也会被扭曲、被虚置。因此，依法行政必须观念先行，克服观念误区：①法律万能论的误区。中国是一个缺少法治传统的国度。轻视法律作用，曾经是我国行政管理中存在的严重问题。随着依法治国入宪，尤其是党的十八大提出全面依法治国战略以来，法律的作用日益受到重视，法律无用论已经没有市场。但在全面依法治国进程中，过高地看待法律的作用，认为所有的社会问题只要依靠法律就都能"迎刃而解"的"法律万能论"有所浮现。正如"权利永远不能超出社会的经济结构以及由经济结构所制约的社会的文化发展"①，法律的形成、规定的具体内容、法律的执行实施，都受一定社会的客观物质条件的制约。而且，任何再完美的法律，都有其明确的效力范围和适用对象，在其效力范围之外，法律是无法发挥作用的。因而，公共利益的实现、社会秩序的维护、公民权利的保障，不仅需要法律，也需要经济、政治、社会等各方面的相互配合，需要政治、道德、宗教等其他社会调控形式相融合、相协调。"法律万能论"是一种"法律浪漫主义"，不仅会使法律难以发挥其应有的作用，而且会让人们因此失去对法律的信心。因此，必须克服"法律万能论"，综合运用政治、道德、宗教等其他社会调控形式，才能在治理中形成社会合力，推动依法行政进程。也正如习近平总书记所言，"法律是准绳，任何时候都必须遵循；道德是基石，任何时候都不可忽视。在新的历史条件下，我们要把依法治国基本方略、依法执政基本方式落实好，把法治中国建设好，必须坚持依法治国和以德治国相结合，使法治和德治在国家治理中相互补充、相互促进、相得益彰，推进国家治理体系和治理能力现代化"。②②依法行政可以单项突进的误区。1984年4月，彭真提出，国家管理"要从依政策办事逐步过渡到不仅依靠政策，还要建立、健全法制，依法办事"③，从而吹响了依法行政的号角。1993年3月，第八届全国人大一次会议通过的政府工作报告中，第一次明确提出"各级政府都要依法行政，严格依法办事"，开启了依法行政的征途。在依法行政的征途中，我们大多采用单项法律或者制度单兵突进的实施路径，从而在不少人心中确立了依法行政可以单项突进的认识。在中国特色社会主义新时代，依法行政是一项既涉及重大利益关系调整，又涉及各方面体制机制完善的系统工程。单项法律或者制度单兵突进的依法行政的实施路径，很容易走弯路，成本和代价很高。同时，依法行政是依法治国的子系统，也是依

---

① 马克思：《哥达纲领批判》。转引自杨琦等主编《马克思恩格斯名言集锦》，陕西人民出版社1991年版，第85页。

② 习近平：《坚持依法治国和以德治国相结合》，载新华社网站（http://www.xinhuanet.com/politics/2016-12/10/c_1120093133.htm，访问时间：2018年3月2日。

③ 彭真：《在首都新闻界人士座谈会上的讲话》，载《人民日报》1984年4月8日。

法治国的关键。"法治国家、法治政府、法治社会,三者相互联系、内在统一,是法治建设的三大支柱,缺少任何一个方面,法治建设的目标都无法实现。"①正如习近平总书记所指出的:"准确把握全面推进依法治国工作布局,坚持依法治国、依法执政、依法行政共同推进,坚持法治国家、法治政府、法治社会一体建设。"②为此,我们必须克服依法行政可以单项突进的认识误区,增强系统化观念,加强依法行政的顶层设计,统筹把握和整体推进依法行政的理念更新以及行政组织、行政立法、行政决策、行政执法、行政监督救济等各个环节的法治化,统筹推进宏观、中观、微观领域的依法行政,提升依法行政的整体效能;加强法治广东建设的顶层设计,在全面推进法治广东建设的进程中,将法治国家、法治政府、法治社会建设同步规划、同步实施、一体建设。③大社会小政府的误区。计划经济体制下的中国政府是一个全能政府,其职能非常广泛,几乎涉及社会的所有领域。这种全能政府的弊端为历史所证明,将全能政府转变为有限政府也成为社会共识。在改革开放中,受西方古典自由主义"大社会、小政府"理论的影响,以及全能政府转变为有限政府的改革实践,一些学者把"大社会、小政府"的理论模式作为我国政府行政体制改革的基本目标。③从现代政府发展来看,现代社会政府权力的扩张与退缩并存,在法治框架下,无论是"大政府"还是"小政府",都是有限政府。全能政府转变为有限政府是大势所趋。然而,一种制度的产生,不是主观构建的结果,而是历史和文化演进的结果。长期封建专制使官本位思想渗透到中国人的血液和骨髓中,而"即使是最荒谬的迷信,其根基也是反映了人类本质的永恒本性"。④而且,我国社会组织还不健全,离开政府的指导、引导和监督,社会组织还难以发挥其应有的作用。因此,我们必须克服大社会小政府的认识误区,明确我们的行政体制改革并不是要建立所谓的"小政府",而是建立权责统一、权威高效的依法行政体制,加快建设职能科学、权责法定、执法严明、公开公正、廉洁高效、守法诚信的法治政府。

二、提升依法行政的能力

法治是一个国家治理体系和治理能力现代化的重要体现,法治水平高低在很大程度上决定着国家治理现代化的水平。当前,我国正处于全面深化改革开

---

① 颜晓峰主编:《建设法治中国》,社会科学文献出版社 2015 年版,第 141 页。
② 习近平:《加快建设社会主义法治国家》,载《求是》2015 年第 1 期。
③ 张永桃、包玉娥:《略论实现"大社会、小政府"的条件》,载国家机构编制委员会办公室编《中国政府机构 1991 年》,中国人事出版社 1991 年版,第 632 页。
④ 《马克思恩格斯全集》(第 1 卷),北京人民出版社 1972 年版,第 651 页。

局起步的历史新方位,面临经济社会双重转型的挑战,问题复杂,矛盾交织,治理难度前所未有。无论是破解难题、化解矛盾、凝聚共识,还是激发动力、促进和谐、推动发展,唯有更加自觉并善于运用法治这个集中体现现代化治理本质要求的思维和方式,在法治轨道上寻求制度化解决之道,我们才能啃下改革攻坚期的一个个硬骨头,涉过利益格局调整的深水区,使各项制度更加成熟、更加定型,促进社会公平正义,维护社会和谐稳定,保障人民安居乐业,推进全面深化改革,实现国家长治久安。① 为此,习近平总书记指出:"行政机关是实施法律法规的重要主体,要带头严格执法,维护公共利益、人民权益和社会秩序。执法者必须忠于法律,既不能以权压法、以身试法,也不能法外开恩、徇情枉法。各级领导机关和领导干部要提高运用法治思维和法治方式的能力,努力以法治凝聚改革共识、规范发展行为、促进矛盾化解、保障社会和谐。"② 提升依法行政的能力是一项系统工程,必须多管齐下:①强化依法行政理念。依法行政,观念先行。依法行政的理念在依法行政能力建设中居于主导地位。必须通过各种方式培养行政机关及其工作人员对法律的信仰,使所有行政工作人员对法律、法治拥有发自内心的尊崇和忠诚。②切实提升政府公信力。政府公信力是法治政府的基本要素,是依法行政工作最根本的基石,也是依法行政成功的具体体现。提升政府公信力,在一定程度上就是提升政府依法行政的能力。必须大力加强政府诚信建设,确保政策的连续性和稳定性,防止因政府决策朝令夕改而导致社会公众无所适从,从而影响到对法律的信仰。③正确处理政策执行与依法行政的关系。政策是政党、国家或政府在一定时期内,为实现一定的目标而制定的行动方略。为了有效地管理国家和社会事务,政府必须根据社会政治、经济、文化发展的现状和需要,以解决现实生活重大问题为导向,及时、正确地制定政策。提升依法行政的能力,必须科学处理好政策执行和依法行政的关系:一是要坚持在政策执行中依法行政。在执行政策时要准确领会政策的精神实质,把握政策的界限,认真分析政策执行和依法行政的结合点。要自觉弄清楚哪些可以做,哪些不可以做,应该按照什么法定程序来执行政策等。二是把依法行政作为政策执行的重要手段。依法行政具有权威性、科学性和客观性,依法行政是政策执行活动得以进行的根本保障,也是政策执行的底线。只有运用法律手段,才能消除阻碍政策目标实现的各种非法干扰,确保政策执行有章可循、有法可依,从而有利于政策的有效实施。三是

---

① 本书编写组:《全面深化改革新形势下领导干部必备的 18 种能力》,中共中央党校出版社 2014 年版,第 157 页。

② 中共中央文献研究室编:《习近平关于全面依法治国论述摘编》,中央文献出版社 2015 年版,第 110 页。

在政策与法律不一致时以法律为准绳。在实现依法治国宏伟目标的过程中，政策发挥着重要作用。但是，有法律规定的，一定要按法律规定执行，尤其是当政策与法律局部不一致时，更应如此。①④加强对执法活动的监督，坚决排除对执法活动的非法干预，坚决防止和克服地方保护主义和部门保护主义，坚决防止和克服执法工作中的利益驱动，坚决惩治腐败现象，做到有权必有责、用权受监督、违法必追究。②

三、着力建设高素质专业化行政干部队伍

孟子云："徒善不足以为政，徒法不足以自行。"③毛泽东同志也反复强调："政治路线确定以后，干部就是决定因素。"④法治政府建设的目标确定后，行政干部队伍特别是领导干部是否具有依法行政的意识和能力，对全面推进依法行政、建设法治政府至关重要。依法行政意识，包括宪法法律至上的意识、法律面前人人平等的法治精神、程序意识、证据意识以及以人民为中心的意识等等；依法行政的能力，包括政府公信力、科学决策与有效执行能力、适用法律的能力、利益衡平的能力、提供公共服务的能力、预防和化解纠纷的能力等等。为全面推进依法行政工作，必须以法治政府建设为鲜明导向，从以下几个方面着力建设高素质专业化行政干部队伍，大力推进行政干部队伍高质量发展：①在精准科学上下足功夫。习近平总书记指出，做工作"贵在精准，重在精准，成败之举在于精准"。行政干部队伍建设只有融入精准科学理念，才能把高素质专业化要求抓实，抓出成效。干部队伍的高素质首先是指政治素质高。在行政干部队伍尤其是领导干部的选育用管全过程中，必须注重对政治忠诚、政治定力、政治担当、政治能力、政治自律的审查和衡量，对政治上不合格的"一票否决"。⑤行政干部队伍的高素质也意味着法治素养高。在选育用管全过程中必须注重对行政干部队伍的法律知识、法治意识的制度化培训、学习，使其对法律、法治拥有发自内心的尊崇和忠诚。行政干部队伍的专业化，是指建立一支专业门类齐全、成龙配套、结构合理的行政干部队伍。在选育用管全过程中必须强化行政干部队伍岗位要求的专业知识、专业能力和专业

---

① 参见舒天戈、孙乃龙主编《领导形象塑造：赢得好口碑的方法与艺术》，四川大学出版社2016年版，第179页。

② 本书编写组：《全面深化改革新形势下领导干部必备的18种能力》，中共中央党校出版社2014年版，第158页。

③ 《孟子·离娄上》。

④ 本书编写组：《新党章学习问答200题》，中共党史出版社2016年版，第91页。

⑤ 参见邹铭《着力建设高素质专业化干部队伍》，载《求是》2018年第2期。

素养，使每一个行政机关工作人员都成为有岗位专业知识、懂技术、会管理和精通岗位业务的行家里手。②在营造良好选人用人生态上下足功夫。习近平总书记强调，选人用人是党内政治生活的风向标；端正用人导向是严肃党内政治生活的治本之策。①在把好政治关、品行关、廉洁关、作风关的基础上，把善于运用法治思维和法治方式处理问题、化解矛盾、推动改革发展的人选拔到领导岗位上来，营造出学法、懂法、信法、守法、用法、护法的良好社会氛围。③在久久为功上下足功夫。习近平总书记强调，稳中求进工作总基调是治国理政的重要原则，要长期坚持。干部队伍的高素质专业化不可能一蹴而就，必须坚持稳中求进、善作善成、久久为功。②为此，我们必须加强行政干部法治培训、学习制度建设，建立适合干部成长规律和行政干部队伍建设规律的干部法治培训、学习制度；加强行政干部选拔任用制度建设，建立把善于运用法治思维和法治方式推动工作的人选拔到领导岗位的干部选拔任用制度；加强行政监督制度建设，建立健全正向激励机制与反向惩戒机制相结合的行政监督制度，从而实现高素质专业化行政干部队伍培养的制度化、法治化、长期化。

四、加强依法行政的制度保障和执法力度

"没有规矩，不成方圆"，没有完善的制度体系，政府依法行政就无从谈起。③邓小平同志早在30多年前的《党和国家领导制度改革》一文中就深刻指出："我们过去发生的各种错误，固然与某些领导人的思想、作风有关，但是组织制度、工作制度方面的问题更加重要，制度好可以使坏人无法任意横行，制度不好，可以使好人无法充分做好事，甚至走向反面。"④因此，制度体系建设是推进依法行政、建设法治政府的基础和根本。为此，在尊重法制统一的基础上，广东各级立法、行政和司法机关应当大胆创新、努力探索、积极进取，建立健全以行政组织法、行政行为法和行政监督救济法为骨干的三位一体的行政法制度体系，为全面推进依法行政提供良好的制度保障。

由于经济、社会、文化等各方面发展的不平衡，广东依法行政也存在不平衡。这种不平衡主要体现在两个方面：①广东区域依法行政的不平衡。广东省三年来依法行政考评结果是，三年皆为优秀等次的地级以上市是深圳、广州、珠海；二年皆为优秀等次的地级以上市是中山市；一年为优秀等次的地级以上市是汕头市。而二年皆为一般等次的地级以上市是潮州市；一年为一般等次的

---

① 参见邹铭《着力建设高素质专业化干部队伍》，载《求是》2018年第2期。
② 参见邹铭《着力建设高素质专业化干部队伍》，载《求是》2018年第2期。
③ 陈洪波主编：《政府法制工作研究》，湖北人民出版社2012年版，第144页。
④ 《邓小平文选》（第二卷），人民出版社1994年版，第333页。

地级以上市是揭阳、河源、韶关、汕尾、惠州、江门、肇庆、茂名、云浮、清远。从三年依法行政考评结果来看,广东区域依法行政发展呈现出不平衡,既有深圳、广州、珠海这样依法行政较发达的地区,也有潮州这样依法行政欠发达的地区。②依法行政纵向的不平衡,即越是基层,依法行政的意识、依法行政的能力、执行力度就越弱。因此,广东应当以完善依法行政考评为抓手,加大各地依法行政的力度,不断丰富依法行政的内涵,推动依法行政工作动态、均衡、可持续的发展。

第三章 公正司法与司法改革创新

第一节 公正司法与广东司法改革 40 年

一、公正司法与法治

司法作为"法律权威与人权保障的综合过程"①，是法治的有机组成部分，是维护和实现社会公平正义的重要保证。法治建设依赖于科学立法、严格执法、公正司法、全民守法，缺乏司法的公正贯彻，法律只是一纸空文，依法治国将成为一句空话，公众也会视法度为无物。公正司法，是法治实践过程中，在更深的争讼层面和更具体的个案环节，坚持和体现公平公正原则，追求公平正义的法律结果。公正司法是保障法律在制定后得以有效实施的重要手段，也是在法律实施的过程中保障法律公正的最后关口。正如有学者所言，"司法公正是法律公正的全权代表和集中体现。从依法治国的意义上讲，如果一个社会中没有了司法公正，那么这个社会也就根本没有公正可言"。②党的十八大以来，中国共产党坚持走中国特色社会主义法治道路，建设中国特色社会主义法治体系，建设社会主义法治国家。党的十八届四中全会指出，"在中国共产党领导下，坚持中国特色社会主义制度，贯彻中国特色社会主义法治理论，形成完备的法律规范体系、高效的法治实施体系、严密的法治监督体系、有力的法治保障体系，形成完善的党内法规体系，坚持依法治国、依法执政、依法行政共同推进，坚持法治国家、法治政府、法治社会一体建设，实现科学立法、严格执法、公正司法、全民守法，促进国家治理体系和治理能力现代

---

① 李龙主编：《法理学》，武汉大学出版社 2011 年版，第 231 页。
② 何家弘：《司法公正论》，载《中国法学》1999 年第 2 期。

化"。公正司法,是法治的题中之义,对法治建设具有重要意义。具体表现在以下三个方面:

首先,公正司法是推动法治实施的关键环节。"法律的生命力在于实施,司法的生命和灵魂在于公正。"法律在实施以前,只是"书本上的法律"①,只有通过执法者的执行、司法者的适用或公民的遵守,法律才得以从"书本上的法律"转化为"现实中的法律",法治才得以实施。2011年3月10日,时任全国人大常委会委员长吴邦国作全国人大常委会工作报告时庄严宣布,"以宪法为统帅,以宪法相关法、民法商法等多个法律部门的法律为主干,由法律、行政法规、地方性法规等多个层次的法律规范构成的中国特色社会主义法律体系已经形成"②。因而,现阶段我国法治建设所要解决的主要问题已不再是如何做到"有法可依",而是如何做到"有法必依、执法必严、违法必究",以推动法治的实现。在此前提下,保证法律得到正确实施,已经成为法治建设的关键。否则,法律得不到应有的尊重和公正的适用,将严重影响法治的权威,法治建设亦将大打折扣。《中共中央关于全面推进依法治国若干重大问题的决定》将公正司法作为法治中国"三位一体"建设的重要目标。司法机关作为法律适用和法律监督的专门力量,一方面应当以身作则,严格依照法定权限、程序行使审判权、检察权,保证公正司法;另一方面,还应当对行政权形成有效监督,督促公民自觉遵守法律,从而促进依法行政、全民守法,全面推进法治的实施。

其次,公正司法是提升法治效益的有效途径。法治效益代表法治实施所能够取得的实际效能,它能够直接反映出法治能否取得实效。司法作为法治实施的重要环节之一,其效益如何,对法治效益的高低具有直接影响。具体而言,如果司法机关能够做到公正司法、司法为民,在审理、查处案件的过程中铁面无私,则更有可能使当事人心悦诚服,服从司法机关的裁判、监督,从而使司法行为更具公信力。如此一来,司法活动将更加高效、更有质量。否则,如果司法活动因某些原因偏离了公正的轨道,被裁决者不会接受,受伤害者不会信服,广大人民群众更不会满足,此时,法律将难以起到应有的指引、教育和惩罚作用,法治效益也将无从谈起。③ 可见,公正司法能够促进司法效益的提升,有助于促使当事人按照法律预设的行为模式行事,从而降低法律适用的成本,提高法律执行的质效,切实提升法治效益。

---

① 付子堂主编:《法理学初阶》(第五版),法律出版社2015年版,第261页。
② 吴邦国:《形成中国特色社会主义法律体系的重大意义和基本经验》,载《求是》2011年第3期。
③ 参见刘国权《公正司法在法治中国建设中的地位和作用》,http://blog.sina.com.cn/s/blog_87f81c090102uxc7.html,访问时间:2018年2月10日。

最后，公正司法是培养法治信仰的基本路径。法国启蒙思想家卢梭曾指出，"一切法律中最重要的法律，既不是刻在大理石上，也不是刻在铜表上，而是铭刻在公民的内心里"，一语道破了法治信仰对于法治的重要意义。法治信仰，是对法治的内心确认，是真诚地认同法治价值、弘扬法治精神、遵守法治规则、崇尚法治权威和捍卫法治尊严。① 就我国目前的情况而言，虽然公民法治意识较之以往已有大幅提高，但仍难言已经在公民心中形成法治信仰。现实中存在的"信访不信法""信关系强于信法律"等现象，仍表现出部分群众对于法治的怀疑甚至抵触，全民法治信仰的形成有待推进。2012年12月4日，在首都各界纪念现行宪法公布施行30周年大会上，习近平总书记提出，"在全社会牢固树立宪法和法律的权威，让广大人民群众充分相信法律、自觉运用法律"。此后，他又强调"法律要发挥作用，需要全社会信仰法律"。党的十九大提出"提高全民族法治素养"，旨在推动全民法治信仰的形成。这需要在立法、执法、司法的过程中不断让人民群众体验和感知法治的作用和意义，逐步积累后形成一种对于法治的自觉认同。对于司法而言，坚决杜绝办理各种关系案、人情案、金钱案，通过公正的审判对人民群众形成对于法治的正面宣传，使人民群众通过一个个真实的案件来体验和感知到"法不容情、法不阿贵"，进而信法、守法、用法，是培养全民法治信仰的基本路径。

二、司法改革与公正司法

习近平总书记指出，司法不公的深层次原因在于司法体制不完善、司法职权配置和权力运行机制不科学、人权司法保障制度不健全。可见，公正司法的推进和实现有赖于司法改革为其提供基础力量和制度保障。有鉴于此，自党的十五大以来，历次党的全国代表大会均明确提及司法改革任务。从十五大提出"推进司法改革"到十六大提出"推进司法体制改革"，从十七大提出"深化司法体制改革"到十八大提出"进一步深化司法体制改革"，再到十九大提出"深化司法体制综合配套改革"，历次司法改革任务层层递进，推动司法改革持续朝纵深方向发展。但始终一致的是，历次司法改革旨在推动公正司法，并将公正司法的实现作为最终目标。

首先，规范司法权力运行，稳固公正司法的基础。从十五大报告提出"从制度上保证司法机关依法独立公正地行使审判权和检察权"到十六大报告提出"从制度上保证审判机关和检察机关依法独立公正地行使审判权和检察

---

① 参见彭新林、高佳元《在法治实践中培育法治信仰》，http：//www.qstheory.cn/zhuanqu/bkjx/2017-08/09/c_1121457295.htm，访问时间：2018年2月10日。

权",从十七大报告提出"建设公正高效权威的社会主义司法制度,保证审判机关、检察机关依法独立公正地行使审判权、检察权"到十八大报告提出"坚持和完善中国特色社会主义司法制度,确保审判机关、检察机关依法独立公正行使审判权、检察权",四次党的全国代表大会报告均对审判权、检察权的依法独立公正行使提出要求,这表明应当通过司法改革为司法权力依法独立行使提供必要保障,避免任何组织和个人不当干扰审判权、检察权的行使,以保证司法权力的行使坚持以"公正"作为其核心价值和具体指向,从而实现司法权力和公正司法的统一。党的十八大以来,党中央多次强调,要以规范司法促司法公正,以司法公正树法治权威、提升司法公信力。一方面,持续推进司法权的去地方化、去行政化,并通过设立跨行政区划法院和巡回法庭等形式,推进司法管辖权和行政管辖权的分离,减少行政权对司法权行使的不当干扰;另一方面,优化司法职权配置,健全司法权力分工负责、互相配合、互相制约机制,推进审判公开、检务公开,录制并保留全程庭审资料,广泛实行人民陪审员、人民监督员制度,加强对司法权的监督制约,从而保障和规范司法权依法独立行使,从根源上稳固公正司法的基础。

其次,重视司法队伍建设,增强公正司法的能力。十五大以来,党的全国代表大会报告多次对司法队伍建设提出明确要求。从十五大报告提出"加强执法和司法队伍建设",到十六大报告提出"建设一支政治坚定、业务精通、作风优良、执法公正的司法队伍",再到十七大报告提出"加强政法队伍建设,做到严格、公正、文明执法",都表明了党和国家对于司法队伍建设的高度关注。在2013年1月7日的全国政法工作电视电话会议上,习近平总书记强调,"要顺应人民群众对公共安全、司法公正、权益保障的新期待,全力推进平安中国、法治中国、过硬队伍建设,深化司法体制机制改革,坚持从严治警,坚决反对执法不公、司法腐败,进一步提高执法能力,进一步增强人民群众安全感和满意度,进一步提高政法工作亲和力和公信力,努力让人民群众在每一个司法案件中都能感受到公平正义,保证中国特色社会主义事业在和谐稳定的社会环境中顺利推进"。可见,公正司法的实现,离不开一支政治坚定、业务精通、秉公执法的司法队伍,只有通过加强司法队伍建设,不断提高司法队伍的综合素质,才能为公正司法注入"人才力量",切实增强司法机关公正司法的能力。

最后,强调建立健全司法制度,确保公正司法落地。党的十五大以来,历次党的全国代表大会报告均体现了完善司法改革配套制度的要求。从十五大报告提出"建立冤案、错案责任追究制度"到十六大报告提出"改革司法机关的工作机制和人财物管理体制,逐步实现司法审判和检察同司法行政事务相分离",从十七大报告提出"优化司法职权配置,规范司法行为,建设公正高效权威的社会主义司法制度"到十八大报告提出"坚持和完善中国特色社会主义司法制度",再到十九大报告提出"深化司法体制综合配套改革,全面落实司法责任制",无不体现出公正司法对于建立健全司法制度的迫切需求。党的十八大以来,国家大力推进司法体制改革,推进以审判为中心的刑事诉讼制度改革,提高刑事案件办案质量;建立符合职业特点的司法人员管理制度,健全法官、检察官、人民警察统一招录、有序交流、逐级遴选机制,完善司法人员分类管理制度,健全法官、检察官、人民警察职业保障制度;改革审判委员会制度,完善主审法官、合议庭办案责任制,让审理者裁判、由裁判者负责;废止劳动教养制度,完善对违法犯罪行为的惩治和矫正法律,健全社区矫正制度;健全国家司法救助制度,完善法律援助制度等。这一系列司法制度改革措施涉及从程序到实体的诸多方面,旨在建立健全司法活动的程序制度和实体制度,从而推动司法活动中程序正义与实体正义的统一,以真正实现公正司法。

三、司法改革的广东实践

改革创新意识是广东精神的核心,也是广东司法之根和魂。改革开放40年来,广东司法机关作为广东改革的重要参与者,始终坚持与国家法治建设任务和司法改革方针相一致,与广东经济社会发展相适应,着眼于公正司法、司法为民,着力于司法公信力的提升,以改革创新破解广东司法发展中遇到的新问题,创造了中国司法制度改革的多个第一,为中国司法改革提供了有益的"广东经验",为对中国特色社会主义司法制度的建立健全做出了积极贡献。

在审判制度改革方面,伴随历次党的全国代表大会提出的司法改革任务,以及最高人民法院的四个"五年改革纲要",广东法院在历次司法改革中勇于创新,取得了不少成效。在20世纪80年代末至90年代以审判机构专业化为重点的司法改革中,以深圳市中级人民法院为典型的广东法院实现了司法机构改革创新的多项"全国首个":1987年成立全国首个经济纠纷调解中心,提高审理经济纠纷案件的效率;1988年成立全国首个专司涉外、涉港澳台经济纠纷案件的业务庭,有效推动了良好营商环境的形成,彰显了深圳经济特区发展的国际化特色;1989年成立全国首个房地产审判庭,推动了司法审判与房地产市场发展相适应,为房地产业提供了有力的司法保障;1993年成立全国首个破产审判庭,开创了破产审判机构专业化的先河。在2000年以来以审判方式规范化为重点的司法改革中,广东法院也实现了多项"全国率先":深圳市南山区人民法院自2004年起率先实行由知识产权民事法官与刑庭法官或行政庭法官临时联合组成合议庭的"三审合一"审理方式,成为贯彻落实国家知识产权战略和完善知识产权审判体制机制的重大创新举措；广东省高级人民法院于2004年在全国率先制定《再审诉讼暂行规定》，积极推动对申诉与申请再审模式诉权化、程序化、法定化的探索；广东省高级人民法院于2006年在全国率先制定《关于死刑上诉案件二审开庭审理工作规程（试行）》，规范了死刑上诉案件二审开庭审理的程序，体现了慎用死刑和保障人权的精神；广东省高级人民法院在全国率先出台《关于行政案件协调和解工作若干问题的意见》，对行政纠纷案件的协调解决展开先行先试。近年来，广东法院贯彻党的十八大"进一步深化司法体制改革"和十九大"深化司法体制综合配套改革"的精神，按照最高人民法院"三五""四五"改革纲要的部署安排，积极落实最高人民法院在广东进行的各项试点工作，铸就了多项"广东样本"：在审判组织机构改革方面，广东于2014年按照全国人民代表大会常务委员会颁布的《关于在北京、上海、广州设立知识产权法院的决定》，正式成立广州知识产权法院，进一步推动知识产权审判专业化进程，并积极探索主审法官办案责任制、人员分类管理和职业保障等改革；广州市中级人民法院作为全国第一批未成年人案件综合审判试点法院，成立全省首个少年家事审判庭，推动了未成年人案件与家事案件一体化、专业化审判模式的尝试。在诉讼制度改革方面，广州、深圳法院自2014年起积极开展刑事速裁程序试点工作，探索轻微刑事案件快速办理机制；江门、深圳、珠海等市法院和广州铁路法院积极探索行政案件集中管辖改革；各级法院全面深入推进立案登记制改革等。在人员分类管理改革方面，形成了以深圳福田法院为代表的审判权运行机制改革，以深圳盐田法院为代表的法官职业化改革，以佛山中院为代表的审判长负责制改革，以阳江阳西法院为代表的综合审判机制改革等各具特色的改革类型。

在检察制度改革方面，广东检察机关自1978年重建以来，积极推动检察业务和检察制度改革，做出多项具有首创意义的举措。在检察业务机构改革方面，深圳市检察院于1987年成立全国首个经济罪案举报中心，提升了检察机关发现职务犯罪线索的能力，有力促进了检察机关反贪污贿赂工作的发展；广东省人民检察院于1989年成立全国首个反贪污受贿工作局，这成为我国反贪污贿赂工作历史上的标志性事件，推动了检察机关反贪污贿赂职能的充分发挥，促使全国各级检察机关专门反贪污贿赂机构相继成立；广东省人民检察院于1990年成立了全国唯一的涉港澳案件个案协查办公室，有效地解决了内地与港澳地区在个案协查中的法律冲突问题，使内地检察机关与港澳司法部门的合作更加密切，有力地打击了跨边境经济犯罪。在检察业务制度改革方面，广东检察机关首创自侦案件侦捕分开、侦诉分开的内部制约制度，强化了检察机关内部的监督制约，有助于及时发现和纠正自侦案件中的错误，提高了侦查水平，并发展成为全国检察机关的一项重要制度。在预防职务犯罪模式创新方面，茂名检察机关"以党委为领导、检察机关为主导，社会各界和人民群众为主体广泛参与"，创立了预防职务犯罪的"茂名模式"；江门检察机关运用系统论方法以规模效应整体推进优化预防效果，创立了预防职务犯罪的"江门模式"；深圳市检察院坚持"打防并举，标本兼治，重在治本"的方针，借鉴香港廉政公署的做法创立了预防职务犯罪的"深圳模式"。党的十八大以来，广东检察机关积极贯彻落实国家司法体制和监察体制改革的精神和要求，积极探索检察机关提起公益诉讼制度改革，集中摸排一批有价值的公益诉讼线索，高效办理一批公益诉讼诉前程序案件，优质起诉一批公益诉讼案件，为改革积累了丰富的实践样本素材，为建立完善公益诉讼法律制度提供了广东经验。① 根据最高人民法院、最高人民检察院、公安部、国家安全部、司法部发布的《关于在部分地区开展刑事案件认罪认罚从宽制度试点工作的办法》，积极推进认罪认罚从宽制度改革试点工作；根据国家监察体制改革的任务要求，及时完成反贪、反渎、预防部门及其人员的转隶工作等。与此同时，也在检察监督创新上实现突破，在 2011 年创建全国首个侦查活动监督平台的基础上，广东检察机关于 2014 年在全国率先建成全省覆盖、三级联网的"行政执法与刑事司法衔接"信息共享平台，推动传统监督模式向更加精准、高效、智能的监督模式转型，逐步强化了侦查监督工作；广东省人民检察院联合省扶贫办于 2016 年首创试行扶贫开发廉政监督员制度，创新职务犯罪检察监督机制，有力地配合和推动了预防扶贫领域职务犯罪的专项工作。

本章以下两节将分别立足审判制度改革与发展、检察制度改革与发展两个方面，回顾与解读改革开放以来广东司法改革与发展的 40 年历程，以期推动广东司法工作在党的十九大精神开局之年，以习近平新时代中国特色社会主义思想为指导，继往开来，深化司法体制改革，强化队伍建设，适应人民群众对公平正义的更高要求，增强司法公信力，提高人民满意度，助推法治广东进程，保障广东经济社会全面发展。

---

① 参见章宁旦《为公益诉讼改革提供广东经验》，http：//www.legaldaily.com.cn/index/content/2016-11/29/content_6895351.htm?node=20908，访问时间：2018 年 2 月 10 日。

第三章 公正司法与司法改革创新

第二节 审判制度改革与发展

一、审判组织改革与发展

改革开放以来，为回应广东经济社会发展给审判工作提出的新挑战，广东法院适时推动审判组织的改革和发展，全省各级审判机关不断完善，内设机构逐步建立健全，审判队伍也日益壮大。

（一）审判机关历史沿革与发展现状

1979年，全省共有法院126个，其中高级人民法院1个，中级人民法院11个，基层人民法院114个。1983年，按照全国改革地区体制、实行市管县体制的指示，广东开始拉开部分县撤县设市的序幕，省内各级法院的设置也随之发生变化。至1986年，全省共有法院144个，其中高级人民法院1个，中级人民法院14个，基层人民法院129个。1987年，广州铁路运输中级法院改由广东省高级人民法院实施监督。

自1988年起，全省撤县设市的进程进一步加快，全省各级法院设置也开始进入行政区划体制改革下的调整阶段。至1994年6月，全省共设21个省辖地级市，28个省辖县级市，50个县和42个市辖区。与此相适应，全省省辖地级市设立中级人民法院，省辖县级市、县和市辖区设立基层人民法院。

1998年以后，全省法院设置进入相对稳定的阶段。1999年，广州海事法院成为广东省直属管理的司法机关，其管理由交通部移交至广东省。至2000年，全省法院共157个，其中高级人民法院1个，中级人民法院21个，专门人民法院7个（包括广州海事法院、广州铁路运输中级法院及其下辖5个铁路基层法院），基层人民法院128个，人民法庭共设有675个。至2007年，全省共有法院154个，其中高级人民法院1个，中级人民法院21个，专门人民法院7个（包括广州海事法院、广州铁路运输中级法院及其下辖5个铁路基层法院），基层人民法院125个，人民法庭共设有385个。

2008年以来，有关专门人民法院管理和设置的改革进程进一步加快。2012年6月，广州铁路运输中级法院转制移交广东属地管理，铁路运输中级法院实现"人、财、物"的省级直管。2014年12月16日，根据《中共中央关于全面深化改革若干重大问题的决定》中"加强知识产权运用和保护，健全技术创新激励机制，探索建立知识产权法院"的精神，十二届全国人大常委会第十次会议表决通过了《关于在北京、上海、广州设立知识产权法院的决定》，广州知识产权法院正式挂牌成立。按照中央关于全面深化司法体制改革的要求，广州知识产权法院开始探索主审法官办案责任制、人员分类管理和职业保障等改革，并于2014年12月21日起开始受理案件。①

至2017年6月，全省法院总数为158个，其中高级人民法院1个，中级人民法院21个，专门人民法院8个（包括广州知识产权法院、广州海事法院、广州铁路运输中级法院及其下辖5个铁路基层法院），基层人民法院128个，人民法庭共设有410个。

（二）内设机构改革与发展

党的十一届三中全会以来，广东法院内设机构的改革与发展主要经历了四个阶段。期间，广东法院做出多项在全国具有开创意义的改革创新举措，为全国法院机构改革提供了有益的"广东经验"。

1. 第一阶段（1979—1983年）

党的十一届三中全会决定把党的工作重心转移到以经济建设为中心上来，拉开了我国经济改革的序幕，从而在客观上要求改变过往计划经济时期以行政手段进行经济管制的方式，转而强调借助经济和法律手段的运用来实现对经济活动的调整。在此背景下，通过完善内部经济审判机构，提高经济审判的质量，以实现司法审判对经济秩序的维护，成为广东法院审判业务机构改革的重中之重。在这一阶段，民事审判与经济审判作为两个相互独立的审判系统，分别设立了专门的审判业务机构。

1979年7月1日第五届全国人民代表大会第二次会议通过的《人民法院组织法》规定，高级人民法院应设刑事审判庭、民事审判庭、经济审判庭，根据需要可以设其他审判庭，但对于中级和基层人民法院，仅要求应设刑事审判庭和民事审判庭。据此，广东省高级人民法院于1979年8月正式成立经济审判庭。1981年，根据最高人民法院《关于人民法院经济审判庭收案范围、收案办法的初步意见》，省高院经济审判庭以审理经济纠纷案件、经济犯罪案件和涉外经济纠纷案件作为基本任务。1982年1月，按照最高人民法院通知要求，经济犯罪案件重新划归刑事审判庭审判。

1983年9月2日，第六届全国人民代表大会常务委员会第二次会议通过《关于修改〈中华人民共和国人民法院组织法〉的决定》，对有关中级和基层

---

① 参见"广州知识产权法院简介"，http：//www.gipc.gov.cn/showu/2_content.jsp? id = f18ef9d8a5244f1884e9f89897eb566b. 访问时间：2018年2月10日。

人民法院审判庭设置的规定做出修改,规定中级人民法院设刑事审判庭、民事审判庭、经济审判庭,根据需要可以设其他审判庭;基层人民法院可以设刑事审判庭、民事审判庭和经济审判庭。根据修改后的《人民法院组织法》,广东省有关人民法院的审判庭设置也做出相应调整,全省中级人民法院先后设立了经济审判庭并开始审理经济纠纷案件。

2. 第二阶段(1983—1999年)

1983年以后,我省在高级、中级两级法院内部基本完成刑事、民事、经济三大专门审判业务机构的设置,审判业务机构逐步完善。但与此同时,案件与审判需求的变化给法院内部机构改革提出了新挑战,要求它们逐步向专业化的方向发展。为此,自1986年以来的十多年间,广东法院就内部机构的专业化改革持续展开创新与尝试。

(1)各级人民法院行政审判庭的成立。根据1982年颁布的《民事诉讼法(试行)》,人民法院审理行政案件适用《民事诉讼法(试行)》的规定,行政案件的审判程序自此进入规范化和制度化轨道,但在机构设置上仍没有专司行政案件的审判业务机构。随着国家推进依法行政进程的加快以及行政领域诉讼案件的日益增多,最高人民法院于1986年将广东部分法院作为行政审判的试点单位。这一阶段,广东法院在广州、深圳、佛山等试点单位逐步展开专门行政审判机构设置的探索与尝试。1987年1月,广州、深圳、佛山、汕头四市中级人民法院和中山市人民法院先行设立行政审判庭。同年10月,省高级人民法院行政审判庭也宣告成立。广东法院行政审判机构改革由此全面铺开。1990年10月1日《行政诉讼法》正式实施后,广东三级人民法院均已实现行政审判机构的独立设置。

(2)各级人民法院立案庭的成立。20世纪80年代以来,法院实行从立案到审判均由各审判业务庭"包办"的起诉制度。在这一制度之下,人民法院内各审判业务庭对于分管案件的立案缺乏统一的标准,立案工作程序不透明,造成了诉讼收费混乱、依人情关系立案等不规范现象,"立案难"问题凸显,也易于滋生司法腐败。为推动案件起诉的科学管理,方便人民群众诉讼,充分发挥法院作为"守护公平正义的最后一道防线"之职能,深圳市中级人民法院通过参考借鉴西欧等国家和香港、台湾地区法院的经验,于1991年12月成立全国法院系统中第一个专门的立案机构——立案处。深圳市中级人民法院立案处遵循"简便、公开、统一、公正"的宗旨,实行"立审"分立,实现了立案标准、立案诉讼费及其管理的统一,既方便了人民群众提起诉讼,也减少了审判人员与当事人的庭外接触,使审判工作的运行更加合理、规范,并极大地提高了立案的效率。据统计,立案处成立以来,平均每件案件的立案时间仅

1.4 天，约有 30% 的案件是当天立案，杜绝了超期立案现象。①

1993 年，广东省高级人民法院在深圳市召开全省法院立案工作现场会，对深圳市中级人民法院建立统一立案机构的工作情况和经验作了总结，针对完善立案制度的措施进行了研讨，并要求全省法院在同年 6 月全部成立立案室。1994 年，深圳市各级人民法院实行"立执"分立，将诉讼案件、执行案件的立案权全部划归立案庭（原立案处）。1998 年 7 月 15 日，广东省高级人民法院发布《关于设立广东省高级人民法院立案室的通知》，决定设立省高院立案室，与省高院审判监督庭合署办公，主要负责省高院受理的刑事、民事、经济、行政、执行的第一审案件的立案工作，以及诉讼费用的收缴工作，并监督、指导下级人民法院的立案工作等。同年 8 月 18 日，广东省高级人民法院发布《关于尽快设立立案庭的通知》，要求全省中级和基层法院都要在法院机构改革中设立立案庭；要求机构改革已完成的法院积极向当地编委会反映，争取支持，以尽快设立立案庭。由此，全省各中级和基层法院陆续成立立案庭。经广东省机构编制委员会批准，广东省高级人民法院于 1999 年 11 月亦增设立案庭。最高人民法院对广东法院立案机构改革予以充分肯定，并将这一做法推广至全国，要求各地法院增设立案庭。

（3）省高级人民法院和部分中级人民法院知识产权审判庭的成立。这一阶段审判业务机构改革的主要特色是，推动了广东知识产权案件审判由"分庭审理"向"集中审理"转变。自 20 世纪 80 年代以来，广东法院开始陆续开展有关知识产权案件的审判工作，由基层人民法院的民事审判庭审理有关著作权纠纷案件，由中级人民法院经济审判庭审理有关专利权和商标权纠纷案件。进入 90 年代以来，以互联网为核心的信息技术推动了知识产权产业的快速发展，知识产权案件数量呈不断上涨趋势。为加强对知识产权的司法保护和应对日益繁重的知识产权案件审判，广东省高级人民法院开始对内部知识产权的审判力量进行重组，于 1994 年 1 月 18 日成立了专司知识产权审判工作的知识产权审判庭，这是全国首批成立专门知识产权审判庭的法院之一。此后，根据《最高人民法院关于进一步加强知识产权司法保护的通知》提出的"知识产权案件较多的大中城市的中级人民法院及高级人民法院，具备条件的，可以设立知识产权审判庭，集中审理知识产权案件"之动议，广东部分中级人民法院也陆续展开知识产权审判机构改革，广州、深圳、珠海、汕头、佛山等知识产权案件较多的市中级人民法院相继设立知识产权审判庭。

---

① 葛洪义主编：《广东法制建设的探索与创新（1978—2008）》，华南理工大学出版社 2009 年版，第 84 页。

(4) 深圳法院经济审判业务机构的创新。一是1987年成立全国首个经济纠纷调解中心。20世纪80年代以来，广东经济的高速增长也伴随大量经济纠纷的产生，并呈逐年增长之势。经济审判工作的日益繁重导致广东法院经济纠纷案件积案多，审判效率低，难以与市场经济的建设和发展相适应。广东法院经过深入调查与研究，从审判机构与审判方式改革入手，努力探索适应快速调处经济纠纷案件的路径。1987年，全国首个经济纠纷调解中心在深圳市中级人民法院成立。经济纠纷调解中心以"快速结案，及时服务"为宗旨，以"自愿、公正、合法、高效"为原则，简化程序，迅速结案，以期通过"以快制快"，提高审理经济纠纷案件的效率。深圳市中级人民法院经济纠纷调解中心成立以后，有效处理了大量经济纠纷案件。这些案件不仅有法律关系相对简单、标的额较小的国内案件，也有法律关系复杂、标的额较大的涉外案件。例如，一件标的额达5300多万元的大案仅5天就审结，一件涉及9个诉讼主体的案件经合并审理只3天就分别达成调解协议。① 广东省高级人民法院专门召开"深圳市中级人民法院经济纠纷调解中心现场会"向全省推广经验，最高人民法院在第十五次全国法院工作会议上对这一改革举措给予肯定，并推广至全国。全国25个省市的多家法院先后来深学习经验。② 尽管为规范经济审判机构的设置，全省法院经济纠纷调解中心于1997年宣告撤销，但经济纠纷调解中心的成立无疑契合了市场经济建立初期经济纠纷及其化解的特点，符合广东改革开放的客观需求，也推动了司法审判服务社会主义市场经济的实践。

二是1988年成立全国首个专门审理涉外、涉港澳台经济纠纷案件的经济审判庭。广东地处改革开放前沿，毗邻港澳，对外贸易和技术交流合作活动开展频繁，通过引进外资设立的"三资"企业、"三来一补"企业发展活跃，由此也产生了大量涉外、涉港澳台的经济纠纷案件。据统计，广东法院此前每年受理此类案件的数量约占全国法院同类案件总数的三分之一。③ 这些涉外、涉港澳台案件不仅数量巨大，而且性质特殊，政治敏感性强，法律关系和适用性也相对复杂，对审判的专业性提出更高的要求。为有效化解涉外经济纠纷，充分行使我国法院对涉外经济案件的管辖权，以适应对外开放对于司法审判的要求，深圳市中级人民法院于1988年成立全国首个专司涉外、涉港澳台经济纠

---

① 参见葛洪义主编《广东法制建设的探索与创新（1978—2008）》，华南理工大学出版社2009年版，第83页。

② 参见《深圳法院的司法改革（1982—2015）》，http://www.szcourt.gov.cn/sfgg/spzx/2016/03/30114425484.html，访问时间：2018年2月10日。

③ 参见葛洪义主编《广东法制建设的探索与创新（1978—2008）》，华南大学理工出版社2009年版，第84页。

纷案件的业务庭——经济审判第二庭。该庭突出涉外案件审判的专业性，以公平、公正、公开的原则给予当事人平等的保护，以司法力量推动塑造良好的营商环境，彰显了深圳经济特区发展的国际化特色。

三是1989年成立全国首个房地产审判庭。1987年4月，国务院提出土地使用权可以有偿转让。同年9月，深圳率先试行土地使用权有偿出让，将5000多平方米的土地使用权予以出让，限期50年，由此拉开国有土地使用制度改革的序幕，也加快了房屋商品化改革的进程。在这一背景下，房地产业开始形成并迅速发展壮大，由房地产业引发的各类土地开发、经营纠纷案件，建筑工程纠纷案件，商品房销售、转让纠纷案件以及住宅物业管理纠纷案件不断涌现，案件受理总数连年攀升。房地产案件法律关系复杂、标的额大、政策性强，且常常以系列案件的形式出现，仅依靠经济审判庭进行审理难以负担如此庞大的案件总量。为做出有效应对，深圳市中级人民法院于1989年1月成立了全国首个房地产审判庭，推动了司法审判与房地产市场发展相适应，为促进房地产业发展、深化土地和住房改革，提供了有力的司法保障。

四是1993年成立全国首个破产审判庭。我国计划经济向市场经济的转轨，在推动资源合理配置的同时，也引发了市场主体因优胜劣汰退出市场的问题。为此，不仅要依法解决市场主体的"入市"问题，还要依法规范市场主体的"退市"问题。而如何通过司法审判形成科学合理的市场主体退出机制，则成为依法规范市场主体"退市"的重要一环，这也是进一步深化市场经济体制改革和推进市场主体监管制度革新的客观需要。随着破产案件的日渐增多，深圳开始积极探索建立破产法律制度，并尝试通过改革破产审判体制机制，进一步规范市场主体的"退市"行为。1993年11月10日，深圳市第一届人民代表大会常务委员会第十九次会议通过《深圳经济特区企业破产条例》。同年12月，深圳市中级人民法院成立了全国首个破产审判庭，开创了破产审判机构专业化的先河，为此后广东法院的破产审判改革创新提供了有益参考。

五是1994年成立小额钱债法庭。随着市场经济活动的发展，各类财产纠纷也频繁出现。从涉及的标的额来看，这些财产纠纷不乏标的额较小的小额钱债纠纷。据统计，从1993年5月至1994年4月的一年中，深圳福田区法院受理的标的额在10万元以下的民事案件和经济纠纷案件总共有451件，占同期受理的民事案件和经济纠纷案件总数的43%，而且这个比例还呈现出上升的趋势。① 为适应小额钱债纠纷案件的特点，提高法院审判资源的利用效率，减

---

① 参见《小额钱债法庭曾经火了一把》，http://s.yingle.com/w/jj/160852.html，访问时间：2018年2月10日。

轻当事人的诉累,广东省于1993年发布《关于加快建立社会主义市场经济体制若干问题的实施意见》,提出"法院要借鉴国外经验逐步设立小额钱债法庭,专门审理标的较小的案件"。按照《意见》要求,广东省高级人民法院指定广州、深圳、汕头等地选择一两个区法院展开小额钱债法庭试工作点。1994年8月16日,深圳市首个小额钱债法庭在福田区人民法院成立,负责审理事实清楚、权利义务关系明确、责任分明、争执不大、双方当事人均能到庭、标的额10万元以下的小额钱债纠纷案件。这一审判机构改革适应了特区市场经济发展的需求,受到了社会好评和上级法院的肯定。

3. **第三阶段(1999—2008年)**

1999年10月至2008年期间,正值最高人民法院颁布的《人民法院五年改革纲要(1999—2003)》《人民法院第二个五年改革纲要(2004—2008)》施行。对于审判机构改革,《"一五"改革纲要》提出"科学设置法院内设机构",要求"进一步明确审判部门的职责范围和分工,改变目前职能交叉、分工不明的状况";《"二五"改革纲要》提出"改革和完善审判组织和审判机构,实现审与判的有机统一"。围绕两个改革纲要的要求,广东法院主要就民事和刑事审判业务机构的设置和分工展开调整,推动了审判机构对应三大诉讼类别得以进一步完善。

(1)大民事审判格局下的审判机构改革。随着社会主义市场经济的发展和民商事立法的推进,民事审判的范围得到较大程度的扩展,已不再限于一般财产关系和婚姻家庭关系纠纷,案件管辖范围不仅涵盖劳动、交通、知识产权、海事海商等多个方面,还涉及金融、保险、房地产、信息技术等新兴产业。与之相适应,广东法院的经济审判回归民事审判,原经济审判庭改称民事审判第二庭,于2002年建立起"大民事审判格局"。

对应"大民事审判格局"的特点和需求,广东法院民事各审判庭分工如下:民事审判第一庭专门审理家庭、婚姻、人身权利和房地产纠纷案件;民事审判第二庭专门审理法人之间、法人与其他经济组织之间的各类合同及侵权纠纷案件;民事审判第三庭专门审理著作权、商标权、专利权、技术合同等知识产权纠纷案件;民事审判第四庭专门审理海事海商案件及涉外、涉港澳台商事案件。

(2)省高院各刑事审判庭职责分工的调整。1997年《刑法》将1979年《刑法》分则规定的犯罪类型做出较大修改:一是将"反革命罪""破坏社会主义经济秩序罪"分别修改为"危害国家安全罪""破坏社会主义市场经济秩序罪";二是删除了"妨害婚姻、家庭罪"这一犯罪类型,并将有关罪名归入"侵犯公民人身权利、民主权利罪"中;三是新增"危害国防利益罪""贪污贿赂罪""军人违反职责罪",使《刑法》分则规定的犯罪类型增至 10 种。据此,广东省高级人民法院于 1998 年即对其内部两个刑事审判庭的分工进行了《刑法》修改以来的首次调整。

2002 年 11 月 7 日,广东省高级人民法院发布《关于本院刑一、刑二庭案件管辖分工的通知》,再次对两个刑事审判庭重新做出分工:刑一庭负责《刑法》分则第一章(危害国家安全罪)、第二章(危害公共安全罪)、第四章(侵犯公民人身权利、民主权利罪)、第六章(妨害社会管理秩序罪)、第七章(危害国防利益罪)刑事案件的一审、二审、复核以及减刑、假释案件的审理;刑二庭负责《刑法》分则第三章(破坏社会主义市场经济秩序罪)、第五章(侵犯财产罪)、第八章(贪污贿赂罪)、第九章(渎职罪)的一审、二审以及复核审理。

此后,广东省高级人民法院刑事审判庭增至 4 个。2006 年,广东省高级人民法院发布《关于四个刑事审判庭职责分工的通知》,规定刑二庭负责审理《刑法》分则第一、三、八、九章规定的四种犯罪类型案件以及审理涉外、涉港澳台、涉侨、涉邪教犯罪案件;刑一、三、四庭负责审理《刑法》分则第二、四、五、六、七章规定的犯罪类型案件(各章中涉外、涉港澳台、涉侨、涉邪教犯罪案件除外)。其中,刑一庭管辖广州、佛山、韶关、清远、肇庆、云浮的案件,刑三庭管辖深圳、珠海、惠州、汕尾、揭阳、汕头、潮州、河源、梅州的案件,刑四庭管辖东莞、中山、江门、阳江、茂名、湛江、铁路的案件。2007 年 8 月 27 日,广东省高级人民法院发布《刑事审判工作内部管理规程(试行)》,也将以上分工和管辖的规定纳入《规程》之中,使得有关职责分工的调整得以稳定下来。

4. **第四阶段(2008 年—)**

2008 年以后,广东法院按照《人民法院第三个五年改革纲要(2009—2013)》《人民法院第四个五年改革纲要(2014—2018)》的部署安排,以党的十八大、十九大精神为指引,不断适应社会发展的新形势,持续推动改革创新,法院内设机构进一步建立健全。至 2017 年 6 月,广东省高级人民法院设立案庭、刑事审判第一庭、刑事审判第二庭、刑事审判第三庭、刑事审判第四庭、民事审判第一庭、民事审判第二庭、民事审判第三庭(知识产权审判庭)、民事审判第四庭、环境资源审判庭、破产审判庭(执行裁判庭)、行政审判庭(赔偿委员会办公室)、审判监督第一庭、审判监督第二庭、执行局等机构。广州、深圳市中级人民法院的审判机构原则上与省高级人民法院审判机构相对应,其他中级人民法院、专门人民法院和基层人民法院根据实际情况依法设置审判机构。其中,广东省高级人法院破产审判庭的成立以及有关法院环境资源审判庭、少年家事审判庭等的成立,是新一轮司法改革中广东法院在审判机构专业化方面实现的重要突破。

(1) 全国首个高级法院破产审判庭的成立。长期以来,广东法院在建立健全破产退出体制机制和推动破产审判专业化方面一直走在全国前列。尤其是深圳市中级人民法院于1993年12月成立全国首个破产审判庭以来,更是展开了一系列的探索,打造出破产审判的"深圳模式",为广东法院破产审判及其机构改革积累了有益经验。

2016年8月8日,全国首个高级人民法院破产审判庭在广东省高级人民法院挂牌成立。破产审判庭的设立,是对党的十八届五中全会提出的"更加注重运用市场机制、经济手段、法治办法化解产能过剩,加大政策引导力度,完善企业退出机制"的积极回应,有利于发挥法院作为治疗"僵尸企业"的"医院"功能,针对不同情况的企业重整或清算,使具有一定条件的企业摆脱困境,发展创新,使没有市场发展前景的企业和过剩产能依法有序退出市场,从而为"僵尸企业"通过破产程序规模化退出市场提供司法保障。

广东省高级人民法院破产审判庭主要职能包括:审理企业破产案件、企业强制清算案件;依法处理企业破产案件、企业强制清算案件的善后事宜及不同法院之间的协调工作;负责破产管理人的管理和培训工作;审理执行诉讼案件,与实体权利有关的执行异议、执行复议等;对相关审判工作的调研以及对下级法院审理相关案件的监督指导;协调指导全省法院开展执行转破产工作;协调配合省委、省政府做好处置"僵尸企业"、供给侧结构性改革的司法保障工作。①

(2) 广东首个少年家事审判庭的成立。近年来,随着经济社会的发展,家事案件不断涌现并表现出新的特点。由于家事案件不仅涉及婚姻等家庭伦理关系,还可能牵涉未成年人的抚养、成长等问题,关乎未成年人的身心健康,因此,如何及时发现并妥善处理家事案件中可能影响未成年人健康成长的家庭因素,使家事案件审理能够有效保障未成年人的合法权益,成为家事审判改革的重点之一。根据广州市中级人民法院受理案件的情况统计,近几年由于社会治安的好转和少年司法工作的完善,少年刑事案件数逐年下降,但民事案件审理超过7000件,其中家事案件2013年598件、2014年781件、2015年723件。

广州市中级人民法院作为全国第一批未成年人案件综合审判试点法院之

---

① 参见尚黎阳《广东成立全国首个高院破产审判庭》,载《南方都市报》2016年8月9日,第A05版。

一,成立少年审判庭已超过9年时间,积累了丰富的少年司法审判经验,形成了少年司法保护的先进理念。自2016年1月1日将家事案件整体划归少年审判庭审理以来,截至2016年11月共受理各类案件1125件,同比增长65.44%;审结833件,同比增长45.63%;法官人均结案100.5件,同比增长58.27%;减刑假释案件908件,全部审结。为此,结合深化家事审判改革的需要,广州市中级人民法院于2016年12月21日将"少年审判庭"更名为"少年家事审判庭"并举行揭牌仪式,成立全省首个少年家事审判庭,从而将家事案件从民事案件中剥离,纳入少年家事审判庭统一进行审理。目前,少年家事审判庭的主要职责包括:①审理国内一、二审未成年被告人的刑事案件以及被害人为未成年人的二审刑事案件;②审理国内一、二审婚姻家庭、继承纠纷案件;③审理国内一、二审侵权人或者直接被侵权人是未成年人的纠纷案件;④审理婚姻自主权纠纷、监护人责任纠纷、监护人特别程序的案件;⑤审理申请承认外国法院离婚判决和认可港澳台地区法院民事判决的案件;⑥审理未成年罪犯的减刑、假释案件;⑦审理最高人民法院和省高级人民法院指定的其他区域的未成年人的案件;⑧审批基层法院上述案件延长审限的申请;⑨指导基层法院对于上述案件的审理工作和开展青少年法制教育、参与社会管理综合治理等工作。①

少年家事审判庭的成立,推动了未成年人案件与家事案件一体化、专业化审判模式的形成,有助于将预防未成年人违法犯罪和全面维护未成年人合法权益结合起来,从而为司法维护婚姻家庭关系稳定和保障未成年人健康成长提供保障。

(3)环境资源审判庭的成立。长期以来实行粗放型经济发展模式,导致我国在取得经济增长的同时,也埋下了较大的环境隐患。随着我国社会的发展与人口的剧增,这些环境隐患逐渐暴露出来。环境污染日益严重引发了社会公众对环境资源问题的关注,也造成了环境资源类案件的多发。2014年6月23日,最高人民法院发布《关于全面加强环境资源审判工作为推进生态文明建设提供有力司法保障的意见》,提出"高级人民法院要按照审判专业化的思路,理顺机构职能,合理分配审判资源,设立环境资源专门审判机构。中级人民法院应当在高级人民法院的统筹指导下,根据环境资源审判业务量,合理设立环境资源审判机构,案件数量不足的地方,可以设立环境资源合议庭。个别案件较多的基层人民法院经高级人民法院批准,也可以考虑设立环境资源审判

---

① 参见郭学敬、甘尚钊《广州中院少年家事审判庭正式挂牌》,http://www.sohu.com/a/122285558_394937,访问时间:2018年2月10日。

机构"。至 2014 年底,全国有 15 个高级人民法院、62 个中级人民法院和 291 个基层人民法院成立了专门的环境资源审判机构。

从环境资源类案件的数量来看,广东省亦属于环境资源类案件的多发地区。据统计,2012 年至 2014 年,广东平均每年新收涉环境资源案件约 3200 宗,同已在高级人民法院设立环境资源审判机构的省份相比,略高于福建(2800 宗),远高于江苏、贵州、云南等省。① 尤其是 2013 年以来,广东法院共受理环境资源类民事案件 4355 宗、刑事案件 2032 宗、行政案件(包括非诉执行案件)4109 宗,共计 10496 宗。全省每年新收案件 3300 宗左右,虽然在各类诉讼案件中比重较小,但从全国此类案件收案情况看,已算"大户"。② 同时,《广东省环境保护条例》第 19 条规定:"建立与行政区划适当分离的环境资源案件管辖制度,设立跨行政区划环境资源审判机构,审理跨行政区划环境污染案件。"为此,广东省高级人民法院在省十二届人大常委会第十九次会议上提交了《关于我省法院设立环境资源审判专门机构的报告》。该报告提出,拟在不增加机构职数和人员编制的前提下,在原立案二庭基础上更名,调配整合审判人才,集中专业化审理环境资源纠纷民事案件,包括第一、二审涉及大气、水、土壤等自然环境污染侵权纠纷民事案件,涉及地质矿产资源保护、开发有关权属争议纠纷民事案件,涉及森林、草原、内河、湖泊、滩涂、湿地等自然资源环境保护、开发、利用等环境资源民事纠纷案件等。此外,还拟划分珠三角、粤北、粤西、粤东四个生态区域板块,并指定广州、清远、茂名、潮州四个中级法院根据本地实际情况设立环境资源审判庭或合议庭,分别指定一个基层法院集中管辖相应片区的环境类纠纷。海水、通海水域污染损害责任纠纷由广州海事法院集中管辖。③ 2015 年 11 月 30 日,广东省编办正式批复同意广东省高级人民法院将原立案二庭更名为环境资源审判庭。2016 年 1 月,广东省高级人民法院环境资源审判庭正式成立,配备法官 18 人、法官助理 10 人和书记员 6 人。其主要职责是对接最高人民法院环境资源审判庭,对下级人民法院环境资源审判进行集中指导,以及负责有关对外沟通、协调事项等。

此后,为配合环境公益诉讼的开展,进一步推动全省环境资源类案件审判

---

① 黄丽娜:《广东法院或将设立专门的环境资源审判机构》,http://news.southcn.com/g/2015-08/01/content_129741572.htm,访问时间:2018 年 2 月 10 日。

② 参见《广东高级人民法院成立环境资源庭》,http://www.gdep.gov.cn/zwxx_1/201601/t20160126_209086.html,访问时间:2018 年 2 月 10 日。

③ 参见《广东省人大常委会审议省高院报告》,http://www.npc.gov.cn/npc/xinwen/dfrd/guangdong/2015-07/30/content_1942120.htm,访问时间:2018 年 2 月 10 日。

的专业化，广东部分中级和基层人民法院亦先后成立环境资源审判庭。2016年11月30日，全省首个中级法院专门环境资源审判机构——茂名市中级人民法院环境资源审判庭挂牌成立，负责集中管辖粤西（茂名、阳江、湛江）地区的环境民事公益诉讼一审案件、以及属中级法院管辖的跨地级市区域环境民事私益诉讼一审案件和当事人上诉的跨地级市区域环境私益诉讼二审案件。2012年12月30日，广州市中级人民法院和广州市白云区人民法院环境资源审判庭同日揭牌。广州市中级人民法院环境资源审判庭由其原知识产权庭"转型"而来，负责集中管辖珠三角（广州、深圳、珠海、佛山、东莞、中山、惠州、江门、肇庆、河源）地区的环境民事公益诉讼一审案件，属中级法院管辖的跨地级市区域环境民事私益诉讼一审案件和当事人上诉的跨地级市区域环境私益诉讼二审案件；白云区人民法院环境资源审判庭负责管辖本地区环境民事私益诉讼一审案件和集中管辖珠三角（广州、深圳、珠海、佛山、东莞、中山、惠州、江门、肇庆、河源）的跨地级市区域环境民事私益诉讼一审案件。

环境资源审判庭的成立是广东法院推进环境资源审判机构改革的重要举措，有助于提高广东环境资源审判专业化水平，充分发挥人民法院环境资源审判职能，从而为广东省落实"绿色发展"理念，推进生态文明建设提供有力的司法保障。

（三）审判队伍建设和发展

广东经济社会的不断发展和审判任务的日益繁重，要求广东法院必须加强审判队伍建设。自1979年以来，广东法院编制逐年扩增，人员队伍不断充实。随着《人民法院组织法》和《法官法》的制定与修改，对法官的任职条件提出了更高要求。鉴于此，广东法院高度重视法官素质能力建设，积极提升审判人员和其他人员素质。

1. 法院编制与人员配备

1954年和1979年《人民法院组织法》均规定各级人民法院设院长、副院长、庭长、副庭长、审判员等审判人员和书记员、执行员、法医、司法警察等其他人员。广东法院依此规定配备人员。1979年，广东省委组织部决定给全省法院增调2247名干部（其中包括200名律师）。此后，由于案件数量持续上涨，为应对繁重的审判任务，广东法院的编制和人员逐年增加，至1982年，全省法院共有7525人。1984年，中共中央政法委、组织部、国家劳动人事部、财政部联合发布《关于检察、法院、公安、司法行政和国家安全部门1985年编制控制数和经费等问题的联合通知》，确定广东省各级人民法院到

1985年底的编制控制数为10770人。至1987年底,全省法院实有人数为11040人。1988年以来,广东审判机关改革和审判工作的发展推动了法院编制及其人员的增加。进入90年代,全省法院干警增至11796人。至1999年,全省法院干警总数16265人。2000年以来,广东法院人员配备的数量连年递增。至2008年底,全省法院共有在编干警18514名,其中具有助理审判员、审判员资格的法官10090名。此后近10年时间里,广东法院人员队伍进一步发展壮大,至2017年6月,全省法院在编干警总数达到20155人。

2. 法官的任职资格及其任免制度

(1)法官的任职资格。1979年《人民法院组织法》规定,有选举权和被选举权的年满23岁的公民均有资格担任法官。1983年修订的《人民法院组织法》,增加了人民法院的审判人员必须具有法律专业知识的规定。1995年2月28日,第八届全国人民代表大会常务委员会第十二次会议通过《中华人民共和国法官法》(以下简称《法官法》),专设"法官的条件"一章。其中,第9条第6项规定:"高等院校法律专业毕业或者高等院校非法律专业毕业具有法律专业知识,工作满二年的;或者获得法律专业学士学位,工作满一年的;获得法律专业硕士学位、法律专业博士学位的,可以不受上述工作年限的限制。"2001年6月30日,第九届全国人民代表大会常务委员会第二十二次会议通过《关于修改〈中华人民共和国法官法〉的决定》,将法官的学历条件修改为"高等院校法律专业本科毕业或者高等院校非法律专业本科毕业具有法律专业知识,从事法律工作满二年,其中担任高级人民法院、最高人民法院法官,应当从事法律工作满三年;获得法律专业硕士学位、博士学位或者非法律专业硕士学位、博士学位具有法律专业知识,从事法律工作满一年,其中担任高级人民法院、最高人民法院法官,应当从事法律工作满二年",从而将非法律专业的法官学历要求从专科提高到本科。2017年9月1日,根据第十二届全国人民代表大会常务委员会第二十九次会议《关于修改〈中华人民共和国法官法〉等八部法律的决定》,对《法官法》做出第二次修正。根据第二次修正后的《法官法》规定,担任法官必须具备下列条件:"(一)具有中华人民共和国国籍;(二)年满二十三岁;(三)拥护中华人民共和国宪法;(四)有良好的政治、业务素质和良好的品行;(五)身体健康;(六)高等院校法律专业本科毕业或者高等院校非法律专业本科毕业具有法律专业知识,从事法律工作满二年,其中担任高级人民法院、最高人民法院法官,应当从事法律工作满三年;获得法律专业硕士学位、博士学位或者非法律专业硕士学位、博士学位具有法律专业知识,从事法律工作满一年,其中担任高级人民法院、最高人民法院法官,应当从事法律工作满二年。"此外,初任法官采用考试、考核的办法,按照德才兼备的标准,从通过国家统一法律职业资格考试取得法律职业资格并且具备法官条件的人员中择优提出人选。

(2) 任免。根据1979年《人民法院组织法》规定,有选举权和被选举权的年满23岁的公民,可以被选举为人民法院院长,或者被任命为副院长、庭长、副庭长、审判员和助理审判员,但是被剥夺过政治权利的人除外;地方各级人民法院院长由地方各级人民代表大会选举,副院长、庭长、副庭长和审判员由地方各级人民代表大会常务委员会任免;在省内按地区设立的和在直辖市内设立的中级人民法院院长,由省、直辖市人民代表大会选举,副院长、庭长、副庭长和审判员由省、直辖市人民代表大会常务委员会任免;在民族自治地方设立的地方各级人民法院的院长,由民族自治地方各级人民代表大会选举,副院长、庭长、副庭长和审判员由民族自治地方各级人民代表大会常务委员会任免;各级人民法院按照需要可以设助理审判员,由司法行政机关任免。

1982年广东省高级人民法院、广东省司法厅根据最高人民法院和司法部关于司法厅局主管的部分任免权限移交高级人民法院主管的决定,从1982年9月25日起,原由广东省司法厅任免的高级人民法院助理审判员,改由省高级人民法院任免。1983年9月,全国人民代表大会常务委员会关于修改《中华人民共和国人民法院组织法》的决定,将各级人民法院的助理审判员,改由本级人民法院任免。①

自从1995年《法官法》颁布施行后,全省法官任免按照《法官法》"任免"一章的规定进行。根据2017年修改后的《法官法》规定,地方各级人民法院院长由地方各级人民代表大会选举和罢免,副院长、审判委员会委员、庭长、副庭长和审判员由本院院长提请本级人民代表大会常务委员会任免;在省、自治区内按地区设立的和在直辖市内设立的中级人民法院院长,由省、自治区、直辖市人民代表大会常务委员会根据主任会议的提名决定任免,副院长、审判委员会委员、庭长、副庭长和审判员由高级人民法院院长提请省、自治区、直辖市的人民代表大会常务委员会任免;在民族自治地方设立的地方各级人民法院院长,由民族自治地方各级人民代表大会选举和罢免,副院长、审判委员会委员、庭长、副庭长和审判员由本院院长提请本级人民代表大会常务委员会任免;人民法院的助理审判员由本院院长任免;专门人民法院院长、副院长、审判委员会委员、庭长、副庭长和审判员的任免办法,由全国人民代表大会常务委员会另行规定。同时,法官有下列情形之一的,应当依法提请免除

---

① 广东省志库:《审判志》,http://www.gd-info.gov.cn/books/dtree/showSJBookContent.jsp?bookId=10701&partId=200&artId=48777,访问时间:2018年2月10日。

其职务:"(一)丧失中华人民共和国国籍的;(二)调出本法院的;(三)职务变动不需要保留原职务的;(四)经考核确定为不称职的;(五)因健康原因长期不能履行职务的;(六)退休的;(七)辞职或者被辞退的;(八)因违纪、违法犯罪不能继续任职的。"

3. 法官素质能力建设

(1)政治思想和职业道德建设。政治思想和职业道德素质是法官素质的重要组成部分,正确的政治思想和良好的职业道德对于确保司法公正、树立司法权威和构建良好司法生态具有重要意义。广东法院历来重视政治思想和职业道德建设。2001年最高人民法院发布《法官职业道德基本准则》以来,广东法院围绕该准则要求,根据实际情况全面开展政治思想和职业道德教育,切实提高了法官的政治思想和职业道德水平。①把握正确的政治方向,树立正确的思想观念。广东法院牢牢坚持党对各项工作的领导,确立"公正、求实、创新、献身"的法官精神,巩固"公正司法、一心为民"的思想观念。近年来,广东法院积极贯彻落实党的十八大、十九大精神,用"三严三实"筑牢法官思想防线,引导全体法官牢固树立"四个意识",并要求他们紧紧围绕"努力让人民群众在每一个司法案件中感受到公平正义"的目标,坚定法治信仰,忠诚司法事业,公正审理案件,从对社会公平正义的维护和实现出发,努力践行社会主义核心价值观。②加强职业道德教育,发挥先进人物的示范作用。广东法院以集中上课、学习辅导、组织讨论等多种形式进行有关党规党纪及最高人民法院规定的专题学习教育;通过参观红色基地、举办征文演讲比赛、开展实地调研等活动,巩固职业道德教育的成果;通过举办先进人物事迹报告会,深入开展向郑培民、任长霞、蒋庆、宋鱼水等先进人物的学习活动,树立爱岗敬业、公正司法、勤政廉政、司法为民典型,充分发挥先进人物的示范作用。③落实整改措施,严肃审判纪律。广东法院就人民群众反映强烈的实体公正、程序公正、形象公正、纪律作风等问题,从公正、高效、廉洁、文明、务实五个方面对法官职业道德的履行展开检查,发现问题及时整改,坚持边整边改原则,有效推进各项整改措施。坚持从严治院、从严治警,严格执行最高人民法院下发的《法官行为规范》,对违法违纪人员依法依规进行处理。省高级人民法院编制《违法违纪典型案例汇编》并下发各级法院组织学习,从而严肃审判纪律,提升审判队伍的凝聚力和战斗力。

政治思想与职业道德建设的有效推进,使得广东法院涌现出一大批优秀个人和集体。其中,深圳市中级人民法院刑二庭副处级审判员、国家一级法官陈麟基以身殉职,被最高人民法院追授"全国法院模范""人民的好法官"荣誉称号,其传记电影《生死界线》在全国引起重大反响;佛山市中级人民法院民一庭庭长黄学军先后获得"广东省人民满意的好法官""全国三八红旗手""广东优秀共产党员""全国模范法官""中国法官十杰""2006年度十大法治人物"等荣誉称号,成为全国法院系统的典型;省法院刑三庭审判长陈光昶先后获得"广东省优秀共产党员""全国模范法官""全国五一劳动奖章""2013年度中国十大法治人物"等荣誉称号;东莞市法院东城法庭被评为"2004中国十佳法庭";湛江市徐闻县人民法院于2011年荣立集体一等功,2012年被评为全国创先争优先进基层党组织,2013年被最高人民法院授予"全国模范法院"荣誉称号。以上个人和集体树立了广东法院的良好形象,在全国法院系统产生了积极的影响。

(2)司法能力建设。司法能力是指法官在司法活动中应当具有的认识、了解、分析、解决或确认与法律关系密切的事实纠纷的基本素质和基本能力,集中表现为法官运用法律解决和处理各种案件的能力,而法官的群体司法能力的综合反映则构成了法院的司法能力。① 司法能力水平对案件审理的质量具有直接影响,是司法审判能否实现公平的重要因素。长期以来,广东法院注重法官司法能力建设,积极开展各类业务培训、交流和学历教育等活动,注重培养和提高法官的司法能力。

在业务培训方面,从1994年法官培训中心成立至2000年,省法官培训中心和各中级人民法院培训中心共开办基层法院院长,人民法庭庭长,刑事、民事、经济、行政、立案、执行、审监等各类审判业务以及政工、法警、档案等各种业务培训班近百期,培训干部近万人(次),培训对象覆盖了从高级法院到基层法院人民法庭各个层次的工作人员。② 2000年11月11日,经广东省教育厅批准,在原法官培训中心和全国法院干部业余法律大学广东分校的基础上成立广东法官(培训)学院。2003年10月,经最高人民法院和国家法官学院批复同意,成立国家法官学院广东分院。广东分院自成立以来,完成了各种类型的法官教育培训任务,每年主办或者协办的培训班人数都在3500人以上,其中预备法官培训班人数每年都在700人以上。③ 近年来,广东法院在全国首创法官网络学院,以信息化手段推动法官教育培训。同时,通过举办"法官定制式培训""广东法官讲堂"等活动,创新法官教育培训形式。

除业务培训以外,广东法院还通过业务交流积极探索法官专业化和精英化

---

① 弓建明:《浅议加强法院司法能力建设》,载《江南论坛》2006年第7期。
② 广东省依法治省工作领导小组办公室编:《广东法治建设30年》,广东人民出版社2008年版,第71页。
③ 参见"国家法官学院广东分院简介",http://njc.chinacourt.org/article/detail/2012/06/id/1473309.shtml,访问时间:2018年2月10日。

的培养路径。在国内交流方面,一是建立健全法院系统内部交流制度,如通过实行发达地区与欠发达地区法院间法官队伍的交流培训制度、干部定期轮岗交流制度、上下级法院间法官的双向挂职锻炼制度,优化队伍综合素质,提高队伍司法能力;① 二是完善系统外的交流制度,通过推动法院与高校等单位的交流,促使法官素质的全面提高。在国外交流方面,广东法院通过选派人员前往有关国家(地区)与法院同行展开交流,拓展法官的国际化视野,积极借鉴吸收国外审判工作的有益做法。

在学历教育方面,从1985年到2000年的16年间,全国法院干部业余法律大学广东分校及各分部共培训大专学历生4640人,(审判)专业证书生5580人。全省法院中大专以上学历人员所占的比例从1985年的7%上升至2000年的75.5%。② 近十多年来,广东法院严把新进审判人员"入口"关,无论是直接分配的应届毕业生,还是面向社会公开招聘的人才,均要求至少具有本科以上学历。同时,多年来还在全国范围内调入一批法律专业人才,充实了审判力量,改善了法官队伍结构,同时积极支持在职人员参加"专升本"教育,鼓励和支持法官攻读硕士、博士研究生。③ 如在2007年,广东法院曾组织全省85名干警报考法律硕士。④ 特别是实行法官员额制以后,广东法院干警学历水平有了更为明显的提升。以广州市、区两级法院首批员额法官为例,硕士以上学历的法官人数占比为38%。⑤

(3)党风廉政建设。司法廉洁事关公正司法的落实和司法公信力的提高,广东法院高度重视法官队伍的廉洁性,采取一系列有效措施推进党风廉政建设。1989年10月,经广东省编委同意,省高级人民法院增设监察室作为法院内部专门监察机构,与纪检组合署办公。实现监察机构专门化以后,以省高级人民法院为首的各级法院开始推动党风廉政规范建设,努力完善自我监督的规范体系。各级法院依据《广东省高级人民法院工作规范》,制定并实施本院的工作规范,加强对审判工作的监督。以此为基础,广东法院在最近十多年以来着手构建教育、制度、监督三位一体的惩防体系,坚持事前、事中、事后相结

---

① 参见广东省高级人民法院编《广东法院年鉴(2009)》,广东人民出版社2008年版,第42页。
② 广东省依法治省工作领导小组办公室编:《广东法治建设30年》,广东人民出版社2008年版,第71页。
③ 参见葛洪义主编《广东法制建设的探索与创新(1978—2008)》,华南理工大学出版社2009年版,第86页。
④ 参见广东省高级人民法院编《广东法院年鉴(2007)》,广东人民出版社2008年版,第41页。
⑤ 参见刘冠南《广州首批1069名员额法官集体宣誓 近4成是硕士学历》,http://news.southcn.com/gd/content/2016-09/30/content_156796957.htm,访问时间:2018年2月10日。

合的全程廉政监督和坚持加强经常性廉政监督，确保监督成效。① 党的十八大以来，广东法院紧扣中央关于改进作风"八项规定"的精神和要求，以党风廉政建设为关键，建立健全有关保廉机制，全面提升廉洁司法水平。主要做法有：①完善党风廉政规范体系。为贯彻落实中央"八项规定"精神，省高级人民法院制定了30条实施意见，从完善便民措施、规范司法行为等八个方面明确考核标准。同时，针对党风廉政建设中的党组主体责任、纪检监察部门监督责任，分别出台具体实施意见。②健全党风廉政制度。在全省人民法院建立廉政账户制度、廉政档案制度、重大事项报告制度、领导干部引咎辞职制度、廉政监察员制度、司法巡查、审务督察七项廉政制度。③开展党风廉政教育活动。开展有关司法廉洁法规、文件的学习，通过深刻反思杨贤才案件和"11.13"违纪违法系列案件进行违纪违法案件警示教育，全面落实党风廉政建设工作报告制度，开展廉政文化建设、廉政警示教育年和司法作风建设年等活动。④建立党风廉政信息化系统。开发廉政档案信息管理系统，实行网上申报、动态管理，全面落实了法官的配偶子女从事律师职业任职回避制度；研发法院廉政风险防控信息化系统，梳理确定各类风险点46个，加强审判执行工作的全程跟踪和动态监督。⑤健全违纪违法线索受理机制。建立"信、访、网、电"四位一体的举报投诉平台，规范受理流程和处理程序，实现案件统一管理、集中核查，并随案发放廉政监督卡，主动接受当事人和公众监督。⑥开展党风廉政专项巡查。在全面完成对中级人民法院巡查的基础上，开展整改情况"回头看"和党廉工作专项巡查，并对部分基层法院直接巡查。同时，紧抓省委巡视组反馈意见整改，深入开展全省法院司法巡察和纪律作风专项督察，持之以恒正风肃纪，坚决纠正"四风"问题。⑦落实党风廉政责任。强化全省各级人民法院党组织的主体责任和领导干部一岗双责，健全常态化监督和问责机制。

二、审判工作改革与发展

改革开放的深入要求审判工作必须与经济社会的发展相适应。40年来，广东法院扎实推进各项审判工作，妥善办理了一批重大案件，以充分的司法保障为广东改革开放保驾护航。

（一）刑事审判工作发展与重大案件审理

1978年12月以来，广东法院按照党的十一届三中全会关于复查纠正"文

---

① 广东省依法治省工作领导小组办公室编：《广东法治建设30年》，广东人民出版社2008年版，第72页。

化大革命"期间冤假错案的决定,集中力量对"文化大革命"期间判处的案件进行了复查,纠正了大量冤假错案,使一大批含冤受迫害的人员得以平反昭雪,也由此拉开了改革开放40年广东刑事审判工作发展的序幕。1979年《刑法》《刑事诉讼法》颁布实施后,广东法院严格依法办理刑事案件。针对1979年冬季后广东刑事犯罪率上升,恶性重大案件时有发生的情况,集中力量审判了一批杀人、放火、抢劫、强奸等严重刑事犯罪案件。① 除严重刑事犯罪以外,对于改革开放初期发生的贿赂、贪污、诈骗等经济犯罪,广东法院也展开重点打击。在严惩犯罪分子的同时,广东法院也注重规范刑事审判工作,力保刑事审判的公正。1979年,省高级人民法院与省人民检察院、公安局(后改为公安厅)联合发布《关于实施〈刑事诉讼法〉的若干具体规定(试行办法)》,确定死缓案件须经高级法院核准,死刑案件须经高级法院审核后呈报最高法院核准等。1980年发布《刑事案件公开审判的基本程序和做法》,规定了公判庭(即审判法庭)布置要求、开庭审判的基本程序和做法等。1978年至1987年间,广东法院办结刑事案件19.7万件,为广东社会治安稳定和经济社会发展创造了良好的法治环境。②

1987年后,尤其是20世纪90年代以来,广东法院围绕经济建设中心任务和按照省委省政府整治市场秩序的部署,重点打击生产销售假冒伪劣商品、走私贩私、制贩假币、诈骗、偷税漏税、侵犯知识产权、贪污、行贿受贿、挪用公款等破坏经济秩序的犯罪活动。从1989年至1992年上半年全省法院共受理该类案件5342件,审理4872件。在从严惩处的同时,对于那些犯罪情节轻微或具有自首、立功、积极退赃等情节的依法予以从轻、减轻或免除处罚。对于涉及经济领域犯罪的案件,加大对财产刑罚的适用。③ 1996年《刑事诉讼法》和1997年《刑法》的修改,进一步确立了"无罪推定""疑罪从无"原则,并在审判程序上对此予以保障。广东法院积极推动刑事审判工作改革,不断完善刑事审判程序,提高刑事审判的质效。1996年《刑事诉讼法》正式实施以前,省高级人民法院与省人民检察院联合发布《关于开展实施修改后〈刑事诉讼法〉试点工作的通知》,决定在广州市中级人民法院等三个中级人民法院和广州市白云区法院等三个基层人民法院开展有关《刑事诉讼法》修改后第一审程序适用问题的研究。同时,积极推进刑事简易程序的适用,对于被告人

---

① 参见广东省地方史志编纂委员会编《广东省志·审判志》,广东人民出版社1999年版,第77页。
② 参见广东省依法治省工作领导小组办公室编:《广东法治建设30年》,广东人民出版社2008年版,第66—73页。
③ 广东省依法治省工作领导小组办公室编:《广东法治建设30年》,广东人民出版社2008年版,第67页。

认罪、犯罪事实清楚的适用普通程序审理的案件，展开简化部分程序的试点工作。

进入 2000 年，广东法院刑事审判改革持续深入。一方面，刑事简易程序改革得到进一步规范。广东省高级人民法院先后制定《广东法院适用简易程序审理刑事案件规程（试行）》和《简化刑事案件普通程序的操作规程》，加强对简化刑事审判程序的规范。另一方面，创新审判机制措施保证刑事案件审判的质量。为确保将重大刑事案件办成经得起历史考验的"铁案"，广东省高级人民法院自 2006 年 7 月 1 日起依法对所有死刑二审案件实行开庭审理，并改革分案办法和合议庭组成，对重大刑事案件组成 5～7 人的"大合议庭"进行审理等，提升刑事审判的专业化程度，确保刑事案件审判的公平公正。

党的十八大以来，广东法院进一步加快以审判为中心的刑事诉讼制度改革。例如，广州市两级法院认真贯彻落实上级法院相关部署和要求，积极推进以审判为中心的刑事诉讼制度改革，先后制定实施《关于推进以审判为中心的刑事诉讼制度改革的工作方案》及五个配套实施规程。2017 年 6 月被最高人民法院确定为"三项规程"改革试点法院后，广州法院在广州市中级人民法院和越秀区、海珠区人民法院统筹推进改革试点工作。经过改革，初步形成有广州特色的刑事诉讼制度改革体系，为在更高层次上实现惩治犯罪和保障人权相统一、提升广州刑事审判和人权保障水平做出了积极努力。① 又如，自 2014 年以来，广东法院按照《关于司法体制改革试点若干问题的框架意见》的要求积极开展刑事案件速裁程序试点工作，对事实清楚、证据充分，被告人自愿认罪，当事人对适用法律没有争议的交通肇事、盗窃、诈骗等情节较轻，量刑在一年以下的刑事案件，简化相关诉讼程序，提高刑事案件审判的效率，着力破解刑事审判"案多人少"的问题。

改革开放 40 年来，广东法院不仅在刑事审判改革创新上获得了长足的发展，而且审理了一批大案要案。20 世纪 90 年代，广东法院审理了有"世纪大审判"之称的张子强等 36 人特大跨境犯罪案，以及号称"世纪大案"的"9898"湛江特大走私受贿案等案件，为广东社会秩序和经济建设提供了有力的司法保障。近年来，广东法院审结了邦家公司特大集资诈骗案、"华藏宗门"邪教组织破坏法律实施案等具有全国性影响的重大案件。

1. 张子强等 36 人特大跨境犯罪案

1991 年 6 月至 1998 年 1 月期间，张子强等 36 人通过非法买卖爆炸物、抢

---

① 参见王珊珊《不断提升刑事案件庭审实质化水平——广州中院深入开展"三项规程"改革试点工作》，载《人民法院报》2017 年 8 月 10 日，第 1、4 版。

劫、绑架等手段在广东、香港两地跨境连续作案,绑架两名富商,致一人死亡,犯罪所得金额高达 16 亿港币,共涉及 14 宗犯罪。1998 年 10 月 30 日,广州市中级人民法院对张子强等 36 名被告人非法买卖、运输爆炸物,走私武器、弹药,非法买卖、运输枪支、弹药,私藏枪支、弹药,抢劫、绑架、窝赃一案做出一审判决。其中,对被告人张子强以非法买卖爆炸物罪,判处死刑,剥夺政治权利终身;以绑架罪,判处无期徒刑,剥夺政治权利终身,并处没收财产人民币 6.62 亿元;以走私武器、弹药罪,判处无期徒刑,剥夺政治权利终身,并处没收财产人民币 10 万元。决定执行死刑,剥夺政治权利终身,并处没收财产人民币 6.21 亿元。一审宣判后,被告人张子强等不服,提出上诉。1998 年 12 月 4 日,广东省高级人民法院二审驳回张子强等上诉,维持一审对上诉人张子强等的判决,依照《最高人民法院关于授权高级人民法院核准部分死刑案件的通知》的规定,同时核准判处上诉人张子强等死刑,剥夺政治权利终身的判决。张子强等 36 人特大跨境犯罪案是涉及内地和香港不同法域的重大刑事案件,牵涉犯罪事实众多,案情复杂,在内地、港澳甚至东南亚地区均引起高度关注,被称为"世纪大审判"。案件从检察机关提起公诉到广东省高级人民法院二审宣判执行死刑共历时 68 天,充分体现广东法院依法从重从快打击暴力犯罪的决心和能力,有效维护了粤港两地的社会治安稳定,树立了社会主义司法权威。

2. "9898"湛江特大走私受贿案

1996 年至 1998 年 7 月期间,香港走私分子李深、张猗、邓崇安、陈励生和内地走私分子林春华、姜连生、李勇、林柏青等人相互勾结,通过贿赂收买湛江市海关、边防、商检、港务等部门的工作人员,采取少报多进、伪报品名、不经报验直接提货以及假退运、假核销等手法,大肆进行汽车、成品油、钢材等货物的走私活动,偷逃关税,从中牟取暴利,总货值达 110 亿元,偷逃国家税收 62 亿元。1999 年 4 月,案件由检察机关依法提起公诉后,广东省高级人民法院指定广州、深圳、佛山、湛江、茂名五个市中级人民法院分别负责案件的审判。五家法院于 1999 年 6 月和 9 月先后两次公开审判共 80 人。走私分子李深、张猗、邓崇安、林春华被判处死刑;陈励生、姜连生、李勇、林柏青被判处死刑,缓期两年执行。湛江海关原关长曹秀康、原调查处处长朱向成被依法判处死刑。湛江市原市委书记陈同庆、原副市长杨衢青、湛江边防分局原局长邓野及原政委陈恩、茂名海关原关长杨洪中被判处死刑,缓期两年执行。"9898"湛江特大走私受贿案涉案人员共 331 人,其中公职人员 259 人,是中华人民共和国成立以来由中央纪委牵头指挥查处的走私额最大、涉及公职人员最多的一起严重经济犯罪案件,号称 20 世纪的"世纪大案"。广东法院坚持贯彻依法从严的方针，充分发挥审判职能，公正办案，有力地打击了走私受贿犯罪分子，维护了司法权威。

3. 邦家公司特大集资诈骗案

2002年12月至2012年5月期间，蒋洪伟等人在广州市注册成立绿色世纪公司、广东邦家公司、兆晋公司和广东邦家健康产业超市有限公司，并相继在全国16个省、直辖市设立了64家分公司及24家子公司。在未取得融资许可的情况下，蒋洪伟等人以上述公司的汽车等实物租赁、保健品和有机食品销售等业务为掩护，虚构高额回报，隐瞒真相，采用推销会员制消费、区域合作、人民币资金借款等方法，在全国范围内向社会公众非法集资99.53亿元，涉及人数多达23万余人。2016年2月25日，广州市中级人民法院对该起集资诈骗案24人做出一审判决，认定蒋洪伟为本案主犯，犯集资诈骗罪，判处无期徒刑，并处没收个人全部财产；其余23人被以非法吸收公众存款罪或集资诈骗罪判处有期徒刑3年缓刑4年至有期徒刑14年不等，并处相应的罚金；有关违法所得、财物按比例发还各被害人。2016年6月6日，广东省高级人民法院二审判决维持原判。邦家公司特大集资诈骗案是迄今为止中国最大规模的集资诈骗案，广东法院依法审判，有效地维护了金融市场秩序，挽回了人民群众的财产损失，体现了公正司法、司法为民的宗旨。

4. "华藏宗门"邪教组织破坏法律实施案

2010年3月至2014年7月期间，吴泽衡冒用佛教名义建立"华藏宗门"邪教组织，发展、控制组织内成员，破坏法律、行政法规实施，并长期以迷信邪说引诱、胁迫、欺骗等手段奸淫妇女、骗取他人财物。2015年10月30日，珠海市中级人民法院对被告人吴泽衡等5人组织、利用邪教组织破坏法律实施案进行一审宣判，判决认定"华藏宗门"为邪教组织，并以组织、利用邪教组织破坏法律实施罪，判处吴泽衡有期徒刑12年；犯强奸罪，判处无期徒刑，剥夺政治权利终身；犯诈骗罪，判处有期徒刑14年6个月，并处罚金人民币680万元；犯生产、销售有毒、有害食品罪，判处有期徒刑六年，并处罚金人民币35万元；决定执行无期徒刑，剥夺政治权利终身，并处罚金人民币715万元。一审宣判后，被告人吴泽衡、孟越当庭提起上诉。2016年2月2日，广东省高级人民法院审理认为，原审法院认定案件事实清楚，适用法律正确，予以维持原判，并依法对上诉人的上诉请求予以驳回。"华藏宗门"邪教组织破坏法律实施案是全国法院首起通过审判程序认定邪教组织的案件，有力地惩治了邪教组织犯罪活动，保障了人民群众的人身、财产安全，取得了良好的法律效果和社会效果。

第三章 公正司法与司法改革创新

（二）民事审判工作发展与重大案件审理

改革开放40年来，广东法院根据经济社会发展的需要，合理调配司法资源，不断改革创新，推动了民事审判工作的发展。

一是完善民事审判程序，确保司法公正。1982年《民事诉讼法（试行）》颁布实施后，省高级人民法院制定了《关于全省各级人民法院贯彻实施〈民事诉讼法（试行）〉的几点意见》，对做好民事案件的起诉和受理工作，整顿民事诉讼程序，发挥审判人员的程序主导作用等做出全面规定。1990年，省高级人民法院发布《关于审理民事案件加强举证责任和发挥法律功能若干程序问题的意见（试行）》，对当事人举证程序及相关民事证据制度等做出细化规定。1999年，省高级人民法院发布《广东省法院民事、经济纠纷案件庭前交换证据暂行规则》《广东省法院适用简易程序审理民事案件规则（试行）》，完善了民事案件的庭前交换证据程序和简易程序。2000年以后，省高级人民法院先后发布《广东法院案件审理流程管理规程》《广东法院立案工作规程》《广东法院立案工作规定（试行）》等文件，推动了广东法院民事审判程序进一步规范化和制度化。

二是调整民事审判范围，实现对权利的全面保障。改革开放初期，各级人民法院审理的民事案件以婚姻和一般财产案件居多。随着广东经济的发展，各类经济纠纷案件不断增多，各级人民法院先后建立专门的经济审判庭，审理了一大批经济合同纠纷案件和涉外涉港澳经济纠纷案件。随着信息技术的发展和知识经济的兴起，为适应知识产权司法保护的专业性需求，广东省高级人民法院以及广州、深圳、珠海、汕头、佛山等知识产权案件较多的市中级人民法院相继设立专门的知识产权庭，推动了民事审判对商标权、专利权、著作权等知识产权的司法保护。此后，广东法院于2002年进行了民事审判改革，将传统的民事、经济等案件全部纳入民事审判范围，建立起大民事审判格局，从而有效整合了民事审判力量，强化了对权利的全面保护。

三是健全调解制度，妥善处理民事纠纷。以调解解决民事纠纷是我国民事审判的一大特色。2000年以来，广东法院着力推动民事审判大调解工作格局。省高级人民法院先后制定《关于民事案件立案调解的指导意见》《关于审理民事案件加强服判息诉工作的指导意见》，加强民事审判前的调解工作，努力提高民事案件的调解结案率。2008年8月13日，省高级人民法院发布《关于进一步加强民事调解工作促进和谐广东建设的若干意见》，着力推动"全程调解"和"全员调解"。2009年12月4日，省高级人民法院发布《关于进一步加强全省法院调解和解工作的指导意见》，要求深入落实"调解优先、调判结合"原则和"全程、全员、全面"调解原则。党的十八大以来,广东法院进一步推动民事协调工作的发展,一方面加强有关制度建设,发布了《关于进一步加强诉调对接工作的规定》等文件,对健全调解制度,完善调解程序,创新调解机制等予以细化的规定;另一方面,也积极运用协调解决了一批涉外或涉及标的额较大的民事纠纷案件,得到了国内外的一致好评。其中,广东法院调解解决的苹果公司 IPAD 商标权属纠纷案、茂名紫金矿业民事索赔系列案均入选"2012 年度全国法院十大典型案件"。①

1. 苹果公司 IPAD 商标权属纠纷案

2010 年 4 月 19 日,苹果公司、IP 公司以深圳唯冠公司为被告,向深圳市中级人民法院提起诉讼,请求根据台湾唯冠公司与 IP 公司签订的商标转让协议,判令深圳唯冠公司在中国拥有的涉案两"iPad"商标归其所有。深圳市中级人民法院一审判决驳回苹果公司的全部诉讼请求。苹果公司、IP 公司不服一审判决,向广东省高级人民法院提起上诉。2012 年 2 月 29 日,iPad 商标权权属纠纷案在广东省高级人民法院二审开庭审理,庭审中双方对抗激烈,法院没有当庭宣判。此后,经广东省高级人民法院多次调解,双方于 2012 年 6 月达成调解协议,由苹果公司支付 6 000 万美元,唯冠公司将涉案"iPad"商标过户给苹果公司。本案的成功调解,受到国内外的一致好评,开创了涉外商标权权属纠纷解决的新路径,在中国知识产权审判史上具有里程碑意义,向国际社会展现了我国日益成熟的知识产权司法保护和审判制度。

2. 茂名紫金矿业民事索赔系列案

2010 年 9 月,茂名信宜紫金银岩锡矿尾矿库发生溃坝事故,起诉到法院的相关赔偿纠纷案件达 2 502 件,涉及灾民近 2 万人、企业 30 多家,诉讼标的额约 3.4 亿元。该案涉及人数众多、索赔金额巨大,但直接责任人信宜紫金公司几乎没有可供赔偿的财产,其母公司紫金矿业集团以两者是独立法人为由拒绝承担连带责任。经过反复研究,茂名市中级人民法院确立了"一揽子"调解解决的方案,在一年多的时间里,对所有案件按照人身损害纠纷、财产损害纠纷分类分批集中开庭,进行上百次调解,2012 年 9 月,达成了 2.56 亿元的调解赔偿协议,加上信宜紫金公司向灾区的捐款,受灾群众和单位实际获得赔偿 3.07 亿元,超出判决预期。对此,中央政治局常委、时任广东省委书记汪洋同志批示:"案子调解得非常漂亮,省委、省政府十分满意。"本案的协调解决最大限度地维护了受害者的合法权益,实现了"让人民群众在每一个司法案件中感受到公平正义",实现了法律效果和社会效果的统一。

---

① 两宗案件案情参见《广东省高级人民法院 2013 年工作报告》。

（三）行政审判工作发展与重大案件审理

根据 1982 年《民事诉讼法（试行）》的规定，广东法院开始试行受理行政案件。1987 年以后，各级人民法院相继成立行政审判庭，为全面开展行政审判工作及推动行政审判专业化奠定了组织基础。1990 年 10 月 1 日《行政诉讼法》正式施行以前，广东省高级人民法院确定了广州中院等 5 个中级人民法院和广州市荔湾区法院等 12 个基层法院作为试点法院，探索《行政诉讼法》的具体施行问题。主要包括：一是落实被告举证责任，明确被告所举证据都必须在法庭上出示，并且由双方当事人互相质证，经审查属实才能作为定案的根据。二是规范庭审活动的操作，实行案件排期开庭，庭前进行证据交换，庭上做好质证和认证工作，法庭辩论必须围绕被诉具体行政行为是否合法，由诉辩双方陈述意见，进行辩论。三是强化合议庭的职能，改革案件审批制度，逐步扩大合议庭直接裁决案件的范围，并实行对合议庭权力行使的有效监督。四是开展行政协调和解工作。2006 年，省高级人民法院《关于行政案件协调和解工作的意见（试行）》，对行政案件协调和解工作作了详细的规定，进一步完善解决行政争议的方式方法。[1]

党的十八大以后，广东法院进一步推动行政审判工作改革。2014 年 10 月 16 日，最高人民法院下发了《关于开展铁路法院管辖改革工作的通知》，确定广东、北京、上海、江苏等 7 个省（市）在全国先期开展铁路运输法院管辖改革试点工作。2015 年 12 月 25 日，广东省高级人民法院正式启动"铁路法院集中管辖广州市行政案件"改革。自 2016 年 1 月 1 日起，广州市、区两级法院将不再受理行政案件，改由广州铁路运输第一法院（原广州铁路运输法院）集中受理广州市一审行政案件和非诉行政案件审查；改由广州铁路运输中级法院集中受理广州市二审行政案件，以及法定应当由中级法院审理的一审行政案件、非诉行政案件审查。此举对于解决行政案件立案难、审理难、执行难的问题具有重要意义，有助于通过行政审判切实保护公民的合法权益。

改革开放以来，广东法院受理和审理了大量行政诉讼案件，其中包括有号称我国"行政诉讼第一案"的深圳贤成大厦案。近年来，随着我国城镇化进程的推进，针对行政机关在城市土地征收过程中的角色和行为方式的变化，广东法院合理运用协调和解方式解决了"粤北第一农场"土地征收行政纠纷系列案等重要案件。

---

[1] 参见广东省依法治省工作领导小组办公室编《广东法治建设 30 年》，广东人民出版社 2008 年版，第 76 页。

1. 深圳贤成大厦案

1988年12月2日,泰国贤成两合公司与中方4家公司签订协议,合作兴建以贤成两合公司董事长吴贤成的名字命名的贤成大厦。1991年12月11日,吴贤成与香港鸿昌国际投资公司董事长王文洪签订《股权合约》,约定双方共同投资兴建贤成大厦。但由于吴贤成拒绝确认王文洪在贤成大厦投资的事实和实际投资者地位并停止向大厦投资,导致大厦停工至营业执照到期时仍未能复工。此后,又由于吴贤成拒绝履行有关仲裁裁决,中方4家公司及港方投资者向政府求援。深圳市工商局、外资办、规划国土局、建设局等部门及中方4家公司、香港鸿昌公司代表召开协调会。协调会后,深圳市工商局注销了贤成大厦有限公司,同时组成清算组对该公司进行了清算,由中方4家公司与鸿昌公司合作成立了名为深圳鸿昌广场有限公司的新公司。1995年1月,在境外的吴贤成以泰国贤成两合公司和深圳贤成大厦有限公司法定代表人的身份,以注销贤成大厦有限公司和批准成立鸿昌广场有限公司及成立清算组的行政违法为由,对深圳市工商局、外资办提起行政诉讼。1997年8月11日,广东省高级人民法院一审判决以深圳市工商局、外资办注销贤成大厦公司、组成清算组、批准成立鸿昌广场有限公司缺乏事实依据、与法律规定不符、违反法定程序等为由,撤消深圳市工商局、外资办做出的三个具体行政行为。深圳市工商局和外资办对判决不服,上诉至最高人民法院。最高人民法院维持一审判决,并判决深圳市有关主管部门对深圳贤成大厦有限公司和深圳鸿昌广场有限公司的有关事宜重新处理。深圳贤成大厦案的审结,体现了广东法院坚持依法审判、公正判决的决心,切实保障了市场主体的合法权益,并通过行政审判有力推动了依法行政的进程。

2. "粤北第一农场"土地征收行政纠纷系列案

1985年,粤北第一示范牧场筹建处与当地村小组签订征用土地协议,村小组领取了补偿款。2004年,部分村小组向乐昌市政府申领了新林权证。2010年至2012年,徐家村等村小组向乐昌市政府申请将牧场范围土地归还。乐昌市政府认定属合法征用、使用权归牧场所有。韶关市政府做出行政复议决定,维持处理决定。村小组不服,提起行政诉讼。韶关市中级人民法院依法审理后做出判决,维持乐昌市政府的处理决定。各村小组向广东省高级人民法院提出上诉。2015年至2016年,省高级人民法院经过积极协调,最终促成了当事人达成和解协议,村小组撤诉。① "粤北第一农场"土地征收行政纠纷系列案的和解,是广东法院充分运用协调手段解决行政案件的体现,不仅及时化

---

① 参见《广东省高级人民法院2017年工作报告》。

了有关行政争议,也借助行政审判有效避免了群体性事件的发生,发挥了行政审判在缓和官民矛盾、维护社会稳定等方面的作用。

三、审判制度创新与展望

改革开放40年来,广东法院立足改革开放前沿阵地的地缘优势,牢牢把握"先行先试"的时代机遇,从审判方式、诉讼制度、工作管理机制三个方面着力推动审判制度的改革与创新。

(一)审判方式改革与创新

1. 全国率先规范死刑案件二审开庭审理

根据最高人民法院2005年发布的《关于进一步做好死刑第二审案件开庭审理工作的通知》的文件精神,广东省高级人民法院积极总结死刑案件二审开庭审理经验,加大力度研究死刑案件二审开庭审理规程,在全国率先制定《关于死刑上诉案件二审开庭审理工作规程(试行)》,对庭前准备和开庭审理作了细致的规定。同时,针对开庭审理工作各个环节可能出现的问题,广东省高级人民法院制定死刑二审案件开庭审理工作流程图,并拟定阅卷通知书、延缓开庭通知书等7种二审开庭文书样式。这些规范性文件的出台得到最高人民法院的肯定,并推广至全国法院以供参考。自2006年7月1日起,广东省高级人民法院对所有死刑二审案件全面实行开庭审理。此外,广东省高级人民法院与广东省人民检察院、公安厅、司法厅构建起有关协调和制约机制,并积极推行死刑案件的证人和鉴定人出庭等多项涉及被告人人权的保障制度。广东法院率先制定死刑案件二审开庭审理规程,以完善的程序制度有效落实了最高人民法院关于做好死刑第二审案件开庭审理工作的要求,体现了慎用死刑的精神,加强了对被告人的人权保障。

2. 全国首创知识产权"三审合一"审判方式

审判实践中,知识产权刑事、民事和行政审判分属不同审判业务部门,非专业知识产权审判业务部门对案件事实认定、法律适用存在一定困难,裁判尺度不易统一,审判质效难以提升,也给当事人造成了诉累。深圳市南山区人民法院自2004年起,在某些知识产权案件中实行由知识产权民事法官与刑庭法官或行政庭法官临时联合组成合议庭的"三审合一"松散型审理方式,取得了良好的审判效果。该模式为南山区人民法院首创,被称为"南山模式"。①

---

① 肖海棠:《关于知识产权审理模式的探析与思考——以广东知识产权审判为视角》,载《电子知识产权》2006年第10期。

自 2006 年 7 月 1 日起,广州市天河区人民法院、深圳市南山区人民法院和佛山市南海区法院成为广东实施知识产权"三审合一"审判方式改革试点。试点法院以原有知识产权民事审判庭为基础重新构建知识产权庭,集中负责审理知识产权刑事、民事和行政案件,取得了良好成效,得到最高人民法院充分肯定。广东首创的知识产权"三审合一"审判方式被视为贯彻落实国家知识产权战略和完善知识产权审判体制机制的重大创新举措,作为试点法院之一的广州市天河区法人民院被最高人民法院授予"中国知识产权审判基层示范法院"荣誉称号。

3. 全国率先试行行政纠纷案件协调解决方式

针对行政审判出现的"官了民不了""案结事未结"等情况,广东省高级人民法院在全国率先出台《关于行政案件协调和解工作若干问题的意见》(以下简称《意见》),并于 2006 年 12 月 25 日起在全省试行。一方面,《意见》明确了行政协调和解的基本条件:一是合法性,强调行政案件的协调和解,应当在对被诉具体行政行为进行合法性审查的基础上,查清事实、分清是非,根据自愿、合法的原则进行;二是灵活性,有别于平时的开庭审理案件,只要有利于促使和解达成,可以采取灵活多样的方式进行;三是实效性,强调达成和解协议的案件,在送达裁定书结案之前应当尽可能使协议的各项内容得以落实,真正做到"案结事了"。另一方面,《意见》也试行了一些具有突破性意义的制度:①对于二审或者再审程序中通过协调后原告申请撤诉应如何结案的问题,规定法院可以裁定撤销原审裁判,以准许一审原告撤回起诉的方式结案;②对于和解协议的落实问题,强调各级法院在送达裁定书之前要慎重考虑协议的履行情况,尽可能促使协议各方在送达裁定书之前履行完毕各自的义务,以实现协调的最终成效。①

(二)诉讼制度改革与创新

1. 创新再审诉讼制度规范

为创设科学合理的再审诉讼程序,规范再审诉讼制度,以解决长期存在的"申诉难"问题,广东省高级人民法院于 2004 年在全国首创《再审诉讼暂行规定》(以下简称《暂行规定》)。《暂行规定》确立了再审案件"可能有错"的立案标准,并主要从一般原则、管辖、申请与立案、审判、附则 5 个部分对再审诉讼做出规范。其中,一般原则部分主要规定了再审诉讼的概念、再审立

---

① 参见《省高院出台意见 协调和解有据 可望"官了民了"》,https://news.qq.com/a/20061225/000632.htm,访问时间:2018 年 2 月 10 日。

案的标准、中止执行的条件、再审诉讼的法律适用及再审次数等内容;管辖部分主要规定了由做出原生效裁判的法院受理原则;申请与立案部分主要规定了有权申请再审的主体、申请再审的期限及请求范围、申请再审案件应具备的程序或实体方面的条件、不予再审的情形、法院立案庭审查材料的期限等内容;审判部分主要规定了审理范围、是否开庭、提交审委会讨论情形、审理期限等内容,并对刑事、民事、行政案件依法应予改判与裁定终结再审诉讼等情形分别作了具体规定;附则部分规定了《暂行规定》的适用范围等内容。《暂行规定》是广东法院深化审判监督改革,推动申诉与申请再审模式诉权化、程序化、法定化的积极探索,实施后得到了最高人民法院的肯定。

2. **深化少年审判制度改革**

2006 年 12 月,根据《人民法院第二个五年改革纲要(2004—2008)》"完善审理未成年人刑事案件和涉及未成年人权益保护的民事、行政案件的组织机构"的要求和《广东省高级人民法院关于进一步加强少年法庭工作的指导意见》,广州市中级人民法院在全国率先成立审理各类涉及未成年人案件的独立建制的综合审判庭,实现了未成年人刑事、民事、行政案件审理"三审合一"。在此基础上,广州市中级人民法院通过推行圆桌审判方式,实行"分开羁押、分开预审""分开批准逮捕、分开审查起诉""分开审理""分开劳教"的"四分开"制度以及社会矫正制度、社会观护员制度,并引入心理干预机制等,构建了一套与未成年人身心相适应的少年司法工作体系,推动了少年审判制度的改革与创新,有助于最大限度保障未成年人的合法权益和预防未成年人的违法犯罪,在全国法院产生了积极影响。

3. **开展刑事案件速裁程序改革**

2014 年 6 月,全国人大常委会授权最高人民法院、最高人民检察院在全国 18 个城市开展刑事案件速裁程序试点改革,对事实清楚、证据充分,当事人对适用法律没有争议,被告人自愿认罪并同意人民检察院提出的量刑建议,情节较轻,依法可能判处一年以下有期徒刑、拘役、管制或者依法单处罚金的交通肇事、盗窃、寻衅滋事等案件,由法官独任审判,一般应当在案件受理后 7 个工作日内审结,庭审中可以不再进行法庭调查、法庭辩论,但应当听取被告人的最后陈述,并当庭做出宣判。广州、深圳作为试点地区,有关法院通过规范证据开示制度和证据证明标准,探索轻微刑事案件快速办理机制等,积极开展刑事速裁程序试点工作。据统计,自 2014 年 6 月试点开始至 2015 年 11 月,广州基层法院审结试点案件 3503 宗,判处罪犯 3600 人,近九成是当庭宣判。同时,广州运用刑事速裁程序审结的案件数量占同期刑事案件总量的

16.7%，在全国排名第一。①

4. 探索行政案件集中管辖改革

2013年1月4日，最高人民法院发布《关于开展行政案件相对集中管辖试点工作的通知》，提出各高级人民法院应当结合本地实际，确定1～2个中级人民法院作为试点，试点中级人民法院要根据本辖区具体情况，确定2～3个基层人民法院为集中管辖法院，集中管辖辖区内其他基层人民法院管辖的行政诉讼案件。根据该通知要求，广东法院积极探索行政审判体制改革，推动了行政案件从相对集中管辖到集中管辖的改革。2013年4月，广东省高级人民法院批准江门法院率先进行行政案件相对集中管辖改革试点工作。2014年11月，湛江经济技术开发区人民法院集中管辖试点方案获批。2015年3月，广州铁路两级法院集中管辖广州市行政案件改革试点方案获批。随后深圳、珠海两地试点方案获批，深圳市中级人民法院、珠海市中级人民法院分别于同年6月30日、9月30日正式启动行政案件集中管辖改革试点。至此，广东行政案件集中管辖改革布局形成，并取得初步成效。据统计，2015年前三季度，全省办结行政案件12273宗，同比增加13.22%，全省一审行政案件判决行政机关败诉率17.49%，同比增长4.81%。②

5. 推进立案登记制改革

2015年2月4日，最高人民法院发布《关于全面深化人民法院改革的意见》，提出"变立案审查制为立案登记制，对人民法院依法应该受理的案件，做到有案必立、有诉必理，保障当事人诉权"。2015年4月1日，中央全面深化改革领导小组第十一次会议审议通过了《关于人民法院推行立案登记制改革的意见》，提出"改革法院案件受理制度，变立案审查制为立案登记制"。根据该意见精神，广东法院全面展开有关立案登记制改革的部署。2015年4月27日，广东省高级人民法院召开全省法院立案登记制改革动员大会，要求全省各级法院要像迎战"春运"一样推行立案登记制改革，并召集全省法院187名立案庭庭长进行集中培训，要求全省法院每一位立案人员对立案登记制的概念、案件范围、接到诉状以后的处理办法、流程，均有清楚、正确的理解和熟练的掌握，同时树立"一盘棋"思路协同推进，做到统一门槛、统一理据、统一步调，合力避免出现对个案或类案受理与否的"同案不同立"的情况。2015年5月1日以来，广东法院在全面深入推进立案登记制改革中，紧

---

① 参见《广东广州试点刑事案速裁程序》，http：//www. chinapeace. gov. cn/2015 – 12/28/content
_ 11308963. htm，访问时间：2018年2月10日。

② 参见章宁旦《广东行政案件集中管辖完成布局》，http：//www. legaldaily. com. cn/Court/content/2015 – 11/10/content_ 6347665. htm? node = 53949，访问时间：2018年2月10日。

紧瞄准人民群众打官司中关注的焦点、诉讼立案中的难点、诉讼服务中的盲点，依托信息化手段大力推进"多渠道、一站式、综合性"诉讼服务示范窗口建设，目前诉讼服务实现了全面覆盖，立案效率得到有效提升。至2017年4月1日，广东法院共受理实行立案登记制的五类案件217.8万件，同比增长43.18%，当场登记立案率达到95.52%。①

（三）工作管理机制改革与创新②

1. 打造司法公开新平台

2013年11月，最高人民法院在广东深圳召开了全国法院司法公开工作现场会，就全面推进司法公开三大平台建设进行了部署，并发布建设三大平台的相关规定与司法解释。近年来，广东法院先后出台了推进生效裁判文书上网公开的实施办法、完善司法公开评价若干指标、司法公开三大平台三年发展规划等文件，通过官方网站、微博微信等方式大力开展庭审直播、裁判文书上网、预约旁听等活动，在司法公开的进度和力度上都保持全国前列。据中国社科院发布的《中国司法透明度年度报告》显示，2012年和2013年广东省高级人民法院司法透明度均位居全国前三；广州市中级人民法院司法透明度在2016年、2017年、2018年连续三年获全国法院第一名。广东省高级人民法院和肇庆、梅州中院官方微博均入选腾讯网2013"十大法院系统机构微博"。

2. 加快涉法涉诉信访改革

涉法涉诉信访改革是党的十八届三中全会在国家层面、战略层面上强调的一项重大改革举措，其内容涉及司法和社会治理，责任主体涉及党委、政府、政法机关等多个部门，是一项跨领域、跨部门改革。其中，涉诉信访占整个涉法涉诉信访量的60%以上，法院在这项改革中责任重大。自2013年起，为了贯彻落实党中央、最高人民法院和省委的有关要求，广东省高级人民法院相继出台《关于推进涉诉信访工作改革的实施方案》《涉诉信访工作规程》《涉诉信访工作指引》等规范性文件，明确了涉诉来信、来访的处置办法，坚持以法治思维和法治方式处置信访诉求，确保涉诉信访由法院依法按程序进行处理，以实现维护当事人合法权益和维护司法权威的有机统一。近年来，广东法院涉诉信访工作取得重大进展，案访比等各项指标始终排在全国法院前列。

3. 创新人员分类管理

2013年，为推动法官队伍职业化改革，破解广东法院"案多人少"难题，

---

① 参见《广东法院多元化诉讼服务促立案登记制惠及民生》，http：//www.chinapeace.gov.cn/zixun/2017-10/12/content_11433405.htm，访问时间：2018年2月10日。

② 以下参见《广东省高级人民法院2014年工作报告》。

广东法院着力进行了人员分类管理改革,形成四种各具特色的改革类型:一是以深圳福田法院为代表的审判权运行机制改革。在全院组建35个以专业化为主、兼顾业务复合型的审判团队,每个团队按"1+2+3+4"的"审判长+合议法官+法官助理+书记员"的人员配置标准组成。该模式对法官与各类辅助人员的职权关系、配置方式、工作模式、管理模式等进行探索,以新型审判团队作为一个整体发挥作用,审判绩效奖励也由团队成员自行分配。二是以深圳盐田法院为代表的法官职业化改革。建立法官员额制度,落实法官职务单独序列,法官等级与行政等级挂钩,以法官等级确定享受的工资待遇。三是以佛山市中级人民法院为代表的审判长负责制改革,采取"审判长+合议法官+书记员"模式,面向全市法院选出35位审判长,所有案件由审判长担任主审法官,并对案件质量负总责。四是以阳江阳西法院为代表的综合审判机制改革。全院统一确定8名主审法官、8名法官助理、8名书记员,组成8个"1+1+1"审判组织模式,对内打破人员分庭管理以及按刑事、民事、行政案件归口审理的格局,将所有案件统一分配给8名主审法官负责审理;保留各审判庭名称建制、相关人员职务及相应待遇。四种改革模式均是各个法院结合自身实际,遵循司法规律实行的有益探索,共同点是优化了审判资源,落实了法官责任制,提高了审判质效。

2018年,是改革开放40周年,是人民法院"四五"改革纲要的收官之年,更是认真贯彻落实党的十九大精神的开局之年。立足2018年,广东法院理应重点落实"四五"改革纲要关于深化法院人事管理改革、探索建立与行政区划适当分离的司法管辖制度、建立以审判为中心的诉讼制度、推进涉法涉诉信访改革等任务,以实现"四五"改革纲要的基本要求。放眼未来,广东法院则须深入学习贯彻习近平新时代中国特色社会主义思想和党的十九大精神,充分发挥先行先试优势,创新司法举措,深化司法体制综合配套改革,进一步落实司法责任制,全面提升司法公信力,努力让人民群众在每一个司法案件中感受到公平正义。

第三节 检察制度改革与发展

一、检察组织改革与发展

1978年3月,第五届全国人大一次会议通过的第三部《宪法》明确规定恢复检察机关的设置,广东检察机关据此得以恢复重建,并进入崭新的发展时期。重建后的广东检察机关不断完善，内设机构日渐健全，检察队伍逐步壮大，为推动广东改革开放和实现社会稳定做出积极贡献。

（一）检察机关改革与发展

自1978年起，全省各级检察机关逐步恢复和重建。1978年3月，第五届全国人大一次会议通过的第三部《宪法》明确规定恢复检察机关的设置。1978年5月，中共中央发出《关于恢复和建立检察机关的通知》，要求各省在6月底前恢复和建立检察机关。6月30日，根据省委通知，广东省人民检察院正式重建，恢复对外办公。1978年省检察院恢复重建后，全省各地检察机关陆续开始重建。1979年1月5日，中共广东省委发出通知，要求各地、市县党委认真贯彻全国第七次检察工作会议精神，按照"边筹建、边工作，以工作促筹建"的方针，在2月底前把全省检察机关建立起来。至2月底，除汕头、茂名等8个市、县检察院仍在筹建中外，全省建立各级检察院116个，占全省应建检察机关数的94%。1979年7月，第二部《中华人民共和国人民检察院组织法》（以下简称《人民检察院组织法》）颁布施行，检察制度开始迈入逐步健全时期。

1982年，省内各地依行政区域设置检察机关共有韶关、汕头等8个分院；广州、深圳等4个省辖市检察院和海南黎族苗族自治州检察院；市、县（区）检察院114个。1983年，广东开始实施市管县体制，各级检察院随之进行相应调整。1987年3月，全国铁路运输检察院广州分院改名为广东省人民检察院广州铁路运输检察分院，连同下属的广州、衡阳、长沙、怀化等4个运输检察院，划归广东省人民检察院领导。至1987年，全省共有157个检察院，其中省人民检察院1个，下辖市检察院9个，分院5个，自治州检察院1个，县、市、区等县级市人民检察院134个，劳改派出检察院3个，铁路基层检察院4个。1988年4月，第七届全国人民代表大会第一次会议决定，撤销海南行政区，设立海南省。随着广东行政区划的变动，原海南行政区检察分院和海南黎族苗族自治州检察院及其下属各基层院划归海南省检察院领导。自1988年起，广东全面推行市管县体制，广东省行政区划陆续发生较大变化。东莞、中山、肇庆、惠州、梅县、云浮等县级行政区域先后升格为地级市，新设汕尾、河源、清远、阳江四个地级市。此外，部分县级行政区域名称"县改市"、城区更名及新设区也逐步展开。至2000年期间，广东检察机关的数目和名称因行政区划体制改革也较为频繁地发生变化。在重建后40年的发展过程中，广东检察机关在改革中不断完善，现共有158个检察院，其中省人民检察院1个，市级检察院22个，基层检察院135个。

广东省各级检察院均由同级人民代表大会产生,对其负责并报告工作。广东省人民检察院领导全省各市分检察院和基层检察院。全省各级检察院作为国家专门的法律监督机关,主要履行以下法律监督职能:①对于叛国案、分裂国家案以及严重破坏国家的政策、法律、政令统一实施的重大犯罪案件,行使检察权。②对于直接受理的国家工作人员利用职权实施的犯罪案件,进行侦查。③对于公安机关、国家安全机关等侦查机关侦查的案件进行审查,决定是否逮捕、起诉或者不起诉。并对侦查机关的侦查活动是否合法实行监督。④对于刑事案件提起公诉,支持公诉;对于人民法院的刑事判决、裁定是否正确和审判活动是否合法实行监督。⑤对于监狱、看守所等执行机关执行刑罚的活动是否合法实行监督。⑥对于人民法院的民事审判活动实行法律监督,对人民法院已经发生效力的判决、裁定,发现违反法律、法规规定的,依法提出抗诉。⑦对于行政诉讼实行法律监督。对人民法院已经发生效力的判决、裁定发现违反法律、法规规定的,依法提出抗诉。

(二) 内设机构改革与发展

1978年,广东省人民检察院重建时,其内设机构为四处一室,即办公室、人事处、刑事检察处、法纪检察处和监所(劳改)检察处。1979年《人民检察院组织法》规定,"最高人民检察院设置刑事、法纪、监所、经济等检察厅,并且可以按照需要,设立其他业务机构。地方各级人民检察院和专门人民检察院可以设置相应的业务机构"。根据自身情况和实际需要,广东省人民检察院设立了刑事检察处、法纪检察处、监所检察处、经济检察处、信访处等机构,其他各级检察机关亦依法设置相应业务机构。

20世纪80年代以来,广东省人民检察院内设机构的设置发生了一系列变化。1980年,政治处更名为人事处。1981年6月,信访处更名为控告申诉检察处。1984年,增设纪律检查组,人事处重新更名为政治处。1986年7月,原隶属于办公室的技术室升格为技术处。1988年9月,成立贪污贿赂罪案举报中心。1989年8月,为深入开展反腐败斗争,经最高人民检察院和广东省委批准,在全国检察机关率先成立了第一个集举报、侦查、预防犯罪于一体的反贪污贿赂工作局(简称"反贪局"),下设办公室、侦查处、预防处、举报中心四个内设机构,同时撤销经济检察处。1990年1月,反贪局办公室更名为综合指导处。同年9月,增设监察室,与纪律检查组合署办公。同年10月,成立民事行政检察处。1994年2月,经最高人民检察院和广东省编委批复同意,成立政治部,这是当时检察机关规格最高的政工机构。1995年10月,监察室改成检察处。1996年6月,反贪局成立大要案指导处,综合指导处更名为综合处。同月,省人民检察院刑事检察处分设为刑事检察一处和刑事检察二处,分别负责公安机关、国家安全机关侦查的案件和检察机关自侦案件。1999年5月,控告申诉检察处与贪污贿赂罪案举报中心合并设立控申举报检察处。①

进入21世纪,广东省人民检察院根据实际需要进一步推动机构改革。2000年,广东省人民检察院在反贪局设立案件协查办公室,并成立职务犯罪大要案侦查指挥中心。2001年,刑事检察处更名为侦查监督处,刑事检察二处更名为公诉处。2006年6月,在原公诉处基础上分设为公诉一、二、三处。2007年4月,法纪检察处更名为反渎职侵权局(简称"反渎局")。2017年12月至2018年2月,全省各级检察院按照国家监察体制改革部署安排,全力配合国家监察体制改革试点工作,通过建立组织机构、职能职责、人员数量等7个清单,有效落实职能划转和机构人员转隶等工作。各级检察院反贪污贿赂、反渎职侵权、职务犯罪预防部门相应划入各级监察委员会。广东省人民检察院现设侦查监督一、二处,刑事申诉检察处,公诉一、二、三处,刑事执行检察处,民事行政检察处,控告检察处,检察技术处,办公室,研究室,政治部,机关财物统管处,地方财物统管处,保障中心,法警总队,监察室等机构。下级各检察院根据实际需求,参照省人民检察院设置业务机构。

(三)检察队伍建设与发展

1. 检察编制与人员配备的发展

1978年6月,广东省人民检察院重建。1978年重建之初,广东检察机关各方面条件困难,编制与人员也相当紧缺。除省人民检察院暂定编60人外,全省检察编制尚未确定。而且,受"文化大革命"影响,不少干部对检察工作"心有余悸"。为加速筹建检察机关,广东省委于9月份批转省检察院《关于我省各级检察院重建情况的报告》,要求各地积极选调检察干部,选调干部可采用"四带"办法(即被选调者可从原单位自带编制、工资、住房、办公用具),并认真解决筹建中的实际问题。1979年,各级检察机关贯彻"边筹建、边工作,以工作促筹建"的方针,检察队伍逐步壮大。1979年2月,配置检察干警人数达1 177人。至同年9月,检察干警人数增至1 560人,接近"文化大革命"前全省实有检察干部人数。② 在人员配备方面,根据1979年

---

① 参见广东省地方史志编纂委员会编《广东省志·检察志》,广东人民出版社2006年版,第106—107页。

② 参见广东省地方史志编纂委员会编《广东省志·检察志》,广东人民出版社2006年版,第126页。

《人民检察院组织法》规定，各级人民检察院设检察长一人，副检察长和检察员若干人；各级人民检察院设助理检察员和书记员若干人，经检察长批准，助理检察员可以代行检察员职务；各级人民检察院根据需要可以设司法警察。广东各级检察院按以上规定配备人员。

进入20世纪80年代，检察队伍继续扩大。1980年11月，全省配备检察干警4844人。其中，原来曾在检察机关工作过的占12.4%；原来从事政法工作的有1250人，占26.3%；助理检察员以上法律职称的有2552人，占53.9%；高中以上文化程度的有1958人，占41.3%。1982年，广东省委积极贯彻中共中央《关于加强政法工作的指示》，进一步加强检察队伍建设，从各部门选调党性强、作风好、懂政策、文化程度高的干部进入检察队伍。1982年全省检察机关正式确定编制数5994名，至同年底，全省实有检察干部总数6018人。此后，全省检察编制数逐年增加。从1988年开始，由于广东省行政区划变更和检察工作需要，最高人民检察院和广东省编委多次增加广东检察机关编制。1990年至1995年，广东省检察机关编制数与实有人数逐年增长。编制数从1990年12月的8235名增加至1995年的10765名；实有人数从1990年12月的8452名增加至1995年的9881名。1996年至2000年，全省检察机关国家编制数没有发生改变，均为10765名。①

2000年以后，广东检察机关人员配备进一步充实。至2007年，全省检察机关实有人数12000多名。2017年国家监察体制改革试点以来，广东检察队伍人员结构和数量发生较大变化，随着反贪污贿赂、反渎职侵权、职务犯罪预防等部门干警转入各级监察委员会，全省检察机关共转隶编制3341人。

2. 检察官的任职资格及其任免制度

（1）检察官的任职资格条件。1978年至1984年，中共中央及最高人民检察院的文件对选用检察人员体现一定的原则。1978年12月，广东省召开第十次全省检察工作会议，根据第七次全国检察会议上提出的"要选拔党性强、作风好、懂政策、有干劲并有一定文化程度的干部担任检察工作"的精神，要求全省各级检察院"选配好各级领导班子，特别是一、二把手"，"县一级人民检察院检察长应由县级干部担任"。1985年9月，中共中央办公厅发布《关于加强地方各级法院、检察院干部配备的通知》，对检察院人员配备做出如下规定：第一，地方各级人民检察院检察长、检察员应当配备政治立场坚定，能坚决贯彻执行党的路线、方针、政策，敢于坚持原则、秉公执法，具有

---

① 参见广东省地方史志编纂委员会编《广东省志·检察志》，广东人民出版社2006年版，第126-129页。

相当文化水平和实际工作经验，懂得法律，有工作能力的干部担任。第二，省人民检察院检察长一般配备副省长一级干部；检察员一般配备处一级干部。分院、自治州、省辖市人民检察院检察长一般配备副专员一级干部。县（市）、市辖区人民检察院检察长一般配备副县级以上干部。1987年8月，根据中共中央组织部的要求，地方各级人民检察院现任副检察长的职级，按照同级政府工作部门的正职还是副职确定，根据干部本人的德才条件，按照干部管理权限审定。① 在这一阶段，有关文件主要对检察人员的行政职级进行规定，对其任职条件并没有明确规定。

1995年2月28日《中华人民共和国检察官法》（以下简称《检察官法》）颁布以后，首次对检察官的任职条件做出明确规定。2001年修改后的《检察官法》根据我国法学教育的发展状况和法治建设的客观需求，提高了担任检察官的学历条件，要求"高等院校法律专业本科毕业或者高等院校非法律专业本科毕业具有法律专业知识，从事法律工作满二年，其中担任省、自治区、直辖市人民检察院、最高人民检察院检察官，应当从事法律工作满三年；获得法律专业硕士学位、博士学位或者非法律专业硕士学位、博士学位具有法律专业知识，从事法律工作满一年，其中担任省、自治区、直辖市人民检察院、最高人民检察院检察官，应当从事法律工作满二年"。2017年9月1日，第十二届全国人民代表大会常务委员会第二十九次会议通过《关于修改〈中华人民共和国法官法〉等八部法律的决定》，对《检察官法》做出第二次修正。

根据现行《检察官法》，担任检察官必须具备下列条件："（一）具有中华人民共和国国籍；（二）年满二十三岁；（三）拥护中华人民共和国宪法；（四）有良好的政治、业务素质和良好的品行；（五）身体健康；（六）高等院校法律专业本科毕业或者高等院校非法律专业本科毕业具有法律专业知识，从事法律工作满二年，其中担任省、自治区、直辖市人民检察院、最高人民检察院检察官，应当从事法律工作满三年；获得法律专业硕士学位、博士学位或者非法律专业硕士学位、博士学位具有法律专业知识，从事法律工作满一年，其中担任省、自治区、直辖市人民检察院、最高人民检察院检察官，应当从事法律工作满二年。曾因犯罪受过刑事处罚和曾被开除公职的人员不得担任检察官。"此外，初任检察官采用考试、考核的办法，按照德才兼备的标准，从通过国家统一法律职业资格考试取得法律职业资格并且具备检察官条件的人员中择优提出人选。

（2）任免。1978年5月，中共中央通知要求地方各级检察院检察长必须

---

① 参见广东省地方史志编纂委员会编《广东省志·检察志》，广东人民出版社2006年版，第132页。

专职,在没有召开人民代表大会之前,先以代理检察长行使职权。1978年下半年,全省检察机关重建后,对检察长的任用由人大常委会直接任命制改为地方人民代表大会选举制。1979年《人民检察院组织法》颁布以后,根据《人民检察院组织法》和最高人民检察院《关于检察干部任免手续的暂行规定》,省检察院检察长由省人民代表大会选举和罢免;副检察长、检察委员会委员和检察员由检察长提请本级人民代表大会常务委员会任免。省人民检察院检察长、副检察长和检察委员会委员的任免,须报全国人民代表大会常务委员会批准。自治州、直辖市、县、市、市辖区人民检察院检察长由本级人民代表大会选举和罢免,并报上级检察院检察长提请本级人民代表大会常务委员会批准。副检察长、检察委员会委员和检察员由检察长提请本级人民代表大会常务委员会任免。

1980年,中共中央恢复由上级公检法机关协助地方党委管理、考核有关干部的制度。地方党委对公检法机关领导干部的调配,应征得上级公检法机关的同意。下级检察长、副检察长候选人,由同级党委讨论提名,报上级党委审批的同时,应征求上级检察院的意见,然后再报人大常委会任免。为此,省检察院要求各级人民检察院检察长、副检察长和检察委员会委员的任免,都要逐级上报到省人民检察院。1982年11月,广东省委组织部规定,任免地方各级检察院的领导职务,在党内审批后,必须按照法律规定履行手续。1983年9月修改通过的《人民检察院组织法》规定,除选举出的各级检察长的任免,仍须报上一级人民代表大会常务委员会批准外,副检察长、检察委员会委员、检察员的任免,均由本级人民代表大会常务委员会批准。

1995年《检察官法》颁布实施以后,广东省人民检察院严格执行《检察官法》及最高人民检察院的规定,明确检察官任免权限和程序:地方各级检察院检察长由地方各级人民代表大会选举和罢免,副检察长、检察委员会委员和检察员由本院检察长提请本级人民代表大会常务委员会任免;地方各级人民检察院检察长的任免,须报上一级人民检察院检察长提请该级人民代表大会常务委员会批准;助理检察员由本院检察长任免。① 此后,1995年《检察官法》分别在2001年和2017年经过两次修改,其中均涉及有关检察官任免的规定。

根据现行《检察官法》,初任检察官采用考试、考核的办法,按照德才兼备的标准,从通过国家统一法律职业资格考试取得法律职业资格并且具备检察官条件的人员中择优提出人选。人民检察院的检察长、副检察长应当从检察官

---

① 参见广东省地方史志编纂委员会编《广东省志·检察志》,广东人民出版社2006年版,第136—137页。

或者其他具备检察官条件的人员中择优提出人选。地方各级人民检察院检察长由地方各级人民代表大会选举和罢免，副检察长、检察委员会委员和检察员由本院检察长提请本级人民代表大会常务委员会任免；地方各级人民检察院检察长的任免，须报上一级人民检察院检察长提请该级人民代表大会常务委员会批准；在省、自治区内按地区设立的和在直辖市内设立的人民检察院分院检察长、副检察长、检察委员会委员和检察员由省、自治区、直辖市人民检察院检察长提请本级人民代表大会常务委员会任免。同时，检察官有下列情形之一的，应当依法提请免除其职务：①丧失中华人民共和国国籍的；②调出本检察院的；③职务变动不需要保留原职务的；④经考核确定为不称职的；⑤因健康原因长期不能履行职务的；⑥退休的；⑦辞职或者被辞退的；⑧因违纪、违法犯罪不能继续任职的。此外，对于不具备本法规定条件或者违反法定程序被选举为人民检察院检察长的，上一级人民检察院检察长有权提请该级人民代表大会常务委员会不批准。对于违反本法规定的条件任命检察官的，一经发现，做出该项任命的机关应当撤销该项任命；上级人民检察院发现下级人民检察院检察官的任命有违反本法规定的条件的，应当责令下级人民检察院依法撤销该项任命，或者要求下级人民检察院依法提请同级人民代表大会常务委员会撤销该项任命。

二、检察工作改革与发展

改革开放40年来，广东检察工作的发展经历了重建阶段、初步发展阶段、全面发展阶段、跨越发展阶段四个阶段。

（一）重建阶段（1978—1980年）

1978年重建初期，广东检察机关以清理反右和"文化大革命"期间的积案作为主要任务。按照广东省委《关于落实党的对敌斗争政策，做好复查案件的通知》，全省各级检察机关边筹建边开展工作，前后抽调了144名干部参加复查平反案件工作。各地检察机关根据实际情况采取措施开展复查案件工作。湛江、海南、汕头等地区主要组织各市、县政法"三长"和有关办案人员携卷到地区集中复查，佛山、肇庆等地区在各市、县复查的基础上，分批分片集中，交叉复查验收，还有地区对各县市复查意见有分歧的案件集中到地区共同研究。全省监所检察部门根据最高人民检察院《关于劳改检察几个问题的通知》要求，积极开展对冤假错案的调查和处理。1979年，广东省人民检察院受理要求平反冤假错案和解决善后工作问题的来信1193件，均依法做出处理。这一期间，广东检察机关对"文化大革命"期间10588件"反革命"

冤假错案以及"文化大革命"以前、以后的 1504 件"反革命"冤假错案和 810 件其他冤假错案予以纠正、平反,通过发挥检察职能,积极配合党中央进行拨乱反正,促进了公平正义的实现。

除复查、纠正冤假错案以外,广东各级检察机关在刑事检察和监所检察方面也积极开展工作。一方面,广东各级检察机关按照中央政法委 1979 年 11 月召开的国家城市治安会议的部署安排,重点打击严重危害社会治安秩序的刑事犯罪活动,依法从重从快打击严重危害社会治安的刑事犯罪分子。1979 年至 1980 年,广东各检察机关批准逮捕犯罪分子 16060 人,起诉 14441 人,其中属于杀人、抢劫强奸等重大刑事案犯占批捕总数的 61.7%。[1] 通过切实履行刑事检察职能,广东检察机关促进了社会治安的稳定,为人民群众安居乐业创造了良好的社会环境。另一方面,广东各级检察机关监所检察部门于 1979 年按照最高人民法院、最高人民检察院、公安部联合发布的《关于清理老、弱、病、残和精神病犯的联合通知》,清理了一大批全省在押的老、弱、病、残和精神病犯,并对有关人员进行了妥善安置。同年 3 月,广东各级检察机关依据最高人民检察院的《关于认真执行逮捕拘留条例的通知》的要求,共检察看守所 329 次,并与看守所建立起联系制度和定期检察制度。

(二)初步发展阶段(1980—1988 年)

进入 20 世纪 80 年代,广东检察工作主要围绕经济建设这一中心进行,全面开展刑事检察、经济检察等各项检察业务,维护了广东社会治安的稳定,为广东对外开放和经济建设提供了有力保障。

在刑事检察工作方面,1980 年 1 月,广东检察机关在广州召开全省市、分院、州检察长会议,传达了 1979 年 11 月国家城市治安会议《关于从重从快惩办现行刑事犯罪分子的决定》精神,要求各级检察机关"以整顿社会治安为中心,全面开展各项业务",重点打击杀人、抢劫、强奸以及涉外、涉港澳台的严重刑事犯罪活动,从严惩处犯罪集团的首犯、屡教不改的惯犯、教唆青少年犯罪的教唆犯等犯罪分子。按照 1983 年中央《关于严厉打击刑事犯罪活动的决定》的部署安排,广东检察机关积极投入为期三年的"严打"战役行动,期间共批准逮捕刑事犯罪分子 86806 人,起诉 81595 人,分别占 1979 年至 1988 年批捕起诉总数的 52.3% 和 52.4%。[2] 广东检察机关在积极开展审查

---

[1] 广东省依法治省工作领导小组办公室编:《广东法治建设 30 年》,广东人民出版社 2008 年版,第 86 页。

[2] 广东省依法治省工作领导小组办公室编:《广东法治建设 30 年》,广东人民出版社 2008 年版,第 87 页。

批准逮捕工作，严惩犯罪分子的同时，也依法开展侦查监督和审判监督。1983年10月，按照最高人民检察院发布《关于开展侦查活动、审判活动监督工作的情况和今后的意见》，广东各级检察机关把侦查活动监督和审判活动监督列入议程，坚决纠正违法行为，杜绝错漏案件的发生，努力做到不枉不纵。据统计，1983年至1986年"严打"期间，广东检察机关对公安机关呈请批捕的案件中，经审查不符合批捕条件并依法决定不批准逮捕的有560人，追捕罪犯1672人；出庭支持公诉案件49681件；对法院判决确有错误提出抗诉392件，其中法院改判129件，向法院提出书面纠正违法21次，有效发挥了检察机关法律监督职能。

在经济检察工作方面，广东检察机关重建后开始设立经济检察机构，根据1979年最高人民法院、最高人民检察院、公安部《关于执行刑事诉讼法规定的案件管辖范围的通知》和1980年最高人民检察院《关于案件管辖内部分工的规定》，全省经济检察机构负责查处贪污案、贿赂案、抗税案、偷税案、假冒商品案、挪用国家救灾抢险防汛优抚款物案六类案件和人民检察院认为需要直接受理的其他案件。1980年，广东检察机关中有112个检察院立案侦查经济犯罪案件，占全省检察院数的89%，同年上半年立案侦查181件重大贪污受贿案件，其中有26件属于万元以上案件。1982年，省人民检察院报请省人大常委会批准《关于敦促经济犯罪投案自首争取宽大处理的意见》，全省集中近半数检察干部连同各级党委抽调支援干部共计3000多人投入打击经济犯罪活动的斗争。1983年，广东检察机关自行侦查贪污、贿赂等经济犯罪案件1236件1738人，其中大案要案161件204人，追缴赃款赃物842.1万元。1985年以来，由于广东长期实行外引内联的特殊政策，加上相关法律的空白，造成了走私贩私、倒卖外汇、偷税漏税等经济犯罪猖獗，为此，广东检察机关有针对性地开展了打击投机倒把、走私和偷税抗税违法犯罪活动的专项斗争。1986年，广东检察机关按照邓小平"一手抓建设，一手抓法制"的指示，以及全国检察长会议提出的"用一年左右时间，把经济犯罪分子嚣张气焰压下去"的部署，与有关部门密切配合，按系统、按行业展开经济犯罪清查活动。1981年至1988年，全省检察机关共立案侦查各种经济犯罪案件9685件13172人，为国家和集体挽回经济损失14068.02万元。① 期间，广东检察机关查办了原中共汕头地委政法委副主任王仲贪污、受贿案，原广州卷烟二厂副厂长张英受贿案等大案要案，有力地惩处了腐败犯罪分子。

---

① 广东省依法治省工作领导小组办公室编：《广东法治建设30年》，广东人民出版社2008年版，第88页。

在监所检察工作方面，1980年4月，省人民检察院在三水劳教所召开全省监所检察工作会议，强调要保障《刑法》《刑事诉讼法》在监管场所的统一正确实施。省人民检察院先后两次会同韶关市人民检察院深入省第二监狱进行检察，并与公安部门联合组成调查组，分别对广州市区的8个看守所和惠阳、汕头、湛江三个地区的15个县、市看守所进行全面检查。各地检察机关继续配合公安部门对看守所进行检查整顿。全省自1979年下半年开始整顿看守所以来，共计清理刑事拘留犯4603名，超期羁押未决犯4505名。① 1981年，按照全国人大常委会《关于处理逃跑或重新犯罪的劳改犯、劳教人员的决定》，广东检察机关协同公安、法院和监所等主管部门，重点打击"牢头狱霸"。1983年，按照最高人民法院、最高人民检察院、公安部、司法部《关于严厉打击劳改犯和劳教人员在改造期间犯罪活动的通知》的要求，广东检察机关与监所部门配合进行"严打"斗争，从重从快地打击"两劳"人员犯罪活动，重点打击组织越狱、脱逃、行凶报复、"牢头狱霸"等重新犯罪分子以及查办监管干警贪污贿赂、体罚、私放罪犯等犯罪案件。

此外，广东检察机关的法纪检察、控告申诉检察等工作也逐步开展。自1985年起，广东省人民检察院在全省推行派驻检察制度，进一步强化监所检察监督。恢复重建后，广东各级检察机关先后设立法纪检察机构，开展法纪检察工作。1983年至1987年，全省检察机关受理法纪案件6149件，立案侦查2103件。1981年广东各级检察机关信访处更名为控告申诉检察处后，控告申诉检察工作得到全面开展。广东各级检察机关控告申诉检察处认真接待和处理各种来信来访案件，不断完善信访接待制度。1985年，各级检察院普遍建立了检察长接待日制度和阅批重大来信制度，从而为化解社会矛盾、维护社会稳定和及时发现案件线索提供了重要途径。

（三）全面发展阶段（1988—2012年）

经过重建后的十年建设发展，广东检察机关各项检察工作日臻完善，反腐职能在原有经济检察基础上进一步加强，法纪检察演变为渎职侵权检察，民事行政检察也开始起步，为各级检察机关充分发挥法律监督功能提供了有力支撑。

一是贪污贿赂检察深入推进。自1988年起，广东检察机关从创新经济犯罪检察机构出发，着力推进反贪污贿赂工作，进行了一系列富有成效的改革尝试。1988年，深圳、广州、汕头三市检察院设立贪污贿赂罪案举报中心试点，

---

① 参见广东省地方史志编纂委员会编《广东省志·检察志》，广东人民出版社2006年版，第327页。

得到最高人民检察院和广东省委、省人大常委会的肯定。此后,广东检察机关普遍设立经济罪案举报机构。1989年8月,广东省人民检察院成立全国首个反贪污贿赂的专门机构——广东省人民检察院反贪局。省反贪局成立后,积极贯彻落实中央和广东省委关于反腐败斗争的部署安排,围绕整顿经济秩序、推动国企改革等社会热点,重点打击发生在金融、教育、医疗、电力、建筑等行业的经济犯罪活动,查办了一批发生在党政、行政、司法机关和国有企业的职务犯罪案件。省反贪局的工作成果得到最高人民检察院和广东省委的肯定与推广,广东各级检察院反贪局相继成立,有力地推动了广东反贪污贿赂工作的发展。1989年,广东各级检察机关全年立案侦查贪污贿赂犯罪2499件,创历年最高记录。全省20个市分检察院,有19个立案总数比前一年增加一倍以上,有13个增加两倍以上。1997年以后,根据修改后的《刑事诉讼法》和1998年最高人民检察院《关于人民检察院直接受理立案侦查案件范围的规定》,检察机关反贪部门直接受理的案件范围调整为12个罪名的案件,反贪污贿赂检察得到进一步推进。进入2000年以后,广东各级检察机关结合经济社会的发展,突出查办重点领域的贪污贿赂犯罪,加大对行贿的查办力度,开展商业贿赂专项查办。1989年至2012年间,广东检察机关反贪部门共立案侦查贪污贿赂等犯罪案件40833件47231人,通过办案为国家挽回经济损失77.8亿多元。

二是法纪检察演变为渎职侵权检察。2000年7月17日,广东省人民检察院向各级检察机关转发最高人民检察院《关于加强渎职侵权检察工作的决定》,要求重点查办党政机关工作人员特别是县处级以上领导干部玩忽职守、滥用职权犯罪案件。广东检察机关法纪检察部门更名为渎职侵权检察部门。渎职侵权检察部门成立后,广东各级检察机关进一步建立健全查办渎职侵权犯罪案件的机制和制度,如渎职侵权犯罪案件线索的信息网络和协作机制,渎职侵权犯罪案件备案审查制度以及跨部门的联席会议制度和案件移送制度等。同时,广东检察机关积极建立与港澳地区司法机关和有关部门的联系与合作,加强渎职侵权检察的国际司法合作。2000年12月19日,广东省人民检察院发布《广东省人民检察院贯彻〈最高人民检察院关于加强侵权渎职检察工作的决定〉的意见》,对全省渎职侵权检察工作做出进一步要求。2005年,为加大打击渎职侵权犯罪的工作力度,促进依法行政、公正司法,最高人民检察院决定将地方各级检察机关渎职侵权部门统一更名为反渎职侵权局。反渎职侵权局的成立,加强了渎职侵权检察的组织保障,有力推动了各级检察机关反渎职侵权工作的发展。2008年至2012年五年间,广东检察机关立案侦查渎职侵权犯罪案件1947件2218人,比前一个五年同比增加50.6%和54.9%,为国家挽回直接经济损失12.6亿元。

三是民事行政检察开始起步。1990年,广东省人民检察院被最高人民检察院、最高人民法院指定为全国行政诉讼法律监督试点单位之一,广东检察机关民事行政检察工作自此起步。1991年1月至9月,指导民事行政检察工作的《行政诉讼法律监督试点工作方案(试行)》《关于不服人民法院民事、行政判决、裁定的申诉材料处理意见的通知》《关于人民检察院受理民事、行政申诉分工问题的通知》等文件先后出台。同年11月,广东各级检察机关民事行政检察机构相继成立,加强了民事行政检察工作的专业化建设。在此后将近十年的时间里,广东省人民检察院先后发布《广东省人民检察院关于办理民事、行政检察案件的试行规定》《省检察院民事行政检察处办案规程(试行)》等一系列文件,进一步推动了民事行政检察工作规范化发展,民事行政检察逐渐成为广东检察机关新的业务增长点。尤其是2003年以来,广东省人民检察院民事行政抗诉总数连续5年位居全国省级院首位,受到最高人民检察院的肯定。2008年至2012年间,广东检察机关在民事行政诉讼监督方面,对认为确有错误的民事、行政判决和裁定提出抗诉2897件,提出再审检察建议411件,监督民事执行案件851件,充分发挥了民事行政检察的作用,有效地维护了司法公正。

除贪污贿赂检察、渎职侵权检察、民事行政检察以外,广东检察机关在刑事检察等工作上也取得了成效。在刑事检察方面,广东检察机关查办了有"世纪大审判"之称的张子强等36人特大跨境犯罪案。在法庭上,基于被告人的香港居民身份和部分犯罪活动发生在香港,控辩双方针对案件的司法管辖权、绑架案没有被害人报案、抢劫致人死亡案没有被害人尸体以及某些主犯是否在共同犯罪中起主要作用,是否应按牵连犯定罪处罚,被告人是否有立功、自首等问题展开了激烈的交锋。经过长达6天半的法庭审理,一审法院采纳了公诉人广州市检察院的大部分意见。二审法院除对2人改判以外,判决驳回张子强等27人的上诉,维持原判。广东检察机关通过出庭支持公诉,依法履行了刑事检察职责,为惩治跨境犯罪、维护粤港两地治安稳定做出了贡献。此外,广东检察机关在这一阶段也深入开展涉港澳个案协查、人民监督员制度试点、检务督察等工作,进一步提高了办案质量,加强了对检察机关的外部和内部监督,并有效推动了检察机关法律监督职能的履行。

(四)跨越发展阶段(2012年—)

党的十八大召开以来,广东各级检察机关在习近平新时代中国特色社会主义思想指引下,坚持以法治为引领,以司法办案为中心,贯彻落实习近平总书记对政法工作、检察工作以及对广东工作的重要指示批示精神,深入推进平安广东、法治广东建设,深化检察改革,全面履行法律监督职责,不断提升司法能力和水平,推动了各项检察工作跨越发展。主要体现在以下五个方面:[①]

1. 全面履行检察职责,护航经济社会发展

2012年以来,广东检察机关通过全面履行检察职责,充分发挥法治的引领保障作用,为新常态下经济社会发展保驾护航。一是广东检察机关注重加强对科技创新行业和领域的司法保护,重点打击破坏经济秩序、侵犯知识产权、妨碍创新发展等方面的犯罪活动。2013年至2017年间,广东检察机关批捕假冒注册商标、侵犯专利权等犯罪11665人,起诉12969人,并严肃查办发生在创新支持政策落实、重大科技项目实施等领域的职务犯罪。广东检察机关查办的罗开玉侵犯著作权案等五起案件先后入选全国检察机关保护知识产权年度十大典型案例。二是广东检察机关重视对环境资源的司法保护,批捕污染环境、盗伐滥伐林木等破坏环境资源犯罪5541人,起诉7744人,查处危害生态环境领域职务犯罪1270人,结合办案提出完善环境监管体制机制的意见建议,并连续4年开展破坏环境资源犯罪专项立案监督,对重大案件挂牌督办,建议监管部门移送涉嫌犯罪案件390件,监督公安机关立案181件。河源市检察院与有关部门建立生态环境保护信息员机制,被环保部评为全国生态环境法治保障制度创新优秀事例。三是广东检察机关努力服务保障粤港澳大湾区和自贸区建设,通过制定实施服务保障广东自贸区建设的"22条意见",推动了南沙、前海、横琴三个自贸区检察院的成立。同时,严厉打击发生在自贸区内的刑事犯罪活动,严惩虚假跨境贸易逃汇、信用证诈骗等经济犯罪责任人,严肃查办和预防自贸区重大项目建设领域的职务犯罪,为自贸区的发展创造良好的法治环境。

2. 发挥刑事检察职能,严厉打击刑事犯罪

一是坚决打击邪教组织犯罪活动,依法办理了"华藏宗门"邪教组织破坏法律实施案等案件,有力地打击了各类邪教组织,保护人民群众的人身财产安全。二是突出惩治涉众型经济犯罪和互联网金融犯罪,依法妥善办理"e租宝""善心汇"等重大案件,起诉非法吸收公众存款、组织领导传销等犯罪4225人,有效规范了金融市场秩序。三是重点打击危害食品药品安全犯罪,批捕制售有毒有害食品、假药劣药等犯罪9588人,起诉11727人。同时,持续开展专项立案监督,建议食品药品监管部门移送相关犯罪457件,监督公安机关立案122件,查处职务犯罪67人。2016年,社会广泛关注的"问题疫苗"案发生后,广东省人民检察院挂牌督办,批捕非法经营疫苗犯罪嫌疑人

---

① 参见《广东省人民检察院2018年工作报告》。

19 人，被最高检评为全国"优秀挂牌督办案件"。四是集中打击电信网络诈骗犯罪，联合省公安厅等部门出台办理电信网络诈骗刑事案件的指导意见，批捕电信网络诈骗犯罪 11036 人，起诉 10891 人。2017 年 12 月，揭阳女大学生因电信诈骗自杀案发后，揭阳市、惠来县两级检察机关高度重视，依法快捕快诉 7 名犯罪嫌疑人，及时惩治了犯罪分子。2017 年，珠海市香洲区检察院加强境外执法司法合作，派员跨国提前介入侦查引导取证，依法批准逮捕黄右诠等犯罪嫌疑人 112 名，有效打击了电信诈骗犯罪分子的嚣张气焰，维护了社会的和谐稳定。2013 年以来的 5 年间，广东检察机关受理审查逮捕犯罪嫌疑人 782235 人、审查起诉 889067 人，批准和决定逮捕 650253 人、提起公诉 756514 人，以此充分发挥刑事检察职能，深入推进平安广东建设。

3. 扎实推进反贪反渎检察，依法预防查办职务犯罪

党的十八大以来，反腐进程持续深入，广东检察机关配合落实中央和广东省委有关反腐工作，扎实推进反贪反渎检察工作，依法预防和查办各类职务犯罪。一是深入开展职务犯罪的个案预防、系统预防和专项预防，对港珠澳大桥等 3911 个建设项目开展同步预防，普遍开展惩治预防职务犯罪年度报告和专项报告工作，提出防治建议 3765 件。二是突出查处职务犯罪大案要案，立案侦查职务犯罪 15915 人，其中查处厅级以上干部 234 人、县处级干部 1398 人，挽回经济损失 35.2 亿元。经最高人民检察院指定管辖，广东检察机关依法对谭力、司献民、邓崎琳、卢子跃等 4 名原省部级干部立案侦查，对宋林、王帅廷等 6 名原省部级干部提起公诉。三是开展职务犯罪国际追逃追赃专项行动，共从境外追回外逃人员 47 人，其中包括"百名红通人员"常征、王雁威等 4 人，普通"红通"人员王海鹏以及十八大以来重大腐败案件嫌疑人黄镇坤、珠江电力工程公司总经理李麟、美国强制遣返人员邝婉芳等，追回外逃人员数以及追回"百名红通人员"数均居全国首位，有力惩治了外逃腐败分子。四是坚持"老虎""苍蝇"一起打，坚决查处"小官大贪""小村大腐"问题。至 2016 年 12 月底，全省共排查出农村基层党员、干部违纪违法线索 46487 条，立案 14019 宗，结案 13111 宗，给予党纪政纪处分 12613 人，移送司法机关处理 523 人，有力遏制了"小官大贪"和"微腐败"的歪风。① 2017 年 12 月以来，广东各级检察机关积极配合国家监察体制改革，做好反贪、反渎、预防机构及其人员的转隶工作，各级检察机关的反贪、反渎、预防职能转由各级监察委员会行使。

---

① 参见陈燕《广东惩治腐败"零容忍"》，载《南方都市报》2017 年 4 月 12 日，第 A06 版。

4. 切实加强法律监督，努力维护司法公正

一是强化刑事立案和侦查活动监督。2013年至2017年，监督侦查机关立案4322件，追加逮捕8495人，追加起诉8913人，对侦查活动中的违法情形提出纠正意见8427件次。同时，广东检察机关在全国率先研发并运行侦查活动监督平台，在全国率先建成全省覆盖、三级联网的"行政执法与刑事司法衔接"信息共享平台，被最高人民检察院作为"广东经验"在全国推广。二是强化审判监督。2013年以来，广东检察机关重点监督纠正社会关注的司法不公问题。对认为确有错误的裁判，提出刑事抗诉1851件，提出民事行政抗诉1731件，纠正审判活动违法情形1360件次；与法院联合开展执行案款清理，发出执行检察建议3131件，法院采纳2686件；加强民事虚假诉讼监督，监督以房抵债等领域"假官司"1397件。三是强化刑事执行检察监督。2013年至2017年，广东检察机关依法审查减刑、假释、暂予监外执行案件28万件，提出变更强制措施建议12184件，办案机关采纳11585件，采纳数量位居全国第一。同时，将410名判处实刑但未执行刑罚的罪犯监督收监执行，纠正社区服刑人员脱管漏管2245人，查处刑事执行活动中的职务犯罪116人。四是坚决纠正冤错案件。广东检察机关发挥审前主导和过滤作用，对不应当立案而立案的，监督撤案5882件；对不构成犯罪或证据不足的，不批准逮捕97731人、不起诉14434人。广东省人民检察院积极行使审判监督职能，对判处死缓的徐辉强奸杀人案提出再审意见并持续监督，使其最终获改判无罪；对判处缓刑的国内最大基金"老鼠仓"犯罪马乐案申请抗诉，获改判有期徒刑三年。两起案件均被最高人民检察院评为年度十大法律监督案例。五是强化未成年人检察工作。广东各级检察院已全部设立未成年人检察机构，一方面推行"捕诉监防一体化"工作模式，对涉罪未成年人不批捕7929人，不起诉2811人，另一方面强化未成年被害人司法保护，起诉涉校园欺凌和校园暴力等侵害未成年人犯罪11501人。

5. 全面深化司法改革，提升检察工作质效

一是扎实推进四项司法体制改革。此轮司法体制改革中，司法责任制、完善司法人员分类管理、健全司法人员职业保障制度、推进省以下地方法院检察院人财物省级统一管理，是司法体制改革的基础性制度性措施。广东省人民检察院出台53份文件，加强对下指导，构建制度框架体系。第一，全面实施"谁办案谁负责、谁决定谁负责"的司法责任制，组建4295个办案组织，检察官在授权范围内独立办案，对案件质量终身负责。第二，检察人员分类管理全面落地，检察官、检察辅助人员、司法行政人员各归其位、各司其职，严格考试考核遴选5718名员额制检察官。第三，坚持放权与监督并重，建立检察官员额退出、绩效考核等监督体系，同时开展基层检察院内设机构改革试点工作，基本落实检察官职业保障制度。二是全面开展检察机关提起公益诉讼改革试点工作。广东检察机关以生态环境和资源保护、食品药品安全、国有财产保护、国有土地使用权出让等领域为重点，办理公益诉讼案件1432件，办案数量位居全国前列。其中，办理诉前程序案件1343件，向法院提起公益诉讼95件；督促恢复被污染、破坏的耕地、林地、水源地等6023亩，治理被污染水源面积145万平方米，整治污染企业407家，挽回国有财产损失4.2亿元。三是建设更高层次的阳光检务。第一，加大对办案信息的公开力度，公开发布案件程序性信息67万条、法律文书24万份、办理辩护与代理申请52307次，三项数据均居全国第一，变当事人千方百计打听案情为检察机关及时主动告知。第二，升级阳光检务大厅，提供案件受理、分流移送、律师接待阅卷等"一站式"服务。第三，加强新媒体建设，全省三级检察院实现"两微一端"全覆盖，粉丝数达708万，打造了"广东检察""正义肇庆"等一批在全国叫得响的品牌。第四，每年举办检察开放日活动，已邀请5万名社会各界人士走进检察机关。四是统筹推进刑事检察制度改革试点工作。一方面，开设刑事案件速裁程序试点，轻微刑事案件审查起诉周期由过去平均20天缩短至6天；另一方面，推进认罪认罚从宽制度改革试点工作，对20465名犯罪嫌疑人适用此制度提起公诉。五是全面完成人民监督员制度改革。2017年6月，广东省由司法行政部门选任新一届人民监督员1324名，监督评议案件220件，得到中央改革办的充分肯定。

三、检察制度创新与展望

（一）检察业务机构改革与创新

1. 成立全国首个经济罪案举报机构

1987年10月，广东省人民检察院控告申诉检察处借鉴香港廉政公署举报工作的经验，向省检察院党组提交了《关于设立举报电话和举报箱的请示报告》。省检察院研究决定，在深圳、广州、汕头三市检察院设立举报工作试点。1988年1月初，在全省市、分院检察长会议上，省检察院就举报工作试点作了部署。1月22日，深圳市检察院提出成立经济罪案举报中心的建议。1月25日，深圳市委同意成立经济罪案举报中心。同日，省检察院控告申诉检察处正式提出《关于举报电话举报箱试点工作方案》，为举报工作试点奠定了基础。从2月开始，深圳市经济罪案举报中心进入筹备阶段，省检察院控告申诉检察处根据院领导的指示，派出工作组到深圳市检察院协助筹备工作。2月

10 日,省检察院正式批复深圳市检察院,同意该院设立经济罪案举报中心试点。3 月 8 日,深圳市经济罪案举报中心正式挂牌办公,全国首个经济罪案举报中心宣告成立。5 月 21 日,最高人民检察院发出《关于深圳市检察院经济罪案举报中心工作情况的通报》,传达了高检院领导的讲话精神,对深圳市检察院举报试点工作予以充分肯定,要求在全国推广深圳经验,在大中城市以上检察院设立举报中心。9 月 22 日,广东省人民检察院贪污贿赂罪案举报中心成立。至 1988 年底,广东省除个别新成立的市检察院未建立举报中心外,其他 15 个市、分院及 105 个县、区检察院均已成立举报中心。1989 年,广东检察机关举报中心共受理举报线索 28152 件,比 1988 年的受理量增加了 3 倍。其中,贪污贿赂犯罪线索 14858 件,占举报线索总量的 52.7%。初查 6287 件,比 1988 年增加了 3 倍。① 举报中心的成立,是广东检察机关借鉴香港经验并结合广东实际推动的机构创新,提升了检察机关发现职务犯罪线索的能力,有力促进了检察机关反贪污贿赂工作的发展。

2. 成立全国首个反贪机构

20 世纪 80 年代后期,随着市场经济的发展,经济犯罪呈现出新的特点,贪污、贿赂犯罪问题日益突出,大案要案比例日趋上升。受限于人员缺乏、职能单一、功能分散等问题,原经济检察机构已难以有效承担反贪污贿赂工作任务。在此背景下,1988 年 7 月初,广东省人民检察院在全国检察长座谈会上向最高人民检察院提出成立"反贪污贿赂犯罪侦查局"的具体设想,得到了最高人民检察院的支持。其后,省检察院召开党组扩大会议,正式提出了建立反贪污贿赂机构的方案。1989 年 8 月 18 日,经广东省委、最高人民检察院批准和省人大常委会决定,中国历史上首个反贪机构——广东省人民检察院反贪污贿赂工作局正式成立。反贪局建立后,坚持"积极探索,循序渐进,边建边干,逐步完善"的方针,实行举报、侦查、预防联体配套、统筹运作的机制,将打击与预防、惩罚犯罪与综合治理相结合,最大限度地发挥了检察机关反贪污贿赂职能。1989 年,广东省受理举报贪污受贿线索 28152 件,其中 20070 件是反贪局成立后受理的举报,占总数的 71.3%,而且重大举报线索明显增加,举报质量明显提高。反贪局成立后连续查处贪污贿赂大案要案 695 件,占全年贪污贿赂大案要案总数的 65.1%。② 反贪局在反贪污贿赂工作中的出色表现得到了最高人民检察院的肯定和推广,全国各级检察机关相继成立专

---

① 参见广东省地方史志编纂委员会编《广东省志·检察志》,广东人民出版社 2006 年版,第 239 - 240 页。

② 肖扬:《共和国第一个反贪局》,载《党风与廉政》1994 年第 3 期。

门的反贪污贿赂机构。广东省人民检察院反贪局的成立，标志着我国反贪污贿赂工作进入了一个新的时期，是我国检察机构改革创新的一项重要成果。

3. 成立全国唯一的涉港澳案件个案协查办公室

党的十一届三中全会以后，随着我国改革开放和对外经济交往进程的深入，跨边境、跨国境犯罪问题日益严重。尤其是广东毗邻香港、澳门，跨边境经济、文化交往频繁，不少腐败分子借机携带巨款潜逃出境或从内地转移资产出境，引发了严重的经济犯罪问题。受制于内地与港澳地区不同的法律制度，广东检察机关和港澳司法部门之间的调查取证存在明显的法律障碍，难以及时发现和打击犯罪。粤港双方均意识到，只有建立密切的合作关系，才能有力地惩治跨境经济犯罪。1986 年，广东省人民检察院和香港廉政公署开始建立合作关系，相互就个案协助调查取证。自 1987 年起，粤港双方历时 3 年时间，逐渐建立了开展贪污个案协查的有效方式。然而，由于内地和香港实行的法律制度不同，在对犯罪主体的确立和犯罪标准的界定、证据有效性的确认、涉及敏感问题的取证程序等诸多方面存在操作差异和法律冲突。尽管如此，粤港双方仍坚持探索，不断排除法律上的障碍，在求同存异的基础上逐渐达成谅解和共识。1990 年 9 月 17 日至 19 日，广东省人民检察院和香港廉政公署双方代表在珠海市举行会晤，共同签署《会晤纪要》。《会晤纪要》确立了开展个案协查的范围、工作方式等问题。此后，粤港双方进一步规范操作程序，改善工作方式，使个案协查得以运作良好。同年 11 月 20 日，按照最高人民检察院的要求，广东省人民检察院成立了全国唯一的涉港澳案件个案协查办公室，专司全国检察机关与港澳地区司法部门相互协查案件工作。涉港澳案件个案协查办公室的成立，有效地解决了内地与港澳地区在个案协查中的法律冲突问题，使内地检察机关与港澳司法部门的合作更加密切，查办了一批大案要案，有力地打击了跨边境经济犯罪活动，为国家挽回了巨大的经济损失。

（二）检察业务制度改革与创新

1. 创新自侦案件内部制约制度

长期以来，检察机关的自侦案件（主要指原经济检察部门和原法纪检察部门负责办理的案件）普遍实行立案、侦查、批捕、起诉都由自侦部门一手经办的制度。这种制度对检察机关自侦案件侦查、起诉活动的准确性、合法性缺乏必要的保障，造成了一些不良后果。1980 年，韶关市检察院首先开始对自侦案件实行立案侦查和批捕起诉分别由侦查部门和刑事检察部门负责的办案制度。1985 年 4 月，广东省第十一次检察工作会议决定，检察机关自侦案件需要提起公诉的一律交由刑事检察部门审查决定，并由刑事检察部门派员出庭公诉。1988年9月,广东省人民检察院决定,自侦部门需要逮捕、起诉、免诉的人员,全部交由刑事检察部门审查决定。为巩固自侦案件侦捕分开、侦诉分开制度创新的成果,广东省人民检察院先后出台《关于自侦案件交刑事检察部门起诉、出庭的具体规定》《广东省检察机关办理自侦案件审查批捕、免诉的若干规定》《关于自侦案件审查批捕、审查起诉工作的决定》《关于进一步提高自侦案件审查起诉质量的意见》,推动了此项制度的规范化和程序化,由此强化了检察机关内部的监督制约,有助于及时发现和纠正自侦案件中的错误,提高了侦查水平。这一制度也得到最高人民检察院的肯定和推广,现已成为全国检察机关的重要工作制度。①

2. 创新预防职务犯罪模式

20世纪80年代末至90年代,广东各级检察机关对预防职务犯罪工作模式展开了认真探索和大胆实践。茂名市检察机关创立"以党委为领导、检察机关为主导,社会各界和人民群众为主体广泛参与"的预防职务犯罪工作模式,建立预防贪污贿赂犯罪专门机构并形成网络,在预防职务犯罪上取得了良好的效果,被最高人民检察院称为"茂名模式",并被全国检察机关效仿;除"茂名模式"以外,江门市检察机关运用系统论方法,切实加强对基层检察院预防工作的领导和指导,上下两级检察院联手合作,较好地形成规模效应,通过体制、机制和法律"三位一体"的结合推进预防工作,实现了以规模效应整体推进优化预防效果,形成预防职务犯罪的"江门模式";深圳市检察院坚持"打防并举,标本兼治,重在治本"的方针,借鉴香港廉政公署的做法成立全国首家同类机构"深圳市检察院预防贪污贿赂犯罪咨询委员会",从而采取同步预防、行业预防、法制宣传教育等专业化方式预防贪污贿赂犯罪,形成独具特色的"深圳模式"。这些预防职务犯罪的"广东模式"创新了预防职务犯罪的体制机制,推动了预防职务犯罪工作的发展,增强了预防职务犯罪工作的实效,获得了良好的法律效果和社会效果,受到了广东省委、最高人民检察院的高度认可。

3. 深化未成年人犯罪案件审查起诉制度改革

为切实保障未成年人权益,充分贯彻"教育、感化、挽救"的方针政策和"教育为主、惩罚为辅"原则,在法律许可的范围内,最大限度地为未成年人提供司法保护,广东检察机关深化未成年人犯罪案件审查起诉制度改革,收到了良好的社会效果。其中,广州市海珠区检察院积极探索办理未成年人犯

---

① 参见广东省依法治省工作领导小组办公室编《广东法治建设30年》,广东人民出版社2008年版,第102—103页。

罪案件的有效方法，在全国产生了积极影响。第一，海珠区检察院根据未成年人犯罪个案的特点和需要，成立了未成年人犯罪检察室，专门履行未成年人案件的批捕和公诉两项职能，配备熟悉未成年人特点、善于做未成年人思想教育工作的办案人员。第二，加强对未成年犯的平时表现、性格特点及家庭情况的调查，用以分析判断未成年犯有无帮教可能性，并通过明确逮捕标准，打破籍贯限制，将具备在校学生等四种情形的未成年人，作为不捕的重点对象，扩大了不捕面。第三，对未成年犯坚持非羁押的原则，创建取保候审优先审查制度，将符合条件的未成年犯以取保代替羁押，使未成年犯间的感染几率降到最低，最大限度维护未成年犯的身心健康，保证矫正的实效性。第四，大胆创新不起诉公开咨询制度，对未成年犯的诉与不诉，先征集社会各界的意见。在此基础上，将社会各界的意见提交检委会，由检委会做出诉与不诉的决定。这一做法有助于促成被害人和未成年犯的和解，消除激烈的社会矛盾和消灭未成年人的犯罪前科，有利于未成年犯今后的成长。第五，对未成年人案件的出庭方式进行探索，通过建立庭前心理辅导机制、改善讯问语言语气、推行多媒体示证制度和法庭教育主体多样化，实现公诉人性化。①

4. 探索检察机关提起公益诉讼制度改革

2014年10月，党的十八届四中全会《关于全面推进依法治国若干重大问题的决定》明确提出"探索建立检察机关提起公益诉讼制度"。2015年5月5日，《检察机关提起公益诉讼试点方案》审议通过。根据2015年7月1日通过的《关于授权最高人民检察院在部分地区开展公益诉讼试点工作的决定》，包括广东在内的13个省（直辖市、自治区）检察机关开展为期两年的提起公益诉讼试点工作。2015年7月31日，广东省人民检察院审议通过《广东省检察机关提起公益诉讼试点工作实施方案》，决定在广州、深圳、汕头、韶关、肇庆、清远六市两级检察院展开为期两年的试点工作。试点过程中，广东检察机关做到案件范围、案件程序、结案方式全覆盖，对监督范围和程序、结案方式展开积极探索。其中，广州市天河区检察院支持省环境保护基金会提起的环境污染案，是试点后的全国首例，受到最高人民检察院通报表扬；深圳市宝安区检察院起诉江门台山市国土局违法行政案，是全国检察机关首例国有土地使用权出让领域的行政公益诉讼案件；肇庆市检察院起诉的污染水资源案，在审理中达成调解协议，是全国首例起诉后以调解结案的案件。同时，省检察院部署全省集中摸排一批有价值的公益诉讼线索，高效办理一批公益诉讼诉前程序案件，优质起诉一批公益诉讼案件，为改革积累丰富的实践样本素材，为建立完

---

① 参见刘恒等著《走向法治——广东法制建设30年》，广东人民出版社2008年版，第161-162页。

善公益诉讼法律制度提供广东经验。① 2017年6月27日,十二届全国人大常委会第二十八次会议表决通过《全国人民代表大会常务委员会关于修改〈中华人民共和国民事诉讼法〉和〈中华人民共和国行政诉讼法〉的决定》,增加了检察机关提起公益诉讼的规定,我国检察机关提起公益诉讼制度正式确立。

5. 推进认罪认罚从宽制度改革

党的十八届四中全会《关于全面推进依法治国若干重大问题的决定》提出"完善刑事诉讼中认罪认罚从宽制度"。最高人民法院《关于人民法院进一步深化多元化纠纷解决机制改革的意见》也提出,"完善认罪认罚从宽制度,进一步探索刑事案件速裁程序改革,简化工作流程,构建普通程序、简易程序、速裁程序等相配套的多层次诉讼制度体系"。2016年7月22日,中央全面深化改革领导小组第二十六次会议审议通过《关于认罪认罚从宽制度改革试点方案》,要求"完善刑事诉讼中认罪认罚从宽制度,要明确法律依据、适用条件,明确撤案和不起诉程序,规范审前和庭审程序,完善法律援助制度",并提出"选择部分地区依法有序稳步推进试点工作"。9月,全国人大授权最高人民法院、最高人民检察院在广州、深圳等18个城市开展刑事案件认罪认罚从宽制度试点工作,对犯罪嫌疑人、被告人如实供述自己的罪行,对指控的犯罪事实没有异议,同意检察院量刑建议并签署具结书的案件,依法从宽处理。11月16日,最高人民法院、最高人民检察院、公安部、国家安全部、司法部发布《关于在部分地区开展刑事案件认罪认罚从宽制度试点工作的办法》,试点工作正式启动。至2017年12月,广州市、深圳市两级检察机关共适用认罪认罚从宽制度处理案件18354件20465人,提起公诉17280件19222人,占同期提起公诉数的49.61%。法院采纳量刑建议13680人,量刑建议采纳率为94.46%,已判决案件中有99人上诉,上诉率仅为0.63%,远低于普通案件上诉率。② 认罪认罚从宽制度改革体现了我国宽严相济的刑事政策,是对刑事诉讼程序的创新,通过促使犯罪嫌疑人、被告人配合司法机关依法办理案件,既有助于节约司法资源,提高司法效率,也有助于修复社会关系,实现法律效果和社会效果的统一。

---

① 参见章宁旦《为公益诉讼改革提供广东经验》,http://www.legaldaily.com.cn/index/content/2016-11/29/content_6895351.htm? node=20908,访问时间:2018年2月10日。

② 参见董柳《广东认罪认罚从宽试点一年办案1.8万件 上诉率仅为0.63%》,http://news.ycwb.com/2018-01/24/content_25927583.htm,访问时间:2018年2月10日。

（三）检察监督机制改革与创新

1. 全国首创侦查监督平台

自 2011 年创建全国首个侦查活动监督平台以来，广东检察机关通过搭建信息化监督平台，由传统监督模式向更加精准、高效、智能的监督模式转型，逐步强化了侦查监督工作。侦查活动监督平台由深圳市检察院 2011 年开发的呈捕案件质量分析系统升级而来。2014 年 3 月，广东省检察院在全省正式启动侦查活动监督平台建设项目。侦查活动监督平台将两项监督与审查逮捕工作相结合，具有个案监督和统计分析两大功能，实现了广东省监督工作由传统"人力密集"型向"智能大数据"型转变。平台不仅为个案监督提供指引，还能汇聚海量数据，全面、真实、客观、详细地提供每一个办案单位、民警的办案质量分析报告和排名，为侦查机关开展内部执法考评提供重要参考。广东检察机关在全国率先建成全省覆盖、三级联网的"行政执法与刑事司法衔接"信息共享平台，被最高人民检察院作为"广东经验"在全国推广。2016 年 1 月至 8 月，广东检察机关侦查监督部门已通过平台发现质量问题案件共 2719 件，存在质量问题的监督事项共计 3590 项。2016 年 4 月至 8 月，广东各地公安机关问题案件数均有大幅度下降，如广州市公安机关问题案件数下降 69.5%，东莞市公安机关问题案件数下降 59.52%，案件质量得到了大幅提升。①

2. 全国首创廉政监督员制度

2016 年，广东省人民检察院联合省扶贫办在清远首创试行扶贫开发廉政监督员制度，267 名检察机关的镇街检察室主任和扶贫部门驻镇村第一书记被聘为"扶贫开发廉政监督员"。扶贫开发廉政监督员聘期为三年，主要职能是参与对扶贫开发领域廉政建设、惩防体系建设和各单位及其工作人员履行职责等情况的监督。扶贫开发廉政监督员需要经常深入基层进行调查，倾听群众呼声，掌握第一手材料，及时向检察机关和扶贫部门客观、真实地反馈情况，及时向社会各界和群众宣传有关政策和法规，进而保障脱贫攻坚工程的顺利实施，确保扶贫开发各项政策制度落到实处，保证推进集中整治和加强预防扶贫领域职务犯罪专项工作取得实效。② 廉政监督员制度实现了职务犯罪检察监督机制的创新，有力地配合和推动了近年来广东检察机关集中整治和加强预防扶

---

① 参见章宁旦《广东检察打造全国首个侦查监督平台 8 个月发现问题案件 2719 件》，http://www.spp.gov.cn/dfjcdt/201610/t20161014_169504.shtml，访问时间：2018 年 2 月 10 日。

② 参见朱香山、张立《广东：267 名扶贫开发廉政监督员上岗》，http://www.spp.gov.cn/dfjcdt/201608/t20160823_164398.shtml，访问时间：2018 年 2 月 10 日。

贫领域职务犯罪的专项工作，获得了良好的社会效果。

2018年，是改革开放40周年，是贯彻落实党的十九大精神的开局之年，是决胜全面建成小康社会、实施"十三五"规划承上启下的关键一年。广东检察机关应当在习近平新时代中国特色社会主义思想的指导下，深入贯彻落实党的十九大精神，认真贯彻广东省委十二届二次、三次全会和中央政法工作会议、全国检察长会议部署要求，勇于改革创新，深化司法体制综合配套改革，全面落实司法责任制，推进以审判为中心的刑事诉讼制度改革，开展认罪认罚从宽制度改革试点工作，推动实施检察机关提起公益诉讼制度，提高司法公信力和人民满意度，积极回应人民群众对公平正义的新期待，努力在以法律监督保障公正司法、司法为民上展现新作为。

第四章　全民守法与法治社会建设

第一节　法治社会建设在全面依法治省中的战略意义

党的十八大报告提出，为确保 2020 年实现全面建成小康社会宏伟目标，应全面落实依法治国基本方略。党的十八届四中全会通过的《中共中央关于全面推进依法治国若干重大问题的决定》要求，"增强全民法治观念，推进法治社会建设"。党的十九大报告再次强调，"坚持法治国家、法治政府、法治社会一体建设"，"加大全民普法力度，建设社会主义法治文化，树立宪法法律至上、法律面前人人平等的法治理念"。法治社会建设作为中国特色社会主义伟大事业的重要组成部分，既是建设法治中国要努力实现的奋斗目标，更是夯实法治中国的固本之举。对于推进新时代广东全面依法治省工作而言，加强法治社会建设，不仅是深化全面依法治国在广东省的实践、加快建设法治广东的必然要求，而且是开创法治广东建设新局面、谱写法治广东建设新篇章的客观要求。

一、法治社会建设是全面依法治省的重要基石

法治社会建设是党的十八大以来党中央提出的全面推进依法治国战略目标的重要组成部分。党的十八届四中全会通过的《中共中央关于全面推进依法治国若干重大问题的决定》指出，"法律的权威源自人民的内心拥护和真诚信仰。人民权益要靠法律保障，法律权威要靠人民维护。必须弘扬社会主义法治精神，建设社会主义法治文化，增强全社会厉行法治的积极性和主动性，形成守法光荣、违法可耻的社会氛围，使全体人民都成为社会主义法治的忠实崇尚者、自觉遵守者、坚定捍卫者"。作为国家治理领域的一场深刻革命，全面依法治国首先要求在全社会树立起普遍的社会主义法治观念和法治意识，形成社

第四章 全民守法与法治社会建设

会主义法治社会的民众基础和良好氛围。

法治社会，通常是指法律在全社会得到全体成员的普遍公认和一致遵从，整个社会都能够按照法律规则进行治理的社会形态。"法治社会仅指政党和其他社会共同体行使社会公权力的法治化。"① 相比法治国家，"法治社会则着眼于社会组织与社会成员生产与生活活动的规则有序，各类社会组织和国民都能够遵守法律，理性生活，正当行使权利和承担社会义务"。② "相对于法治国家、法治政府，法治社会是指全部社会生活的民主化、法治化。"③ 根据学者们的研究，法治社会的本体性建设主要涉及社会治理方式、社会治理内容及社会治理体制三个问题；法治社会的关联性建设主要涉及法治社会与依法从严治党、法治社会与法治政府及法治与德治三个问题。④ 在坚持法治国家、法治政府与法治社会一体建设的进程中，法治国家主要解决执政党依法执政问题；法治政府主要解决政府与市场、社会组织行为的法治化问题；法治社会主要是在法律对社会组织与公民、政府之间的权力进行明确划分的情况下，如何实现社会治理现代化问题。⑤ 就法治国家、法治政府与法治社会之间的关系而言，"法治国家、法治政府、法治社会一体建设"要求"把法治国家、法治政府、法治社会这三者视为一个不可分割、不可或缺、不能错位、不能缺位的有机整体，在建设的内含和对象上，三者要一体化进行而不能各行其是、各自为政；在建设的速度上，三者要统一实施、协调推进，而不能过分超前或者滞后，尤其不宜轻率提出'率先建成法治政府''率先建成法治社会'之类的口号或者目标；在建设的力度上，三者要彼此相当、相互照应，而不能参差不齐、强弱悬殊，更不能出现短板和漏洞"。⑥

法治社会建设是法治国家和法治政府建设的社会基础，是全面推进依法治国的夯基固本，是法治国家和法治政府建设的力量源泉。

习近平总书记强调，全面推进依法治国，要坚持依法治国、依法执政、依法行政共同推进，坚持法治国家、法治政府、法治社会一体建设。由此可见，在全面推进依法治国进程中，法治社会建设占据着极其重要的地位。全面推进依法治省，加快建设法治广东，是依法治国基本方略在广东的具体实践，也是

---

① 姜明安：《论法治国家、法治政府、法治社会建设的相互关系》，载《法学杂志》2013年第6期。
② 江必新、王红霞：《法治社会建设论纲》，载《中国社会科学》2014年第1期。
③ 张鸣起：《论一体建设法治社会》，载《中国法学》2016年第4期。
④ 参见方世荣《论我国法治社会建设的整体布局及战略举措》，载《法商研究》2017年第2期。
⑤ 参见陈金钊、宋保振《法治国家、法治政府与法治社会的意义阐释——以法治为修辞改变思维方式》，载《社会科学研究》2015年第5期。
⑥ 李林：《以十九大精神引领法治社会建设新征程》，载《法治社会》2018年第2期。

现阶段广东发展的内在需要和客观要求。改革开放 40 年来，广东法治建设从解放思想起步，敢为人先，有效地突破了旧体制下的各种禁区，取得多个"第一"和"率先"，创造了许多新做法和新措施，在不断探索中逐步形成了依法治省的"广东模式"和"广东经验"。

2012 年底，习近平总书记视察广东，充分肯定广东在改革开放中长期走在全国前列，在全国改革发展大局中具有举足轻重的地位，肩负着光荣而艰巨的使命，期望广东努力成为改革开放先行地，实现"三个定位、两个率先"，即"努力成为发展中国特色社会主义的排头兵、深化改革开放的先行地、探索科学发展的试验区，为率先全面建成小康社会、率先基本实现社会主义现代化而奋斗"①。2017 年 4 月，习近平总书记对广东工作做出重要批示，重点谈到经济。经济基础决定上层建筑，要实现经济转型，必须在上层建筑开新局，这就要求广东的法治建设要契合经济发展的需求。法治建设与经济社会建设唇齿相依，二者相互促进，相得益彰。

党的十八大以来，广东省委更加明确与注重将法治建设与经济社会建设有机结合，将法治建设与经济社会建设同步推进，使二者形成良性的互动关系。为此，广东省在进行经济社会发展规划时，同步出台法治建设规划。2011 年 1 月，省委十届八次全会审议通过《中共广东省委关于国民经济和社会发展第十二个五年规划的建议》《法治广东建设五年规划（2011—2015 年）》，实现经济社会发展规划与法治规划一起审议通过。据了解，这一举措在全国领先。2016 年 10 月，广东省委办公厅印发《法治广东建设第二个五年规划（2016—2020 年）》，部署了 27 项任务，努力把"十三五"时期的经济社会发展纳入法治化轨道。此外，广东省党代会还将全面依法治省工作摆上重要议事日程。2017 年 5 月，广东省第十二次党代会首次将"扎实推进全面依法治省，建设法治社会"作为党代会报告的其中一大部分，将全面依法治省纳入全局工作的重要方面。广东省委全面依法治省工作领导小组制定了《关于贯彻落实省第十二次党代会精神扎实推进全面依法治省的实施意见》，将各项工作分解至各部门，切实推动党代会部署的落实。②党的十九大胜利召开后，在习近平新时代中国特色社会主义思想的指引下，广东将以"建设法治中国示范省"为奋斗目标，在新时代中国特色社会主义建设的伟大事业中勇于担当、贡献力

---

① 岳宗：《努力成为发展中国特色社会主义的排头兵、深化改革开放的先行地、探索科学发展的试验区》，载《南方日报》2012 年 12 月 14 日。

② 参见李锐忠、张丽娥《党的十八大以来广东法治建设砥砺奋进成效显著》，载《民主与法制时报》2017 年 10 月 12 日。

量，全面提升法治广东建设水平。①

法治社会建设在广东全面推进依法治省进程中具有重要的战略地位和作用：法治社会全体民众普遍的法治意识是全面依法治省的思想基础；社会治理的法治化是全面依法治省的基本前提；法治社会完备的公共法律服务体系是全面依法治省的重要条件；法治社会健全的依法维权和化解纠纷机制是全面依法治省的坚实保障。

二、民众普遍的法治意识是全面依法治省的思想支撑

法治的真谛，在于全体人民的真诚信仰和忠实践行。民众的法治信仰和法治意识，是全面依法治国的内在动力和精神支撑。卢梭曾言："一切法律之中最重要的法律既不是铭刻在大理石上，也不是铭刻在铜表上，而是铭刻在公民的内心里，它形成了国家真正的宪法，它每天都在获得新的力量，当其他法律衰老或消亡的时候，它可以保持一个民族的精神。"② 法律是人民意志的体现，是社会全体成员的行为准则，它凝结着民族精神，承载着规律和真理，最值得信赖和崇敬。历史上，我国经历了漫长的封建社会，封建社会最根本的特征是人治，皇权高于国法，从统治者到普通百姓都没有树立起对法治的敬畏和遵从意识。这种传统意识至今仍有很大影响，并严重阻碍了法治建设进程，阻碍了依法治国目标的实现。党的十八大报告首次明确提出"全民守法"的概念，并将"全民守法"与"科学立法""严格执法"和"公正司法"相并列，作为推进法治中国建设最重要的四项保障措施之一。"全民守法"将守法主体扩展到"全民"意义上，"守法"的前提不再只是与普法工作联系在一起，而且还包含了法治文化的培养等内容。因此，应从更加全面和宏观的角度来把握"全民守法"的意义，特别重要的是，要把"全民守法"与建设法治社会的重要目标紧密联系起来。唯有如此，才能深刻领会"全民守法"所包含的各项守法要求，通过采取各种扎扎实实的制度措施，推进全民守法，为法治社会的建设奠定良好的群众基础和社会环境。③

党的十八届四中全会通过的《中共中央关于全面推进依法治国若干重大问题的决定》强调，要坚持把全民普法和守法作为依法治国的长期基础性工作，深入开展法治宣传教育，引导全民自觉守法、遇事找法、解决问题靠法。习近平同志指出："全面推进依法治国需要全社会共同参与，需要全社会法治

---

① 参见祁雷等《扎实推进新时代广东全面依法治省工作》，载《南方日报》2017年10月29日。
② ［法］卢梭：《社会契约论》，何兆武译，商务印书馆1981年版，第73页。
③ 参见莫纪宏《"全面推进依法治国"笔谈之一 全民守法与法治社会建设》，载《改革》2014年第9期。

观念增强，必须在全社会弘扬社会主义法治精神，建设社会主义法治文化。"①培养社会全体民众的法治观念，弘扬社会主义法治精神，既是法治社会建设的精神底蕴，也是全面依法治省的思想支撑。

人民是国家的根本，国家的发展离不开人民，国家要想稳定发展、长治久安，人民首先应该懂法、知法、守法。让全民知法懂法，就要把法治宣传、法治教育与法治实践紧密结合起来，开展群众性法治文化宣传教育活动，使立法、执法和司法成为宣传宪法法律、弘扬社会主义法治精神的过程，让民众在每一次立法、每一次执法、每一次司法机关的案件审理中都能感受到社会主义法治的精神和公平正义，确保宪法法律的权威性，让尊法、守法、用法成为社会全体成员共同的生活方式和坚定信仰，为全面推进依法治省筑牢思想基础。其实，全民守法既是公民个人遵守宪法和法律的具体义务，也是对一切国家机关、社会组织和公民个人提出的遵守宪法和法律的整体性要求。现行《宪法》序言明确规定："全国各族人民、一切国家机关和武装力量、各政党和各社会团体、各企业事业组织，都必须以宪法为根本的活动准则，并且负有维护宪法尊严、保证宪法实施的职责。"《宪法》第五条第四款也规定："一切国家机关和武装力量、各政党和各社会团体、各企业事业组织都必须遵守宪法和法律。"作为法治社会建设的重要环节，全民守法具有广泛的社会性和群众基础，能够从整体上优化建设法治中国的社会环境，是法治精神真正渗透到社会生活的每一个角落并发挥其重要作用的制度保障。法治社会的形成有赖于全民守法氛围的形成，全民守法能够确保社会共同体中的每个参与者和建设者都能够遵从宪法和法律的权威，形成良好的遵守和服从规则的守法意识。"推进全民守法，应当深化法治宣传教育，努力使公民做到信任立法、配合执法、倚赖司法、自觉守法、主动护法，引导公民处理好学法与守法、权利与义务、法律与道德、信法与信访、维稳与维权的关系，不断提升全民守法的意识和境界。"②唯有如此，才能营造良好舆论氛围，引导社会各方依法依规共同参与推进法治建设，使遵循法治和信仰法治成为全体社会成员的共同追求和一致行动，为法治社会建设奠定良好的思想基础。

实践证明，民众普遍的法治意识是全面依法治省所不可或缺的。如果一个社会大多数人对法律没有认同没有信任，就不可能建成法治社会。只有在全社会树立起普遍的法治意识和法治观念，全体社会成员能够自觉主动地遵守宪法和法律，才能形成良好的全面依法治省的思想氛围。因此，必须把法治社会建

---

① 习近平：《加快建设社会主义法治国家》，载《求是》2015年第1期。
② 李林：《建设法治社会应推进全民守法》，载《法学杂志》2017年第8期。

设作为全面推进依法治省的重要工作,努力让法治成为全省人民自觉的生活方式和共同信仰,引导全体民众自觉遵守法律、树立法治意识和法治观念,不断提高社会治理的法治化水平,从而使全省人民成为社会主义法治的忠实崇尚者、自觉遵守者和坚定捍卫者。

三、社会治理法治化是全面依法治省的基本要素

在全面推进依法治国、建设社会主义法治国家的过程中,法治社会的重要地位不言而喻,"只有将法治作为国家治理现代化的核心内容,才能保证国家和社会治理的规范性、科学性、稳定性。这就要求在推进国家治理现代化中提高社会治理法治化水平,用法治精神引领社会治理,用法治思维谋划社会治理,用法治方式调节社会关系、维护社会秩序、规范人的行为,在法治轨道上维护社会秩序、解决社会问题、协调各种社会利益关系、推动各项社会事业发展"。① 广东正处于经济社会发展转型的关键时期,更好地发挥法治在社会各领域各层次的规范和指导作用,有利于更好地统筹社会资源、平衡多元利益、调节社会关系、规范社会行为,使社会在发展变革中既能够保持旺盛生命力,又能够秩序井然。

法治社会的基本特征是,法律是社会的基本准则,整个社会按照法律规范运行,社会各层次各领域都能够在法治轨道内运作。随着我国经济社会的快速发展,我国社会呈现出社会主体多元化、社会利益差别化、社会矛盾复杂化的新局面,法治成为实现社会治理规范化的必然选择。在全社会多层次多领域各行业实现依法治理,使不同层次、不同领域、不同行业的社会关系得到规范协调,社会多元主体能够依法理性表达利益诉求,社会矛盾纠纷能够依法按照程序得到公正解决,进而实现全面依法治省、建设法治广东,具有重要意义。

当前,我国社会大局是稳定的,但维护社会和谐稳定的任务仍然艰巨。法治具有稳定性、连续性和权威性,对于维护社会和谐稳定非常重要。习近平同志指出,和谐社会本质上是法治社会。实现社会治理的法治化,最重要的是要根据我国宪法法律确立的基本原则和基本制度,政府、基层群众自治组织、人民团体、社会组织和企业之间职责明确、合作共事,共同处理社会公共事务,实现公平与效率的统一、自由与秩序的统一。将社会治理和各项工作和事业纳入法治轨道,提升法律在维护民众合法权益、化解社会矛盾纠纷中的权威地位,推动形成办事依法、遇事找法、解决问题用法、化解矛盾靠法的社会氛围,是实现和维护社会和谐稳定、保证国家长治久安的客观要求。

---

① 徐汉明、张新平:《提高社会治理法治化水平》,载《人民日报》2015年11月23日。

首先,基层组织和部门、行业依法治理是全面依法治省的基础性和前提性工作,也是法治社会建设的重要内容。全面依法治省的基础性工作在基层,推动党和国家各项政策落实、落地的责任主体在基层。习近平同志指出,基层是一切工作的落脚点,社会治理的重心必须落实到城乡社区,社区服务和管理的能力强了,社会治理的基础也就实了。一方面,加强基层依法治理,应全面深入贯彻《村民委员会组织法》《城市居民委员会组织法》等基层群众自治法律法规,不断健全完善村(居)群众组织,推进村民委员会、居民委员会依照法律和章程自主管理村(居)事务,使广大基层群众在自我管理、自我服务中增强法治意识和权利义务观念,提高依法管理社会事务的意识和能力。另一方面,深入推进部门行业依法治理,应促进各级政府部门依法行政、严格执法,社会各行业依法办事、诚信尽责。各级政府部门担负着社会管理职能,许多部门还具有行政执法权;各行业的依法治理水平同经济社会发展和人民生产生活密切相关。只有推动各级政府部门和各行业普遍开展依法治理,实现依法治理对部门行业的全面覆盖,在省、市、县、乡各个层面上推进社会治理法治化,才能不断提高社会治理的法治化水平,全面推进依法治省工作的开展。①

其次,充分发挥社会规范在社会治理法治化中的积极作用,是推进全面依法治省的重要力量。法治是规则之治,社会治理法治化就是根据完备的法律规则和健全的制度体系所进行的社会治理。现代社会的治理规则体系不仅包括国家制定的法律法规,还包括市民公约、乡规民约、行业规章、团体章程等多种形式的社会规范,这些社会规范对社会民众同样具有重要的规范、指引和约束作用。因此,制定完善的市民公约、乡规民约、行业规章、团体章程等社会规范体系,有助于形成多层次、多样化的社会治理规则体系,有利于社会矛盾纠纷得到更高效、更灵活、更便捷的处理和解决。同时,在社会治理中要积极引导和大力支持城乡社区基层组织、行业和社会团体通过规约章程自我约束、自我管理,依法维护社会民众的合法权益;加强对市民公约、乡规民约、行业规章、团体章程等社会规范的制定和实施的审查监督,以确保其符合社会主义法治的精神和原则,使之成为全面依法治省、建设法治广东的有力助推器。

最后,充分发挥人民团体和社会组织在法治社会建设中的积极作用,完善依法维权和化解纠纷机制,树立法律在维护民众权益、化解社会矛盾中的权威性,引导和支持群众理性表达诉求,解决好群众最关心的利益问题,是全面推进依法治省的基础和前提。当前,广东已建立起多元化矛盾解决机制,包括由调解、仲裁和诉讼等构成的多元化纠纷解决方式,由地域性、行业性、自治共

---

① 参见汪永清《推进多层次多领域依法治理》,载《人民日报》2014年12月11日。

同体及各种专门化机制构成的多元化纠纷解决系统等。充分发挥人民团体和社会组织在预防、化解矛盾纠纷中的积极作用，有助于及时有效地把矛盾化解在基层、化解在萌芽状态，促进社会和谐。人民团体作为党领导下的群众组织，是党的群众路线的重要体现，在法治社会建设中发挥着重要作用。实现社会治理法治化，就要在党的领导下，积极引导和鼓励人民团体依照宪法和法律的规定，通过各种途径和形式参与管理国家事务，管理经济文化事业，管理社会事务。在法治社会建设过程中，努力发挥人民团体的优势，有助于依法维护人民群众的合法权益，为法治社会建设奠定坚实的民众基础。

四、完备的公共法律服务体系是全面依法治省的必要条件

党的十八届四中全会《决定》明确提出，"建设完备的法律服务体系，推进覆盖城乡居民的公共法律服务体系建设，加强民生领域法律服务，完善法律援助制度，扩大援助范围，健全司法救助体系，保证人民群众在遇到法律问题或者权利受到侵害时获得及时有效法律帮助"。公共法律服务，是指由政府主导、社会参与提供，旨在以法治思维和法治方式保障公民合法权益、促进社会公平正义、服务改善保障民生、维护社会和谐稳定、满足公民基本法律需求所必须的法律服务，是公共服务的重要组成部分。

公共法律服务具体包括：为全民提供法律知识普及教育和法治文化活动；为经济困难和特殊案件当事人提供法律援助；开展法律顾问、法律咨询、辩护、代理、公证、司法鉴定等领域的公益性法律服务；开展预防和化解民间纠纷的人民调解活动；为社区服刑人员和刑满释放人员提供教育、帮扶和矫正服务。"所谓基本公共法律服务，就是着眼于满足人民群众日益增长的公共法律服务需求的基本公共服务，它是政府主导下，向全社会提供的非竞争、不排他的制度性公共产品。基本公共法律服务体系就是基本公共法律产品以及服务制度和服务系统的总和。"① 公共法律服务体系是指由公共法律服务惠及范围、实施标准、资源配置、供给方式、管理运行以及绩效评价等所构成的系统性、整体性的制度规范。公共法律服务体系的主要特征在于普惠性和非营利性，注重社会效果，是服务民生、促进社会公平正义的重要手段。

在全面推进依法治省、建设法治广东的过程中，完备的公共法律服务体系对于促进城乡经济社会的发展、维护人民群众的基本合法权益、推动社会的管理创新，以及化解社会纠纷与矛盾，减少群体性事件与上访事件，维护社会稳

---

① 夏志强、闫星宇：《完善基本公共法律服务体系的五大着力点》，载《光明日报》2015年11月4日。

定等都具有不可替代的作用,是全面依法治省的必要条件。完备的公共法律服务体系包括:①发达的法律服务事业。加快建设公共法律服务体系,健全完善公共法律服务网络,拓展公共法律服务领域,努力满足广大人民群众的基本法律服务需求;大力发展法律援助事业,扩大法律援助覆盖面,努力满足困难群众和特殊案件当事人的法律需求;普遍建立法律顾问制度,着力完善公职律师、公司律师制度,努力满足各类社会主体的日常法律需求。②科学合理的法律服务结构。优化法律服务区域布局,统筹东中西部、城市与农村法律服务资源,推动法律服务业均衡发展;优化法律服务业务结构,大力推进法律服务专业化,加快培养高端、专业法律服务人才;强化预防性法律服务,进一步加强专业法律咨询、法律风险评估、合法性审查、专项法律服务等法律服务工作。大力加强公证工作,进一步落实法定公证制度,防范法律风险,维护当事人合法权益。③良好的法律发展环境。重视发挥法律服务的作用,把法律服务体系建设和法律服务队伍建设列入经济社会发展规划,发挥法律服务工作者在经济社会建设中的专业优势;完善政策保障,认真贯彻落实党中央、国务院关于扶持保障法律服务业发展的政策措施,为法律服务业发展提供政策支持;规范服务秩序,进一步理顺监管体制,落实监督责任,依法加强对法律服务从业人员和法律服务行为的监督管理,努力建设既规范有序、又充满活力的法律服务良好秩序。①

在全面依法治省的新形势下,广东经济社会发展亟需公共法律服务的促进和支撑,公民享有其他基本公共服务的权利亟需公共法律服务的维护和保障;公民对公共法律服务的需求从广度和深度上不断增强,与政府供给能力和资源不足的矛盾日益突出,并在地区之间、城乡之间、人群之间存在着较严重的供给不均衡;社会矛盾多发易发,维稳压力不断增大,迫切需要以法治思维和法治方式,切实保障公民合法权益,促进社会公平正义,从源头上预防和化解社会矛盾,真正实现社会和谐稳定和国家长治久安。公共法律服务体系具有覆盖广泛性、惠及普遍性、法治意识渗透性,特别是预防和化解社会矛盾的前置性、基础性,能将大量社会矛盾消除在萌芽状态。因此,完备的公共法律服务体系是增创广东发展新优势、维护社会和谐稳定、服务改善民生的重要支撑,是维护社会大局稳定、促进社会公平正义,全面推进依法治省、建设"平安广东、法治广东"的必要条件。

---

① 参见周斌《大力推进法治社会建设》,载《法制日报》2014年4月28日。

五、健全的矛盾纠纷预防化解机制是全面依法治省的坚实保障

由于我国目前正处于经济社会发展和改革转型时期，社会阶层和利益诉求呈现出多元化趋势，各种社会矛盾此起彼伏。为了实现社会和谐稳定，健全矛盾纠纷预防化解机制是法治社会建设所不可或缺的。法治具有稳定性、连续性和权威性，对化解社会矛盾和维护社会稳定具有基础性、长远性作用。有序推进全面依法治省工作，必须依靠健全的社会矛盾纠纷预防化解机制来统筹社会力量、平衡社会利益、调节社会关系、规范社会行为，推进社会治理现代化。党的十八届四中全会《决定》提出，要健全社会矛盾纠纷预防化解机制，完善调解、仲裁、行政裁决、行政复议、诉讼等有机衔接、相互协调的多元化纠纷解决机制；加强行业性、专业性人民调解组织建设，完善人民调解、行政调解、司法调解联动工作体系；完善仲裁制度；健全行政裁决制度。从某种意义上来看，健全的矛盾纠纷预防化解机制的建立和应用是判断一个地方法治水平高低的试金石。2011年7月14日，中共广东省委、省政府出台的《中共广东省委省政府关于加强社会建设的决定》（粤发〔2011〕17号）提出，要坚持法理情相统一，在严格依法办事基础上，努力通过平等沟通、协商、协调、引导等方法促进社会和谐。在全面依法治省过程中，健全的矛盾纠纷预防化解机制成为建设法治广东、平安广东的坚实保障。

首先，继续加强人民调解工作。作为化解社会矛盾纠纷的重要防线，人民调解是全面推进依法治省、社会治理法治化的重要内容。作为一项具有深厚中华民族传统文化的法律制度，人民调解是我国人民独创的化解矛盾、消除纷争的非诉讼纠纷解决方式，具有贴近群众、程序便捷、互谅互让、成本低、效率高的特色，有助于从源头上减少矛盾纠纷。人民调解应当遵循自愿平等、及时便民、尊重当事人权利以及不违背法律、法规和国家政策的原则。村民委员会、居民委员会设立人民调解委员会。乡镇、街道、企业事业单位、社会团体或者其他组织根据需要可以设立人民调解委员会。企业事业单位、社会团体或者其他组织设立的区域性、行业性、专业性人民调解委员会，应当与其业务领域和范围保持一致。人民调解委员会的任务是：①调解和处理民间矛盾纠纷，使民间矛盾纠纷得到合理解决；②在调解工作过程中同时宣传法律法规和政策，教育公民遵守法律，尊重社会公德；③向村民委员会、居民委员会、所在单位或者基层人民政府反映民间纠纷和调解工作的情况，协助基层人民政府排查民间纠纷。充分发挥人民调解维护群众利益的重要作用，有助于切实将矛盾纠纷化解在基层、消除在萌芽状态，从源头上减少不和谐因素，防止矛盾激化、升级，促进社会和谐稳定。

其次，充分发挥仲裁在化解社会矛盾纠纷中的独特优势。仲裁是兼具契约性、自治性、民间性和准司法性的一种争议解决制度，是与法院诉讼平行的处理纠纷的法律途径。作为解决社会经济矛盾的一种非诉讼法律制度，仲裁采用"一裁终局"制度，具有专业、和谐、高效、便利等特点。特别是随着经济社会的发展和民众法治意识与依法维权观念的提升，随着仲裁社会公信力的逐步提升，越来越多的民众与企业选择用仲裁方式解决经济纠纷。仲裁在化解经济矛盾、调和社会纠纷的多元化解决机制中将发挥着越来越重要的作用。

最后，建立健全调解、仲裁、行政裁决、行政复议、诉讼等有机衔接与相互协调的多元化矛盾纠纷解决机制，形成化解社会矛盾纠纷的巨大合力。由于当前矛盾纠纷主体的多元化、类型的多元化、诉求的多元化，化解矛盾纠纷的思路、方法、措施、途径等也应多元化。因此通过诉讼和非诉讼的立体化纠纷解决制度体系，形成相互补充的、能够满足社会多元主体多样化需求的多层次多领域的综合调整系统，有助于社会矛盾纠纷得到合法、及时、高效的处理和解决。

第二节 法治宣传与公民法治意识

党的十八届四中全会《决定》提出，要坚持把全民普法和守法作为依法治国的长期基础性工作，深入开展法治宣传教育，推动全社会树立法治意识、增强法治观念。法治宣传教育是全体社会成员树立法治意识、形成法治信仰，推进全面依法治省的一项基础性工作。"只有人人参与的法治，全民守法才具有坚实的社会基础。只有将法治观念植根于民心，人人尊法学法守法用法，法治中国才能形神兼具，行稳致远。"① 深入开展法治宣传教育，推动社会民众普遍树立法治观念，增强各级政府和社会组织依法办事的自觉性，是法治社会建设的思想基础，也是广东全面推进依法治省的重要内容。

一、广东法治宣传教育 40 年概况

作为全面推进依法治国的一项长期基础性工作，全民普法和守法在法治社会建设过程中尤为关键。党的十八大以来，以习近平同志为总书记的党中央对全面依法治国做出了重要部署，对法治宣传教育提出了新的更高要求，为法治宣传教育工作的开展指明了方向。广东省从 1985 年起开展了以宪法为核心的

---

① 李若兰：《全民守法筑牢法治社会根基》，载《学习时报》2018 年 3 月 26 日。

法制宣传教育，1996年成立了省依法治省领导小组，开始实施依法治省规划。改革开放40年来，经过"一五""二五""三五""四五""五五"和"六五"普法依法治理工作，初步实现了从法律知识启蒙教育到提高公民法治素质的转变，以及从单一普法到全面普法的转变，公民的法治观念和法治意识明显增强，有力促进了法治广东的建设。

在全面推进依法治省、建设法治广东的工作中，法治宣传教育一直都是重要组成部分，占据着关键性战略地位。2015年1月17日，中国共产党广东省第十一届委员会第四次全体会议通过《中共广东省委贯彻落实〈中共中央关于全面推进依法治国若干重大问题的决定〉的意见》，要求深入开展法治宣传教育，加强社会主义法治文化建设和群众性普法教育，提高普法针对性和实效性。培育多层次多领域法治文化建设示范点，深入开展法治广东宣传教育周活动，全面推进法治宣传教育进机关、进乡村、进社区、进学校、进企业，引导群众自觉守法、遇事找法、解决问题靠法。坚持把领导干部带头学法、模范守法作为关键，创新办好党政主要领导干部党纪政纪法纪教育培训班。健全国家工作人员学法用法制度，把宪法法律和法规列入各级党委（党组）中心组学习内容，依托各级党校、行政学院、干部学院、社会主义学院及普通高等学校定期开展国家工作人员法治教育培训。完善领导干部任前法律知识考试制度。注重青少年法治教育，建立青少年法治教育基地，增强中小学法治教育的针对性和实效性。

2011年至2015年，广东省法治宣传教育第六个五年规划顺利实施完成，全民法治宣传教育效果明显，社会治理法治化水平不断提高，法治宣传教育在建设经济强省、文化强省、法治广东、平安广东过程中营造了良好的法治环境，发挥了重要作用。五年来，广东各地组织企管人员参加学法培训、上法制课、参加法律考试等活动达230余万人次，开展普法宣传的非公企业达到16万多家。组织外来员工上法制课、参加法律知识竞赛等活动达1326万人次。外来员工上岗前接受普法教育的比例达85%以上。①

广东省司法厅一直将普法作为法治广东建设的基础工程来抓，从制定规划、健全组织、完善制度、保障经费、加强指导等方面不断加大力度、强化措施，构建了党委领导、人大监督、政府实施、普法部门负责、全社会参与的工作格局，形成了省、市、县（市、区）、乡镇（街道）、村（居）五级普法工作网，圆满完成"六五"普法规划。抓好重要群体学法，组织全省领导干部

---

① 参见辛钧庆《全面依法治省上新水平 法治广东建设走在前列》，载《南方日报》2017年5月20日。

参加年度统一学法考试,探索"春雨育苗"等青少年普法模式。广泛开展"学习宪法尊法守法"主题系列活动,组织"12·4"国家宪法日主题活动,深化"法律六进"宣传教育,开展贴近民生的法律法规宣传。完善普法讲师团、法制副校长、普法志愿者工作规范。大力培育法治文化建设品牌,创新网络学法考法、"校园法苑""人手一本法治读本"等法治宣传教育模式,开通"广东普法"微信公众号和法治宣传育民网。全省现有83个电视频道、40个广播电台开展普法宣传工作(其中有2个专门的法治电视频道),普法网站127个、普法微博88个、普法微信82个。①

《广东省委宣传部、省司法厅关于在全省公民中开展法治宣传教育的第七个五年规划(2016—2020年)》(粤发〔2016〕18号)指出,各级党委、政府要将法治宣传教育工作纳入本地区经济社会发展规划和国民教育体系,将普法责任制落实情况纳入科学发展观考评、综治考评和依法行政考评等目标管理,进一步健全完善党委领导、人大监督、政府实施的法治宣传教育工作领导体制,确保"七五"普法规划各项目标任务落到实处。要坚持把领导干部带头学法、模范守法作为树立法治意识的关键,完善国家工作人员学法用法制度,把法治观念、法治素养作为衡量干部德才的重要标准,把能不能遵守法律、依法办事作为考察干部的重要内容,切实提高领导干部运用法治思维和法治方式的能力。坚持从青少年抓起,引导青少年掌握法律知识、树立法治意识、养成守法习惯。坚持对外来务工人员的重点教育,引导外来务工人员自觉运用法律手段解决纠纷。要坚持法治宣传教育与法治实践相结合,深化基层组织和部门、行业依法治理,深化法治城市、法治县(市、区)等法治创建活动,全面提高全社会法治化治理水平。要推进法治教育与道德教育相结合,促进实现法律和道德相辅相成、法治和德治相得益彰。要健全普法宣传教育机制,实行国家机关"谁执法谁普法"的责任制,推进法治宣传教育工作创新,不断增强法治宣传教育实效性。要通过深入开展法治宣传教育,传播法律知识,弘扬法治精神,建设法治文化,充分发挥法治宣传教育在全面依法治省中的基础作用,推动全社会树立法治意识,为我省实现"三个定位、两个率先"目标营造良好的法治环境。

2016年7月28日,为深入学习宣传习近平总书记关于全面依法治国的重要论述,全面落实依法治国、依法治省战略部署,顺利实施广东省"十三五"规划,实现"三个定位、两个率先"目标,根据《全国人民代表大会常务委

---

① 参见《广东省司法行政工作"十三五"时期发展规划》,载广东省司法厅网站(http://www.gdsf.gov.cn/webWebInfo/showWebInfo.do?id=4446463,访问时间:2018年1月20日。

第四章 全民守法与法治社会建设

员会关于开展第七个五年法治宣传教育的决议》和全国第七个五年法治宣传教育规划，广东省第十二届人民代表大会常务委员会第二十七次会议通过《广东省人民代表大会常务委员会关于开展第七个五年法治宣传教育的决议》。该决议从七个方面明确了我省"七五"普法工作的任务和方向：一是围绕我省国民经济和社会发展第十三个五年规划纲要提出的目标任务，深入开展法治宣传教育。二是突出重点对象的法治宣传教育，推动全民学法守法用法。三是深入推进社会主义法治文化建设。四是深入推进多层次多领域依法治理。五是大力推动法治宣传教育创新。六是落实普法责任制。七是加强法治宣传教育工作的组织实施和监督检查。

一直以来，广东坚持把全民普法和守法作为依法治省的长期基础性工作，深入开展法治宣传教育，引导全民自觉守法、遇事找法，解决问题靠法，培育出一系列岭南特色普法品牌，努力让法治思维渗透到每个社会细胞。① 正是因为深刻认识到法治宣传教育是提高全民法律素质、推进依法治国基本方略实施、建设社会主义法治国家的重要内容；而法治环境是推动经济社会发展的重要软实力、软环境，只有在建立国际化、法治化的经济环境方面率先突破，才能抢占区域经济竞争的制高点。所以，广东在普法工作中坚持不断创新，法治宣传教育在经济社会发展中的引导、服务、保障作用越来越凸显，为广东省切实当好推动科学发展、促进社会和谐的排头兵，率先实现全面建成小康社会的目标创造了良好的社会环境和法治氛围，提供了有力的精神支撑。

二、法治宣传教育规范化

关于法治宣传教育的基本任务，广东省第十三届人民代表大会常务委员会在2018年3月30日修订通过的《广东省法治宣传教育条例》第五条规定，"法治宣传教育的基本任务是通过多种形式宣传宪法，宣传中国特色社会主义法律体系，宣传立法、执法、司法、守法等法治实践，弘扬社会主义核心价值观，推进社会主义法治文化建设，推进法治建设与道德建设相结合，推动全社会自觉尊法学法守法用法"。为此，广东省基于多年来的普法工作经验，结合广东本地普法工作的实际需要，通过制定和出台一系列规范性文件，促进法治宣传教育工作的规范化制度化，以推动全社会自觉尊法学法守法用法。

（一）修订《广东省法制宣传教育条例》

2006年12月1日，《广东省法制宣传教育条例》经广东省第十届人民代

---

① 参见黄祖健《构建"公共法律服务圈"营造良好法治环境》，载《南方日报》2017年5月19日。

表大会常务委员会第二十八次会议通过，于2007年3月1日起施行，首次实现了法治宣传教育的规范化、制度化。该条例就法制宣传教育的目的、作用、意义作了简要阐述，对法制宣传教育的组织领导，各部门、各单位和社会各层面对法制宣传教育工作的义务和责任等方面提出了明确要求，对法制宣传教育的内容、方法、途径以及措施制度等进行了严格规定。《广东省法制宣传教育条例》的颁布实施是广东省法制建设的一件大事，标志着全省法制宣传教育工作走向规范化、法治化轨道。《广东省法制宣传教育条例》自实施至今已经十余年，条例修订是贯彻落实中央、省委关于加强法治宣传教育决策部署的必然要求，是总结法治宣传教育经验、推动法治宣传教育工作全面深入开展的客观需要，有利于促进我省法治宣传教育工作的进一步发展。2017年7月25日至27日，广东省第十二届人大常委会第三十四次会议在广州召开，会议审议了《广东省法治宣传教育条例（修订草案）》。2017年12月底，《广东省法治宣传教育条例（修订草案修改二稿征求意见稿）》向社会各界公开征求意见。2018年3月30日，广东省第十三届人民代表大会常务委员会第二次会议通过了《广东省法治宣传教育条例》，自2018年5月1日起施行。

（二）制定《关于进一步完善国家机关"谁执法谁普法"工作机制的意见》

为深入贯彻落实党的十八届四中全会和省委十一届四次全会精神，弘扬社会主义法治精神，增强全民法治观念，夯实全面深化法治广东建设的基础，广东省委、省政府对法治宣传教育工作做出了更加具体的决策部署，将涉及法治宣传教育7项改革任务列入省委贯彻落实党的十八届四中全会决定重要举措和全面深化改革的重点工作进行督办。2015年10月，广东省普法办、省委宣传部、省委政法委、省委依法治省办、省司法厅、省法制办六部门联合制定了《关于进一步完善国家机关"谁执法谁普法"工作机制的意见》（粤司〔2015〕258号），在全国率先落实普法责任制改革任务。该意见旨在推动各级党政机关、司法机关、人民团体、企事业单位和社会群众组织按照普法责任分工自觉承担普法工作责任。建立部门普法工作报告制度，由责任单位定期向普法主管部门报备普法工作规划和年度工作计划、实施方案；建立普法工作联席会议制度，督促各部门落实普法责任，统筹协调部门普法；建立责任公告制度，对部门普法工作情况进行集中公告公示，接受社会监督；建立报告评议制度，每年选择若干普法责任部门，召开国家机关"谁执法谁普法"履职报告评议会；建立责任落实评价制度，引入第三方机制对部门普法责任落实情况进行客观评估。

（三）出台《关于进一步建立健全法治宣传教育机制的意见》

2015年，广东省普法办、省司法厅联合相关部门出台《关于进一步建立健全法治宣传教育机制的意见》（粤司〔2015〕279号），要求进一步健全完善法治宣传教育工作机制，弘扬社会主义法治精神，增强全民法治观念，夯实全面深化法治广东建设的基础。根据《关于进一步建立健全法治宣传教育工作机制的意见》，建立健全法治宣传教育机制的主要内容包括：①完善"谁主管谁普法，谁执法谁普法"责任机制；②健全媒体公益普法制度；③完善领导干部和国家工作人员学法用法机制；④完善青少年学生法治教育工作机制；⑤建立普法专业化的以案释法制度；⑥健全法治文化建设社会扶持机制；⑦完善普法社会化队伍建设机制；⑧完善基层民主法治建设机制；⑨健全法治宣传教育组织保障机制。

（四）印发《关于实行国家机关"谁执法谁普法"普法责任制的实施意见》

2017年11月，广东省委办公厅、广东省人民政府办公厅印发《关于实行国家机关"谁执法谁普法"普法责任制的实施意见》（粤办发〔2017〕44号），该《实施意见》明确了国家机关落实"谁执法谁普法"责任的总体要求、职责任务和组织保障。强调要把法治宣传教育融入法治实践全过程，创新普法理念和方式方法，切实增强普法的针对性和实效性，全面提升国家工作人员的法律素质和社会公众的法治意识，积极构建党委统一领导、部门分工负责、各司其责、齐抓共管的工作格局。

《实施意见》结合法治广东建设实际，进一步明确国家机关落实普法责任制的具体举措，充分体现了广东特色：一是细化国家机关制定本部门普法规划、年度普法计划和普法责任清单以及向社会公布并报同级普法主管部门备案的要求。二是将党章和党内法规列为重点学习宣传内容。明确将党内法规制度纳入党委（党组）理论学习中心组和党支部的学习计划，党校、行政学院、干部学院将党内法规制度纳入各个班次的必修课。三是坚持系统内学法和社会普法相结合。明确将学法纳入干部教育培训总体规划，纳入公务员初任培训、任职培训的必训内容；将法治学习情况纳入领导班子和领导干部年度考核述职内容；要求国家机关充分利用法规规章和规范性文件起草制定过程向社会开展普法，围绕涉农、涉劳资等十大热点难点问题向社会开展重点宣传。四是明确普法责任主体范围。建立法官、检察官、行政执法人员、律师等以案释法制度，要求具有行政执法权的国家机关在落实"谁执法谁普法"责任制的同时，明确具有管理和服务职能的机关和部门,将"谁主管谁负责""谁服务谁普法"的责任落到实处。五是着力加强普法工作机制建设。明确将普法责任制的具体落实情况作为法治建设的重要内容,纳入国家机关工作目标考核和领导干部政绩考核,纳入法治广东建设考评、综治考评、省依法行政考评、"七五"普法检查验收等目标管理;明确各级司法行政机关和普法工作机构要发挥职能,建立责任公告制度、负面清单制度和报告评议制度,定期召开普法联席会议,组织召开普法责任履职报告评议会,加强对普法责任制落实情况的检查考核,并引入第三方评价机制,推进普法效果社会评估。

三、建立健全法治宣传教育机制

(一)完善"谁主管谁普法,谁执法谁普法"责任机制

要实现全民守法,国家、社会要全民普法。全民普法是培养全民守法意识的必经途径,国家机关不仅要执法、守法,还要肩负起全民普法的重任,这是推动全民守法的一项重要制度设计。2015年,广东省出台《关于进一步完善国家机关"谁执法谁普法"工作机制的意见》》(粤司〔2015〕258号),推动各级党政机关、司法机关、人民团体、企事业单位和社会群众组织按照普法责任分工自觉承担普法工作责任。2017年5月,中共中央办公厅、国务院办公厅印发了《关于实行国家机关"谁执法谁普法"普法责任制的意见》(中办发〔2017〕31号),首次明确国家机关为法治宣传教育的责任主体。随后,广东省制定了《关于实行国家机关"谁执法谁普法"普法责任制的实施意见》(粤办发〔2017〕44号),对全省国家机关建立和落实普法责任制做出部署,明确要求:每年召开普法责任履职报告评议会,引入第三方评价机制,推进普法效果社会评估,加强对国家机关普法责任制落实情况的检查考核。

根据《关于进一步完善国家机关"谁执法谁普法"工作机制的意见》,"谁执法、谁普法"的具体工作机制包括:①部门普法工作报告制度。各责任单位要根据全省普法工作规划和要点,制定本部门普法工作规划和年度工作计划、实施方案,明确工作责任、目标任务和完成时限,于每年3月底前报同级普法主管部门备案。建立日常普法工作台账,年底前书面报送一次本部门年度普法工作总结。②普法工作联席会议制度。普法主管部门要定期召开联席会议,听取各部门普法责任制落实情况,统筹协调部门普法工作。通过汇总交流各责任主体开展普法工作情况,探讨推动工作新举措。各责任单位要确定一名相关负责人和联络员参加联席会议。③责任公告制度。每年第一季度末,各级普法主管部门对各责任单位本年度拟开展的主要普法宣传活动,包括普法内

容、普法对象、活动方式、实施时间等以适当方式集中进行公告公示，接受社会监督。年底前，对工作完成情况进行督查核实并通报。④报告评议制度。各级普法主管部门每年选择3～5个具有执法权、与保障民生和维护稳定密切相关的普法责任部门，召开"谁执法谁普法"履职报告评议会，听取普法工作情况汇报，邀请人大代表政协委员、群众社团代表、新闻媒体代表以及普法部门代表对其普法履职情况进行评价，提出意见建议。⑤责任落实评价制度。普法主管部门指导建立以第三方评价为主的考核评价标准，引入第三方评价机制，对责任部门普法责任落实情况进行客观评估，并注重对评估结果的运用。①

2017年12月12日至13日，为推动落实国家机关"谁执法谁普法"普法责任制，广东省委依法治省办、省司法厅、省普法办创新组织了国家机关"谁执法谁普法"履职报告评议活动，评议团对省高级人民法院、省国土资源厅、省地方税务局、省食品药品监督管理局和广东电网公司5家单位的普法落实情况进行现场考察。"谁执法谁普法"履职报告评议活动，属全国首次，既反映了活动的开创性，也凸显了活动的探索性。②

2017年12月22日，广东省首届国家机关"谁执法谁普法"履职报告评议会在广州召开。现场评议会上，广东省高级人民法院、广东省国土资源厅、广东省地方税务局、广东省食品药品监督管理局、广东电网有限责任公司5个单位分别作"谁执法谁普法"工作履职报告。9名评议团员成员对5个单位普法履职情况分别进行了现场评议，综合评议团评议和社会评议结果，5个单位普法履职工作均获得优秀档次评价。广东省国家机关"谁执法谁普法"履职报告评议会的举办在全国尚属首次，此次评议活动是落实普法责任制理念创新和制度创新的大胆尝试。评议会注重总结国家机关落实普法责任制情况，将普法工作由主管部门的"独唱"，变成各部门的"合唱"，进一步强化了国家机关普法的责任约束，增强了普法的针对性和实效性，从而推动形成分工负责、各司其职、齐抓共管的"大普法"格局。③

---

① 参见中共中央办公厅、国务院办公厅印发的《关于实行国家机关"谁执法谁普法"普法责任制的意见》，载新华网（http://www.xinhuanet.com/politics/2017-05/17/c_129606579.htm），访问时间：2018年1月26日。
② 参见黄祖健《全面推动落实"谁执法谁普法"责任制》，载《南方日报》2017年12月15日。
③ 参见刘竞宇《广东省首届国家机关"谁执法谁普法"履职报告评议会在穗召开》，载南方网http://news.southcn.com/gd/content/2017-12/22/content_179828467.htm，访问时间：2018年1月24日；魏徽徽《广东省首届国家机关普法履职报告评议会召开》，载《信息时报》2017年12月24日。

（二）健全媒体公益普法制度

根据省司法厅出台的《关于进一步建立健全法治宣传教育机制的意见》的要求，健全媒体公益普法制度，建立在公共场所发布法治类公益广告制度，制定大众传媒开展公益普法的工作方案，推动落实大众传媒的公益普法责任。协调指导广播、电视、报刊、互联网和手机媒体在重要版面、重要时段制作刊播普法公益广告，组织开展形式多样的公益普法活动。推动建立在干道沿线、公交候车亭、大型立柱、LED 屏、公共场所、电梯等一定时间内发布法治类公益广告的制度。推动政府机关、社会服务机构在窗口单位和窗口岗位增加法治宣传教育功能，运用公众服务窗口开展法治宣传教育。广播、电视、报纸、互联网信息服务提供者等媒体应当履行公益法治宣传义务，在重要频道、重要版面、重要时段设置法治宣传教育专栏，刊播公益法治宣传广告，开设法治讲堂，针对社会热点和典型案（事）例开展法治宣传教育。电信业务经营者应当按照相关规定发送公益法治宣传信息。

2015 年 1 月 28 日，根据中共广东省委贯彻落实《中共中央关于全面推进依法治国若干重大问题的决定》的意见精神，为建设法治广东、平安广东服务，经省民政厅批准，由广东省法学会发起成立的非营利性、公益性、民间性的社会组织广东中立法律服务社在广州开业。2017 年 12 月 4 日，广东省韶关市始兴县"互联网 + 法律扶贫"打造"智慧法治小城"启动仪式暨始兴县"12·4 国家宪法日"普法系列活动在县市民文化广场隆重举行。自 2018 年起，中立律网联手万众法微服务平台将连续三年，每年投入价值 216 万元的法律服务，在广东省韶关市始兴县全境进行公益法律宣传和法律扶贫。广东中立法律服务社和万众法微公益律师联盟携手广东大同、保典、大钧等律师事务所及各类法学专家教授，组建了普法扶贫志愿服务阵营，不仅有线上专业公益服务，也组织线下各类大型公益法律活动，走进山区走进企业，深入基层向老百姓进行公益普法，让有法律需求的群众得到了及时而又优质的法律服务。中立法律服务社的工作通过报纸、电视台、广播电台及新媒体等多种方式、多角度进行宣传，提升了服务社的社会认可度、公信力和影响力，拓展了服务案源，提高了服务质量。2016 年 1 月，服务社周年纪事座谈会在广州成功召开，中央和省内各主要媒体对服务社 2015 年度精品事例纷纷进行了采访、报道和宣传，取得了良好的社会效果。

（三）完善领导干部和国家工作人员学法用法机制

实现全民守法，领导干部应带头守法。习近平总书记多次强调，各级领导干部在全面推进依法治国过程中肩负着重要责任,全面依法治国必须抓住领导干部这个"关键少数"。各级领导干部要带头依法办事,带头遵守法律,始终对宪法法律怀有敬畏之心,牢固确立法律红线不能触碰、法律底线不能逾越的观念,不能超越法律规定的范围行使权力,更不能以言代法、以权压法、徇私枉法。领导干部带头守法是法律权威得以树立的基本要求;若领导干部没有遵守法律,法律权威则形同虚设。为此,国家机关应当建立和完善国家工作人员学法用法制度,把法治教育纳入干部教育培训总体规划,将宪法法律和党内法规列为干部法治教育培训的必学内容,通过法治讲座、法治论坛、法治研讨、典型案例讨论等方式,定期组织国家工作人员日常集中学法,定期组织领导干部到法院旁听案件庭审,不断提高各级领导干部运用法治思维和法治方式依法行政的能力,将领导班子和领导干部学法用法、重大事项依法决策、依法履职和推进法治建设情况纳入年度考核。

国家工作人员学法用法要紧密结合实际,认真学习以宪法为核心的各项法律法规,牢固树立社会主义法治理念,努力提高法治素养,不断增强在法治轨道上深化改革、推动发展、化解矛盾、维护稳定的能力。坚持把领导干部带头学法、模范守法作为关键,建立宪法法律必修课制度,完善国家工作人员集体学法制度,促进党委(党组)学法经常化、制度化;完善国家工作人员法治培训制度,把法治教育纳入领导干部、国家工作人员初任培训、任职培训、专门业务培训和在职培训的必修内容;完善干部学法用法考试制度,逐步推进领导干部、国家工作人员网上学法用法考法,建立学法日常考核和积分管理的机制;完善领导干部任前法律知识考试制度;建立领导班子和领导干部述法考评制度,把学法用法和推进法治建设情况纳入领导班子和领导干部年度述职考核。创新办好党政主要领导干部党纪政纪法纪教育培训班。根据广东省委组织部、省委宣传部、省司法厅、省人社厅联合下发的《关于完善国家工作人员学法用法制度的实施意见》要求,行政执法人员每人每年参加综合法律知识培训时间不得少于40学时。

2018年1月31日,广东省普法办在广州举办国家工作人员网上学法考试系统使用培训班。省普法办牵头建设的全省国家工作人员网上学法考试系统于2018年投入运行,今后将通过网上和微信双平台,对全省领导干部和国家工作人员学法进行日常考核和积分管理,组织全省处级及以下国家工作人员每年进行统一学法用法考试。年度学法考试的组织实施,由各级普法主管部门牵头协调,组织、宣传、人社等部门参与配合,省直机关工委、省委教育工委、省国资委负责做好省直单位、省属高校、省属国有企业的学法用法考试组织工作,国家工作人员年底学法考试成绩将向所在单位进行通报,纳入公务员年度考核重要内容。国家机关工作人员网上学法考试系统投入运行，是广东省落实"七五"普法规划，推动领导干部带头学法的重要举措，将进一步推进国家工作人员学法考法工作规范化、系统化，提升广东省法治宣传教育工作的信息化建设水平和精准普法的实效性。据介绍，国家工作人员网上学法考法只需点击相关网站（http：//xfks.gdsf.gov.cn/）系统页面，或通过智能手机搜索并关注"广东普法"微信公众号，然后进入"学法考试"界面，登录后即可浏览学习课程。学习内容分为必修课和选修课，只有必修课学习进度达到100%方可参加年度考试，若页面右下方的圆圈变蓝，即表示已获取本课程的学分。①

目前，各地各部门普遍建立党委（党组）中心组学法制度；打造"广东学习论坛""法治广东论坛""百名法学家百场报告会""南粤法治报告会"等领导干部学法平台；建立领导干部和国家工作人员年度学法制度，推动建立全省统一网络学考平台。据不完全统计，"六五"普法期间，全省国家工作人员参加法治培训（讲座）达490万人次，各级领导干部参与学法考试达500万人次。②

（四）完善青少年学生法治教育工作机制

根据《2015年广东省普法依法治理工作要点》，完善法治宣传教育工作机制，夯实法治宣传教育工作基础，要协调有关部门共同推动法治教育纳入国民教育体系，推动青少年学生学法"计划、教材、师资、课时、考核"五落实，组织编写全省中小学生统一的法治教材，逐步推进中小学校全面实施学生年度法律常识考试。制定落实《广东省青少年学生法治教育基地建设标准》，推动全省各地市、县（市、区）建立一个以上多功能青少年学生法治教育基地并规范运作。推动全省青少年学生在小学、初中、高中的各个阶段到基地接受一次以上的法治教育。

被视为全面开展中学生在线学法考试"鼻祖"的江门市，2013年暑假期间举办了一场颇具规模的网上法律知识竞赛活动。2014年，江门又研发开通"中学生在线学法考试系统"，并联合市依法治市办、市教育局印发了《江门市中学生学法考试实施方案》，把中学生学法考试情况纳入市、区两级教育局对各中学、各职中的考核内容。为了便于学校组织学习和学生自学，学校还邀

---

① 参见陈创中《广东推行国家工作人员网上学法用法考试 每年进行一次》，载民主与法制网（http：//gd.mzyfz.com/detail.asp？id=374592&dfid=2&cid=32，访问时间：2018年1月26日。
② 参见《广东省人民政府关于我省"六五"普法决议执行情况的报告》，载广东人大网（http：//www.rd.gd.cn/pub/gdrd2012/rdhy/cwhhy/1227/hywj/201607/P020160726397478799881.pdf，访问时间：2018年1月26日。

请法学专家和知名律师对重点考核的法律法规进行专业解读,并把解读内容上传至江门普法网。目前,江门在线学法考试的在校中学生近20万。①

为了给青少年法治教育提供长期、稳定的场所,实现青少年法治教育工作阵地化、经常化、规范化,更好地推动青少年法治教育工作的开展,广州市出台《青少年法治教育基地建设标准指引》。青少年法治教育基地的宗旨是学法、知法、守法、用法。基地设置模拟法庭、禁毒展览馆、活动广场、会议室、网络测试中心、法治图片展览馆、法律咨询室、阅览室等功能区。基地由普法办、团委、教育局、综治办共同主办,教育局按照教学要求制订课程计划,基地制定相应的法治教育课程表,并具体安排教师任教。每次培训安排至少2个课时的法治教育活动。基地的教育方式是,坚持理论与司法实践相结合,采取面授、音像、多媒体、模拟操作等教育形式,通过法治课、学生法律问题、咨询法律知识、网络游戏、模拟法庭、法治展览、法治文艺晚会等青少年喜闻乐见的活动,让学生把学到的法律知识运用于实践。②

深入开展法治学校培育和创建活动,推动建立青少年学生法治教育评估机制,把青少年学生法治教育纳入学校教育质量和学生综合素质评估体系。制定法治副校长工作规范和考核标准,推进落实全省中小学校法治副校长聘请率达到100%。1998年,阳江市首创法制副校长制度,并开始在全国推广。经过多年的实践,广东省各地已普遍制定了法制副校长任职资格制度,从学历、专业和工作经验等方面对法制副校长的聘用提出了具体的规范要求和硬性指标,确保法制副校长达到相关规定的要求。为进一步规范和完善法治副校长工作,发挥法治副校长职能作用,推进学校法治教育和依法治校工作,预防和减少青少年违法犯罪,根据《广东省法制宣传教育条例》《关于规范兼职法制副校长职责和选聘管理工作的意见》(综治委〔2003〕25号)等规定,结合实际,广东省司法厅专门制定《广东省中小学校法治副校长工作规范》(粤司〔2015〕181号)。担任法治副校长须符合以下条件:(一)政治素质好,品德优秀,作风正派,热心青少年法治教育工作,工作责任心强。(二)有较丰富的法律知识与实践经历,具有从事法律或执法相关工作经验2年以上,有较强的组织协调能力和语言表达能力。(三)具有大专以上学历。从事法律或执法工作多年的警察或法律工作者学历可高中以上。(四)身体健康,能坚持正常工作。

"六五"普法以来,广东建立完善了学校、家庭、社会"三位一体"的法

---

① 参见赵琦玉《广东青少年普法创多个第一 首创法制副校长制度》,载《南方日报》2014年11月9日。

② 参见《广州市青少年法治教育基地建设标准指引》,载广东省司法厅网站(http://pufa.south-cn.com/wjhb/201607/t20160714_781141.htm,访问时间:2018年1月26日。

治教育网络。目前广东有青少年法制教育基地 3977 个，每年轮训学生上千万人次；中小学法治副校长 18015 名，全省中心镇以上中小学校实现 100% 聘请法治副校长。① 这项制度已经成为中小学生法治宣传教育不可替代的重要力量。此外，组建青少年普法志愿者队伍，在全省中小学校开展普法进校园"春雨育苗"系列志愿者服务也是完善青少年学生法治教育工作机制的重要组成部分。推动建立广东省青少年学生法治教育经费保障机制，制定落实在校青少年学生法治宣传教育经费保障标准，以及中小学校普法工作设备配置标准。② 目前，各地结合实际，探索培育了"校园法苑""网络学法考法""人手一本法治读本""法学专业大学生志愿队结对中小学"等工作模式，构建了学校、家庭、社会一体化的法治宣传教育工作网络，实现学生学法有阵地、有考核、有读本、有法治实践。省普法办、省司法厅联合省教育厅、团省委等组织开展了全省青少年学生"网上法律知识竞赛""法治动漫作品创意大赛""千名青年志愿律师千场法律服务"等丰富多彩的普法活动，极大地激发了青少年学法遵法守法用法的自觉性和积极性。特别是"千名青年律师千场青少年法律服务"活动自 2014 年启动以来，共组织千名青年志愿律师深入乡村、社区、学校等场所开展青少年普法宣讲 4100 多场，覆盖人数达 600 多万人次。2017 年该活动将在全省选派 1000 名优秀青年律师，从 2017 年 12 月至 2018 年 12 月，深入各地大中小学、高职中职院校开展 1000 场法律服务活动。依托 12355 青少年综合服务平台、青年之声、i 志愿等团属平台阵地，线上线下同步提供法律咨询、个案援助服务。③ 据统计，经过青少年普法教育宣传，近几年来，广东全省各地青少年学生的违法违纪发生率均在控制线以下，绝大多数地方在校学生犯罪率为零。④

（五）建立普法专业化的以案释法制度

党的十八届四中全会和广东省委十一届四次全会提出要加强社会主义法治文化建设和群众性普法教育，建立法官、检察官、行政执法人员、律师、仲裁员、基层法律服务工作者、人民调解员等以案释法制度，提高普法的针对性和实效性。为贯彻落实这一普法新要求，加强该普法模式建设工作规范化，确保其功能的更大发挥，让普法工作更具针对性和实效性，根据该普法模式的特点和实际工作需要，逐步建立以普法专业化工作人员为主体的以案释法制度，完

---

① 参见祁雷、邱伟平《广东普法求真务实推进法治进程》，载《南方日报》2015 年 12 月 4 日。
② 参见邓新建《广东全面提升普法覆盖面感染力》，载《法制日报》2016 年 1 月 5 日。
③ 参见符畅、岳青《千名青年律师 千场法律服务 进校园》，载《羊城晚报》2017 年 12 月 4 日。
④ 参见邓新建《广东全面提升普法覆盖面感染力》，载《法制日报》2016 年 1 月 5 日。

善案件收集、整理、发布的工作机制，搭建基层以案释法的工作平台，广东省司法厅拟定了《全省基层"以案释法"平台建设规范指引》（粤司办〔2015〕329号），即"一中心三平台"以案释法模式建设标准，提高普法的针对性和实效性。

"一中心三平台"以案释法模式是法治教育片制作中心利用近期发生在当地的事件、案件，配上律师、专家学者点评，用当地方言或普通话制作出具有地方特色的法治宣传教育片，通过多媒体宣传车、电视普法专栏以及普法网站三个平台播放给群众观看。建立"一中心三平台"以案释法模式，旨在通过加强法治宣传教育方式，提升群众的法治思维和法治意识，使人人信法、守法，进而推进我国依法治国方略的实施，建设社会主义法治国家。同时，探索媒体庭审直播、群众旁听庭审、案件宣讲等有效形式，在司法执法实践中加强法治宣传教育。推广"用身边人说身边事、用身边事教育身边人"的工作经验，推动法治宣传教育贴近基层群众。加强司法、行政执法案例整理编辑工作，推动相关部门面向社会公众建立司法、行政执法典型案例发布制度，完善案件收集、整理、发布的工作机制，逐步建立以法官、检察官、行政执法人员、律师、仲裁员、基层法律服务工作者、人民调解员等为普法专业化工作主体的以案释法制度。

2015年10月12日，广东省司法厅、广东省普法办印发《关于建立健全基层以案释法制度的意见》（粤司办〔2015〕330号），就建立健全以案释法制度提出如下意见：建立普法分析研判制度、建立面向社会的以案释法制度、建立典型案例的定期发布制度、建立普法案例库制度、建立以案释法志愿服务机制、推动基层以案释法平台建设、推动常态化宣传报道、推动各部门协调联动。

（六）健全法治文化建设社会扶持机制

根据广东省司法厅出台的《关于进一步建立健全法治宣传教育机制的意见》要求，健全法治文化建设社会扶持机制，将法治文化作品、法治文化活动纳入全省公共文化服务、文化主题活动、文化艺术评比，对其适度倾斜，并逐步提高获奖比例。整合现有的法治教育基地，健全参观、运作的机制，广泛开展群众性法治文化活动。充分利用科技馆、博物馆、图书馆、文化馆等增强法治观念，弘扬法治精神；充分利用廉政教育基地以及禁毒场馆等加强警示教育；充分利用法治文化广场、法治文化长廊、法治文化公园，逐步完善基层法治文化公共设施体系，将公民法治教育渗透到社会生活的各个方面。各级文化专项资金拨付专款在每个县（市、区）扶持培育一批专业和业余相结合的法治文艺演出团队,推动法治文化作品创作专业化、制作精细化,推动群众性法治文化活动的经常化、常态化。

(七)完善普法社会化队伍建设机制

加强普法讲师团建设,是深入开展法治宣传教育,全面推进依法治省的重要举措。党的十八届四中全会和省委十一届四次全会提出要"加强普法讲师团、普法志愿者队伍建设"。根据广东省司法厅出台的《关于进一步建立健全法治宣传教育机制的意见》的要求,完善普法社会化队伍建设机制,进一步配优配强法治宣传教育专职人员,完善普法联络员和信息员反馈、互动、交流机制;制定《关于加强全省普法讲师团建设的意见》,用好各级普法讲师团队伍。2015 年,广东省司法厅通过《关于加强全省普法讲师团建设的意见》(粤司〔2015〕167 号),明确了普法讲师团的主要任务是:①受聘为邀请单位宣讲法律;②对党和国家及省委省政府关于法治建设重大战略部署进行解读;③对深入开展法治宣传教育提出意见建议;④参加法治宣传教育理论研讨、调研活动,承担有关普法课题研究;⑤参与编写法治宣传教材、资料;⑥向社会公民提供法律咨询;⑦参与法治宣传教育公益事业和志愿者活动。目前,全省成立普法讲师团 458 支、吸收普法志愿者达 66453 人,志愿者成为我省普法工作不可或缺的重要力量。探索设立公益普法项目资助经费,有效调动社会力量参与普法,如深圳市通过实施"公民法律素质提升资助计划",每年投入 100 万元作为公益普法项目资金,先后资助社会组织申办的公益普法项目 18 个;东莞市积极利用政府购买服务开展法治宣传教育,目前已有普法社工 1185 名。①

2017 年 11 月 21 日,广东省司法厅、广东省普法办召开省法治宣传专家顾问团成立会议,会议宣布成立广东省法治宣传专家顾问团,并为首批专家顾问颁发聘书。这是全国首个省级法治宣传专家顾问团,目的是借助专家顾问团的专业知识,解决普法工作中的问题短板和发展瓶颈,形成合力推动普法工作创新发展。广东省法治宣传专家顾问团首批 21 名专家顾问,主要由院校从事法学研究教育、新闻传播研究教育的教授、资深媒体记者、多年从事法律实务的工作者等组成。专家顾问团将在推动广东法治宣传教育创新发展上发挥八个方面的作用:一是积极参与研究广东省"五年"普法规划,为规划设计提供政

---

① 参见《广东省人民政府关于我省"六五"普法决议执行情况的报告》,载广东人大网(http://www.rd.gd.cn/pub/gdrd2012/rdhy/cwhhy/1227/hywj/201607/P020160726397478799881.pdf,访问时间:2018 年 1 月 28 日。

策参考、决策依据；二是参与普法规划实施检查、评估，研究制定普法工作效果评估指标，建立第三方评价机制；三是参与省直国家机关"谁执法谁普法"年度履职报告评议活动，对广东国家机关落实普法责任情况进行客观评议；四是参与广东省普法办组织举办的各类省级普法赛事活动评议工作，推选优秀作品参评国家级比赛，推动广东省公益普法作品库建设；五是充分利用专家所在单位和团队资源，大力开展法治宣传教育理论研究，举办法治宣传教育专家论坛，共建法治宣传教育实践基地；六是针对热点法治事件和社会关注问题积极发声，进行及时权威的法治解读，正确引导法治舆论；七是参与广东省法治宣传队伍专业培训讲课，带动培育一批专业普法人才，加强广东省法治宣传教育队伍建设；八是收集、听取社会意见，对广东省法治宣传教育工作提出意见和建议。广东省法治宣传专家顾问团的成立，是广东省学习贯彻党的十九大精神，落实习近平总书记关于"加大全民普法力度"重大决策的具体行动和创新举措，对于推进广东法治宣传工作改革发展意义重大。①

根据省司法厅出台的《关于进一步建立健全法治宣传教育机制的意见》要求，建设普法社会化队伍还要充分发挥村（居）法律顾问、人民调解员、律师等的普法作用，鼓励社会组织和法学专家、法律工作者及其他社会专业人士、义工社工以多种方式参与法治宣传教育活动，支持行业、社团组织开展群众性法治文化活动。以政府采购为手段，以社会化运作为核心，逐步建立政府购买、市场投入、公益参与的社会普法教育运作机制，吸引社会资源积极投入法治宣传教育，推动普法教育项目化、市场化、专业化。积极鼓励、引导、扶持专业文化团队参与法治文艺节目的创作生产，培育打造富有广东特色的法治文化品牌。

（八）完善基层民主法治建设机制

深入开展法治城市、法治县（市、区）、法治乡镇（街道）、民主法治示范村（社区）创建活动，培育多层次多领域法治文化建设示范点。充分利用一村（社区）一法律顾问工作平台，发挥法律顾问的法治宣传职能，推动基层依法治理。开展"信用广东"普法教育，制定《全省企业法治文化建设标准》，通过示范引导，深入推进企业法治文化建设，推进500人以上规模企业普法实现"六有"（有队伍、有机构、有普法宣传栏、有普法课室、有法律图书角、有考核）。2012年，中山市在全国率先推行"全民治安"，先后开展了

---

① 参见邓新建《广东成立全国首个省级"法治宣传专家顾问团"》，载《法制日报》2017年11月22日。

"全民禁毒"以及"无医闹""无三害"(黄赌毒)、"无假药""无三非"(未经合法手续而在中国非法就业、非法入境和非法居留)、"无传销""无邪教"等系列创建行动,打造全民参与社会基层治理的系列载体。①

(九)健全法治宣传教育组织保障机制

切实发挥各级普法办的统筹协调职能,完善联席会议、年度会议、专题会议、工作督查等制度,协调解决普法工作中的实际问题。建立与经济社会发展水平相适应、与财政收入增长相协调的法治宣传教育经费保障机制,加强对法治宣传教育实施情况、经费保障和使用情况的监督。积极推动法治宣传教育省级立法工作。

四、创新普法宣传工作方式方法

根据《广东省法治宣传教育条例》第三条的规定,"法治宣传教育应当以习近平新时代中国特色社会主义思想为指导,坚持与道德教育、法治实践相结合,坚持围绕中心、服务大局,分类指导、突出重点,创新形式、注重实效的原则"。在创新普法工作方式方法上,可以采用的主要做法有:①国家机关、人民团体、企业事业单位和其他组织利用财政性资金举办大型社会活动时,可以结合活动主题,采取多种方式,开展法治宣传教育。②国家机关、人民团体、企业事业单位和其他组织应当充分利用广场、公园、车站、机场等公共活动场所,运用户外广告牌、电子显示屏、触摸屏、移动电视屏等载体,开展法治宣传教育。有关公共活动场所的管理者应当预留空间,配合法治宣传教育,所需经费由相关单位的法治宣传教育经费予以保障。鼓励有条件的地区加强法治宣传橱窗、法治文化长廊、法治文化主题广场、法治文化主题公园等基层法治文化公共设施建设,开展群众性法治文化活动。③国家机关、人民团体、企业事业单位和其他组织应当发挥新媒体新技术在普法工作中的作用,运用互联网等现代信息技术,开展法治宣传教育。④国家机关、人民团体、企业事业单位和其他组织应当在每年国家宪法日、重要法律颁布实施纪念日和法治广东宣传教育周等活动期间,组织开展相应主题的法治宣传教育活动。

为顺应信息时代发展要求,广东省普法办 2015 年启动了"广东普法"微信公众号,开设以案释法栏目,举办宪法法律知识竞赛,推送法治宣传作品;凭借"广东普法"网站的宣传引领作用,牵头省、市、县司法行政普法主管部门集体入驻"今日头条"等移动发布平台,此举成为全国范围内司法行政系统规模最大、覆盖面最广、时间最早的集体入驻,获评"2016 年度政务创

---

① 参见严俊伟《广东法治精神深植民心》,载《深圳特区报》2017 年 9 月 11 日。

新优秀案例奖"和2016年政务头条号全国"特别贡献奖"。不断探索"互联网+法治宣传"创新方式方法，开通广东省公共法律服务网上服务大厅，实现法律服务"全省一站式"提供；建成全省集中统一运行的"12348"公共法律服务热线，提供7×24小时全年无休的免费律师服务；开展法治动漫、微电影等作品创作活动，制作全国首个青少年社区矫正普法微电影《爱·回家》等一系列优秀作品；大力开展"两微一端"（微信、微博和客户端）普法宣传工作，全省共开通公众服务号660多个。加强新媒体、新技术在普法中的运用，开通广东普法微信订阅号，推进全省公共法律服务普法信息平台建设，组织网上法律知识竞赛和法治宣传微电影、微故事、公益广告、警言等征集展播活动，向移动互联网推送普法精品，增强法治宣传的主动性、互动性和生动性。坚持寓法治宣传教育于各种文化活动中，充分发挥法治文化的教化和引领作用，开展"法治电影进基层""法治歌曲广场舞比赛"等群众喜闻乐见的法治文化活动。加强示范培树，开展"一镇（街）、一县（区）、一单位一品牌"等创建活动，创建省级法治文化建设示范点180个，培育法治文化建设品牌100多个。全省各地依托图书馆、博物馆、文化馆、社区（乡村）文化活动中心、廉政教育基地，利用公共场所、公共设施，广泛开展形式多样的法治宣传教育，使法律精神渗透到群众生活各个方面，使"纸上"的法成为人们"心中"的法。据不完全统计，目前全省法治文化公园210个，青少年法治教育基地343个，法治文化长廊420个，法治宣传车270台，法治宣传电子显示屏1077个，法治宣传栏19277个，法治宣传户外流动广告6487个，法治文艺团体118个。"广播有声音、电视有画面、报纸有文字、网络有信息、电话有指引、培训有机构、基地有体验、法宣有队伍"的普法工作格局已经形成。①

同时，广东全省各地、各单位充分利用新兴媒体资源，创新平台载体，开设"两微一端"服务法治宣传。惠州市惠阳区搭建"法治惠阳"网络平台，最早倡导推广网上法律知识考试；江门市创建青少年学法"E"动平台，搭建开放式的网络学法系统，打造中学生统一的信息化学法平台。据统计，广东省目前开通普法网站276个，微博、微信公众服务号550个。新媒体在普法中的运用，大大提升了普法工作覆盖面和渗透力。广州司法部门以"广州普法网"为依托，拓展学法功能和网络互动功能，设置"法律超市"，完善领导干部和青少年学法应用系统，升级广州市普法教育信息化系统和网页栏目，使其成为

---

① 参见《广东省人民政府关于我省"六五"普法决议执行情况的报告》，载广东人大网（http://www.rd.gd.cn/pub/gdrd2012/rdhy/cwhhy/1227/hywj/201607/P020160726397478799881.pdf，访问时间：2018年1月28日。

市民的学法园地、交流平台和应用工具。目前，广州部分地区的普法网站和微博微信公共平台也已开通，形成了全方位立体化的网络覆盖格局，也让普法宣传更加"年轻态"，符合青少年的生活习惯。①

深圳市福田区与科技公司合作开发了《青少年法制教育多媒体软件——法律新人类（广域网版）》，精心设计"星际漫游""青蛙过河""小兔回家"等生动活泼的法制主题卡通游戏。深圳市龙岗区与社工机构合作，发挥社工熟悉社会工作、擅长心理引导的优势，联合春雨社会工作服务社开展"法治文明校园行"活动，有效增强了青少年普法的互动性、引导性和趣味性。此外，深圳市在建立社会力量普法资助机制上进行了一番探索，通过公开征集、接受申请、核定审批等程序，已资助实施12个公益项目。资助项目内容丰富、形式新颖，有不少都是原创性、高质量的创新项目，如罗湖外语学校利用DV拍摄制作的中学生普法短片《阴影》，通过学生的眼睛去捕捉与青少年学习、生活密切相关的法制故事，充分发挥了学生学法用法的主动性和创造性。②此外，深圳市多年来坚持开设"公民法律大讲堂"，东莞市557所中小学校实现"校园法苑"全覆盖，佛山市深入推进"657"法治文化品牌建设，广州市开设普法电视频道，全省共有专门普法微信公众号81个，阅读量达到4000多万人次。珠海市以"订单"需求、"菜单"服务供需对接方式，探索重点村居精准普法服务，达到分期分批实现全市问题村（社区）"遏增量、减存量、防控村（居）法律风险"的目标。今年以来，全省各地围绕村（居）"两委"换届选举工作，通过举办法治讲座、开展法律咨询活动、组织法治文艺汇演等形式，开展专题普法活动8600余场。③广东各地普法活动形式多样，内容丰富，成效显著。

第三节 社会治理的法治化

党的十八届四中全会《决定》提出，要坚持系统治理、依法治理、综合治理、源头治理，提高社会治理法治化水平；强调深入开展多层次、多形式法治创建活动，深化基层组织和部门、行业依法治理，发挥人民团体和社会组织

---

① 参见邓新建《法治思维渗入每个社会细胞：广东培育出一系列岭南特色普法品牌》，载《法制日报》2017年5月13日。

② 参见赵琦玉《广东青少年普法创多个第一 首创法制副校长制度》，载《南方日报》2014年11月9日。

③ 参见邓新建《法治思维渗入每个社会细胞：广东培育出一系列岭南特色普法品牌》，载《法制日报》2017年5月13日。

在法治社会建设中的积极作用。社会治理是指处理各类社会事务、规范社会生活的整体社会建设活动。社会治理的对象主要是社会事务的处理，社会事务是指直接关系社会成员基本生活和公共秩序的事务，大致包括社会公共服务、社会矛盾预防和化解、社会公共安全保障、社会组织的培育和管理等方面的内容。社会治理法治化就是要通过相应的法律制度来对社会治理活动加以全面规范。在建设法治社会的过程中，广东省深入推进多层次多领域依法治理，开展创建法治城市、法治县（市、区）、法治乡镇（街道）以及民主法治村（社区）的"四级同创"活动，修订完善创建评价标准，构建法治化营商环境，加强企业法治文化建设，有力地推动了社会治理法治化。

一、"一村（社区）一法律顾问"制度

2014年5月16日，广东省委办公厅、省政府办公厅印发《关于开展一村（社区）一法律顾问工作的意见》（粤委办发电〔2014〕42号），部署在全省开展一村（社区）一法律顾问工作。广东省司法厅出台《关于贯彻落实〈关于开展一村（社区）一法律顾问工作的意见〉的工作方案》的通知（粤司办〔2014〕95号），充分发挥律师的专业特长，在全省范围开展律师进村（居）活动，组织律师担任村（居）法律顾问，开展法律咨询、普法宣传、人民调解和法律援助，维护群众的合法权益，化解纠纷矛盾，达到了预期的良好制度效益，为基层社会治理法治化探索了一条新路。

实践表明，开展一村（社区）一法律顾问工作具有重要的现实意义：①为基层社会治理法治化注入了新的活力。律师以受聘担任村（社区）法律顾问的形式，开展法律咨询、法制宣传工作，增强广大基层干部和群众的法律意识，促进基层群众自治组织将法治思维和法治方式融入到村（社区）内部公共事务管理的各个方面，推进基层群众自治管理实现民主决策、村务公开、群众监督，各项工作健康发展。②为保障群众合法权益开辟了新途径。律师通过深入村（社区）中开展法律咨询，现场解答群众日常工作和生活中特别是在征地拆迁、土地权属、婚姻家庭、社会保障等方面遇到的法律问题，为社会弱势群体提供法律援助，满足群众基本的法律服务需求，使党和政府服务群众的政策更加深入人心。③为维护社会和谐稳定提供了新机制和新方法。通过开展普法宣传和矛盾纠纷调解工作，引导群众按照法律规定的途径反映利益诉求，依法、理性解决矛盾纠纷，把矛盾纠纷化解在萌芽状态，实现小事不激化不出村、矛盾自己解决不上交，促进社会和谐稳定。④为构建公共法律服务体系奠定了坚实基础。构建全面覆盖城乡的公共法律服务体系已列入《中共广东省委贯彻落实〈中共中央关于全面深化改革若干重大问题的决定〉的意

见》，成为构建公共法律服务体系的重要组成部分，是构建公共法律服务体系的坚实基础。

根据广东省司法厅出台《关于贯彻落实〈关于开展一村（社区）一法律顾问工作的意见〉的工作方案》的要求，律师受聘担任村（社区）法律顾问工作的主要职责是：①为村（社区）管理提供法律专业意见。协助起草、审核、修订村（社区）自治组织章程、村规民约以及其他管理规定。为村（社区）重大经济、民生和社会管理方面的决策提供法律意见，引导村（社区）依法管理。协助村（社区）解决换届选举中的法律问题。②为群众提供法律咨询和法律援助。向群众解答日常生活中特别是在征地拆迁、土地权属、婚姻家庭、上学就医、社会保障、环境保护等方面遇到的法律问题，提供法律意见。协助村（社区）组织处理信访案件，引导当事人依法、理性反映诉求，依法维护自身的合法权益。经法律援助机构的审查同意，为符合法律援助条件的群众提供法律援助。接受群众委托代为起草、修改有关法律文书和参与诉讼活动应酌情减免服务费用，并向县（市、区）司法行政机关备案。③开展法治宣传。定期举办法治讲座，通过"以案说法"、以群众身边事讲法说法等方式普及群众日常生活涉及的法律知识，增强干部群众的法律意识，树立正确的权利义务观念，依法办事，依法解决矛盾纠纷。针对村（社区）企业在转型升级、知识产权、劳资纠纷等方面遇到的问题，开展法律讲座等法律服务，为企业解惑释疑，促进企业生产经营平稳发展。④参与人民调解工作。担任兼职人民调解员，根据基层调解组织的安排参与矛盾纠纷排查和调处工作，或为调解组织调处重大疑难矛盾纠纷提供法律意见。协助村（社区）完善基层人民调解组织建设，为调解员提供法律专业知识培训，提高基层人民调解员的法律水平。

根据《关于开展一村（社区）一法律顾问工作的意见》，村（社区）法律顾问每个月至少到村（社区）服务1天（不少于8个小时），每个季度至少举办1次法治讲座。具体的服务时间由律师与村（社区）组织商定后予以公示。村（社区）法律顾问对村（社区）组织和群众提出的具体法律服务需求应及时回应，对可能影响社会和谐稳定或涉及村（社区）、群众重大利益的事情，应及时到场或通过电话提出法律意见，同时向当地县（市、区）司法行政机关报告。

从2014年5月开始，广东全面推进律师担任村（社区）法律顾问工作，一年之后，全省25931个村（社区）全部实现由律师担任法律顾问。下沉到村、社区的法律顾问积极发挥法律专业优势，有效提升了基层治理法治化水平。珠海、惠州、江门等地法律顾问律师以中立、专业第三方的角色参与基层

"两委"换届选举工作,促进换届选举平稳有序开展,得到当地党委政府的肯定。通过这些工作,有效降低了村(居)组织的决策和管理风险,大大提高了基层自治管理的法治化、民主化、科学化水平。广东的一村(社区)一法律顾问制度全面实施以来,律师担任村(社区)法律顾问共为村(居)委会和村(居)民提供服务超过185万人次,其中提供法律咨询81万多人次。①

2015年,广东省委办公厅、省政府办公厅联合出台《关于开展一村(社区)一法律顾问工作的意见》,构建了"一村(社区)一法律顾问"工作制度,并列入2015年省政府"十件民生实事"。2015年,广东省政府组织珠三角地区近600名律师对口支援粤东西北地区,提前半年实现省委、省政府提出的全省25931个村(社区)全覆盖目标,全省一年共支付律师顾问工作补贴3亿多元。加强制度建设,加大培训力度,提高规范化水平。一年来,7300多名村(居)法律顾问提供法律咨询近28万人次,举办法治讲座5.4万场次,代理群众诉讼和实施法律援助7000多宗,出具法律意见书和审查各式合同1.6万份,修改完善村规民约近4000份,直接参与调处矛盾纠纷2万多宗,直接参与处理群体性、敏感性案件近1200件,进一步夯实了社会治理法治化的社会民众基础。②

2017年7月27日,广东省人大通过的《广东省实施〈中华人民共和国律师法〉办法》第五十四条明确规定:"律师、律师事务所应当参与以下工作和活动:(一)参与村(社区)法律顾问工作,通过提供法律咨询、举办普法讲座、参与矛盾纠纷调处、代理案件等方式,引导群众通过合法途径表达诉求,维护群众的合法权益,服务基层社会治理;(二)参与化解和代理涉法涉诉信访案件工作,采取释法析理、提出处理建议、引导申诉、代理案件等方式,化解矛盾,推动涉法涉诉信访法治化;(三)参与法治宣传,通过以案释法、巡回宣讲、法律咨询等方式,普及法律知识,提高领导干部和群众的法律意识;(四)参与法律援助志愿者行动、公益诉讼、未成年人保护法律行动等公益性法律服务。"这就明确将"一村(社区)一法律顾问"参与社会治理等列为广东律师服务内容和应尽的社会责任,实现了"一村(社区)一法律顾问"工作实践创新的规范化和制度化。

2017年12月14日,广东省司法厅印发《广东省司法厅关于深化一村(社区)一法律顾问工作的若干意见》(粤司规〔2017〕12号),要求各地高

---

① 参见黄祖健《构建"公共法律服务圈"营造良好法治环境》,载《南方日报》2017年5月19日。
② 参见《广东省司法行政工作"十三五"时期发展规划》,见广东省司法厅网站(http://www.gdsf.gov.cn/webWebInfo/showWebInfo.do?id=4446463,访问时间:2018年2月1日。

度重视，深刻认识深化村（社区）法律顾问工作的重要意义，提出继续深化"一村（社区）一法律顾问"工作，不断提高服务质量和效率，是贯彻落实党的十九大有关"提高保障和改善民生水平""提高社会治理社会化、法治化、智能化、专业化水平"的要求，的实现全面推进依法治国总目标的重大举措，是落实司法部推进公共法律服务体系建设的主要内容。对进一步深化律师制度改革，发挥律师作用，深化依法治国实践，推进广东基层治理体系和治理能力现代化具有重要意义。根据《广东省司法厅关于深化一村（社区）一法律顾问工作的若干意见》的要求，深化"一村（社区）一法律顾问"工作过程中，要坚持问题导向，不断深化服务内容，继续健全体制机制，因地制宜完善工作措施，压实组织实施责任，进一步提升服务质量和效率，为我省实现在全面建成小康社会、加快建设社会主义现代化新征程上走在前列的奋斗目标提供法治保障。

二、从创建法治城市、法治县（区）到全面推开法治建设"四级同创"

开展法治城市、法治县（市、区）创建活动，是全面推进依法治省、加快法治广东建设的一项基础性工作，是依法治国方略在我省实施的一项具体创新举措。开展好法治城市、法治县（市、区）创建活动，对于实施依法治国方略，争当实践科学发展观排头兵，推进广东经济建设、政治建设、文化建设、社会建和生态文明建设具有重大意义。

为切实推动法治城市、法治县（市、区）创建工作，根据《全国法治县（市、区）创建活动考核指导标准（试行）》《广东省开展法治城市、法治县（市、区）创建活动方案》（粤委办〔2009〕41号），以及省委、省政府召开的全省依法治省工作会议暨法治城市、法治县（市、区）创建动员大会精神，2010年，制定了《广东省法治城市、法治县（市、区）创建工作评价标准（试行）》。2013年3月，全国普法办通报表扬全国法治城市、法治县（市、区）创建活动先进单位，授予广东省惠州、江门、湛江、肇庆、潮州等5个市全国首批法治城市创建活动先进单位称号，授予广州市萝岗区等20个县（市、区）、镇全国法治县（市、区）创建活动先进单位称号。2016年，广东省率先在805个乡镇（街道）推行法治创建活动。至今，广东荣获"全国法治城市、法治县（市、区）创建活动先进单位"的市、县（市、区）有62个，数量居全国之首。①

---

① 参见李锐忠、张丽娥《党的十八大以来广东法治建设砥砺奋进成效显著》，载《民主与法制时报》2017年10月12日。

第四章 全民守法与法治社会建设

2017年5月，广东省第十二次党代会首次将法治建设单独作为一个章节，强调要全面开展法治城市、法治县（市、区）、法治乡镇（街道）、法治村（社区）"四级同创"活动，引导全民自觉守法、遇事找法、解决问题靠法，全面提升社会治理法治化水平。正因为以往广东各地的法治建设常常出现不均衡的现象，有的地方法治村建设工作做得比较好，但在法治镇建设上较为欠缺，有的地方在法治县的建设上走在前列，可在法治镇建设上又稍显落后。因此，提出"四级同创"，对于推进全面依法治省、建设法治社会具有重大意义。广东省委全面依法治省工作领导小组印发《关于全面推开法治建设"四级同创"活动的实施意见》，在全省全面推行法治城市、法治县（市、区）、法治乡镇（街道）、法治村（社区）的"四级同创"活动，充分发挥地方立法引领推动作用、全面加强法治政府建设、深入推进公正司法、健全依法维权和化解矛盾纠纷机制、依法加强社会组织综合监管、建立完善法律服务体系、加强法治宣传教育、推进基层治理法治化。法治建设"四级同创"活动的创建标准包括组织建设健全有力、民主选举依法有序、民主决策科学规范、民主管理扎实有效、民主监督切实有效、基层社会和谐稳定等六个方面。

根据广东省委政法委发布的《关于开展法治建设"四级同创"活动的通知》要求，2017年年底前，珠三角地区90%以上的县（市、区）和乡镇（街道）要达到省级法治创建标准；60%以上的村（社区）要达到省级民主法治村创建标准。据报道，截至2017年底，全省70%以上县（市、区）、90%以上乡镇（街道）、50%以上村（社区）达到省级法治创建标准，全省30%以上的学校达到省级依法治校创建标准。[1]

揭阳市作为广东省9个法治建设"四级同创"活动先行试点市之一，重点探索法治县（市、区）创建工作，为全省法治建设探索和积累经验，逐步构筑起法治揭阳大格局。为此，按照广东省委的统一部署，揭阳市政府专门制定了《揭阳市2017年法治建设"四级同创"活动实施方案》。按照揭阳市委政法委的部署，该市通过加强组织领导、保障经费投入、强化考核督导，以打造"三个一百"作为2017年度法治创建工作重要抓手，将法治教育、法治宣传、法治文化与传统文化、行业文化、社区文化等进行高度整合，多管齐下、多措并举，在全市范围内打造"一百个法治文化主题公园""一百所法治校园""一百个法治宣传示范点"，促进法治建设有效服务人民群众，让各项法

---

[1] 参见祁雷《连续四年保持刑事发案数下降》，载《南方日报》2018年2月6日。

治建设成果惠及千家万户。①

早前被确定为广东省法治街道重点创建街道的深圳市光明新区光明办事处，2017年又被列为深圳市法治建设"四级同创"工作首批四个示范街道之一。在开展"四级同创"活动过程中，成立以党工委书记、办事处主任为组长的"四级同创"工作领导小组，形成政府主导、综治办具体实施、部门社区联动、全民参与的良好局面。制定印发了《光明办事处"四级同创"法治街道示范点建设工作方案》《"七五"普法规划》《光明办事处2017年法治政府建设工作方案》《光明办事处2017年法治宣传教育工作方案》等文件，进一步强化组织领导和工作部署，明确相关部门和各社区的职责，做到按级负责、分工到人。在法治宣传方面，光明办事处平时利用社区法律顾问、"绿马甲"普法小分队、法制文艺巡演、法治宣传长廊、中小学公共安全宣传教育平台等形式，每月开展2场法治宣传活动，已举办20余场宣传活动，派发法治宣传资料10万余份，受教育人数4万余人，实现普法宣传活动普及化、常态化。在社区图书馆开辟"一个法治文化角"，打造"我知调解"微剧场品牌，用调解案件实例，通过小品、话剧等形式定期开展巡演。建立社区法制学校、开设法治讲堂、组建普法讲师团，结合"法律六进"微信群、"光明法治"公众号等现代传媒和传播方式，拓宽普法渠道，倡导法治社会，将法治建设延伸到社区、企业、学校的每个角落。在基层综合治理方面，积极抓好综治信访维稳中心"中心+网络化+信息化"升级改造工作，以"光明政务信息网""绿色光明网""深圳市社区党风廉政信息公开管理系统"、社区信息栏等信息网络平台为媒介，向群众公开政府建设和工作信息，让人民群众评判和监督，制约权力运行。完善社会矛盾化解体系，进一步完善人民调解与行政调解、司法调解相结合的联调联处机制，加大部门协调配合力度，形成政法工作整体合力。辖区居民的法治意识和法治观念不断提高，法治建设工作取得明显成效。②

三、构建法治化营商环境

作为一个地区的综合竞争力的集中体现，营商环境是指影响企业活动整个过程和环节的周围境况、因素和条件的总和。一般来说，营商环境包括影响企业活动的社会要素、经济要素、政治要素和法律要素等内容。在全面推进依法

---

① 参见张丽娥、杨斯萍《广东省揭阳市以"四级同创"为抓手构建法治大格局》，载《民主与法制时报》2017年11月5日。

② 参见熊红斌、王嘉新《以"四级同创"为契机推进法治示范街道建设》，载《检察日报》2017年12月28日。

治国的背景下,营商环境主要就是法治环境。因此,构建法治化营商环境,是推动经济新常态下企业创新发展的坚实法治保障。

广东作为全国经济发展的排头兵和对外开放的窗口,最先感知到营商环境对于经济发展的重要意义。建设现代化经济体系,建设开放型经济新体制,比以往任何一个时期都更加需要稳定、公平、透明、可预期的法治化营商环境。营造良好的营商环境,关键在于提升市场的法治化水平,把产权、要素、交易、企业竞争和退出等内容纳入法治的轨道,使法律发挥管理和控制市场参与者经济行为的作用。

2012年10月13日,广东省委办公厅、省人民政府办公厅印发《建设法治化国际化营商环境五年行动计划》(粤办发〔2012〕37号),提出了"五大任务"的目标,分别是建设公平正义的法治环境、透明高效的政务环境、竞争有序的市场环境、和谐稳定的社会环境、互利共赢的开放环境,全力打造好营商环境。在建设公平正义法治环境方面,需要遵循的工作思路是:全面树立良法善治理念,完善营商环境法制体系,提高科学立法、依法行政、公正司法水平,促进市场主体守法营商。在经济运行和社会管理层面,借鉴香港法律在实操规定、权责界定、程序设定等方面的内容,强化制度性和程序性法律法规建设,确保每个管理事项有法可依,有规可循,提出推行法律法规多元化起草机制、建立商事合同司法纠纷速调速裁机制等。广东省高级人民法院围绕贯彻落实中共广东省委、广东省人民政府制定的《五年行动计划》还专门制定了工作方案,通过"提高解决商事合同纠纷司法效率""完善企业退出机制"等方式为建设法治化营商环境保驾护航,逐步形成与国际接轨的商事制度,使国际惯例和市场经济规则得到普遍认同和尊重,让市场主体依靠规则公正和法律保护得以健康有序运行。①

2015年2月,广东获批成为全国唯一一个企业投资项目清单管理试点省份。同年5月,前海片区实施外商投资准入特别管理,即"负面清单"管理措施,负面清单之外的外资企业,在前海注册由审批改为备案。广东省政府出台了准入负面清单、行政审批清单、政府监管清单三张清单,政府部门不能"乱伸手",企业也不许"动歪念",政府行政审批所有环节走向公开透明,真正实现"无差异审批",无论是谁,一律公事公办,按规定时限办结。法治先行成为广东自贸区深圳前海片区的核心竞争力,截至2015年11月,前海注册

---

① 参见章宁旦《广东高院六大举措提高商事合同纠纷司法效率》,见法制网(http://www.legaldaily.com.cn/index/content/2012 - 11/07/content_3968011.htm? node = 20908,访问时间:2018年2月13日。

企业55.6万家,注册资本合计近3万亿元,其中,港资企业2743家,世界500强企业61家。1—9月,片区累计增加值765.62亿元,同比增长50%。①

为贯彻落实《国务院关于推进国内贸易流通现代化建设法治化营商环境的意见》(国发〔2015〕49号)精神,加快推进广东省国内贸易流通发展方式转变,建设法治化营商环境,2016年7月8日,广东省人民政府出台《广东省人民政府关于印发推进国内贸易流通现代化建设法治化营商环境实施方案的通知》(粤府〔2016〕69号)。该实施方案指出,到2020年,全省内贸流通基础设施条件显著改善,区域和城乡流通网络更加畅通,信息化水平和集约化程度显著提升,标准化体系建设取得良好成效,基本形成规则健全、统一开放、竞争有序、监管有力、畅通高效的现代化流通体系和较完善的法治化营商环境,内贸流通对国民经济的基础性支撑和先导性引领作用进一步得到巩固。

2017年7月17日,习近平总书记在中央财经领导小组第十六次会议上的重要讲话,明确要求广州等特大城市率先加大营商环境改革力度,加快构建开放型经济新体制。广州市委市政府将"提升市场化国际化法治化营商环境"作为2017年全面深化改革的首要重点改革项目,结合依法治市、法治建设工作,高起点、高标准谋划推进法治化营商环境水平提升工作,取得初步成效。

一是深化认识、问题导向,以全面摸查调研营商环境短板弱项明确工作目标。在市委全面深化改革领导小组下成立营商环境改革专项小组,明确由市发改委、市商务委、市委政法委分别牵头推进市场化国际化法治化营商环境建设工作。

二是系统谋划、靶向施策,以研究制定提升法治化营商环境总体方案和实施意见增强工作实效。在前期全面摸查调研基础上,广州市委政法委牵头有关部门,研究制定了《提升广州市法治化营商环境总体工作方案》,提出围绕法治化营商环境主题,组织开展一个专题调研、制定一个政策文件、举办一个高端论坛、组织一次案例评选、开发一个指数(发布一本白皮书)等"八个一"活动,高起点、高标准系统谋划推进法治化营商环境工作。同时,针对征求各方面意见和问卷调查发现的问题短板,广州市研究制定了《关于进一步提升法治化营商环境的工作意见》,从健全营商环境工作制度体系、严格规范涉企行政执法行为、强化企业合法权益司法保护、建设完备法律服务保障体系和注重发挥各类民间主体作用五个方面提出25条指向明确、措施具体、分工到位的工作措施,努力解决营商环境建设中的一批制度性、瓶颈性问题,增创广州

---

① 参见叶前《广东:法治化营商环境成核心竞争力》,见新华网(http://www.xinhuanet.com/mrdx/2015-12/18/c_134928532.htm,访问时间:2018年2月16日。

发展新优势。

三是联调联动、形成合力，以全面开展法治化营商环境系列宣传活动营造良好舆论氛围。推出广州法治化营商环境"行家谈"活动，邀请在穗世界500强公司法务总监、大型国企民企高管、创业创新公司负责人、执业律师、知名学者等开展了"行家谈"集中采访活动，为服务全省工作大局做出了积极贡献。统筹开展"法治化营商环境宣传月"活动。由市委政法委牵头，统筹市法院、市人社局、市环保局、市商务委、市工商局以及广州海关、黄埔海关等12个涉企行政、司法单位梳理总结、宣传展示各单位在法治化营商环境建设方面取得的突出成效、经验亮点，加大对本部门依法实施的但企业和市民知晓率不高、获得感不强的优惠政策和便民利企措施的宣传力度，唱响政府优惠政策措施"好声音"，增强企业和社会在法治化营商环境建设上的获得感，在全社会努力形成"法治营商环境、广州创优先行"的共识。

四是法治广州、筑巢引凤，以稳定、公平、透明、可预期的营商环境引领保障经济发展。据全球城市竞争力论坛发布的《全球城市竞争力报告》显示，广州在全球城市中的竞争力排名继续上升，其中，在"全球城市经济竞争力指数"排名中，广州首次进入前20强，排在全球第15位；在"全球可持续竞争力"排名中，广州上升至第36位。2017年前三季度，全市新注册企业14.8万家，同比增长48.6%；注册资本合计11534.3亿元，增长1.1倍。广州新设注册资本10亿元以上的大型企业数保持稳步增长，突破100家。①在粤港澳大湾区研究院发布的2017年中国城市营商环境指数中，广州排名全国第一。广州总部经济发展能力居全国前三，在穗投资的外资企业达2.7万家，世界500强企业中有120家把总部或地区总部设在广州。②

2018年1月21日，广东省高级人民法院印发《关于为优化营商环境提供司法保障的实施意见》（以下简称《实施意见》），就全省法院切实发挥审判职能，为营造安全稳定的社会环境、竞争有序的市场环境、互利共赢的开放环境、鼓励包容的创新环境、公平正义的法治环境，实现经济高质量发展提供更加有力的司法服务和保障，提出10条实施意见。《实施意见》要求，充分发挥刑事审判职能，要依法严惩危害人民群众生命财产安全的突出犯罪、破坏金融管理秩序犯罪、侵犯财产犯罪以及经济活动中的行贿受贿、渎职犯罪，严格执行刑事法律和司法解释，区分经济纠纷与刑事犯罪的界限，防止利用刑事手

---

① 参见《广州市推进法治化营商环境建设成效初显》，见广州政法网（http://www.gzszfw.gov.cn/Item/8848.aspx，访问时间：2018年2月16日。

② 参见吴珂《广州法治化营商环境建设 获专家点赞》，载《南方日报》2017年11月22日；魏丽娜《"2017广州法治化营商环境论坛"举行》，载《广州日报》2017年11月22日。

段干预经济纠纷。《实施意见》对依法全面平等保护各类市场主体做出规定,要求各级法院在办案中坚持各类市场主体法律地位平等、权利平等和发展机会平等的原则,尊重和保护市场主体的意思自治,保障企业自主经营权,推动形成平等有序、充满活力的法治化营商环境。完善破产程序启动机制和破产企业识别机制,推动完善破产重整、和解制度,推动设立破产基金,妥善处理职工安置和利益保障问题。要加大涉产权冤错案件的甄别纠正工作力度,妥善处理涉产权保护案件,推动建立健全产权保护法律制度体系。①

四、加强企业依法治理和企业法治文化建设

2013年2月,由广东省依法治省工作领导小组、广东省普及法律常识领导小组制定的《广东省企业依法治理工作评价标准(试行)》出台,对深入推进企业依法治理工作起到重要的推动作用。根据《广东省企业依法治理工作评价标准(试行)》的规定,评价标准包括:依法构建良好的经营秩序、依法构建和谐劳动关系、加强企业经营法律风险管理、积极承担社会公益责任,以及加强法治宣传教育和法治文化建设5大类31项指标,其中涉及企业依法纳税、依法与职工平等协商、依法及时足额支付职工工资、建立健全企业法律顾问制度、加强平安企业建设等内容。2013年7月11日,全省企业依法治理试点工作座谈会在广州召开。时任省人大常委会副主任、依法治省工作领导小组副组长兼办公室主任陈小川指出,13家依法治理试点企业(单位)开展依法治理工作取得了很好的成效,形成了值得推广的成功经验。②

其中,法治文化建设一直是广东省依法治省工作的基础性工程。党的十八届四中全会和省委十一届四次全会提出,要深入开展多层次多形式法治创建活动,为深入开展企业法治创建活动,深化企业依法治理,不断丰富和提升企业法治文化的质量,为普法先进单位评选提供重要依据。广东省司法厅根据《广东省法制宣传教育条例》的有关规定,制定《广东省企业法治文化建设标准》(粤司〔2015〕158号),要求各级司法行政和普法部门要加强组织、协调、指导,及时总结经验,分析问题,积极推动企业法治文化建设。

该标准规定了企业法治文化机构建设、队伍建设、活动形式、培训方式以及阵地建设的参考要求,可适用于员工人数在500名及以上的企业。企业法治文化建设的工作目标是:把企业法治文化建设列入企业工作议程,有工作方案

---

① 参见方晴、周琦《广东高院出台实施意见 优化营商法治环境》,见大洋网(http://k.sina.com.cn/article_ 1700715830_ 655edd36020002nkc.html,访问时间:2018年2月18日。
② 参见广东省依法治省办《全省企业依法治理试点工作座谈会在广州召开》,载《人民之声》2013年第7期。

和督促检查;建立企业经营管理决策层及管理人员法治培训制度,做到普法教育经常化、制度化;企业员工岗前培训法律学习率达到100%;500人以上规模企业普法实现"六有",即有队伍、有机构、有普法宣传栏、有普法课室、有法律图书角或学习室、有考核。

企业法治创建工作的基本原则包括:①依法治企。通过企业法治文化建设活动不断提升企业依法经营、依法维权、依法办事、依法管理的水平。②规范建设。与员工教育培训相结合,与安全生产标准化建设相结合,与企业法律风险管理相结合,与企业文化建设相结合,与企业生产经营活动相结合,将企业的生产、经营、决策、管理等各个环节纳入法治的轨道。③以人为本。进一步增强企业管理和从业人员的法律意识和法律素质,构建和谐劳动关系。④促进和谐。以依法诚信经营、谋求和谐发展为理念,促进和保障企业持续、健康发展。

企业法治文化队伍建设包括:①建立法治宣传员(志愿者)队伍,培养企业法治宣传骨干力量。②配合政府职能部门建立人民调解组织和法律援助联络员,建立健全企业劳动争议调解组织,培养劳动争议调解队伍。推动企业劳动争议预防预警机制建设,畅通企业员工利益诉求表达渠道,及时提供法律服务和帮助,化解劳动争议。③建立健全企业法律顾问制度。通过设置法律顾问机构或配备专职法律工作人员处理企业法律事务,促进企业科学决策,依法经营,有条件的企业可建立企业工会法律顾问制度。④建立企业普法志愿者队伍。发挥公检法司等政法系统和行政执法部门、法学理论人才资源优势,组建企业普法队伍,深入企业,以案释法。

企业法治文化创建活动形式包括:通过广播向企业员工播放法治节目;在企业普法宣传栏、饭堂、宿舍等张贴法治宣传挂图;开展企业新员工岗前法律培训,培训率达100%;组织企业员工学习相关法律法规,每年不少于两次;引导员工遇到劳动争议或其他法律问题时拨打"12348"法律援助热线电话和"12351"职工维权热线咨询;引导员工关注各类普法微平台,登陆普法网站学习法律知识;组织开展法律知识竞赛、普法月度例会等形式多样的普法活动,通过案例分析、身边事例讲解、法律条文解读,调动企业员工学法积极性,巩固学法成果;倡导企业对学法用法优秀员工给予表彰奖励;积极推动异地务工人员学法守法情况纳入当地积分入户参考标准。"六五"期间,广东开展了诚信守法示范企业创建活动,评选出首批170多家示范企业,对企业诚信守法建设产生了重大影响。

企业法治文化建设给东莞市企业带来了新气象。为了充分发挥律师在企业法治文化建设工作中的专业作用,东莞市中小企业纷纷开展法律服务团、工会律师团等服务形式,同时鼓励一村(社区)一法律顾问为辖区企业提供法律服务。其中,工会律师团定期开展"流动法律教室"服务,近三年共举办各类普法讲座和活动300多场;同时,每周组织律师到4个职工服务中心值班,将法治宣传融入法律法规咨询、代写法律文书等服务中,近年来共解答法律咨询3183人次,代拟法律文书506件。除此之外,东莞市还统筹警察、法官、检察官等法律人才资源,组建3100多人的"法润莞邑"法治宣讲团,深入全市各企业(工厂)开展"千人扶千企""构建和谐劳动关系"普法宣传月、"外来务工人员法治宣传月"等系列法治宣传教育活动,印发《新莞人法治教育读本》《务工与法》口袋书等普法资料,深入普及法律知识。东莞市在推进企业法治文化建设的过程中坚持典型引路、以点带面的工作思路,选定了多家企业作为试点按照省、市企业法治文化建设标准开展实施。其中,在市一级,选取了沙角A电厂、长安镇美泰玩具二厂、广东宏达工贸集团有限公司作为国有企业、外资企业、民营企业的代表开展试点工作,并给予一定的财政资助;在镇街层面,要求全市32个镇(街道)各选取一家200人以上企业开展试点建设。以东莞市长安镇美泰玩具二厂为例,仅2016年8月和11月,就分77场次组织全体员工宣传学习《社保法》,参与人数达4900多人次。为了提高员工参与企业法治文化建设的主动性和积极性,工厂还发掘员工才艺技能,定期组织员工开展法治书法比赛,将优秀作品上墙展览,打造亮丽法治文化风景线。①

南方电网广东佛山禅城供电局是法治文化建设示范企业,自2006年成立以来,通过十余年不懈努力,法治理念深入人心。除了常规的学法培训之外,为了提高员工学法兴趣,南方电网首创法治文化桌游,融入法律理论知识,通过游戏的方式达到寓教于乐的目的。同时,创新打造"趣味模拟法庭",通过小品"模拟"的方式,将一个个企业法律案件生动地展现出来。其中自创的窃电情景剧,得到佛山市司法局、禅城区法院和广东电网公司的高度评价,被列为"广东电网公司普法品牌"。作为"法治文化建设示范企业",深圳市思达仪表公司积极开展民主法治建设,把法律运用到各项工作中,促进了企业的依法治理和良好发展。思达仪表调整出300多平方米的场地用作普法工作及宣传场所,人民调解室、法治影院、法治图书室、礼堂等普法场所一应俱全,为普法工作顺利开展提供了很好的保障。深圳市茂硕电源科技股份有限公司建立了一支设有组长、副组长、联络员、法务等共9名成员的法治文化创建工作小

---

① 参见彭志强、汤云佩《法治广东行:东莞市企业法治文化建设气氛浓厚》,见南方网(http://law.southcn.com/c/2017-06/30/content_173519015.htm,访问时间:2018年2月18日。

组。为了提升员工学习法律知识的积极性，茂硕电源在普法教育过程中，设立了一系列激励机制，通过不定地点、不定时间进行法治知识有奖竞答比赛，努力把法律知识用游戏或考试的方式融入到员工的思想里、言行中。①

第四节　公共法律服务体系建设

党的十八届四中全会《决定》明确提出，建设完备的法律服务体系，强调推进公共法律服务体系建设，完善法律援助制度，发展律师、公证等法律服务业，统筹城乡、区域法律服务资源，发展涉外法律服务，健全统一司法鉴定管理体制。党的十九大报告再次强调，"中国特色社会主义进入新时代，我国社会主要矛盾已经转化为人民日益增长的美好生活需要和不平衡不充分的发展之间的矛盾。人民美好生活需要日益广泛，不仅对物质文化生活提出了更高要求，而且在民主、法治、公平、正义、安全等方面的要求日益增长"。②根据《广东省司法厅关于推进公共法律服务平台建设的实施意见》（粤司〔2017〕497号）对公共法律服务的界定，公共法律服务是以人民为中心，旨在保障公民基本权利，维护人民群众合法权益，实现社会公平正义和保障人民安居乐业所必需的法律服务，是政府公共服务体系的重要组成部分，主要由司法行政机关统筹提供，以公益性、市场化、可选择和面向公众为主要特征，直接满足社会公共需求，它是供全体人民平等享有的法律服务，既包括无偿或公益性的法律服务，也包括面向社会公众提供的有偿性法律服务。公共法律服务体系建设是统筹推进司法行政各项工作的总抓手。公共法律服务平台建设是公共法律服务体系构建中的一项基础性工作，主要由司法行政机关统筹，立足"法律事务咨询、矛盾纠纷化解、困难群众维权、法律服务指引和提供"的功能定位，整合各类法律服务资源，集成各类法律服务项目，是公共法律服务的有效载体，也是司法行政机关面向人民群众提供综合性服务的窗口。③

一、广东公共法律服务体系建设40年概况

近年来，我省法律服务事业取得长足发展，法律服务领域进一步拓展，服

---

① 参见彭志强、汤云佩《法治广东行：记者深入企业 探访法治文化建设成果》，见南方网（http://law.southcn.com/c/2017-11/15/content_178837769.htm，访问时间：2018年2月18日。

② 习近平：《决胜全面建成小康社会 夺取新时代中国特色社会主义伟大胜利》，载《人民日报》2017年10月19日。

③ 《广东省司法厅关于推进公共法律服务平台建设的实施意见》，见广东省司法厅网站（http://www.gdsf.gov.cn/info.do? infoId=9567833，访问时间：2018年2月18日。

务规模日益扩大，服务制度逐步完善，服务质量不断提升。据相关统计结果，2016年，全省32000余名律师办理各类诉讼事务近28万件、非诉讼法律事务18万多件。组织全省公证机构开展为70周岁以上老年人免费办理遗嘱公证公益活动。完成广东e公证服务网与"12348"公共法律服务网络平台的对接，22家公证处开设微信服务号，44家公证处加入广东e公证服务网提供网上服务。在南沙、前海、横琴自贸试验区设立公证处。2016年，全省880余名公证员办理公证案件133万多件，其中涉外公证41万余件，涉港澳台公证5万余件。在深圳前海自贸区开展知识产权司法鉴定试点工作。2016年，全省近2400名司法鉴定人办理司法鉴定案件数量突破16万件。通过国家认证认可以及国家级的司法鉴定机构达27家，新增5家。全省2200余名基层法律服务工作者积极为基层组织和群众提供法律服务，2016年共担任法律顾问6500家。①在基层法律服务工作方面，全省基层法律服务所积极为基层组织和群众提供法律服务，"十二五"时期，共担任法律顾问10520家，代理诉讼业务28306件，代理非诉讼业务83845件，调解纠纷203032件，解答法律咨询978248人次，办理法律援助事务38186件，避免经济损失23.4亿元，参与司法行政工作96285件次。②

目前，我省公共法律服务体系正在初步构建中，公共法律服务作为基本公共服务，正在广东"五位一体""法治广东""平安广东""幸福广东"建设中发挥着越来越重要的作用。构建全面覆盖城乡的公共法律服务体系已经列入《中共广东省委贯彻落实〈中共中央关于全面深化改革若干重大问题的决定〉的意见》；公共法律服务已经作为基本公共服务，纳入《广东省基本公共服务均等化规划纲要（2009—2020）》（修编版）。为稳步推进公共法律服务体系的构建，广东省司法厅出台了《关于构建公共法律服务体系的指导意见》《广东省公共法律服务均等化规划纲要（2014—2020）》《2014年构建公共法律服务体系工作计划》《关于推进公共法律服务实体平台建设的意见》《公共法律服务标准化工作方案》《公共法律服务信息化网络平台建设方案》《关于开展公共法律服务志愿者活动的指导意见》《关于推进政府购买公共法律服务的意见》《关于印发广东省法律服务工作发展"十三五"规划的通知》《关于推进公共法律服务平台建设的实施意见》等一系列指导性文件，召开工作推进现场会，开展全省巡回辅导。与此同时，法律服务体系建设工作也获得各地方党

---

① 参见《广东省司法厅2016年全省司法行政工作总结》，见广东省司法厅网站（http：//zwgk.gd.gov.cn/006940167/201702/t20170220_693698.html，访问时间：2018年2月18日。

② 参见《广东省法律服务工作发展"十三五"规划》，见广东省司法厅网站（http：//zwgk.gd.gov.cn/006940167/201703/t20170323_697472.html，访问时间：2018年2月18日。

委、政府的高度重视和支持，全省各地制定相关文件达 200 多份，经费约 6 亿元，为广东法律服务体系的建设奠定了根本性基础。① 目前，部分先行地区的公共法律服务体系构建工作已取得阶段性成果，其他地区正在试点推进中，公共法律服务在法治社会建设中的作用逐步显现。

2014 年起，广东省公共法律服务平台建设工作已初步实现全省村（社区）法律顾问全覆盖；初步建成全省集约服务的"12348"公共法律服务热线和公共法律服务网上大厅；初步完成县（市、区）、乡镇（街道）和村（社区）的实体平台的基础建设工作。2015 年 1 月 28 日，广东省法学会牵头发起、经省民政厅批准组建的"广东中立法律服务社"在广州开业。法律服务社法律服务人员由资深律师、法学专家、退休老法官、老检察官、老警官等组成，法律服务社的服务对象包括人民群众主动要求提供法律服务的案（事）件及涉法涉诉信访案件；服务社服务内容主要是法治宣传、法律咨询与服务、案（事）件的调解和法律引导。法律服务社以第三方身份，站在中立的立场，引导、帮助群众运用法治思维解决问题，相对容易取得涉案当事群众的理解和信任，具有更强的公信力。2016 年，广东中立法律服务社共接待解答法律咨询案件 501 件、582 人次。其中民事案件 311 件，行政案件 68 件，刑事案件 31 件，执行案件 13 件，其他问题咨询 47 件。②

2017 年 10 月 23 日，由省法学会主办、广州市法学会承办的珠三角片区中立法律服务社工作现场会在穗举行。会议现场观摩了广州市中立法律服务社海珠区服务站，珠三角片区城市代表交流探讨中立法律服务社（站）工作经验。广州市中立法律服务社建立的"主动、动态、多层次"的工作模式，将服务下沉到社区，第一时间化解原发性矛盾；将中立法律服务与法治监督工作相衔接，强化服务的后续效果；将中立法律服务作为司法救助的新入口，依托信息化建设探索"互联网+法律服务"，实现了法治效果与社会效果的结合，其法律服务的成功经验值得各地学习。③

2017 年，广东省司法厅明确了"公共法律服务需要通过服务平台深入到基层末梢，才能解决最后一公里问题"的发展思路，提出加强统筹管理，继续深化完善基础平台建设，着眼于维护群众合法权益，以服务基层为重点，积极打造综合性、便利性、多层次公共法律服务平台。加快基础建设向服务深化

---

① 参见邓新建、刘冬梅、江励丽《为法治平安广东建设护航——广东司法行政系统积极建设法律服务体系纪实》，载《法制日报》2016 年 2 月 22 日。
② 参见周颖《广东中立法律服务社免费提供法律服务》，见新华网（http://www.gd.xinhuanet.com/newscenter/2017-03/19/c_1120654478.htm，访问时间：2018 年 2 月 18 日。
③ 参见吴珂《打造广东中立法律服务社品牌》，载《南方日报》2017 年 10 月 24 日。

迈进的步伐，从组织实施、资源整合、队伍建设、工作保障等方面发力，优化服务，提升司法行政工作能力和水平，实现我省公共法律服务统一、协调、有序、可持续发展。力争到2019年，我省公共法律服务综合水平走在全国前列，建成覆盖全省、事项齐全、共融互通的公共法律服务体系，实现各类服务资源有效聚合，人民群众服务需求有效满足，服务供给主体有效监管，服务大数据有效利用，构建"线上30秒、线下30分"，"横5竖5"（"横5"指公共法律服务门户网站、移动客户端、微信公众号和热线平台、实体平台；"竖5"指省、市、县、镇、村五级服务架构）纵横交织的公共法律服务网，为全省人民群众提供立体化、全天候、全地域的优质公共法律服务。截至2015年底，全省共有执业律师29633名、律师事务所2550家，均居全国首位；其中359名执业律师担任各级人大代表和政协委员。"十二五"时期，全省律师办理各类诉讼案件1021733件、非诉讼案件2669388件、仲裁业务案件65281件、法律援助案件150803件，调解成功案件53783件，担任各类主体法律顾问227455家。①

在实践层面，广东省加快建设公共法律服务体系，实现公共法律服务体系全覆盖，依法化解社会矛盾，维护社会的公平正义与和谐稳定。以下一组数据反映了广东省在建设公共法律服务体系方面的成绩：①21个地级以上市和121个县（市、区）政府全部建立政府法律顾问工作机构，政府法律顾问在重大行政决策、推进依法行政中发挥了积极作用。②县镇村三级基本建立公共法律服务实体平台。138个县（市、区，含经济功能区）、1621个镇（街）、25793个村（社区）建立了公共法律服务实体平台，打造覆盖城乡的"半小时公共法律服务圈"，为人民群众提供近在身边的"一站式"公共法律服务。③25966个村（社区）实现一村（社区）一法律顾问全覆盖。法律顾问在开展法治宣传、化解矛盾纠纷、促进基层治理中发挥了重要作用。法律顾问已为村（居）委会和村（居）民提供服务超过185万人次，修改完善村规民约8000多份，审查各式合同1.9万多份，调处矛盾纠纷5万多宗，参与处理群体性敏感案件2400多件。此外，广东省分两批在全省开展按法治框架解决基层矛盾试点工作，并且及时总结经验，出台相关规范，争取在2018年底前基本建成矛盾纠纷多元化解的法治框架，有效促进社会和谐稳定。②

2017年7月27日，广东省第十二届人大常委会第三十四次会议表决通过

---

① 参见《广东省法律服务工作发展"十三五"规划》，见广东省司法厅网站（http：//zwgk.gd.gov.cn/006940167/201703/t20170323_697472.html，访问时间：2018年2月18日。
② 参见李锐忠、张丽娥《党的十八大以来广东法治建设砥砺奋进成效显著》，载《民主与法制时报》2017年10月12日。

《广东省实施〈中华人民共和国律师法〉办法》,这也是全国首部实施律师法的地方性法规。此外,2017年还推动出台或出台有关深化律师制度改革、加强涉外法律服务业、依法保障律师执业权利、加强省律师协会建设、推行法律顾问制度和公职律师公司律师制度的实施意见及有关公职律师资质管理的办法等一系列改革文件,广东省律师制度改革规范体系基本形成。推进律师参与化解和代理涉法涉诉信访案件工作。启动律师调解和刑事案件律师辩护全覆盖试点工作,广州市成为全国率先实现刑事辩护全覆盖的城市。推进律师参与城市管理执法,深圳市在全国率先实行律师驻队参与城市管理执法活动。2017年,在336个党政机关、人民团体建立公职律师制度,发展公职律师792人。加强中小企业法律服务,共举办法律培训活动及现场法律咨询活动150余场,为200家企业实施风险法律体检,审核完成省财政新增扶持中小微企业(司法救助专题)法律服务费用两批共46家企业补助款申请工作;在线法律服务项目服务律师总人次超过1100次,完成电话法律咨询32532通,合同文书审核450余份。

在提升律师法律服务业广度和深度服务经济转型升级方面,广东省先后组建了小微企业、工会服务、台资企业、侨资企业、农村维稳等专项律师服务团,省财政投入2000万元作为中小微企业司法救助专项资金。律师积极为港珠澳大桥等重点工程建设提供法律服务。围绕国家"一带一路"建设和自贸试验区建设,组织举办专题研讨会,起草《关于积极发展法律服务业 推进广东自贸试验区建设的若干意见》,探索打造广东与"一带一路"沿线国家和地区法律服务业合作发展平台。2017年,成立广东省"一带一路"法律服务研究中心;推进合伙联营律师所试点工作,已批准设立11家粤港(澳)合伙联营律师事务所,为42名港澳律师颁发全国首批粤港(澳)合伙联营律师事务所港澳律师工作证,争取一系列优惠政策(如执业范围扩大、执业区域扩大、用人自主权增加、注册资金门坎降低等);52名律师顺利入选全国涉外律师领军人才库,135名律师入选广东涉外律师领军人才库,215名律师成为后备人才;10家律师事务所和36名律师分别入选广东省涉外知识产权律师事务所和律师库;积极推进省内律师事务所聘请港澳律师担任法律顾问和聘请外籍律师担任外国法律顾问等试点工作,努力为企业和公民走出去提供全方位的法律服务。建立新的律师工作联席会议制度和维护律师执业权利快速联动处置机制;组织成立省司法厅律师惩戒委员会,组织开展对司法行政机关律师投诉案卷的抽样检查,在全国率先成立律师维权中心和投诉中心,实现省、市律师协会全覆盖;与法院、检察院沟通,争取支持,为律师提供休息室、办事便利和维护应有尊严等;为律师办实事好事,扶持律师行业做大做强做优;出台我省律师事务所和律师执业活动投诉处理办法,坚决查处违法违规律师。全省律师行业和律师队伍不断发展壮大,律师事务所发展至3054家,律师发展至37478名,2017年办理各类诉讼事务超30万件、其他法律事务超22万件。积极推荐优秀律师担任新一届人大代表、政协委员,24名执业律师成为新一届全国或省人大代表、政协委员,我省律师担任新一届全国人大代表人数继续领跑全国。①

二、建设公共法律服务平台"12348广东法网"

为进一步做好对广大群众的法律服务工作,向全社会提供免费法律咨询等基本法律服务,推进覆盖城乡的公共法律服务体系建设,广东省司法厅不断加强公共法律服务平台建设,力争"12348广东法网"(广东公共法律服务网)建设走在全国前列。"12348"广东公共法律服务平台包括省"12348"公共法律服务热线(电话平台)和省"12348"公共法律服务大厅(网络平台)。

继2015年底"12348"公共法律服务电话热线上线运行后,2016年5月10日,广东省司法厅组织打造的"12348"公共法律服务网络平台上线运行,这是我省"互联网+政务服务"在公共法律服务平台建设方面谱写新篇章的重要标志,也是一项服务人民群众、便民利民的重大举措。② 广东省"12348"公共法律服务热线的建设和发展是在全面推进依法治国的大背景下,广东省加快转变公共法律服务供给模式的创新之举。目前,广东省公共法律服务热线平台已成为全国首家由政府购买服务并集约提供专业化服务的公共法律服务平台,实现了全时段、全对象、全地域、全范围的覆盖。广东省公共法律服务热线平台主要面向广大群众提供法律咨询、律师服务、公证服务、司法鉴定服务、调解服务、司法考试服务以及法治宣传、法律援助服务等,同时接受群众的投诉和意见建议。通过购买社会化专业服务的方式,为全省1.07亿人民群众提供7×24小时全天候的均等、普惠、高效、便利的公共法律服务,打造标准化、高品质、集约化公共法律服务体系。"12348"公共法律服务网络平台以中央的供给侧改革理念为指导,以满足全省群众日益增长的公共法律服务需求为目标,实行全年无休的服务时间,确保全省群众通过拨打电话"12348"或打开相关网站(http://12348.gdsf.gov.cn)即可随时随地登录"12348"平台,享受到均等、普惠、专业、便利的公共法律服务。开通不到一年,

---

① 参见广东省司法厅《2017年全省司法行政工作总结》,见广东省司法厅网站(http://zwgk.gd.gov.cn/006940167/201802/t20180214_753250.html,访问时间:2018年2月19日。

② 参见章宁旦《广东"12348"公共法律服务网络平台上线试运行》,见法制网(http://www.legaldaily.com.cn/locality/content/2016-05/10/content_6620360.htm,访问时间:2018年2月19日。

第四章　全民守法与法治社会建设

"12348"公共服务热线及网上服务大厅累计解答群众法律咨询逾50万人次，热线接通率和服务满意率均超98%。①

广东省司法厅专门挑选执业三年以上的律师、接受过司法行政业务培训的专业人员作为电话平台的服务人员，广东省司法行政工作人员、律师、公证员、司法鉴定人员、人民调解员、基层法律服务工作者、通过律师职业资格考试但未执业人员等专业法律人员作为网络平台的服务提供者。服务人员的高度专业性为"12348"平台服务的专业性提供了有力保障。"12348"平台建立了高效的司法行政线上线下联动机制。群众可以在"12348"平台获取法律援助、公证、司法鉴定、人民调解、律师服务、司法考试、社区矫正、安置帮教、监狱、戒毒等司法行政业务的咨询、申请等服务。"12348"平台线上接收群众相关需求后，转交司法行政机构线下跟进办理。一站式的服务为群众办理司法行政业务提供了便利。而且，电话平台根据广东省方言使用率高且语言种类相对集中的特点，提供普通话、粤语、客家话、潮汕话四种语言服务，使全省群众可以选择自己熟悉的语言获取服务。根据广东省是农民工大省的特点，平台专门开通了农民工专线，聘请熟悉农民工法律服务需求的专业律师，建立农民工法律服务绿色通道。网络平台为便利群众，提供律师、人民调解员等人员信息和律师机构、司法鉴定机构等机构信息的查询服务，同时提供了案件委托和自荐平台，群众通过网络平台发布案件委托，在网络平台注册的律师可以承接案件委托。通过法律执业资格考试但未执业人员可以在司法考试板块发布法律人才自荐信息。②

目前，广东省司法厅正在全省范围部署建设县（市、区）、镇（街）、村（社区）三级公共法律服务实体平台。"12348"公共法律服务热线、"12348"公共法律服务网络平台的上线运行，标志着广东省在全国范围内率先实现了公共法律服务的全省覆盖，将与基层三级公共法律服务实体平台一起构成广东省服务群众、便民利民的全方位、立体型的公共法律服务体系，为保障群众合法权益、促进法律正确实施、促进社会公平正义发挥重要作用。③ 2017年，"12348"热线服务总量逾73万人次，服务时长逾440万分钟，接通率达97.63%，满意度达99.54%。"12348"公共法律服务热线凭借专业而优质的服务荣获金音奖——2017年度中国最佳客户联络中心奖——客户服务奖，被

---

① 参见赵杨《刑事案件连续三年大幅下降》，载《南方日报》2017年2月9日。
② 参见《广东省"12348"公共法律服务网络平台上线试运行》，见广东省司法厅网站（http://www.gdsf.gov.cn/info.do? infoId=3969600，访问时间：2018年2月19日）。
③ 参见梁文悦《粤公共法律服务实现全覆盖》，载《南方日报》2016年5月8日。

人民日报《民生周刊》评为"2017民生示范工程"。①对于欠发达地区群众、异地务工人员来说,通过"12348"热线可以享受到与发达地区群众同样便捷的法律服务,这充分体现了公共法律服务的均等、普惠。"广东12348,法律问题就找它",正在成为人们耳熟能详的口头禅。②

三、不断推进法律援助工作

法律援助是指由政府设立的法律援助机构组织法律援助的律师,为经济困难或特殊案件的人无偿提供法律服务的一项法律保障制度。广东省委、省政府历来高度重视法律援助工作,将法律援助工作列入广东的"十项民心工程"。特别是作为我国法律援助制度的发源地,广东省近些年来一致致力于扩大法律援助的范围,使之更惠民利民便民。从2007年1月起,广东省就对民事、行政法律援助事项范围实施无限制援助,只要符合经济困难标准,群众就可以申请法律援助。2016年1月,广东省委办公厅、省政府办公厅印发《关于完善法律援助制度的实施意见》,要求在2016年年底前实现省、市、县法律援助机构在临街一层设立便民服务窗口。2016年12月,全省148个法律援助机构全部在临街一层设立了服务窗口,实现了全省法律援助服务窗口的服务标识、功能区域划分、配套服务设施的统一规范。③

2011年1月1日,全国首个就法律援助经济困难标准颁布的地方性政府规章《广东省法律援助经济困难标准规定》施行。依照《广东省法律援助经济困难标准规定》,法律援助经费纳入同级财政预算,占全省总人口20%的低收入户可成为法律援助的基本服务对象。2011年度,广东法律援助经费总额达到了8566.3万元,位居全国第一。④

为了进一步扩大援助范围、降低援助门槛,2016年2月26日,广东省人大常委会修订通过新的《广东省法律援助条例》,于2016年4月1日开始施行,以立法的形式实现应援尽援。该条例不仅增加了社会福利机构维护其合法权益和社会组织提起民事公益诉讼可以申请和获得法律援助,还进一步扩大了刑事法律援助范围,最大限度发挥刑事法律援助在司法人权保障中的重要作用。条例同时建立法律援助经济困难申报制度,由法律援助申请人自行申报财

---

① 参见广东省司法厅《2017年全省司法行政工作总结》,见广东省司法厅网站(http://zwgk.gd.gov.cn/006940167/201802/t20180214_753250.html,访问时间:2018年2月19日。
② 参见黄祖健《构建"公共法律服务圈"营造良好法治环境》,载《南方日报》2017年5月19日。
③ 参见章宁旦《广东构建"农村一小时、城市半小时"法援服务圈 把实惠送到群众家门口》,载《法制日报》2017年7月17日。
④ 参见赵杨《粤年法律援助经费达8566万》,载《南方日报》2011年12月21日。

产状况，免除了申请人开具经济困难证明的义务。此外，条例还明确了12种无须提交经济困难申报材料的情形，放宽法律援助经济困难标准。据统计，2016年，全省共有政府法律援助机构150个，工作人员748人，其中具有法律职业资格或律师资格的361人。2016年全省共办理法律援助案件79881件，其中刑事法律援助案件20963件，民事法律援助案件58475件，行政法律援助案件443件，受援人合计94039人，其中农民工受援人56106人。提供各类法律咨询788727人次。①

2017年，全省共有政府法律援助机构153个，工作人员730人，其中具有法律职业资格或律师资格的378人。2017年全省共办理法律援助案件75061件，其中刑事法律援助案件23283件，民事法律援助案件51249件，行政法律援助案件529件。受援人合计89647人，其中妇女25241人，残疾人2536人，农民9069人，农民工48771人，老年人1936人，未成年人14012人，军人军属304人，少数民族2492人，外国人或无国籍人816人。提供各类法律咨询1096355人次。②

"十二五"时期，广东省进一步降低法律援助门槛，受援人得到保护的权利更加广泛，法律援助的含义已经不仅仅体现在诉讼程序中的帮助上，还被扩大延伸到了涉及民生的各个领域。法律援助基本对象覆盖全省总人口的20%，加上符合条件的异地务工人员，共有约4000万人被纳入省法律援助覆盖范围，群众在家门口就能享受这一民生工程带来的真正实惠。广东各地以148个法律援助机构为枝干，延伸设立3531个法律援助工作站（点），构建形成了"农村一小时、城市半小时"法律援助服务圈。目前，清远、茂名等市法律援助联络点已全面覆盖至村（社区）。

此外，广东还采取政府购买服务等方式，解决法律援助机构工作人员不足和山区县、贫困县律师资源短缺问题，加大力度调配优秀律师、青年志愿者等支持律师资源短缺地区法律援助工作。2016年12月14日，经广东省司法厅公开招募、选拔并经培训，44位律师志愿者及其他97位青年志愿者被派驻至15个地市93个欠发达地区。至2017年7月10日，派驻律师志愿者共办理法律援助事项6011件，其他志愿者共解答法律咨询15097人次，利用法援信息管理系统办理法律援助事项3662次，开展社区矫正、安置帮教、禁毒宣传585次。此外，广东省还在全国率先构建起省际法律援助机制，与四川、广西、湖

---

① 参见广东省司法厅《法律援助工作统计数据（2016年度）》，见广东省政府信息公开目录（http：//zwgk.gd.gov.cn/006940167/201701/t20170117_690372.html，访问时间：2018年2月19日。

② 参见广东省司法厅《法律援助工作统计数据（2017年度）》，见广东省政府信息公开目录（http：//zwgk.gd.gov.cn/006940167/201801/t20180131_750877.html，访问时间：2018年2月19日。

南、河南、湖北等10个省区共同签署《省际农民工法律援助合作协议》。深入开展"为民服务创先争优年"等主题活动，开通"法律援助直通车""绿色通道"，创新推行各项便民利民举措。"十二五"时期，我省各级法律援助机构共组织办理法律援助案件320071宗，共为386132名困难群众或特定案件的当事人提供法律援助。①

为深入贯彻落实中共中央办公厅、国务院办公厅《关于完善法律援助制度的意见》（中办发〔2015〕37号）的精神，落实省委办公厅、省政府办公厅《关于完善法律援助制度的实施意见》（粤办发〔2016〕3号）明确提出"鼓励社会对法律援助活动提供捐助，建立广东省法律援助基金会"的要求，广东省司法厅、广东省律师协会发起成立"广东省法律援助基金会"。2017年12月25日，广东省法律援助基金会成立大会在省司法厅举行。广东省法律援助基金会是依据《慈善法》和《基金会管理条例》成立的专门致力于发展法律援助事业的公益组织，2017年12月13日正式登记设立，业务主管单位为广东省司法厅。基金会的宗旨是：凝聚社会各界力量，扩大法律援助范围，惠及困难弱势群体，促进社会公平正义。基金会的业务范围是：资助贫困特殊群体获得法律援助基金会服务，资助并开展法律援助宣传活动；组织并开展法律援助项目活动；资助并开展与基金会宗旨相关的咨询服务、交流和合作。该基金共有44个单位和个人慷慨解囊，认捐数额累计1151.569万元，加上600万元注册资金，共计筹集到1751万余元的起步经费。基金将用于支持法律援助工作。广东省法律援助基金会的成立，是推动完善全省公共法律服务体系过程中具有标志性的事件，将进一步完善我省法律援助工作体系，法律援助的民生工程的惠及面也将更为广泛。②

广东各地法律援助还有许多创新的便民举措，例如：广州市法律援助处专门制作了维吾尔语版、英语版、盲文版的法律援助指南；广州是一线城市中首个采取把最低工资标准作为法律援助经济困难标准的城市，不仅法律援助申请不设案由限制，而且来穗务工人员涉及欠薪和工伤等案件及"老残一体"的申请人等特殊群体，无需提交经济困难申报材料；深圳市法律援助处设立社会工作者岗位，对受援人进行人文关怀和心理疏导；广州、河源市法律援助处联合融资担保公司为受援人免费提供诉讼财产保全担保服务；等等。③

---

① 参见《广东省法律服务工作"十三五"时期发展规划》，见广东省司法厅网站（http://www.gdsf.gov.cn/info.do?infoId=4991249，访问时间：2018年2月19日。
② 参见魏徽徽《广东成立法律援助基金会》，载《信息时报》2017年12月26日。
③ 参见黄祖健《构建"公共法律服务圈"营造良好法治环境》，载《南方日报》2017年5月19日。

四、积极创新公证工作机制

公证工作是公共法律服务体系的重要组成部分,在维护社会和谐稳定、促进经济健康发展、服务保障民生等方面发挥着服务、沟通、证明、监督等重要作用。据统计,广东全省现有公证机构148家,公证工作人员约2208人,其中执业公证员859人。公证业务总量一直处于全国领先地位,近三年全省年均办理公证案件约148万件,占全国办证总量的十分之一;其中涉港澳台公证年均5.8万件,占全国的一半以上。2016年广东共办理公证案件160万件,其中涉外公证39万件,涉港澳台公证4.7万件,公证文书发往180多个国家和地区使用。此外,广东公证行业积极投身公益活动,按照广东省司法厅的部署,67家公证机构从2016年11月1日至2017年6月30日,免费为70岁以上老年人办理遗嘱公证,共受理免费遗嘱公证预约16000余件,其中已办结13000余件,减免公证费用约430万元。2016年全省公证办证量157万件,其中国内公证115万件,涉外公证37万件,涉港澳台公证4.7万件。① 截至2017年12月31日,全省公证员903人,公证机构148个,办证量160万件。②

根据《2017年全省司法行政工作总结》,2017年,广东省出台《推进全省公证机构体制改革机制创新的实施意见》,现存10家行政体制公证机构全部改革转为事业体制;在广州、珠海、汕头、惠州和中山开展合作制公证机构试点工作,经司法部评估、批准设立6家,为全国最多。拓展创新公证业务领域,先后部署公证服务供给侧结构性改革、农村土地"三权分置"、金融风险防控、知识产权保护、参与司法辅助事务试点、最多跑一次试点等工作;为提升知识产权保护便利化,知识产权保护公证事项的公证执业区域扩大到全省,不再受公证机构执业区域范围的限制。广州市南方公证处、深圳市深圳公证处获司法部授予的"全国知识产权公证服务示范机构"称号。

2017年7月底至今,全省共办理知识产权保护公证业务1.3万余件;办理银行业债权文书赋予强制执行效力公证业务1.1万余件;全省已有9家公证机构开展了公证参与司法辅助业务试点工作,自2017年9月以来共办理调解、取证、送达、保全、执行案件等各类司法辅助事务2700余件;全省有16家公证机构开展办理公证"最多跑一次"试点工作,办理公证业务1.4万余件。组织全省67家公证机构为70周岁以上老年人免费办理遗嘱公证1万余件,广

---

① 参见广东省司法厅《公证工作统计数据(2016年度)》,见广东省政府信息公开目录(http://zwgk.gd.gov.cn/006940167/201701/t20170123_691212.html,访问时间:2018年2月19日。
② 参见广东省司法厅《公证工作统计数据(2017年度)》,见广东省政府信息公开目录(http://zwgk.gd.gov.cn/006940167/201801/t20180129_750577.html,访问时间:2018年2月19日。

州市广州公证处、海珠公证处成为全国"综合性公证养老服务"试点公证机构。80多家公证机构接入广东e公证服务网,50多家公证机构接入广东公证微信号,东莞市已逐步实现80%以上的公证事项可通过网页、微信进行申请和预约。

加强全省公证数据中心建设,现有业务数据620余万条,已初步建成遗嘱、企业行为、亲属关系等八个不同种类的公证数据库。推进公证管理工作规范化建设,严格执行司法部公证执业"五不准"规定,组织开展全省公证质量警示教育和检查专项活动、全省公证案卷检查等工作,强化公证质量监管。加强公证队伍建设,2017年全年审核并报送司法部任命公证员81名,在全国率先制定公证员助理管理办法,组织全省公证员和公证员助理参加培训,提高队伍整体素质。出台加快发展我省部分地区公证工作发展的意见,发挥珠三角辐射带动作用,通过开展公证对口帮扶、调整公证执业区域合理配置公证资源等措施,满足欠发达地区公证法律服务需求。加大公证宣传力度,组织公证员执业宣誓,拍摄投放公证行业宣传片,组织免费公证咨询活动,扩大公证社会影响力。全省公证处发展有新气象,截至2017年底,公证机构发展至148家,公证员发展至903名,2017年办理公证案件超154万件。①

推进合作制公证机构试点工作。合作制公证机构不同于行政体制或事业体制公证机构,由符合条件的公证员自愿组合,共同参与,共同出资,不要国家编制和经费,不以营利为目的,自主开展业务,独立承担民事责任,依照章程实行民主管理,按市场规律和自律机制运行。为促进公证事业发展,更好地满足人民群众和经济社会发展对公证服务的新需求,2017年7月,全国公证工作会议明确将积极推进合作制公证机构试点工作作为深化公证体制改革的重要措施之一。广东省司法厅制定的《合作制公证机构试点工作方案(试行)》得到司法部的肯定,司法部审批同意我省设立6家合作制试点公证机构,数量为全国最多。为做好试点机构的组建工作,省司法厅制定了实施方案,方案强调"四个明确":明确了试点地区;明确了试点公证机构申报的程序;明确了合作制试点公证机构应建立的规章制度体系的清单和内容;明确了司法行政机关的监管职责和重点监管内容,确保试点组建各项工作均有章可循。同时出台了《合作制试点公证机构管理办法(试行)》,对涉及合作制公证机构管理的重大事项做出了明确规定,规范试点机构的管理和执业,为监督管理合作制公证机构的规范运作打好基础。2017年12月14日,省司法厅印发了《关于广州市

---

① 参见广东省司法厅《2017年全省司法行政工作总结》,见广东省司法厅网站(http://zwgk.gd.gov.cn/006940167/201802/t20180214_753250.html,访问时间:2018年2月19日)。

等5个市合作制公证机构试点工作实施方案（试行）》的通知。2018年1月10日，省司法厅批复同意在广州、珠海、汕头、惠州和中山设立6家合作制试点公证机构，广东由此成为全国推行合作制公证机构试点设立数量最多、组建时间较早的省份。

2009年11月2日，广东省司法厅出台《广东省司法厅关于加快公证事业科学发展的若干意见》（粤司办〔2009〕337号），该《意见》在深入分析总结近年全省公证工作情况基础上，针对公证事业发展中的突出问题，提出了深入贯彻落实科学发展观，推进全省公证事业科学、协调和全面发展的基本思路和主要措施。2017年7月11日，广东省司法厅出台《广东省司法厅关于加快发展我省部分地区公证工作的若干意见》（粤司规〔2017〕5号），旨在加快解决我省粤东、西、北等经济欠发达地区公证法律服务资源不足，公证工作发展缓慢等问题。该《意见》提出，要完善公证机构管理运行机制，合理配置公证资源，加强公证队伍建设，加大对口帮扶力度，深化公证服务，加强组织领导。

广州市司法局积极推进公证与诉讼对接，全面开展公证参与人民法院司法辅助事务试点工作，与市中级人民法院签订合作框架协议，形成可复制可推广的"广州经验"，充分发挥公证的司法预防及协助社会治理功能，实现司法审判与公证法律服务的优势互补和合作"双赢"。2017年3月28日，广州公证处和白云区法院合作成立了全省首家"公证驻法院工作站"。工作站作为广东省首个创新性合作机构，旨在落实司法为民、减轻群众诉累，具有标志性意义。

2018年1月23日，广州市中级人民法院与广州市司法局签署公证参与法院司法辅助事务试点工作合作框架协议，"广州市公证处司法辅助中心"正式揭牌。公证将参与法院调解、取证、送达、保全、执行等环节司法辅助事务，减轻人民法院办理司法辅助事务的工作压力，提高司法效率。"公证处司法辅助中心"接受法院和公证机构的法律业务指导和管理，由公证机构指派服务团队作为服务中心的主要工作力量，加入法院诉前联调、诉讼服务中心专家智库两个平台，为法院或当事人提供公证服务。[①]

在深圳，出生公证、亲属关系公证、声明书公证等种类繁多的公证事项，如今在互联网上即可完成公证申请。2015年，深圳公证处率先在全国创新推出"互联网+公证"办证方式，实现了公证服务智能化、精细化、人性化，创造了公证服务的"深圳模式"。2015年5月26日，深圳公证处在线申办平

---

① 参见尚黎阳《广州试点公证参与法院司法辅助事务》，载《南方日报》2018年1月24日。

台上线启动仪式顺利举行，标志着深圳公证处在线申办平台正式上线运行。市民通过在线申办平台（www.szgz.gov.cn），在家即可向深圳公证处提出涉外公证申请，简单几步就能顺利拿到公证书。目前，在线申办平台涵盖出生公证、出生医学证明公证、亲属关系公证、监护人声明书公证四项公证事项的申办。市民在网站进行注册登录后，点击"在线申办"即可进入申请页面，可根据自身需求选定办证地点和取证时间。市民可以在线上传相关证明材料，公证处会在1个工作日内短信通知公证申请人审核是否通过或需补充什么材料。如果审核通过，只要在24小时内完成网上支付，即可安心等待。最后，公证申请人只需按约定时间到公证处交验材料原件，即可领取公证书。整个流程公证申请人只需到公证处现场一次，省却了多次往返公证处和长时间排队等候的麻烦。① 现在，深圳公证处同时拥有微信城市服务平台、微信公众号以及PC端官网三大在线公证服务入口，市民可根据实际情况选择申办公证的渠道，切实地体验"公证在身边"的贴心法律服务。

2017年，广州市公证机构组织开发了全国首个微信公证服务小程序"公证lite"，实现全国首例公众号申办"国内+涉外"公证模式，率先研发全国首个公证书电子化共享项目，启用网上电子签名印章系统，全面应用人脸识别系统技术，全广州市9家公证处已加入省厅"广东e公证服务"网，初步实现"让数据多走路、群众少跑腿"的建设目标。

目前，全省公证机构全部实现网络互联互通，广东公证数据中心已采集400多万条业务数据。建成"广东e公证服务"网，覆盖全省多数城区的公证机构，提供预约、公证书甄别、办证进度查询等网上服务，创新举措解决群众"办证难"问题。② 今后将进一步推进全省公证办证系统、管理系统、交换系统和"广东e公证服务"网、"广东公证"微信服务号的完善、升级工作；根据司法部部署做好与司法部"五库四系统"的对接；鼓励有条件的公证机构搭建电子证据保全等"互联网+"服务平台，示范引领其他公证机构搭建平台提供"互联网+"公证服务。同时，完善数据采集机制，分类建设各类公证数据库。逐步建立大数据分析机制，实现公证数据的深度运用，带动公证业务拓展创新。逐步推进公证数据与外事、公安、民政、国土、住建、卫生、档案等相关部门的对接，为办理公证业务提供高效核实手段，扩大公证数据的社会应用广度，间接参与社会管理。

---

① 参见杨嘉嘉《深圳公证处在线申办平台上线 四项公证事项可网上申办》，载《晶报》2015年5月28日。

② 参见邓新建、刘冬梅、江励丽《为法治平安广东建设护航——广东司法行政系统积极建设法律服务体系纪实》，载《法制日报》2016年2月22日。

第四章　全民守法与法治社会建设

第五节　社会矛盾纠纷预防化解机制

依法预防化解社会矛盾纠纷是法治社会的重要保障。党的十八届四中全会《决定》提出要健全社会矛盾纠纷预防化解机制，完善调解、仲裁、行政裁决、行政复议、诉讼等有机衔接、相互协调的多元化纠纷解决机制；加强行业性、专业性人民调解组织建设，完善人民调解、行政调解、司法调解联动工作体系；完善仲裁制度；健全行政裁决制度。党的十九大报告指出，"打造共建共治共享的社会治理格局。加强社会治理制度建设，完善党委领导、政府负责、社会协同、公众参与、法治保障的社会治理体制，提高社会治理社会化、法治化、智能化、专业化水平。加强预防和化解社会矛盾机制建设，正确处理人民内部矛盾"。① 正确处理好社会矛盾，是新时期处理好改革发展稳定关系的关键所在。广东地处改革开放前沿，经济社会发展先行一步，社会矛盾早发多发。结合广东地区的实际情况，广东省委明确提出，法治是维护社会稳定的根本保障，社会矛盾最终要在法治的平台上解决。也只有纳入法治的轨道，才能形成解决问题的长效机制。②

一、广东建立健全社会矛盾纠纷预防化解机制概况

2006年2月10日，广东省社会治安综合治理委员会办公室发布《广东省社会矛盾纠纷排查调处工作办法》；2009年3月9日，广东省司法厅出台《关于加强社会矛盾纠纷排查化解工作的意见》（粤司办〔2009〕122号），要求各级司法行政机关高度重视，认真组织开展矛盾纠纷排查调处工作，建立和完善社会矛盾纠纷排查调处的长效机制。广东省委、省政府一直高度重视化解社会矛盾工作，将2014年作为"社会矛盾化解年"，重点梳理涉农、涉劳资纠纷、涉环保、涉医患纠纷及信访积案等五大领域的突出问题，把化解矛盾纳入法治化轨道，并作为第二批党的群众路线教育实践活动的重要任务。实践证明，只有把党委、政府力量和社会力量结合起来，才能更好地化解社会矛盾。目前，全省共建立基层人民调解组织2.6万多个，医患纠纷调解委、交通事故纠纷调解委等各类行业性、专业性调解组织5800多个。中山市在各镇区成立医疗纠纷人民调解委员会，配备和统一培训了180多名人民调解员，专业调处

---

① 习近平：《决胜全面建成小康社会 夺取新时代中国特色社会主义伟大胜利》，载《人民日报》2017年10月19日。
② 参见陈捷生《广东将社会矛盾化解纳入法治轨道》，载《南方日报》2014年10月22日。

医疗纠纷,畅通医疗纠纷依法调处的渠道。肇庆市广宁县建立"138"化解矛盾工作网络,"138"指"一老":离退休老同志;"三类人物":党代表、人大代表、政协委员;"八方力量":工会、共青团、妇联、工商联、残联、个协、民间组织、乡贤能人,通过整合多方力量柔性化解社会矛盾。①

根据《广东省人力资源和社会保障厅2017年度法治政府建设情况报告》,在强化矛盾纠纷预防化解、维护社会稳定和谐方面,广东省持续在欠薪治理、劳动人事争议化解、行政复议、行政应诉等方面下功夫,通过"四个着力"构建预防化解矛盾纠纷调处体系:①着力遏制和打击欠薪违法行为,切实维护劳动者的合法权益。建立健全"两金"(欠薪应急周转金、工资支付保证金)制度,全省20个地级以上市政府出资建立欠薪应急周转金,19个地级以上市建立工资支付保证金制度;全省劳动保障监察机构办结案件28857件,处置群体性事件402宗,为32.15万名劳动者追回工资等资金25.37亿元。②着力加强劳动人事争议调解仲裁制度建设,不断提升劳动人事争议处理效率。注重以制度建设带动提升纠纷化解能力,会同省法院等出台《关于进一步加强调裁诉衔接多元化解劳资纠纷的意见》,建立恶意欠薪案件多部门沟通制度、劳资纠纷预警预报制度,健全诉调、调裁、裁审衔接制度和工会法律援助衔接制度,努力将劳资纠纷消除在萌芽、解决在基层。制定广东省劳动人事争议立案前调解、当事人本人到庭、书面审理等规定,进一步规范劳动人事争议仲裁审理程序,努力让群众在每一个调解仲裁案件中感受到公平正义。2017年,全省共受理劳动人事争议案件24.5万件,同比下降5.8%,涉及劳动者44.8万人,同比下降15.1%,涉案金额58.12亿元。其中,仲裁机构立案受理案件9.9万件,审结10万件(含上年结转案件),支持劳动者劳动报酬、经济补偿、赔偿金等诉求,涉及金额25.20亿元,仲裁结案率93.5%。调解组织及仲裁机构案外调解案件14.5万件,结案12.7万件,调解成功率达到68.4%。③着力完善办案程序,有效化解行政纠纷。2017年,广东省人力资源和社会保障厅办结行政复议案件202件,同比增长约30%;对行政复议被申请人的监督力度持续增强,对社保经办机构、地级以上市人社部门不依法行政行为的纠正力度进一步加大,行政复议撤销、协调结案数量为55件,约占办结案件总量的27%,同比提高5.5个百分点。行政应诉效能进一步提高,办理行政应诉案件97件,同比增长约37%。制定人力资源和社会保障厅行政复议案件庭审规则,推动改变单一的书面审理模式,使行政复议审理程序更加公平公正,进一步保障行政复议当事人陈述、申辩权利。举办全省人社系统行政争议培训

---

① 参见陈捷生《广东将社会矛盾化解纳入法治轨道》,载《南方日报》2014年10月22日。

班和案例研讨会，提升人社系统干部行政纠纷预防和化解能力。④着力畅通权利救济渠道，不断提高信访和公务员申诉工作效能。2017年共接访群众8批32人次；制定出台2017年领导带头处理信访突出问题工作方案，处理信访突出问题12件。强化信访工作制度建设，修订并全面落实信访工作责任制实施办法，编印依法分类处理群众诉求工作指引。提高信访干部队伍法治素养，2017年共举办2期培训班，培训市县两级人社信访干部139人。加强公务员申诉办案程序规范化建设，按照广东省自主创立的"无立场取证，无干扰审理，无疑义表决"的办案原则，依法依规高质量办理公务员申诉案件，省人力资源和社会保障厅公务员申诉公正委员会受理并审结行政机关公务员再申诉案件1宗。①

二、不断创新人民调解工作

（一）广东人民调解工作的基本情况

人民调解是化解社会矛盾纠纷的"第一道防线"，是衡量司法行政工作水平的重要指标，具有贴近群众、程序便捷、互谅互让，成本低、效率高等特点。作为一项具有中国特色的社会主义法律制度，人民调解在维护社会和谐稳定方面发挥了重要作用，被国际社会誉为化解社会矛盾纠纷的独特的"东方经验"。②

2011年12月13日，广东省人民政府办公厅转发省人力资源社会保障厅《关于加强新形势下劳动人事争议调解仲裁工作的指导意见》，该《意见》指出，要立足于有效化解社会矛盾，积极创新预防、调处劳动人事争议的工作机制，不断提升通过调解仲裁及时处理争议、有效服务社会的能力，为构建规范有序、公正合理、互利共赢、和谐稳定的劳动关系发挥积极作用。

根据《广东省公共法律服务均等化规划纲要（2014—2020年）》的规定，人民调解工作以"在社会矛盾化解工作体系中的基础作用得到充分发挥，成为维护社会和谐稳定的第一道防线"为目标，镇（街）、村（居）人民调解委员会得到进一步巩固充实，在村（居）民小组全面建立调解小组，在500人以上规模企业普遍建立人民调解组织。医疗纠纷人民调解组织网络覆盖全省所有行政区域，珠三角地区地级以上市在本区域内分别建立至少6类、粤东西北

---

① 参见广东省人力资源和社会保障厅《广东省人力资源和社会保障厅2017年度法治政府建设情况报告》，见广东省人力资源和社会保障厅网站（http://www.gdhrss.gov.cn/zh/20180131/11103.html，访问时间：2018年2月20日。

② 参见刘子阳《孟建柱：推动人民调解工作更好地服务群众》，载《法制日报》2017年6月28日。

地区地级市在本区域内分别建立至少3类行业专业领域的行业性专业人民调解组织，不断扩大各类行业性专业人民调解组织网络的区域覆盖范围。珠三角地区基本实现镇（街）、村（社）配备1名以上专职人民调解员，粤东西北地区基本实现镇（街）和30%以上的村（居）配备1名以上专职人民调解员；80%以上的行业性专业人民调解组织配备1名以上（行业性专业人民调解委员会配备3名以上）专职人民调解员。人民调解在社会矛盾化解工作中的参与率达到30%以上，调解成功率和调解协议履行率保持在96%以上，调解协议司法确认变更率控制在2%以下，较大矛盾纠纷调解回访率保持在100%。全省镇（街）人民调解委员会基本达到规范化建设标准，档案管理达到省二级以上验收标准。人民调解保障落实率达到80%以上。建成运行并不断升级完善人民调解服务和管理信息化平台。

根据省司法厅对"十三五"期间人民调解工作实施创新升级的工作部署，推动人民调解工作迈上新台阶，一要强化组织和队伍建设，夯实人民调解工作基础。要健全人民调解组织网络，特别要加强行业性、专业性人民调解组织建设，积极推动人民调解工作向矛盾纠纷较为集中的行业、专业领域和区域拓展，力争到2020年每个地级以上市区域内分别建立至少6类行业性、专业性人民调解组织；要加强人民调解员队伍建设，重点是专职人民调解员队伍建设，要在全省范围内建立起专职人民调解员制度，力争到2020年实现乡镇（街道）人民调解委员会配备2名以上专职人民调解员，村（居）人民调解委员会配备1名以上专职人民调解员的目标。二要全面推进人民调解规范化、信息化、品牌化建设。各地要根据建设指引和评估标准进行自查自纠，整顿、整改，逐步达到"五落实、六统一"工作规范要求，力争到2020年实现全省各类型人民调解委员会基本达到规范化建设标准；要充分运用"互联网+"思路，依托省政法网，抓紧开发建设人民调解等法律服务信息化平台，大力推进信息化建设，争取在两到三年内使全省人民调解工作发生明显变化，走在全国前列；要在规范化建设的基础上，积极开展人民调解委员会的品牌化建设，努力培育一批具有本地特色的人民调解组织。三要加强组织领导，推动人民调解工作迈上新台阶。要主动争取党委政府的重视，积极做好与相关部门的协调配合工作，解决人民调解工作中遇到的重大问题；要把全面贯彻落实好《广东省实施〈中华人民共和国人民调解法〉办法》作为一项长期性的重要任务抓紧抓好；要创新完善人民调解工作机制和保障机制，落实人财物等保障；要认真做好人民调解工作的表彰宣传，进一步增强广大人民调解员的荣誉感，进一步提高群众对人民调解的认知度。此外，广东省各地积极通过政府购买服务等方式，配备专职人民调解员，取得良好效果。不断提升人民调解委员会规范化水平,人民调解经费保障有新突破。"十二五"时期,全省人民调解组织和人民调解员共调解纠纷 1741625 件,调解成功 1690879 件,调解成功率为 97.09%,调解协议涉及金额 660 亿元,为维护社会和谐稳定做出了积极贡献。①

(二)加强人民调解规范化制度化建设

2013 年 10 月 23 日,广东省林业厅与广东省司法厅联合出台了《关于建立广东省山林权属争议调解合作联调机制的意见》(粤林〔2013〕134 号),使林业部门、司法行政部门合作处理山林纠纷更具有了操作性,增强了处置群体性山林纠纷力量,为林区和谐稳定提供了组织保障。

为组织人民调解参与社会矛盾专项治理,做好矛盾纠纷排查化解工作,广东省第十二届人民代表大会常务委员会第二十六次会议于 2016 年 5 月 25 日通过《广东省实施〈中华人民共和国人民调解法〉办法》,自 2016 年 8 月 1 日起施行。

为贯彻落实司法部、中央综治办、最高人民法院、民政部《关于推进行业性专业性人民调解工作的指导意见》,进一步加强行业性、专业性人民调解工作,充分发挥人民调解在矛盾纠纷多元化解机制中的基础性作用,切实维护社会和谐稳定,2017 年 3 月 20 日,广东省司法厅、广东省综治办、广东省高级人民法院、广东省民政厅联合出台《关于贯彻落实〈司法部等四部门关于推进行业性专业性人民调解工作的指导意见〉的实施意见》(粤司规〔2017〕4 号),推动行业性、专业性人民调解工作依法、有序、健康发展,形成覆盖主要行业和专业领域、适应化解突出矛盾纠纷基本需要、功能作用充分发挥、依法及时便民利民的行业性、专业性人民调解工作新局面,为建设平安广东、法治广东做出新贡献。

(三)东莞创新第三方人民调解工作模式

近年来,东莞市不断健全完善人民调解网络,加强人民调解员业务培训,引入专业调解力量,建立了多类型、多层次、宽领域的人民调解组织,基本形成了以镇(街)人民调解委员会为主导,村(社区)人民调解委员会为基础,企事业单位和区域性、行业性、专业性人民调解委员会为触角的、纵向到底、横向到边的人民调解组织网络体系,人民调解工作不断发展。在创新第三方人

---

① 参见《广东省法律服务工作发展"十三五"规划》,见广东省司法厅网站(http://www.gdsf.gov.cn/info.do? infoId=5322544,访问时间:2018 年 2 月 21 日。

民调解工作模式方面,东莞市通过不断健全完善人民调解网络,建立了多种类型和层次的人民调解组织,构建了多层次、宽领域的人民调解组织网络体系,成立了东莞市医疗争议专业调解委员会(简称"医调委")和东莞市工会劳动争议人民调解委员会(简称"调解委"),使医疗纠纷和劳资矛盾得到及时有效的处理和解决。

2016年,东莞市医调委被评为全国社会治理创新优秀案例、广东省依法治省工作先进单位,并被省司法厅推荐为全国模范人民调解委员会。东莞市委政法委协助市总工会依托市律师协会,依法成立了东莞市工会劳动争议人民调解委员会,充分发挥律师在劳动争议人民调解中的专业优势,构建市、镇、村、企业四级劳动争议人民调解委员会。目前,工会法律服务律师团共有120名律师成为市工会劳动争议人民调解员,通过积极宣教、依法维权、科学服务,帮助企业工会规范运作,切实保障了职工合法权益,推动了劳动关系的和谐发展。通过开展"法律直通车""流动法律教室"等服务,着力打造劳资纠纷人民调解服务新品牌。目前,全市律师人民调解员每周定点在市区和虎门、塘厦、石龙三个镇(街)职工服务中心值班,为职工提供面对面的法律法规咨询指导、代理劳动争议案件、代写法律文书、参与劳动争议诉讼等法律援助服务。①

(四)成立知识产权纠纷人民调解委员会

2017年12月27日,广东知识产权纠纷人民调解委员会在广州市黄埔区举行揭牌仪式。广东知识产权纠纷人民调解委员会是经黄埔区司法局核准备案,依托广东省知识产权研究与发展中心(广东省知识产权维权援助中心)成立的我省首个服务范围覆盖全省的知识产权纠纷行业性、专业性人民调解组织。广东知识产权纠纷人民调解委员会的主要职责是:排查和掌握广东省内各类知识产权矛盾纠纷情况;及时受理、公正调处知识产权类矛盾纠纷;对难以调处的重大、疑难、易激化纠纷及时上报主管部门和司法部门,并积极参与疏导化解;配合宣传相关国家法律、法规、规章和政策;开展纠纷登记、调解统计和文书档案管理工作等。广东知识产权纠纷人民调解委员会的成立,有利于积极预防和化解知识产权行业领域的矛盾纠纷,对进一步加强知识产权保护具有十分重要的意义。

---

① 参见周桂清《"医调委"+"调解委"东莞创新第三方人民调解工作模式》,载《东莞日报》2017年2月15日。

(五) 举办人民调解员调解技能大赛

2014年12月11日,广东省举办第一届人民调解员调解技能大赛总决赛。这次大赛由省总工会、省人力资源和社会保障厅、省经济和信息化委员会、省科学技术厅联合主办,省司法厅、省人民调解员协会、省司法厅机关工会联合承办,旨在进一步激发我省广大人民调解员学业务、比技能的热情,提高人民调解员队伍的整体素质,更好地发挥人民调解工作在法治广东、平安广东建设中的重要作用。自2014年6月4日启动以来,历时6个月,经过紧张激烈的初赛、复赛、总决赛三轮角逐,参赛选手们各显其能,赛出了水平,展现了风采,达到了以赛促学、以赛促练、以赛促用的预期目的,取得了良好的效果。这次大赛的成功举办,既是对全省人民调解员调解技能的一次大练兵,也是对全省人民调解员业务素质、技能水平、精神风貌的一次大检阅、大提升。通过大赛,不仅挖掘了一批作风过硬、调解技能精湛的调解能手,而且在全系统营造了重视技能人才的良好氛围,对全省人民调解工作的健康、持续发展,产生了积极的推动作用和深远的影响。①

(六) 成立广东首个"律师个人调解工作室"

2017年9月25日,广东省首个以律师个人命名的调解工作室——杨杨律师调解工作室揭牌成立。"杨杨律师调解工作室"是广州市番禺区化龙镇沙亭村以该村法律顾问杨杨律师命名的个人调解工作室,是广东省首家律师个人调解工作室。杨杨律师调解工作室设立之后,将一改"律师坐在办公室等人上门咨询"的现状,律师们将"主动出击",进村(居)走访,主动发现、主动介入矛盾纠纷,及时发现问题,解决问题。这是构建多元化矛盾纠纷化解机制的一次大胆尝试,不仅有利于提高村(居)律师的知晓率、打响律师工作品牌,而且能使社会矛盾纠纷在一个公正良序的框架内解决,促进优质高效化解矛盾纠纷工作格局的形成。"杨杨律师调解工作室"的设立,发挥了品牌人民调解员、优秀村(社区)律师的示范作用,是人民调解和村(社区)法律顾问工作的深入、创新、适时、有效的衔接,提升了公共法律服务的水平。②

三、不断推进仲裁体制机制改革

广东是改革开放先行省,是全国经济大省,也是仲裁大省。《仲裁法》颁

---

① 参见欧志雄《广东省第一届人民调解员调解技能大赛圆满结束》,载《人民调解》2015年第2期。
② 参见金选《广州设立全省首个以律师个人命名的调解工作室》,见南方网(http://news.southcn.com/gd/content/2017-10/13/content_178265438.htm,访问时间:2018年2月21日。

布20多年来，全省仲裁机构和仲裁工作者扎实工作、开拓创新，不断推进我省仲裁事业向前发展，为促进广东经济社会发展做出了重大贡献，为构建市场化、法治化、国际化营商环境奠定了良好基础。2011年1月4日，广东省人民政府办公厅发布《关于成立广东省劳动人事争议仲裁委员会的通知》，同意成立广东省劳动人事争议仲裁委员会。2017年9月15日，广东省司法厅发布《关于规范和加强仲裁机构登记管理的实施意见》（粤司规〔2017〕9号），就规范和加强仲裁机构登记管理提出一系列具体实施意见。

（一）成立广东自贸区金融仲裁中心

2016年9月19日，广东自贸区金融仲裁中心在深圳正式成立。自贸区金融仲裁中心由省金融办、华南国际经济贸易仲裁委员会、前海管理局合作发起设立，位于前海蛇口自贸片区，是解决金融纠纷的专业平台，也是我省自贸区法治化营商环境建设的重要内容，致力于推动粤港澳合作、创新金融争议解决模式、服务境内外金融市场。自贸区金融仲裁中心由华南国际经济贸易仲裁委员会负责日常运作。中心聘请了来自最高人民法院、中央及香港金融监管部门、著名院校、大型金融机构具有较高专业水平和公信力的专业人士，组成专家委员会，具体负责战略决策、合作协调等工作。中心还将遴选境内外金融和法律界的专业人士，制定专门的金融仲裁员名册，针对金融纠纷的特点推出相应的金融争议解决特别程序规则，供当事人选择，满足金融及资本市场当事人解决矛盾争议的需要。①

为贯彻落实党的十八届四中全会通过的《中共中央关于全面推进依法治国若干重大问题的决定》中关于"完善仲裁制度，提高仲裁公信力"以及《中共广东省委贯彻落实〈中共中央关于全面推进依法治国若干重大问题的决定〉的意见》中关于"稳步推进仲裁机构改革，强化仲裁活动行业自律和行政监管，提高仲裁公信力"的重要部署，2017年9月15日，广东省司法厅出台《关于印发〈广东省司法厅关于规范和加强仲裁机构登记管理的实施意见〉的通知》，就规范和加强仲裁机构登记工作、规范和加强仲裁机构变更备案、规范和加强对仲裁机构登记的监督检查、加强仲裁机构登记管理的组织领导等方面提出实施意见。

（二）改革劳动人事仲裁办案方式

2017年11月，广东省劳动人事争议仲裁委员会印发立案前调解、书面审

---

① 参见张玮《自贸区金融仲裁中心成立》，载《南方日报》2015年9月21日。

理、本人到庭等三项新规定，办案改革措施将陆续落地。本轮仲裁办案改革是落实《广东省劳动人事争议处理办法》和人社部《劳动人事争议仲裁办案规则》的配套措施。办案改革以制度机制创新为牵引，以增强仲裁特色优势为重点，以简化优化办案流程为主要内容，以发挥仲裁简便、高效、灵活的制度优势为目标，推动劳动人事争议的及时、便捷化解，促进劳动关系和谐。①广东省劳动人事争议仲裁委员会印发仲裁立案前调解试行规定，明确了该制度的具体程序。根据规定，仲裁机构接到材料齐备的仲裁申请并出具收件回执后，当场征询申请人的调解意愿。申请人同意立案前先行调解的，当场签署《立案前调解确认书》，由仲裁机构组织为期15～30日的调解。调解不成的或者申请人不愿意继续调解等情形出现，即终止调解，同时办理仲裁立案手续；调解成功的，由申请人撤回仲裁申请，仲裁机构办理结案。②广东省劳动人事争议仲裁委员会印发的仲裁案件书面审理试行规定，明确了书面审理的条件和程序。按照规定，仲裁庭原则上在组织庭前质证或调解后，当事人对案件事实无争议或争议不大的，可以向当事人提出书面审理建议。当事人双方均同意书面审理的，仲裁庭将当事人的意见记入笔录，并向当事人告知仲裁庭的组成人员以及不予开庭审理的情况，书面审理后迳行做出裁决。实行书面审理的案件，当事人可以通过书面方式行使回避申请权、质证权、辩论权等。书面审理过程中，仲裁庭发现双方争议较大、案情复杂或当事人要求开庭审理，不适宜书面审理的，应当开庭审理。③广东省劳动人事争议仲裁委员会印发了仲裁案件当事人本人到庭的试行规定，对制度实施做出了具体规定。按照规定，仲裁机构审理案件，可以根据案件处理需要，通知当事人本人一方或者双方同时到庭。仲裁庭可能会通知当事人本人到庭的情形主要有：案件基本事实争议较大；调解结案可能性较大；可能存在虚假仲裁情形；代理人、代表人对案件基本事实陈述不清或对关键证据无法确认等。

（三）试行仲裁裁决书社会公开制度

2017年7月，广州市南沙区在全国率先出台互联网公布劳动仲裁裁决书规定，专门制定了《关于在互联网公布劳动人事争议仲裁裁决书的规定》（以下简称《规定》），自2017年8月1日起正式实施。为推动裁审公开及有效衔接，落实国家关于劳动人事争议调解仲裁多元处理机制相关意见，南沙自贸区、行政区劳动人事争议仲裁委员会联合印发文件，参照最高人民法院互联网公布裁判文书规定，在全省及全国自贸区范围内率先施行劳动人事争议仲裁裁决书网上公布制度，以看得见的方式实现公平公正。

《规定》实施后，南沙区将动态公布自贸区及行政区范围内审理的劳动人事争议仲裁案件裁决书。按照依法、规范、及时、真实、严格审慎的原则,除不予公布的四类情形外,均对社会公布并接受公众监督,确保裁决书公开不留死角。不在互联网公布范围的四类情形包括:涉及国家秘密、军事秘密、商业秘密、个人隐私的;涉及未成年人的;涉及社会稳定等敏感问题的;区劳动人事争议仲裁院认为不宜在互联网公布的其他情形。按照《规定》,网上公开裁决书将保留当事人部分基础信息,发挥裁决书公开的社会影响力和震慑力,倒逼企业依法用工,规范劳动者依法诚信提起诉求,让更多用工主体和劳动者引以为戒。同时,裁决公开也会对隐私信息进行技术处理,以保障当事人的合法权益。①

(四) 深圳开展仲裁"要素式"办案模式改革

作为我国首家劳动争议仲裁院的诞生地,广东省深圳市劳动人事争议仲裁工作近年来可谓亮点纷呈。2010 年,在全国率先推行"开标准庭、办规范案"工作;2011 年,建立全国首支百人以上兼职仲裁员队伍;2012 年,启动深圳市劳动人事争议调解仲裁信息管理系统,实现了信息化管理的"双覆盖";2013 年,开展要素式办案模式改革。在实践中,要素式办案模式极大提升了仲裁效能,成为深圳仲裁工作的新亮点。

要素式办案,是指在处理劳动人事争议案件时,首先对案件主要事实涉及的基本要素进行归纳,然后围绕案件争议要点进行庭前指导、开庭审理和制作裁决书的案件处理模式。简言之,就是通过归纳和提炼案件涉及的基本要素,围绕争议要素开展案件处理工作,包括"强化庭前引导、优化庭审程序、简化裁决文书"三个环节。为顺利推进仲裁要素式办案改革,深圳市还专门成立了改革工作领导小组,并加快健全规则、规范操作,借鉴深圳市中级人民法院改革经验,制定了《要素式办案规则》及相关配套的一系列文书格式模板,同时加强业务培训和办案指导。为进一步健全保障、增强实效,他们还统一制作操作指南,方便当事人填写。目前,深圳市除部分特殊案件外,超过 90% 的案件采取要素式办案模式进行处理,结案周期缩短了约 25%,近三年平均累计结案率为 92% 左右,较 2013 年以前提高了近 7 个百分点。裁决书整体文字量至少减少了约 30%,八成的争议案件在仲裁阶段实现了案结事了。②

---

① 参见黄少宏《劳动仲裁裁决书 将"晒上网"》,载《南方日报》2017 年 7 月 24 日。
② 参见王永《揭秘仲裁效能提升背后的"要素"——广东省深圳市劳动人事争议仲裁院要素式办案改革纪实》,载《中国劳动保障报》2016 年 4 月 22 日。

第四章 全民守法与法治社会建设

（五）惠州仲裁委积极探索"两化"试点

"案件受理多样化、纠纷处理多元化"（"两化"）是未来中国仲裁事业发展的总战略。自2014年开展仲裁"两化"试点工作以来，惠州仲裁委大胆创新，以"少敲锤子、多解扣子"的纠纷处理理念，积极探索运用调解和解、友好仲裁、仲裁斡旋和谈判等多元化方式解决社会矛盾纠纷。

"函告和解"就是惠州仲裁委积极探索社会矛盾纠纷解决的一项新做法，主要在物业、房产、担保、借贷等小标的纠纷领域义务为群众与企业提供"和解"服务。它主要针对一些经济合同或协议争议解决机构约定不明，或约定了仲裁但因标的数额较小、当事人又愿意和解的情况而采用的一种仲裁便民便企、利民利企的延伸服务。当事人只需提供书面合同或协议，包括欠条、借条等书面凭证，仲裁委受理申请后，出具《和解调解建议书》，并加盖仲裁委秘书处公章，直接送达或邮寄到申请人手中。"函告和解"方式能简单快捷地把矛盾纠纷化解在源头，对协调解决一般性的物业、金融、担保等小额纠纷案件具有很好的效果。传统的仲裁方式往往存在案件调解率不高、费用高的问题。为真正贯彻国务院法制办"少敲锤子多解扣子"的仲裁理念，惠州仲裁委从可达到最终有效解决案件纠纷的目的出发，提出"函告和解"这一纠纷解决方式。创新"函告和解"仲裁便民服务方式，针对数额较小，双方矛盾争议不大，被申请人容易送达的各类合同（协议）纠纷，不收取任何费用而直接受理，及时出具《和解调解建议书》送达给另一方当事人，促成双方当事人和解调解结束争议。①

2013年，惠州仲裁委在全国仲裁机构率先成立惠州仲裁法律志愿服务队，积极开展"仲裁乡镇行""仲裁企业行"等仲裁法律志愿服务活动，深入企业、乡镇开展法律志愿服务活动，帮助企业或群众修改经济合同，现场提供义务法律咨询，引导矛盾纠纷通过"函告和解"或进入仲裁程序解决。2014年，惠州仲裁委被国务院法制办列入全国仲裁"两化"试点工作单位。2014年5月，惠州仲裁委印发《关于惠州仲裁委员会开展"函告和解"便民服务工作助推社会矛盾化解的工作方案》，有重点、有目的、有计划地向律师事务所、物业管理公司、金融服务公司、融资担保公司、房地产公司等进行宣传推广。此外，惠州仲裁委还改革仲裁服务理念，让服务更加便民，并在全国首创"仲裁员工作室"制度，在商会协会和大型企业集团设立仲裁员工作室，就近

---

① 参见曾兴华《2017年全国仲裁"两化"试点工作座谈会在惠举行》，载《惠州日报》2017年3月30日。

提供仲裁法律服务，共同推进会员企业合法守法经营，助推法治建设。为更好服务社会，方便当事人和广大群众，惠州仲裁委充分利用新媒体，开通了新浪微博"@惠州仲裁"，建立了微信"惠州仲裁"公众号和惠州仲裁法律服务网站等，提供便民利民为民服务，提高社会和公民对仲裁公信的认同感。同时，惠州仲裁委还设立"流动仲裁庭"和"假日仲裁庭"。根据当事人需要，灵活调整开庭时间和地点，方便群众办事。目前，惠州仲裁委普通经济仲裁案件平均60天结案，简单案件平均40天办结，比改革前平均缩短10余天时间。①

惠州仲裁委积极开展"两化"试点工作，在全国率先开展"函告和解"便民方式受理小标的纠纷案件；专门设立了惠州金融仲裁院金融仲裁部，修订完善了金融仲裁规则；推行了"仲裁企业行、仲裁乡镇行"志愿服务；积极推行仲裁工作的邮寄立案、流动仲裁、假日仲裁，在一些商会协会设立"仲裁法律志愿服务站""仲裁员工作室"，实现纠纷处理多元化，努力提高"三率"（仲裁案件快速结案率、民商事纠纷调解和解率、仲裁裁决自动履行率）水准，尽最大可能让争议双方当事人都满意。这一系列在全国值得推广的创新做法，通过积极推行仲裁制度，发挥仲裁优势，解决了大批经济纠纷，化解了社会矛盾，以公正和高效的方式为惠州打造营商环境新高地做出了积极贡献。②

四、行政复议的"广东经验"

（一）广东省行政复议工作发展概况

《中共中央关于全面深化改革若干重大问题的决定》指出，改革行政复议体制，健全行政复议案件审理机制，纠正违法或不当行政行为。实践表明，行政复议制度对于监督和维护行政主体依法行使行政职权，保护相对人的合法权益等均具有重要意义。广东作为全国首批行政复议委员会试点省份，2009年初启动试点工作，目前已进行三批，共有12个市、县（市、区）的试点工作已全面启动。近年来，广东省行政复议案件呈持续增长态势，全省公安、劳动社会保障、山林土地权属、土地征收、房屋拆迁、食品安全、医疗卫生、环境保护等涉及民生领域类型的案件量占案件总数超过七成。多年来，通过调解、和解方式结案的案件近三成，八成以上行政纠纷在行政复议环节得到妥善解

---

① 参见张维、邓秉文、叶玉强《惠州仲裁委开展全国仲裁"两化"试点工作成果丰硕》，载《法制日报》2015年11月13日。
② 参见曾兴华《2017年全国仲裁"两化"试点工作座谈会在惠举行》，载《惠州日报》2017年3月30日。

决，大大减轻了行政诉讼和信访的压力。①

根据国务院法制办《2012年全国行政复议和行政应诉案件统计分析报告》，2012年全国各级行政复议机关共收到行政复议申请110543件，其中广东省共收到13935件，继续居全国第一位，占全国收案总数近九分之一；2012年广东省一审行政应诉案件共5920件，排在全国第四位，这反映了我省行政复议工作成效显著，行政复议作为化解行政争议的主渠道作用日益凸显，为促进我省社会的和谐稳定发挥了积极作用。案件特点反映了全省行政争议的新动向：①案件呈逐年增长态势，反映出越来越多的人民群众选择通过行政复议维护其合法权益。2012年，全省行政复议案13935件，较2011年的10838件同比增长28.58%，与2008年的6703件相比，四年间翻了一番，案件总量继续居全国第一位。我省各级行政机关重视并采取有效措施进一步畅通行政复议渠道，人民群众对行政复议制度的认同感和信赖度不断提高，选择行政复议解决行政争议的人越来越多，行政复议在化解行政争议中起到了主渠道作用。②案件主要集中在市、县政府部门，反映基层行政执法引发的行政争议较多。2012年，全省被申请人是市、县级政府部门的共10728件，占案件总数的76.99%。这表明随着我省行政审批制度改革的不断深入和行政管理重心进一步下移，基层执法人员素质和执法水平不高引发的行政争议不断增多，反映出加强基层政府及其部门依法行政的重要性和紧迫性。③涉及民生领域的案件上升趋势明显，反映社会公众关注的热点问题引发的行政争议日益增多。2012年，全省公安、土地、劳动社会等涉及民生领域类型案件量达10542件，占案件总数的75.65%。反映出人民群众越来越重视民生权益的保障，需要行政机关对民生领域问题加强监管和执法的力度。④征地拆迁、山林土地确权等案件涉及利益重大，易引发群体性事件。这类案件涉及群众的基本生产生活，利益重大，影响面广，通常带有群体性，且时间久、法律关系复杂，处理难度大，容易引发群体性事件，对社会稳定产生较大的不利影响，是当前行政争议的重点和难点，须引起各级政府高度重视。②

针对行政复议面临的新情况、新问题，我省各级行政复议机关着眼于化解行政争议、维护人民群众合法权益，坚持依法公正办案，创新案件审理方式，提高案件办理质量和效率，切实纠正违法或不当的具体行政行为；注重通过调解、和解方式化解行政争议，2012年全省通过调解或和解，终止结案的案件

---

① 参见辛钧庆《八成以上行政纠纷在复议环节化解》，载《南方日报》2013年9月11日。
② 参见《广东省行政复议案件量继续居全国第一》，见法律图书馆网站（http://www.law-lib.com/fzdt/newshtml/gddt/20130704133505.htm. 访问时间：2018年2月19日。

共2449件，占结案总数19.00%的案件通过调解、和解，实现"案结事了"。而经过复议后提起行政诉讼败诉率持续下降，信访、闹访的极少，2012年全省经过行政复议后提起行政诉讼的案件2030件，占行政复议审结案件总数的15.75%，比上年的36.35%下降20.60%，复议后法院审结裁决改变行政机关决定（含撤销、确认违法或者无效、变更、限期履行职责）的268件，败诉率为13.20%，比上年略有下降；省政府本级没有一件败诉案，而全省经过行政复议后当事人上访的案件极少，反映出绝大多数基层行政争议在复议环节得到有效化解。①

（二）打造"阳光复议"工程

为规范行政复议案件庭审工作，确保行政复议案件审理公开透明，更好地保障当事人在行政复议案件审理程序中的权利，2015年3月6日，广东省人民政府办公厅发布《广东省人民政府办公厅关于印发〈广东省行政复议案件庭审办法（试行）〉的通知》（粤府办〔2015〕13号），《广东省行政复议案件庭审办法（试行）》（以下简称《办法（试行）》）于2015年5月1日起实施，对行政复议案件开庭审理具有积极的推动作用，促进了行政复议更加规范、公开、公平。根据该《办法（试行）》的规定，行政复议机构开庭审理案件，应当坚持合法、公平、公正、及时、便民的原则，除涉及国家秘密、商业秘密、个人隐私和法律、法规另有规定外，开庭审理案件应当以公开方式进行，允许旁听。该《办法（试行）》提出，行政复议机构开庭审理案件，一般在其所在地进行，也可以根据案情需要，在当事人所在地进行。此外，办法还要求"行政复议机构开庭审理案件，不得向当事人收取费用"。根据该《办法（试行）》，行政复议机构开庭审理案件，应当由2名以上行政复议人员参加，并由其中1名担任庭审主持人。行政复议庭可以另设书记员1名。参加庭审的行政复议人员应当是国家公务员且从事行政管理工作2年以上。

同时，该《办法（试行）》还对行政复议庭审程序进行了明确规定：庭审主持人核实当事人身份；庭审主持人宣布案由和庭审纪律；庭审主持人介绍参加庭审的行政复议人员并询问当事人是否申请回避；庭审主持人宣布庭审开始；申请人明确行政复议请求，陈述行政复议的事实和理由；被申请人答复；第三人陈述意见；当事人出示证据、进行质证，庭审主持人对需要查明的事实向庭审参加人询问和核实；当事人进行辩论；当事人作最后陈述；庭审主持人

---

① 参见辛钧庆《"民告官"或将实现独立裁决 粤行政复议申请全国第一》，载《南方日报》2013年9月7日；辛钧庆《广东省八成以上行政纠纷在复议环节化解》，载《南方日报》2013年9月11日。

宣布庭审结束，庭审参加人在庭审笔录上签字。《办法（试行）》还指出，案件具有可能需要追究行政机关或者行政机关工作人员相关责任情形的，行政复议机构可以视情况邀请监察机关派员参加庭审。依法可以调解的案件，庭审主持人根据庭审查明的事实情况，可以进行调解。

广东省法制办就打造"阳光复议"工程、推进行政复议工作公开、透明，制定了实施方案，并在原有工作的基础上，重点开展推进行政复议委员会试点工作，建立政府主导、专业保障、社会参与的行政复议运行机制，全面推行行政复议听证制度，建立行政复议信息公开制度等工作。总体来看，我省行政复议工作从办理案件数量、质量到软件、硬件建设，均走在全国前列。大力推进"阳光复议"，一方面有助于促进政府机关严格依法行政，另一方面还能增强政府的公信力及人民群众对政府的认可度。"阳光复议"是2014年全省基本实现建设法治政府的目标的重要举措，也是"阳光法治·法治惠民"的重要成果。①

（三）推进行政复议委员会试点工作

广东是全国首批行政复议委员会试点省份。设立行政复议委员会能够有效整合行政复议资源，提高行政复议的权威性和公信力。群众往往会对上级纠正下级的行政错误存疑，现实中也确实存在一些案件不能公正处理的情况，行政复议委员会作为独立裁决机构，更具公信力和权威性。

2008年9月，广东等8个省市被国务院法制办确定为行政复议委员会试点单位。从2009年开始，中山市全面开展行政复议试点工作，同年10月13日，中山市人民政府行政复议委员会正式揭牌成立，成为全省首个行政复议委员会。委员会独立于政府部门以外，专门受理和审理行政复议案件。委员会形成政府主导、专业保障、社会参与的行政复议工作机制，由政府人员和社会人士共同组成。其中有11位常任委员，包括中山市依法治市办、监察局、法制局的负责人等；还有24名非常任委员，占委员总数的近2/3，他们当中有法学学者、律师、医生、人大代表、政协委员、村委会主任等，都是通过公开招聘或推荐产生的，在组织架构中形成必要的制衡力量。

据统计，2009年至2013年上半年，中山市共收到行政复议案件1610宗，相当于2004年至2008年5年全市收案总数1013宗的1.6倍。行政复议委员会对被申请人具体行政行为的整体纠错率约为25%，比试点工作开展前增长

---

① 参见马菁璟《省法制办大力推进"阳光复议"工作》，见南方网（http://news.southcn.com/gdnews/yfzsxlbd/gcxm/zddc/content/2012-12/19/content_60443465.htm.），访问时间：2018年2月19日。

15%，2012年纠错率达40%左右，2013年上半年纠错率为34.9%。此外，中山市还尝试将行政复议受理重心前移和延伸，在全省首设镇区行政复议基层受理点。目前，中山在全市20个镇、区设立行政复议受理点，将行政复议受理工作延伸到基层、覆盖全市。受理点承担协助办案特别是调解工作，大量的纠纷被化解在萌芽状态、化解在基层。据中山市法制局介绍，通过调解、和解解决的行政复议案件比例约为四成。因行政复议的知晓度，更多的当事人选择了将其作为解决行政争议的途径。从2010年开始，中山市行政复议案件数量更是超过了同期法院一审行政诉讼案件的数量。2012年，中山市共收到行政复议申请453件，超过市法院一审行政诉讼收案总数（280件）的62%，法院行政诉讼案件总数则比上一年减少了22.9%。开始行政复议委员会工作以来，市内25%的案件通过调解和解的方式得到解决，在办结的行政复议案件中，近九成的当事人息诉罢访，实现了行政复议定纷止争、纠偏、行政指导三大功能。中山市行政复议工作得到上级高度肯定，行政复议委员会试点做法被作为"广东经验"在全省、全国推广。一系列荣誉足以证明中山市行政复议革新探索的努力：2010年被评为年度广东省行政复议、行政应诉先进集体，2011年获全国行政复议工作先进单位称号，2010年和2011年，连续两年作为"广东经验"在国务院法制办全国会议上推广，2011年助力中山市获得中国十大社会管理创新奖。①

五、信访工作步入法治化轨道

（一）制定实施《广东省信访条例》

党的十八届三中全会要求"改革信访工作制度，实行网上受理信访制度，健全及时就地解决群众合理诉求机制。把涉法涉诉信访纳入法治轨道解决，建立涉法涉诉信访依法终结制度。"广东省人大常委会贯彻落实中央精神，坚持以法治思维和法治方式解决信访突出问题的立法理念，结合广东实际，重点针对五个突出问题创新制度设计，推动信访工作制度改革，将信访工作纳入法治化轨道。2014年3月27日，广东省人大常委会审议通过《广东省信访条例》（以下简称《条例》），于2014年7月1日起施行。这是全国首部规范信访工作的地方性法规。《条例》的出台，使广东省信访工作法治建设进入一个新的阶段，推动了诉访分离，规范了信访秩序，依法行使信访权利、依法逐级理性表达诉求逐步成为广大基层群众的共识，同时促进了国家机关及时就地解决信

---

① 参见陈晓华等《行政复议机制 闯出"广东经验"》，载《南方都市报》2014年8月8日。

访问题工作责任的落实,取得良好的社会效果。

在充分调研的基础上,广东省人大常委会重点分析了信访突出问题的主要成因,确立了"维护信访人的合法权益,维护信访秩序,维护社会公平正义"的立法目的,坚持以法治思维和法治方式解决信访突出问题的立法理念,明确《案例》起草的总体思路是"通过信访立法把信访工作纳入法治化的轨道,建立一个制度、完善两个渠道和平台、实施三个规范"。即通过立法,建立诉访分离制度,把普通信访事项和涉法涉诉事项分离开来;完善信访和涉法涉诉的渠道和平台,保障信访事项和涉法涉诉事项依法及时得到解决;依法规范源头预防、依法规范接访行为、依法规范信访秩序。《条例》强调,信访群众应逐级表达诉求,不要越级,而且强调是要到有事权的国家机关去信访,也就是说信访的事项要到有权解决信访事项、信访问题的国家机关去提出才能得到依法解决。所谓依法解决,就是要由有事权的国家机关来解决问题,遵循国家机关权限法定的原则。没有事权的国家机关不得受理有关的信访事项,即使是上级国家机关接收到了有关信访请求,也要将有关信访件转交到下一级有事权的国家机关去依法办理,信访群众也应根据自己的诉求请求依法按程序来提出信访,以更好地维护自身的合法权益。

(二) 明确信访工作责任

早在 2010 年,广东省就出台《广东省信访工作责任追究暂行办法》,对信访问题突出的地方,采取提醒注意、专项约谈、全省通报批评等办法,督促这些地方进行整改。对因信访工作责任落实不到位,损害群众合法权益,造成较大社会影响的,予以追责。

2016 年 10 月,中共中央办公厅、国务院办公厅印发了《信访工作责任制实施办法》。2017 年 2 月,中共广东省委办公厅、广东省人民政府办公厅印发《广东省信访工作责任制实施细则》(以下简称《实施细则》)。根据《实施细则》的要求,落实信访工作责任制,按照"属地管理、分级负责,谁主管、谁负责,依法、及时、就地解决问题与疏导教育相结合"的工作原则,综合运用督查、考核、惩戒等措施,依法规范各级党政机关履行信访工作职责,推动信访问题及时就地解决,依法维护群众合法权益,维护正常信访工作秩序,促进社会和谐稳定,确保党中央、国务院和省委、省政府关于信访工作决策部署的贯彻落实。

《实施细则》提出了应当追责的六种情形,即:因决策失误、工作失职,损害群众利益,导致信访问题产生,造成严重后果的;未按照规定受理、交办、转送和督办信访事项,或者不执行合法合规信访事项处理意见,严重损害信访群众合法权益的;违反群众纪律,对应当解决的群众合理合法诉求消极应付、推诿扯皮,或者对待信访群众态度恶劣、简单粗暴,损害党群干群关系,造成严重后果的;对发生的重复越级走访、集体访或者信访负面舆情处置不力,导致事态扩大,造成不良影响的;对信访部门依法交办、转送、督办的信访事项不按规定时间办理、超出信访事项办理期限,造成严重后果或不良影响的;对信访部门提出的改进工作、完善政策和给予处分等建议重视不够、落实不力,导致问题长期得不到解决的。按照《中国共产党问责条例》相关规定,《实施细则》明确以有管理权限的党政机关为追责主体,以"通报、诫勉、组织调整或者组织处理、纪律处分"为追责方式,并根据问题性质或逐级递进的原则确定追责方式。

(三)打造"广东信访网"

自2008年6月起,广东省信访局开始网上信访受理工作,2011年正式开通省网上信访大厅。为进一步畅通信访渠道,抓好源头治理,推动"阳光信访",省信访局在原广东网上信访大厅的基础上,打造了全新的广东信访网。2014年4月29日,广东信访网暨新版广东省网上信访大厅上线仪式在省信访局举行。

广东信访网具有以下特点:一是公开透明,群众可以在网站上了解到信访事项的接收、转送、交办、审核、答复全过程。二是强化监督,以红、黄灯的形式,把超期未结和即将超期的信访事项公布出来,倒逼有关地方和职能部门按期办结信访事项。三是通用开放,可以根据以后工作需求预留发展空间,实现与其他系统和平台的无缝对接。广东信访网包括网上投诉、新闻动态、在线服务、政务公开、案例公开、办理公开、数据统计、时效监察、信访导航和公众服务等十大功能区。

自2014年以来,广东信访秩序明显好转,全省信访总量持续下降,特别是到省上访量大幅下降;省市县三级信访总量呈正三角形分布,县作为化解矛盾的责任主体的作用得到了较好体现;应当通过诉讼仲裁等法定渠道解决问题的到省上访明显减少。信访条例实施以来,越级到省公安厅上访量持续稳中有降,来信、网络提出信访诉求比例逐步提高,民众"弃访转法"的良好局面逐渐显现。

(四)推进律师参与化解和代理涉诉信访案

2015年6月8日,为认真贯彻党的十八届四中全会精神,充分发挥法律服务队伍在维护群众合法权益、化解矛盾纠纷、促进社会和谐稳定中的积极作用,深入推进涉法涉诉信访改革,中央政法委印发《关于建立律师参与化解和代理涉法涉诉信访案件制度的意见(试行)》。该《意见》共有建立律师参与化解和代理涉法涉诉信访案件制度的意义、律师参与化解和代理涉法涉诉信访案件的任务和原则、律师参与化解和代理涉法涉诉信访案件的运行模式、律师参与化解和代理涉法涉诉信访案件的工作方法、加强对律师参与化解和代理涉法涉诉信访案件的管理和保障、强化对律师参与化解和代理涉法涉诉信访案件的组织领导六个部分,努力让信访群众感受到法律服务的便捷和诉求解决的顺畅,着力提高依法解决涉法涉诉信访案件的法律效果和社会效果。

2015年8月31日,合和公益律师联盟律师志愿者参与化解涉诉信访矛盾工作室正式进驻广东省高级人民法院信访大厅,这也是广东省高级人民法院在全国首次尝试邀请律师参与化解和代理涉诉信访案件。实践中,合和联盟的律师们凭借业务专长以及熟悉司法实务的优势,为信访人提出建议,引导信访群众在法治轨道上正确维护自己的合法权益。作为中立的第三方,律师接访更易取得信访人信任,及时消除了许多当事人对司法的误解进而息诉息访。①

2016年1月,广东省委政法委印发《关于建立律师参与化解和代理涉法涉诉信访案件制度的实施意见(试行)》,提出"上半年省直政法单位和试点地市先行先试,下半年全省地级以上市全面推开"的工作目标。同时,广东省高院、省司法厅、省律协积极动员各方力量,为志愿者律师队伍扩容提质,并争取财政支持,为其履职提供基本经费保障。截至2016年3月,合和公益律师联盟六家律师事务所的公益律师为涉诉信访者提供法律咨询、程序引导等服务350余人次,信访诉求主要集中在不服生效判决、执行异议、法律实体等方面。②截至2016年8月底,合和联盟律师共参与接访信访案件492宗,接访群众500多人次。经律师接访后,仍重复来访的占35%(重复访统计周期按半年计),约65%的来访人未再次到广东省高级人民法院信访,不少信访人在接受律师咨询解答后,表示不再到法院继续信访。③

为进一步畅通信访人诉求渠道、促进信访矛盾依法化解,广东省检察院根据省委政法委要求,积极会同省直政法机关联合签订《律师参与化解和代理涉法涉诉信访案件工作指导意见》,协同省司法厅确定首批入库律师人员名

---

① 参见章宁旦《广东首创公益律师参与化解涉诉信访案件:律师年接访492起案件65%息访》,载《法制日报》2016年9月12日。
② 参见罗海《广东推进律师参与化解和代理涉诉信访案》,载《人民法院报》2016年3月20日。
③ 参见章宁旦《广东首创公益律师参与化解涉诉信访案件:律师年接访492起案件65%息访》,载《法制日报》2016年9月12日。

单,迅速在接访大厅建立律师接访值班室。自 2017 年 2 月中旬起,接访律师以法律服务者的身份参与,每周一至周四由 1 名律师值班接访。截至 2017 年 8 月 25 日,律师共计值班 92 天,接待来访群众 415 批 476 人次。在省院接访的值班律师主要对两类信访人进行接谈,一是接访干警认为有必要由律师接谈的,会建议信访人向律师咨询;二是信访人主动向律师进行咨询。咨询的内容主要包括三类:一是不服法院民事、刑事和行政裁判结果,尤其是劳动争议纠纷和民事执行问题,因不服判决或执行难而认为司法不公;二是反映农村村干部卖地、村务不公开和侵吞村集体资产等问题,认为地方政府不监督不作为,导致村干部一手遮天;三是个别信访人由于法律观念淡薄、法律水平低,未重视证据搜集而导致败诉或超过诉讼时效,却归责于司法机关,认为司法不公。针对这些问题,值班律师都耐心解答,有的值班律师一天接访 11 批 20 人次。律师作为精通法律的专业人士,利用自己的法律专业知识,以第三方身份解除信访人的疑惑,引导信访人通过法定程序理性表达诉求,有效缓解了当事人的对立情绪,通过提出有针对性的法律意见,及时为信访人指明申诉渠道,提升了化解信访矛盾的成功率,减少和避免缠访闹访等情况的发生。实践表明,深入开展律师协助接访,是推动依法信访的一项重要工作,有利于引导信访人通过法定程序表达诉求、依靠法律手段解决纠纷、运用法律武器维护自身合法权益。①

(五)深圳探索信访调解司法确认制

2013 年 5 月,一项新的信访制度在深圳市龙岗区横岗街道实施,至今 223 宗信访案件无一反复,实现"案结事了,息诉罢访"。这项制度,就是"信访调解司法确认制度"。信访调解司法确认制度在人民调解、行政调解与司法调解之间架起了一座良性互动的桥梁,有效地解决了长期以来信访调解成果缺乏法律强制约束力的问题,取得了良好效果。信访调解司法确认制度主要是针对有些信访案件,即便已经完成调解,签署了调解协议,但是由于协议并不具备法律强制效力,往往出现当事人反悔,并反复提出新的经济诉求,如果得不到满足,就越级上访或者集体闹访的情况。经过长期摸索和多次研讨,横岗街道信访部门将目光投向了司法确认制度。所谓司法确认制度,即根据我国《民事诉讼法》第 194、195 条规定,民事纠纷经调解组织调解达成具有民事合同性质的协议后,当事双方可以进一步到人民法院申请确认其法律效力的制度。

---

① 参见陈创中、王磊《广东省检察院引入律师参与接访化解矛盾》,载《民主与法制时报》2017 年 8 月 31 日。

在这一法律框架内,横岗街道创造性地将信访调解与司法确认融合起来,健全诉讼与非诉讼相衔接的矛盾纠纷解决机制。经商请龙岗区人民法院,横岗街道推出了信访调解协议成果司法确认制度,凡在此制度下调解成功的信访案件,在当事人双方自愿的前提下,均可申请人民法院以《民事裁定书》的形式对调解协议予以确认,从而赋予其法律强制效力。①

深圳市龙岗区横岗街道运用法治思维和法治方式,在全国率先探索信访调解司法确认制度,将信访调解成果以法律文书形式固化,克服了信访调解缺乏强制性、权威性的弱点。就如何实现司法确认与信访调解的无缝对接,横岗街道总结出了"四个一",即依托一个中心、完善一套机制、实施一项制度、出具一份法律文书:①依托一个中心,即综治信访维稳中心。设立综治信访维稳中心,归口信访办管理,并确定了7名人员编制,专职负责司法确认工作。信访工作人员根据案件的难易程度和工作进度,适时将调解人员、行政人员和法官队伍集中到综治信访维稳中心,实现"一处信访,信息互通,职能整合,工作互动"。②完善一套机制,即完善人民调解、行政调解、司法调解联动的"大调解"机制。2014年初,横岗街道制定《关于完善人民调解、行政调解、司法调解联动的"大调解"机制实施方案》,将41个调解组织、行政单位(部门)和横岗法庭整合成一支大调解工作队伍,成立由街道党工委书记为组长的大调解工作领导小组,设立大调解办公室,细化部门分工,确保信访案件调解工作规范运作、依法终结。③实施一项制度,即实施法官挂点社区制度。将横岗法庭的8名法官分派到15个社区挂点,每名法官挂点1至2个社区,主要承担普及法律、指导调解、司法确认三项任务,确保信访调解司法确认工作在法治的轨道上运行。④出具一份法律文书,即出具《民事裁定书》。在签订信访调解协议的同时,告知当事人司法确认的优点,在尊重双方当事人意愿的前提下,由法官进行司法确认。这样,信访调解协议书就有了强制力、约束力、公定力、执行力。

作为社会管理创新的基层探索,信访调解司法确认制度自实施以来,所成功调解的223件信访案例无一出现反复,极大地促进了社会稳定。经过长期探索而形成的"横岗模式",之所以能够卓有成效,是因为坚持以法治思维回应群众关切,变"拦访截访"为就地化解。此外,横岗街道所有相关部门在调解和司法确认全程均提供"一站式"免费服务,上访人员无需承担任何费用。正是在依法信访原则的前提下,"横岗模式"在积极探索法治化信访的过程

---

① 参见张尉心等《深圳龙岗横岗街道推行信访调解司法确认制 破解瓶颈促和谐》,载《深圳特区报》2014年9月3日。

中，化被动为主动，从源头上切断了缠访、闹访现象，以法治精神启动了信访案件的有效终结机制，契合了中央关于涉法涉诉案件从信访体制中分离出来的指导精神，减轻了地方政府的信访问责压力。①

---

① 参见张尉心等《深圳龙岗横岗街道推行信访调解司法确认制 破解瓶颈促和谐》，载《深圳特区报》2014年9月3日。

第五章　法治监督与权力运行制约监督体系

法治监督在建设中国特色社会主义法治体系、建设社会主义法治国家中具有十分重要的地位和作用。形成严密的法治监督体系，通过有效监督来规制公权力，使其在法治框架内有效行使，不被滥用，同时又具有活力和创新力，促进经济社会可持续发展，这既是我国国家治理现代化的核心命题，也是中国共产党基于执政经验所提出的法治体系建设任务。改革开放40年来，广东省的法治监督与权力运行制约监督体系建设工作稳步发展，亮点频现，在推进广东全面依法治省过程中发挥了十分重要的作用。

第一节　法治监督体系

一、中国特色社会主义法治监督体系的探索

习近平总书记指出："没有监督的权力必然导致腐败，这是一条铁律。""没有健全的制度，权力没有关进制度的笼子里腐败现象就控制不住。"这旗帜鲜明地道出了法治监督在权力制约运行机制中的重要作用。

改革开放40年来，中国共产党始终把对权力的制约和监督作为党与国家建设的重大问题来抓。党的十五大以来，历次党的全国代表大会都对健全权力结构和运行机制、加强对权力的制约和监督做出部署。党的十八届三中全会强调要强化权力运行制约和监督体系，党的十八届四中全会又突出强调，"必须以规范和约束公权力为重点，加大监督力度，做到有权必有责、用权受监督、违法必追究，坚决纠正有法不依、执法不严、违法不究行为"。至此，我国社会主义法治监督体系的大框架已经搭建起来。中国特色社会主义制度决定了权力监督的中国特色突出表现在法治监督的体系化，这种体系化不是单纯地以一种权力制约另一种权力。

党的十八届四中全会《决定》指出,"加强党内监督、人大监督、民主监督、行政监督、司法监督、审计监督、社会监督、舆论监督制度建设,努力形成科学有效的权力运行制约和监督体系,增强监督合力和实效",从不同层面、不同领域、不同机构提出了法治监督体系的建设要求。中国特色社会主义法治监督体系是依法治国的重要内容,中国特色社会主义法治监督体系的优势发挥取决于监督的合力作用。形成系统性的监督制度架构,各项制度之间互相衔接和配套支撑——这是中国特色社会主义法治监督体系建设的关键。

党的十八届四中全会《决定》提出了一系列法治监督制度,如"完善全国人大及其常委会宪法监督制度","加强对司法活动的监督","完善对涉及公民人身、财产权益的行政强制措施实行司法监督制度","健全宪法实施和监督制度","完善检察机关行使监督权的法律制度","完善人民监督员制度"等等;强调"完善政府内部层级监督和专门监督,改进上级机关对下级机关的监督,建立常态化监督制度"。从依法治国战略看,制度化是法治国家建设的必经之路,法制奠定法治的基础,法治维护法制的权威。①

党的十八届四中全会提出全面推进依法治国的总目标,清晰阐明了中国特色社会主义法治体系的总体框架和基本内容,即形成完备的法律规范体系、高效的法治实施体系、严密的法治监督体系、有力的法治保障体系、完善的党内法规体系。法治监督体系是中国特色社会主义法治体系的重要内容和内在目标,对于其他几大体系建设具有重要的推动和保障作用,是建成中国特色社会主义法治体系的根本保障和必然要求。

严密的法治监督体系是加强对权力运行制约和监督的必然要求。依法规范权力、加强对权力运行的制约和监督,是全面推进依法治国的重要内容。法治监督的核心,就是制约和监督权力,防止权力腐败和蜕变,特别是对执法权、司法权的制约和监督尤为重要。执法权、司法权作为国家权力的重要组成部分,承担着判断是非曲直、解决矛盾纠纷、制裁违法犯罪、调节利益关系等重要职责,一旦被滥用,就会对公民合法权益和依法治国方略实施带来严重损害,因此更需要加强制约和监督。②

二、新时代中国特色社会主义法治监督体系

党的十八大以来,以习近平同志为核心的党中央深刻洞察党面临的风险挑战,把全面从严治党作为党和国家的战略布局,以坚定的信念信仰、顽强的斗

---

① 齐卫平:《依法治国依赖有效监督》,载《文汇报》2014年12月1日,第5版。
② 曹建明:《形成严密法治监督体系 保证宪法法律有效实施》,载《求是》2014年第24期。

第五章 法治监督与权力运行制约监督体系

争精神管党治党兴党,解答长期执政条件下实现自我监督的历史性课题,不断增强党自我净化、自我完善、自我革新、自我提高的能力。由此,全面从严治党力度空前、成效卓著,党和国家监督的全面性、系统性、协调性显著增强,标本兼治策略作用日益彰显,中国共产党在新的时代进一步强化自我监督路径。

在新时代,审计监督也是一种重要的法治监督形式。审计监督是保证国民经济持续、健康、协调发展的必要手段,也是不断提高会计信息质量的必要保证。党的十八届三中全会通过的《中共中央关于全面深化改革若干重大问题的决定》要求审计机关当好国家利益的"捍卫者"、公共资金的"守护者"、权力运行的"紧箍咒"、反腐败的"利剑"和深化改革的"催化剂"、经济发展的"安全员",要求审计机关实现审计工作全覆盖,为全面深化改革、推进经济持续健康发展、不断改善民生提供保障支持。必须努力实现审计监督全覆盖,依法使用的国有公共资金、国有资产、国有资源,都要纳入审计监督。

习近平同志在党的十九大报告中提出,构建党统一指挥、全面覆盖、权威高效的监督体系,把党内监督同国家机关监督、民主监督、司法监督、群众监督、舆论监督贯通起来,增强监督合力。这为新时代完善法治监督体系进一步指明了方向。党的十九大报告从党肩负的历史使命、所处的历史方位出发,对健全党和国家监督体系做出部署。要深刻领会党中央把全面从严治党纳入"四个全面"战略布局的深谋远虑,深化完善党和国家监督体系的探索,全面、系统、创造性地推进新时代党的建设新的伟大工程,确保党永葆旺盛生命力和强大战斗力。党的十九大报告对推进国家监察体制改革做出部署,设立国家监察委员会。这是事关全局的重大政治体制改革,是贯彻落实党的十九大精神的重大举措,释放出全面从严治党一刻不停歇的强烈信号。

构建集中统一、全面覆盖、权威高效的监察体系。推进国家监察体制改革是确立中国特色监察体系的创新之举,目的在于解决行政监察覆盖范围过窄、反腐败力量分散和体制机制不畅等突出问题。要做好顶层设计,打破利益藩篱,整合行政监察、预防腐败和检察机关查处贪污贿赂、失职渎职以及预防职务犯罪等工作力量,形成全面覆盖公职人员的监察体系。监察委员会依法对所有行使公权力的公职人员进行监督,不仅包括党的机关、人大机关、行政机关、政协机关、审判机关、检察机关、民主党派和工商联机关的公务员,还包括国有企事业单位管理人员、群众自治组织管理人员等。要抓住转隶这个关键环节,推进机构、职能、人员全面融合和工作流程磨合,探索执纪与执法相互衔接的实现路径,形成与司法机关相互配合、相互制衡的工作机制,使党内监督与国家监督、党的纪律检查与国家监察有机统一。①

党的十九大报告对完善监督体系和改革监督机制做出了进一步规划与设计,对深化国家监察体制改革做出重大决策部署。报告指出:"深化国家监察体制改革,将试点工作在全国推开,组建国家、省、市、县监察委员会,同党的纪律检查机关合署办公,实现对所有行使公权力的公职人员监察全覆盖。制定国家监察法,依法赋予监察委员会职责权限和调查手段,用留置取代'两规'措施。"2017年10月29日,中共中央办公厅印发《关于在全国各地推开国家监察体制改革试点方案》,部署在全国范围内深化国家监察体制改革的探索实践,在总结北京市、山西省、浙江省改革试点工作经验基础上,在全国各地推开改革试点,完成省、市、县三级监察委员会组建工作,实现对所有行使公权力的公职人员监察全覆盖。

党的十九大的这些部署必将对中国的政治体制和权力运行制约机制产生深刻的变革和极为深远的影响,特别是对一党执政条件下,中国共产党将走出一条崭新的执政党权力的自我监督之路,走出一条崭新的人类制度文明之路,为探索国家治理文明、人类发展之路提供中国智慧和中国方案。

三、广东法治监督体系建设40年

改革开放尤其是党的十八届四中全会以来,广东省以"全面推进依法治省,加快建设法治广东"为总目标、总抓手,扎扎实实把中央确定的依法治国各项任务落到实处,努力开创法治广东建设新局面,其中,法治监督体系建设是非常重要的一环。广东省地处改革开放前沿,虽然经济发展任务艰巨、反腐败斗争错综复杂,但其在改革开放40年间走出了一条法治监督的体系化建设之路。

法治监督体系建设的核心是权力的监督制约机制,即对领导干部的权力监督。为实现监督工作的日常化、系统化,2007年广东省下发了《关于对省管党政领导班子和领导干部实行"一年一巡视、一年一评议、一年一谈话"制度试行办法》,即每年对各地级以上市和省直各单位巡视一次,对各地各单位领导班子及领导干部评议一次,根据巡视和评议的情况,由上级党政领导与下级党政领导进行谈话。2010年,广东省又制定下发了《关于实行党政领导干部问责的暂行规定实施办法》,广东各地各部门把落实问责制纳入党风廉政建设责任制的内容,明确党政"一把手"是执行实施办法的第一责任人,进一步细化问责条款,健全完善相关配套制度。为强化对领导干部用人权的规范和

---

① 肖培:《健全党和国家监督体系》,载《人民日报》2018年1月16日,第7版。

监督，治理干部群众长期反映比较集中的用人不正之风，广东积极推进干部人事制度改革和创新。为加强领导干部作风建设，自 2008 年开始，广东省正式实行明察暗访制度，每年省纪委会同省委办公厅、省政府办公厅及新闻媒体集中开展明察暗访，将发现的问题制作成专题片，报省委常委会并组织有关部门领导观看，责令有关地方单位做出整改，对整改不到位的追究党政"一把手"责任，收到较好的效果。①

近年来，广东省先后实施了干部任用投票表决、公开推荐和公开选拔党政领导干部、竞争上岗、规范候选人提名等制度，实现选人用人的科学化、民主化、制度化，为广东改革开放创造了一个有利于优秀干部脱颖而出的良好环境。

改革开放 40 年来，全省各级人大及其常委会积极通过预算审查、专题调研、执法检查等方式开展法律监督工作，并在建立健全人大工作机制方面取得了明显的进展。例如，2013 年，省人大常委会针对《职业病防治法》和《广东省实施〈民族区域自治法〉办法》开展执法检查，促进有关法律法规实施；开展对《广东省实施〈海洋环境保护法〉办法》的执法检查，并委托 7 个沿海市同时进行检查，推进海洋资源环境保护和管理工作。仅 2013 年，广州、深圳、珠海、汕头市人大常委会就对 11 项法律法规的执行情况进行了检查。部分其他市县人大常委会也积极配合省市人大常委会或者主动独立开展执法检查工作，作为履行人大监督职责的重要方式。全省各级人大在加强对政府财政预算监督方面已经走在全国前列。

近年来，全省各级人大特别是省人大和广州、深圳、珠海等市人大及其常委会更加注重预算监督工作，积极推进政府预算决算公开，继续加强预算监督工作。省人大常委会审查批准决算和预算调整方案、听取和审议计划和预算执行情况报告及审计工作报告等 5 项，加强对计划、预决算、审计和社保基金预决算等法定项目的监督，审查批准 2013 年省级财政预算调整方案，推动政府改进预算管理。开展专题询问和专题调研。2013 年，省人大常委会开展专题询问 1 项，了解和推动农村垃圾管理工作；听取和审议专题调研报告 3 项，包括未成年人保护法律法规实施情况专题调研报告、淡水河石马河流域污染整治决议的执行情况调研报告等。对淡水河石马河流域污染整治决议的执行情况调研过程中，还引入社会力量开展第三方评估，并向社会公布评估结果，提高监督的客观性和公信力。省人大常委会还开展了立法大调研活动，征集了 100 多

---

① 黄辉、凌曲刚、郑成桑、王景喜：《广东：监督制度建设聚焦"一把手"》，载《中国纪检监察报》2010 年 9 月 7 日。

份立法建议。深圳市人大常委会也对市政府关于保障性住房建设管理情况的工作报告进行了专题询问。

广东省各级审计机关坚持把制度建设作为经济责任审计的基础性工作抓紧抓好，用制度来保障经济责任审计工作的健康发展。省审计厅制定了《广东省审计厅经济责任审计项目管理规定》；珠海、梅州、江门、阳江、佛山、湛江、潮州等市制定了经济责任审计对象分类管理办法和评价办法；汕头市制定了《汕头市领导干部任中经济责任审计暂行办法》和《汕头市领导干部离任经济事项交接办法》；惠州市制定了《惠州市关于进一步加强审计查出问题整改工作的意见》和《惠州市经济责任审计问责制》。党的十八届三中全会以来，广东的审计监督坚持"依法审计、服务大局、围绕中心、突出重点、求真务实"的工作方针，把握重要性、系统性、协同性原则，逐步扩大审计监督覆盖面，使审计全覆盖成为有深度、有重点、有步骤、有成效的全覆盖。实现审计监督全覆盖是提高审计监督层次和水平的重要途径。2015年4月15日，时任广东省长朱小丹同志主持召开省政府常务会议强调，要主动适应经济发展新常态，按照中央部署，强化审计监督，创新审计体制机制和审计方式，提高审计监督效能，切实加强对稳增长、促改革、调结构、惠民生、防风险等政策措施落实情况，以及公共资金、国有资产、国有资源、领导干部经济责任履行情况实施审计，实现审计监督全覆盖。[①]

2018年2月1日，广东省监察委员会成立大会在广州举行，广东省监察委员会正式成立，至此，广东省按照中央的统一部署和要求，如期顺利完成了省、市、县三级监察委员会组建任务。

改革开放40年以来，在国家法治监督体系和框架的指导下，广东省通过党内监督、人大监督、其他国家机关监督、政协民主监督、舆论监督等方面的法治监督体系建设，为全面依法治省提供了有力的保障。

第二节　党内监督

习近平同志指出："党的执政地位，决定了党内监督在党和国家各种监督形式中是最基本的第一位的。"改革开放以来，广东省委按照中央关于党风廉政建设和反腐败工作的总体部署，根据广东省改革发展稳定的需要，积极推进党内监督的规范化、制度化建设。据统计，改革开放40年来，广东省共制定

---

① 袁睿：《论实现广东省审计监督全覆盖的路径》，载《审计与理财》2017年第1期。

有关党内监督的法规制度80多项，涵盖了民主生活会、党内领导干部重大事项情况报告、诫勉谈话、述职述廉、信访处理、党代会常任制、党务公开、巡视制度、询问和质询、罢免或撤换等各个决策的科学化，增强了党的执政能力，为广东省经济社会发展提供了坚强有力的组织和领导保证。

一、坚持和健全民主生活会制度

1990年5月，广东省委转发中共中央《关于县以上党和国家机关党员领导干部民主生活会的若干规定》，明确要求党员领导干部都要参加双重组织生活，即既要参加所在支部、小组的组织生活会，又要参加定期召开的党员领导干部的民主生活会。同年7月14日，广东省纪委与省委组织部联合印发《关于我省县以上党和国家机关党员领导干部民主生活会情况报送问题的通知》，加强对各级党委贯彻落实民主生活会情况的监督检查。1994年4月19日，广东省纪委、省委组织部联合发出《关于认真贯彻执行中纪发〔1994〕3号通知精神，开好县处级以上党员领导干部廉洁自律专题民主生活会的通知》。2000年8月，广东省纪委、省委组织部联合发出《关于转发〈中共中央纪律检查委员会、中共中央组织部印发《关于改进县以上党和国家机关党员领导干部民主生活会的若干意见》的通知〉的通知》。该通知将民主生活会由原来每年召开两次改为每年召开一次，更便于集中时间和精力解决领导班子存在的突出问题，提高民主生活会的质量，更好地发挥民主生活会的作用。长期以来，广东省委坚持每年第三季度组织各级党政领导班子和党员领导干部围绕一个主题召开民主生活会，对照廉洁从政规定进行检查，督促党员领导干部自觉纠正违规行为，同时，按照一级抓一级的原则，建立健全上级党委（党组）成员指导下级党组织民主生活会的制度，对领导干部廉洁自律，促进民主决策、科学决策发挥了重要作用。①2016年1月，广东省人民政府印发了《广东省人民政府党组"三严三实"专题民主生活会整改方案》，深刻剖析存在问题根源，严肃开展批评和自我批评，进一步明确了努力方向和整改措施。

除了省级层面，广东各地市党内民主生活会制度建设也逐步开展。例如，2010年1月，广州市出台了《广州市党员领导干部民主生活会制度（试行）》，促进民主生活会制度化、规范化开展。2018年1月，云浮市出台了《云浮市各级领导班子民主生活会规程（试行）》，旨在推动民主生活会走向规范化、制度化，《规程》明确了民主生活会10个环节的工作，其中会前准备工作就

---

① 广东省依法治省工作领导小组办公室编：《广东法治建设30年》，广东人民出版社2008年版，第127–128页。

占7项，包括确定民主生活会主题与制定方案、组织学习、征求并反馈意见等。

二、执行领导干部重大事项报告和监督制度

1997年1月，中共中央办公厅、国务院办公厅印发《关于领导干部报告个人重大事项的规定》，规定副县（处）级以上领导干部应报告下列重大事项：本人、配偶、共同生活的子女营建、买卖、出租私房和参加集资建房的情况；本人参与操办的亲属婚丧喜庆事宜的办理情况；本人、子女与外国人通婚以及配偶、子女出国（境）定居的情况；本人因私出国（境）和在国（境）外活动的情况；配偶、子女受到执法执纪机关查处或涉嫌犯罪的情况；配偶、子女经营个体、私营工商业，或承包、租赁国有、集体工商企业的情况，受聘于三资企业担任企业主管人员或受聘于外国企业驻华、港澳台企业驻境内代办机构担任主管人员的情况。1997年10月23日，广东省委办公厅、省人民政府办公厅转发省纪委、省委组织部、省监察厅《关于执行〈领导干部报告个人重大事项的规定〉的若干意见》，将维护执行重大事项报告制度的适用范围扩大至省属处级或相当于处级以上、市属科级或相当于科级以上、县属股级或相当于股级以上国有企业中的领导干部。1998年、1999年，全省分别有12304名和19560名县处级以上领导干部按规定报告了个人重大事项。①2010年1月，广东省纪委、省委组织部联合下发《关于加强对配偶子女均已出国（境）定居的领导干部监督管理的通知》，要求对文件涉及的领导干部，在工作岗位和职务安排上，特别是党政主要领导岗位和重要敏感岗位要从严掌握；从关心爱护干部的角度出发，对这些领导干部实行定期谈话制度。每年由上级纪检监察机关或组织部门负责人与他们分别谈话，及时掌握他们的思想动态、工作生活情况以及其配偶子女在国（境）外的有关情况，加强监督和管理。

近年来，在全面清理的基础上，广东省坚持纠建并举，巩固清理成果，逐步建立多部门的联合审批和备案报告制度，如领导干部配偶子女出国（境）定居报告制度、领导干部出国（境）审批制度、党政"一把手"配备小汽车审核备案制度、领导干部举办婚丧喜庆事宜报告制度、领导干部出国（境）证件集中管理制度等等，有效加强对领导干部个人有关事项的监督，推动了源头治腐工作。②实践表明，广东省执行党内领导干部重大事项报告制度，为加

---

① 广东省依法治省工作领导小组办公室编：《广东法治建设30年》，广东人民出版社2008年版，第128页。

② 黄辉、凌曲刚、郑成桑、王景喜：《广东：监督制度建设聚焦"一把手"》，载《中国纪检监察报》2010年9月7日。

强对领导干部的有效监督发挥了重要作用。2015年8月初,广东省纪委、省委组织部、省人社厅联合下发《关于加强党员领导干部"八小时以外"活动监督管理的意见》,明确提出加强监督党员领导干部的社交圈、生活圈、休闲圈。2016年5月,广东省党风廉政建设领导小组发出通知,公布监督党员领导干部"八小时以外"活动12项重点清单。这是广东率先开展落实全面从严治党要求、加强党内监督、增强监督针对性的又一新举措。清单明确规定了党员领导干部利用职务影响从事古玩字画、珠宝玉石、名贵花木及其他艺术品、奢侈品收藏和交易等12种行为,将被重点监督。

三、建立诫勉谈话和述职述廉制度

建立诫勉谈话和述职述廉制度,是加强对党员领导干部管理和监督的重要举措。2006年2月,中央纪委、中央组织部颁布《关于对党员领导干部进行诫勉谈话和函询的暂行办法》《关于党员领导干部述职述廉的暂行规定》。为贯彻落实这两项规定,2006年5月,广东省纪委、省委组织部联合下发《关于对党员领导干部进行诫勉谈话和函询的实施细则》《关于党员领导干部述职述廉的实施办法》,规定凡提升任职的都要进行廉政谈话,善意批评、当面交心,述职述廉分别在届中和换届前一年结合领导班子民主生活会进行。上述《暂行办法》和《暂行规定》实施以来,各级党委、纪委负责同志带头拿起批评和自我批评的武器,有针对性地开好民主生活会和进行廉政、诫勉谈话。各级纪检监察机关每年年初根据信访和案件线索以及在监督中发现的苗头性问题,统一做出谈话安排,及时对相关领导干部进行谈话诫勉,督促领导干部改进存在的问题。

为实现监督工作的日常化、系统化,2007年广东省下发了《关于对省管党政领导班子和领导干部实行"一年一巡视、一年一评议、一年一谈话"制度试行办法》,即每年对各地级以上市和省直各单位巡视一次,对各地各单位领导班子及领导干部评议一次,根据巡视和评议的情况,由上级党政领导与下级党政领导进行谈话。"一年一巡视、一年一评议、一年一谈话"工作在省委统一领导下,由省纪委、省委组织部负责组织实施。巡视、评议、谈话结果,送省纪委、省委组织部备案,作为领导班子调整和领导干部选拔任用、培养教育、奖励惩戒的重要参考依据。2016年4月,广东省纪委印发《关于按新要求和有关解答进一步做好谈话提醒工作的通知》,推进谈话提醒常态化机制建设。

四、推行党代表任期制和党务公开

2000年4月,深圳市宝安区松岗镇在全国率先试行党代会常任制。3年后，宝安区成为全省第一个党代会常任制试点，建立了7项配套制度。2009年12月15日，深圳市宝安区委提出，用一年时间实现"党代表工作室"在全区的有效覆盖。①

党的十六大提出"扩大在市、县进行党的代表大会常任制的试点。积极探索党的代表大会闭会期间发挥代表作用的途径和形式"的要求，2003年3月，广东省委组织部下发《关于开展党的代表大会常任制试点工作的通知》，决定在广东省惠州市、深圳市宝安区、阳江市阳东县开展党代会常任制试点工作。2007年召开的党的十七大，正式把党代会代表任期制写入党章。2008年9月1日，广东省委组织部下发《中国共产党广东省各级代表大会代表任期制实施办法》。该《实施办法》规定，党代表大会代表每届任期与同级党代表大会当届届期相同。党代表大会召开期间，实行代表提案制度，党代表大会代表可以联名向大会提出属于同级党代表大会职权范围内的提案。党代表大会闭会期间，党代表大会代表可以由个人或者以联名的方式，采用书面形式向同级党的委员会提出属于同级党代表大会和党的委员会职权范围内的提议；可以通过参加座谈、列席会议等方式，对本地区经济社会发展、党的建设等重大决策和党内重要文件的制定，提出意见和建议。党代表大会代表可以就同级党代表大会和同级党的委员会的决议、决定在执行过程中存在的问题，以及党员和群众关注、反映强烈的问题，向同级党代表大会和党的委员会提出质询。

2010年8月，广东省委印发了《关于实施省党代表提议、提案、询问、质询四项制度的办法》。省党代表在开会、休会期间的权利，具有了贯彻落实的依据。四大办法同时亦要求各地参照执行。党代表是党组织伸入群众中的触角，党代表发挥的最基本的作用就是社情民意的接待员、服务员。广东在全国率先实行党代表任期制，就是要党代表在党代会之外发挥联系基层党员群众的作用。

发展党内民主是强化对权力监督制约的关键。推进党务公开是发展党内民主的必然要求。没有党务公开，就没有党员的知情权；没有党员知情权，也就谈不上党员权利的行使。从2005年5月开始，广东省在省直单位、省属高校、国有企业和市县镇机关共10个单位开展党务公开试点工作，探索党务公开的内容、程序、方式。2006年9月，省纪委、省委办公厅、省委组织部联合下发了《关于推进党务公开的意见》，要求全省各级党组织在2006年底全面实行党务公开。该意见明确了党务公开分法定公开、主动公开和依申请公开三种类型，突出七个方面的主要内容，其中公开的重点是党委重大决策、决定、决

---

① 胡谋：《深圳宝安区探索中共党代表常任制强化责任》，载《人民日报》2009年12月21日。

议,领导班子自身建设,干部人事制度改革,领导干部廉洁自律情况等。在实践中,广东各地各单位结合实际,因地制宜,进一步探索党务公开的形式和内容。大多数地市把党务公开分为市、县(市、区)党委党务公开,市、县(市、区)直部门党委(党组)党务公开,乡镇党委、街道党工委党务公开以及其他党组织党务公开四种类型安排公开内容。①为切实推进党的基层组织实行党务公开,2011年1月,广东省委印发了《广东省党的基层组织实行党务公开的实施办法》,同年6月,中共广东省委党务公开工作领导小组印发了《广东省党的基层组织党务公开指导性目录》。

五、强化对党政领导"一把手"的监督

党政"一把手"在领导班子中处于核心地位,对部门的工作起着关键作用。如果对"一把手"的权力运用过程缺乏必要的监督,势必会导致权力失衡、决策失误和行为失控。因此,党内监督要抓住关键少数,加强对"一把手"的监督力度。近年来,广东党内监督体系建设的一个要害和关键就是监督党政领导班子"一把手"。

据统计,2003年至2009年,全省共有151名地厅级"一把手"被查处,占被查处地厅级干部的79.9%;共有1284名县处级"一把手"被查处,占被查处县处级干部人数的69.43%。党的十八大以来,截至2016年10月,四年时间里,广东省纪检监察机关共立案48380件,查处地厅级干部445人、处级干部2781人;查处的省管干部覆盖了全省21个地级以上市,地级以上市查处的市管干部基本覆盖了所辖县(市、区)。2016年8月24日,广东省委举办的党纪政纪法纪教育培训班正式开班,各市、县(市、区)和省直单位及中央驻粤单位一把手参加,这是广东省连续第15年举办此类培训班。全省将"一把手"作为"关键少数"中的关键,连续15年每年集中两至三天时间,以省委名义举办教育培训班,省委、省政府、省纪委主要领导同志作开班动员和辅导报告,各市、县(市、区)和省直单位及中央驻粤单位"一把手"参加,通过重温入党誓词、开展党规党纪知识考试、观看典型案例警示片等形式,使"一把手"明底线、知敬畏。②省委和省纪委要求各级领导干部特别是"一把手"以上率下,在党风廉政教育工作中发挥关键作用,履行管党治党第一责任人职责。全省21个地级以上市和大多数县(市、区)均参照省里的做

---

① 广东省依法治省工作领导小组办公室编:《广东法治建设30年》,广东人民出版社2008年版,第130-131页。
② 黄辉、凌曲刚、郑成桑、王景喜:《广东:监督制度建设聚焦"一把手"》,载《中国纪检监察报》2010年9月7日。

法,每年定期举办教育培训班。省委针对省管领导干部提拔、交流等重要节点,连续3年对新提任省管厅级领导干部开展集体廉政谈话,由省纪委、省委组织部主要领导作辅导报告。此外,在节假日前后,全省纪检监察机关还有针对性地通报典型案例、发送廉政短信,使党员干部时刻绷紧纪律这根弦。广东省还完善了地级以上市和省直部门"一把手"向省委书面述廉和各级党组织"一把手"向上级纪委全会述责述廉述德制度。①

2009年11月,深圳市委、市政府出台了《关于加强对党政正职监督的暂行规定》,明确各部门不得将四类具体个案提交市(区)政府常务会或市长(区长、主任)办公会讨论决定,由各职能部门依据相关法律法规自行办理。这四类个案包括:政府建设工程直接发包和标段划分的个案,涉及土地管理中的变更用地性质及功能、调整容积率、土地置换、征地补偿、补交地价的个案等四类。深圳的"不上会"制度在限制"一把手"权力、避免借集体研究之名规避责任、减少腐败机会方面进行了尝试。减少领导班子研究这些涉及工程项目和资金的个案,形式上是对市(区)党政"一把手"减权,实则出于保护干部少犯错误的目的,以减少领导干部插手工程项目出现的廉政风险。②

2017年3月,广州市出台了《关于进一步加强对"一把手"监督的十项措施》(以下简称《十项措施》)。该制度以十个方面的措施进一步规范和约束"一把手"权力运行,规范对象包括各区党委、人大、政府、政协、纪委以及市直各单位、市人民团体、市属企事业单位的主要领导。"一把手"具体能做什么、不能做什么?针对这个问题,《十项措施》要求制定、公开"一把手"权力清单;涉及"三重一大"决策必须集体研究,"一把手"不能以现场办公会、招商引资会、文件圈阅等形式决定;班子会议集体研究工作,班子成员应明确表达意见,"一把手"应末位表态;对班子成员和"一把手"的意见,应当形成会议纪要。为切实管好"一把手"的选人用人权,建立权责对等的责任机制,《十项措施》规定落实干部选拔任用工作纪实制度,探索动议环节实名推荐干部,"各单位在向上级党组织推荐报送拟提拔或进一步使用的人选时,党委(党组)书记应对人选廉洁自律情况的结论性意见签字背书"。违规干预、插手干部选拔任用、工程建设、执纪执法、司法等活动谋取非法利益,是"一把手"违纪违法的主要方面。对此,《十项措施》要求,发现领导干部特别是"一把手"利用职权职务上的便利或影响,违规干预、插手干部选拔

---

① 《加大纪律教育力度 督促养成纪律自觉为全面从严治党营造良好氛围——党的十八大以来广东省纪检监察机关加强纪律教育工作综述》,见广东省纪委官网(http://www.gdjct.gd.gov.cn/ttxw/41428.jhtml),访问日期:2018年4月16日。
② 任琦:《管住"一把手"的权力》,载《深圳特区报》2013年4月27日。

任用、工程建设、执纪执法等问题，应当记录并及时向上级党组织和市纪委报告；应记录、报告而不记录、不报告，造成严重后果的，对相关责任人依纪依规严肃处理。此外，《十项措施》还规定，应抽查核实"一把手"个人有关事项报告情况，完善主体责任约谈"一把手"机制，提高民主生活会质量，实行"一把手"问题直报制度等。据统计，党的十八大以来，广州市共立案查处市管"一把手"违纪案件38件38人。①

六、建立健全巡视制度

1997年1月，中央纪委八次全会要求有条件的省、自治区、直辖市一级纪委实行巡视制度后，随后召开的广东省纪委八次全会做出了"试行向部分市派出巡视员"的决定。同年3月，广东省纪委办公厅印发《中共广东省纪委关于建立巡视制度的试行办法》，就广东省巡视干部的选派，巡视组的任务、职权、纪律、管理等提出了明确要求。2002年，广东省委制定了《中共广东省纪委巡视工作暂行办法》。2004年3月正式成立了省委巡视工作机构，共组建5个巡视组。2005年7月正式颁发《巡视工作暂行规定》，就巡视工作任务、巡视机构职责、巡视工作的程序方式、成果运用以及人员条件等做出系统、明确的规定。《巡视工作暂行规定》的颁发，标志着广东省巡视工作进入了"有法可依"的新阶段，广东省也成为全国最早出台巡视工作基本制度的省份之一。《巡视工作暂行规定》实施以后，广东省又结合实际，先后制定了一系列相关的配套工作制度以及机关内部管理规章，包括《巡视工作成果运用督查工作暂行办法》《巡视工作人员保密守则》《巡视机构学习培训制度》等10多项制度，不断推进巡视工作的规范化、制度化。

党的十八大以来，广东省巡视实现了两个"前所未有"——巡视的力度、深度和广度前所未有，巡视的震慑力、推动力、影响力前所未有。根据党内监督条例，广东省委在一届任期内要对所管理的地方、部门、企事业单位党组织进行全面巡视，已巡视和正在巡视的单位达到96%，已实现地级以上市全覆盖。2014年至2016年三年间，省委巡视组形成重要问题线索报告351份，根据巡视移交的线索，省纪委立案查处了141名省管干部（占省纪委查处省管干部总数的近四成），省委组织部对30多名省管干部进行了组织调整。2016年以来，省纪委查处的省管干部中有30名来源于或部分来源于巡视移交的线索。②

---

① 罗艾桦、贺林平：《十项措施强化监督"一把手"》，载《人民日报》2017年3月22日，第11版。
② 石静莹：《广东反腐压倒性态势已形成》，载《南方》2017年2月23日。

广东省坚持贯彻落实中央做法和总结全省经验相结合，对全省巡视工作22项具体制度进行修改、完善，编印《广东省委巡视工作规章制度汇编》，初步构建起具有广东特色的巡视工作制度体系。在信息沟通方面，建立巡视组组长与省纪委纪检监察室主任直接沟通机制；收集情况方面，巡视进驻前督促被巡视党组织根据"检查项目清单"报送情况，找准工作薄弱环节；发现问题方面，巡视监督与选人用人专项检查互相借力、互为补充、互用成果；走访调研方面，选择问题较多、情况复杂、工作落后的地方和单位，开展解剖式调研；个别谈话方面，增加退休干部、重要岗位干部和基层群众的比例，扩大听取意见渠道等。在开展巡视工作的同时，广东省积极探索系统巡察和市县巡察工作。目前，全省有14个地级以上市、49个县（市、区）探索开展巡察工作，形成巡视巡察工作"一盘棋"的新格局。①

七、建立健全党的问责制度

党的问责制度是为了推进全面从严治党、解决没有人负责的问题而制定的，其面向各级党组织和各级领导干部，对执行党的路线方针政策不力、管党治党主体责任缺失、监督责任缺位、给党的事业造成严重损害、"四风"和腐败问题多发频发、选人用人失察、任用干部连续出现问题、巡视整改不落实等问题进行追责，以问责倒逼责任落实，推动管党治党从宽松软走向严紧硬。2016年7月17日，中共中央印发了《中国共产党问责条例》。

为贯彻落实《中国共产党问责条例》，2016年12月，广东省委印发了《广东省党的问责工作实施办法》（以下简称《办法》）。《办法》的颁布，为广东进一步规范和强化党的问责工作，深入推进全面从严治党提供有力保障。《办法》围绕落实《中国共产党问责条例》，分为总则、问责情形、问责方式和程序、附则四部分，新增或细化了部分内容。《办法》将"两个尊重、三个区分"原则以党内法规的形式确立下来。要求各级党组织要在问责工作中落实这一原则，调动广大党员干部干事创业的积极性。"两个尊重、三个区分"，即尊重广东历史、尊重广东省情，把因缺乏经验、先行先试出现的失误与明知故犯而违纪违法的行为区分开来，把国家尚无明确规定时的探索性试验与国家明令禁止后有法不依的行为区分开来，把为加快发展的无意过失与为谋取私利故意违纪违法的行为区分开来。

《办法》结合广东实际对《中国共产党问责条例》规定的问责情形逐条进

---

① 罗有远：《广东巡视利剑发威 近四成被查省管干部线索来源于巡视》，载《中国纪检监察报》2016年12月14日。

行细化。对党的领导弱化条款,从执行路线方针政策、推进五大建设以及处置重大问题三个方面进行细化;对党的建设条款,从党的思想建设、组织建设、作风建设、制度建设、反腐倡廉建设等方面进行细化;对全面从严治党不力条款,从履行主体责任、监督责任、领导责任三个方面进行细化;对维护党的纪律条款,从六大纪律进行细化,重点突出政治纪律和政治规矩;对推进党风廉政建设和反腐败工作条款,从组织机构、明确责任、履行责任三个方面进行细化。《办法》突出广东实践成果,参照广东开展责任追究的经验,明确问责的启动、核查、决定以及成果运用等一般性程序,并进一步明确问责中不同机关和部门的权限及分工;增设了简易程序条款,规定对党的领导干部问责,事实清楚、情节较轻,适用通报、诫勉的,可以不进行调查,直接做出问责决定;增设了听取被问责人意见、申诉救济等程序,保障被问责人权益;参照实行党政领导干部问责和落实党风廉政建设责任制的有关规定,按照"两个尊重、三个区分"原则,新增了从重、加重情形和从轻、减轻情形以及免责情形;创设问责决定书的问责方式,以规范问责工作,方便归档和统计。广东历届省委高度重视党的问责工作。①

自1998年实行党风廉政建设责任制以来,广东以责任清单推动明责,以责任追究推动履责,党的问责工作不断向纵深发展。通过明察暗访方式,2014年以来,全省共追究领导干部责任1929人,给予纪律处分993人。

第三节 人大监督

习近平总书记在庆祝全国人民代表大会成立60周年大会上的讲话中指出,人民代表大会制度的重要原则和制度设计的基本要求,就是任何国家机关及其工作人员的权力都要受到制约和监督。人大监督是国家根本政治制度意义上的监督,是宪法赋予人大及其常委会的一项重要监督职权。改革开放40年来,广东历届省人大常委会始终坚持党的领导、人民当家作主和依法治国有机统一,把握人大工作的正确方向,始终坚持围绕经济建设为中心和党的工作大局,依法行使监督职权,始终坚持紧紧依靠代表开展工作,密切联系群众,为推进我省改革开放事业和经济社会发展做出了积极贡献,赢得了人民群众的信赖和拥护。

---

① 罗有远:《对问责情形逐条进行细化》,载《中国纪检监察报》2017年2月6日。

一、探索灵活多样的监督形式

自 20 世纪 80 年代起,广东人大就开始在现行宪法和相关法律作出明确规定的前提下,积极探索一些行之有效的监督方式。根据监督对象、监督内容、监督目的的不同而灵活选择多样的监督形式,产生了良好的监督效果。

听取和审议"一府两院"的工作报告或专题汇报,是广东人大开展工作监督的基本和主要形式。近年来,广东省人大常委会将听取和审议省政府的专项工作报告和建议作为监督重点。省人大常委会多次听取和审议省政府的专项工作报告,推动省政府将政府还贷的二级公路收费站全部撤销,比国务院所规定的时限提前 3 年;督促政府继续加大环境污染防治力度,防止在实施"双转移"过程中将污染源转移到粤东西北地区;围绕保障性住房建设工作,两度听取和审议了省政府的专项工作报告;为了监督社会保险专项基金的管理和使用,每年都听取和审议省政府关于社会保险基金的年度决算和预算执行的专项工作报告。为使对工作报告的审议更富实效,从 2011 年开始,广州市人大常委会选取了部分专项工作报告实施工作评议和满意度测评,将测评结果作为评价被测评单位工作的重要参考。

在司法监督方面,广东省人大常委会除了每年听取省法院和省检察院的年度工作报告之外,还先后安排听取和审议了省检察院关于加强和改进反渎职侵权工作情况的报告,听取和审议关于完善审判工作内部监督机制情况的专项工作报告等。

在执法检查方面,近年来,广东省人大常委会曾连续三年重点检查《广东省饮用水源水质保护条例》的实施情况,确保饮水安全;连续四年加强检查监督,督促省政府和有关市加强协调,保障了粤港 4000 多万人的饮水安全。2010 年,开展了《食品安全法》实施情况的执法检查,督促政府加强和完善食品安全监管,产生了积极效果。2012 年,广东各级人大还成立了执法检查组,就《禁毒法》《妇女权益保障法》《残疾人保障法》《档案法》《水法》等法律的贯彻执行情况进行了实地检查。

询问与质询是人大监督的重要形式。自 2010 年 3 月起,在全国人大常委会示范带动下,广东人大迅速行动,围绕涉及民生和社会关注的热点问题,大胆尝试专题询问的监督形式,取得了较好的监督效果。广东省人大常委会首次开展专题询问是 2010 年广东省人大常委会在对广东省贯彻实施《食品安全法》的情况进行执法检查的过程中,就食品安全风险监测、农产品源头监管、信用档案建设、小作坊监管等 6 个方面的问题,对省政府及相关部门进行询问。2012 年,广东省人大常委会还围绕省政府《关于保障性住房建设工作落实情况的报告》的有关问题，开展了专题询问。专题询问还是向政府部门施加压力，促使其改进工作的有力手段。例如针对有些部门的部门预算存在执行率低、专项预算没有支出等比较突出的问题，广州市人大常委会在听取和审议市政府《关于广州市本级 2010 年决算（草案）的报告》时，选择了一个或两个项目预算执行率低的单位作为专题询问对象，明确有关部门的责任，提出整改措施，并对广州市制定的某些影响资金使用和工作开展的政策的改变和调整提出意见和建议，促进了预算效能的发挥。

专题调研和视察是广东人大运用频率较高的一种监督形式。自 2010 年开始，广东省人大常委会开展了推动区域协调发展的调研，并连续两年对扶贫开发工作开展了专题调研监督和代表专题视察活动。2012 年，广东省各级人大常委会组织了针对社会保险、高校评卷、"三打"行动、食品安全监管等不同工作领域的多次专题调研和视察活动。

在对"两院"的监督方面，广东省各级人大常委会围绕提高司法工作的公信力以及群众和人大代表对"两院"工作的满意度，组织对法院、检察院工作的专题调研，督促"两院"公正司法，提高司法水平。例如，2011 年广东省人大常委会就加强和改进反渎职侵权的工作情况，听取了省检察院的报告；赴六个地级以上市开展调研，除了听取情况汇报，还实地察看基层检察机关的反渎职侵权工作，进一步推动了反渎职侵权工作的开展。①

二、财政预算监督的"广东经验"

财政是国家治理的基础和重要支柱，预算是管理财政的关键环节。财政预算是经法定程序审批的、政府在一个财政年度内的基本财政收支计划，规范和安排着财政活动，直接体现着政府的政策意向，直接关系到社会经济运作的好坏。因而，科学、规范地管理财政预算尤为重要，对促进经济社会发展和保障改善民生都发挥着十分重要的作用。审查监督政府预算，是宪法和法律赋予人大的重要职权，是人大行使国家权力的重要体现。

在广东省委的领导和支持下，广东省人大常委会和省政府共同努力，实现了省人大财经委员会与省政府财政厅国库集中支付系统联网，开展了人大对政府财政预算支付情况的实时查询监督。在 2000 年初召开的省九届人大三次会议上，洪志铭等 11 名省人大代表提出《关于加强我省地方预算审批监督工作的议案》，要求尽早制定关于审查批准政府预算的法规，确立和完善预算审查

---

① 参见中国社会科学院法学研究所法治国情调研组《广东人大监督的实践与创新》，载李林等编著《中国法治发展报告 No. 11（2013）》，社会科学文献出版社 2013 年版，第 365－380 页。

监督程序和相关制度。会议关于广东省1999年预算执行情况和2000年预算的决议,要求改进政府预算的编制工作,严格依照预算法的规定编制部门预算和单位预算;政府提请人大审查批准的预算草案科目要列到"款",重要的列到"项"。根据决议要求及各方面的意见,同年7月,条例草案(修改稿)在省九届人大常委会第十九次会议上审议获原则同意,提请2001年2月召开的省九届人大四次会议审议通过。① 从2001年出台预算审批监督条例、2002年省人大财经委设立预算监督室,到2007年预算草案封面去掉"秘密"二字、2011年成立预算工作委员会,再到预算联网监督工作在全省推行,广东人大开启并引领人大预决算监督工作新气象。经过多年的探索实践,广东人大对政府财政预算的监督已由事后监督升级为实时在线全程监督,预算联网监督实效不断加强,"利剑"作用充分发挥。

近年来,全国各地各有关部门不断深化财政管理体制改革,特别是新预算法实施以后,预算管理范围不断拓展,公开范围不断扩大,监督力度不断增强,预算管理体制改革取得明显成效。但是也要看到,随着部门预算改革的逐步深入,部门预算制度执行中还存在着一些问题,如预算编制科学性、准确性不够高,预算约束力不够强,项目资金拨付进度有待加快,部门预算公开度和细化度有待提高,以及专项资金使用的绩效管理尚需进一步加强等。针对这些存在的问题,广东省人大先行先试,大胆探索,开拓创新,创造了不少可供参考借鉴的"广东经验"。

其一,探索实行预算联网监督,晒出"明白账"。从2004年开始,广东在全国首开先河,探索实行预算联网监督,一根网线联通了省人大与省财政厅,把政府的每一笔开销都放在人大眼皮底下,加强财政支出的审批监督、使用监督和事后监督。近年来,监督"利器"发挥的作用越来越大,通过对政府预算实行联网实时在线监督,让财政的每一笔钱都花得清清楚楚,给老百姓一本明白账。广东在全省探索推广的"预算联网监督",成为广东人大预算监督工作一大亮点,经验备受关注。②

其二,探索实行集中监管改革,看好"钱袋子"。随着广东经济飞速发展,财政收支规模越来越大,预算越来越受关注。从2005年开始,广东财政系统首创性地开展财务核算信息集中监管改革,实时集中各单位财务核算信息,打造"玻璃钱柜"。在此基础上,预算联网监督系统不仅接入省人大,还分别于2008年、2013年与审计和纪检监察部门联网,预算监督工作从程序走

---

① 王更辉、张兴劲等:《敢于监督善于监督的实践者》,载《南方日报》2014年11月27日。
② 刘红霞、辛均庆:《预算联网:守护"国家账本"》,载《人民政坛》2018年1月5日。

向实质,预算编制实现了由"类"到"款"的重大突破,人大监督的触角,伸向几乎所有需要花钱的领域和部门。

其三,探索实行数据分析预警,确保使用安全。从 2015 年开始,进一步将省级财政专项资金申报、评审、分配、拨付、使用、监督评价等全流程信息共享到预算联网监督系统,建立数据库,通过设计科学的计算模型运算,设置预警指标,对预算支出执行、转移支付资金拨付、重大专项资金拨付、部门"三公"经费支出等方面存在或者可能存在的问题进行预警或者提示,对查询中发现重大的问题,按照联网监督工作的有关规定,组织开展专项调查,督促相关部门进行整改,确保资金使用安全。[1]

三、环境保护监督的"广东亮点"

党的十八大以来,广东紧紧围绕建设美丽中国,深化生态文明体制改革,加快建立生态文明制度,特别是在水污染治理方面取得了显著的成效。在这个过程中,人大的监督可谓"功不可没"。近年来,广东省人大重点关注全省跨界河流污染问题,出台一系列具有法律效力的决议,多次组织人大代表实地视察,引入第三方评估机制。

近年来,水污染治理一直是社会舆论高度关注的焦点话题,跨界河流污染整治也成为广东省人大近年来贯穿始终的监督重点。2012 年 11 月,省十一届人大常委会第三十八次会议做出了《广东省人大常委会关于加强淡水河石马河流域污染整治的决议》,要求"继续推进两河污染整治,确保信心责任不懈、整治措施不退、工作力度不减"。2013 年 1 月 31 日,省十二届人大常委会正式履职,攥住"两河"整治的"接力棒",开启新的五年督办。两个工作日后,省人大常委会在东莞市召开深化淡水河、石马河流域污染整治工作座谈会,时任省人大常委会主任黄龙云代表省人大常委会就贯彻落实《广东省人大常委会关于加强淡水河石马河流域污染整治的决议》、深化"两河"污染整治提出了新要求。[2] 2013 年 2 月 6 日,省十二届人大常委会召开深化淡水河石马河污染整治工作座谈会,并决定首次引入第三方评估机制,对"两河"污染整治工作效果进行评估,以评促治,深化"两河"污染整治工作。2014 年,省人大常委会将监督重点从"两河"延伸到"四河",出台《关于加强广佛跨界河流、深莞茅洲河、汕揭练江、湛茂小东江污染整治的决议》。在省十二届人大常委会整个任期内,"两河""四河"污染整治一直是常委会监督工作的

---

[1] 刘红霞、辛均庆:《预算联网:守护"国家账本"》,载《人民政坛》2018 年 1 月 5 日。
[2] 王更辉、张兴劲等:《敢于监督善于监督的实践者》,载《南方日报》2014 年 11 月 27 日。

重点，开展了连续监督，强化监督效果，组织开展对"四河"污染现状及整治工作情况第三方评估，并提前介入预算编制监督，促成省财政部门专门设立练江和小东江流域污染综合整治专项资金。2015 年，对"四河"水环境综合整治成效开展第三方评估，听取和审议关于加强"四河"污染整治决议执行情况的报告；2016 年，开展跨市域河流污染整治河长制实施情况专题调研，推动建立健全跨市域河流污染防治的长效机制。高度重视农村垃圾管理工作的监督，2013 年，听取和审议关于加强农村垃圾管理情况的专项工作报告并开展专题询问，制定督办农村垃圾管理工作五年计划；2014 年，围绕广东省农村垃圾管理工作情况开展专题调研并引入第三方评估机制；2015 年，在第三方评估基础上，听取和审议推进农村垃圾管理工作情况的报告，开展专题询问；2016 年，继续开展第三方评估，听取和审议农村垃圾管理工作情况的报告并开展专题询问。经过连续多年的跟踪监督，推动广东省农村垃圾管理工作取得切实进展，监督工作取得明显成效。此外，在专题调研的基础上，还开展省、市、县（市、区）三级人大联动监督。2017 年省人大常委会主任李玉妹亲率人大代表视察广佛跨界河流污染整治工作，将白海面涌、水口水道（丰岗涌）作为省、市、区、镇（街）四级人大联动监督的重点，通过问题导向、解剖麻雀、以点带面的方式，进一步了解污水治理中的问题、难点，提高人大监督工作实效性，推动广佛跨界河流污染整治工作。①

经过多年不懈的努力，"两河""四河"水环境治理质量持续改善、稳中向好。全省列入整治计划的黑臭水体共 243 个，已有 191 个黑臭水体完成整治工作，广州市 35 个、深圳市 45 个、佛山市 6 个黑臭水体已全部达到"初见成效、不黑不臭"要求。"四河"流域广佛跨界河流流溪河、西南涌、佛山水道水质综合污染指数分别下降 36.9%、17.4%、26.7%，练江干流和小东江石碧断面水质综合污染指数分别下降 25.7% 和 6.2%，水质好转，小东江石碧断面水质达 V 类。"两河"流域龙岗河、坪山河主要断面水质综合污染指数分别下降 12.4%、1.9%。针对部分河流仍未达到考核要求、水质出现反复等现象，推动水污染治理是省人大的工作重点，治水监督也将更为精准化、精细化。此外，管网建设和污水处理厂提标升级工作也成为近年省人大治水监督的重点。引入第三方对人大督办的政府专项工作推进情况及成效进行评估，这在广东省人大监督工作中是首创，是新时期创新人大监督工作的一次成功探索，也是一项扩大公民、社会有序参与监督的具体举措。

---

① 杨洋、魏丽娜：《省十三届人大常委会第一次会议召开在即 回望省十二届人大常委会 5 年成绩亮眼》，载《广州日报》2018 年 1 月 24 日。

四、促进"一府两院"依法行政、严格执法、公正司法

40年来,省人大常委会把监督工作放在与立法工作同等重要的地位,积极探索,努力实践,不断加强和改进监督工作,综合运用执法检查、组织代表视察、听取和审议"一府两院"专项工作报告、督办代表议案、开展评议等监督形式,紧紧围绕关系改革发展稳定大局的问题开展监督,加强计划预算监督,紧紧围绕关系人民群众切身利益的问题开展监督,紧紧围绕维护社会公平正义,加强对司法和执法活动的监督,切实解决法律、法规实施中存在的突出问题和社会热点难点问题,确保宪法和法律得到正确实施,确保行政权和司法权得到正确行使,确保公民、法人和其他组织的合法权益得到尊重和维护。尤其近年来,广东省人大常委会在监督"一府两院"依法行政、严格执法、公正司法方面取得了更大的成绩。2010年,广东省人大常委会开展了关于省检察机关对诉讼活动的法律监督工作情况的专题调研,督促检察机关明确诉讼监督的责任,提升诉讼监督能力,切实履行好监督职责,促进司法公正。为进一步推进检察机关对诉讼活动的法律监督工作,做出关于加强人民检察院对诉讼活动的法律监督工作的决定。认真开展规范性文件备案审查工作,重点督促和指导行政法规和地方性法规的清理工作,在决策环节加强对权力的制约和监督,维护人民群众合法权益和国家法制统一。

2014年,广东省人大常委会检查了《广东省宗教事务条例》实施情况。按照省委部署,开展惠州市推行村(居)"法制副主任"工作经验专题调研,形成调研报告和建议。改进人大机关信访工作,推进网络信访系统建设,全年共受理人民群众来信来访9869件次。2016年,广东省人大常委会检查了全省《行政诉讼法》实施情况,推进行政机关负责人出庭应诉工作。听取和审议"六五"普法决议执行情况的报告,并做出关于开展"七五"普法的决议。检查《广东省华侨权益保护条例》实施情况,受全国人大常委会委托,开展《环境保护法》执法检查、《水污染防治法》实施情况专题调研,确保法律法规得到有效实施。开展"两院"完善司法责任制改革情况专题调研,听取和审议改革完善公安机关受案立案制度情况、省法院关于环境资源审判工作情况、省检察院关于检察机关提起公益诉讼试点工作情况的报告。

五、高度重视底线民生保障工作的监督

针对底线民生保障和社会保险工作的监督,也是改革开放40年来尤其是近年来广东省人大监督工作的一大亮点。底线民生近年来被屡屡提及和重视,但在正式的计划、预算编制中,涉及资金分配等具体概念时,"底线民生"的

体现并没有明确。在人大对预算的审查监督中，很多时候只能在"泛指"中谈及，无法有针对性地监督和提出意见建议。①

2010年，广东省人大常委会听取和审议省政府关于保障性住房建设情况的报告，要求政府完善规划，重点突出廉租住房建设，扩大保障覆盖面，努力解决低收入群体的住房保障问题。听取和审议省政府对常委会关于广东省公安消防工作审议意见的研究处理情况报告，督促政府加快解决消防设施和装备的历史欠账问题，加强和充实消防队伍力量，不断提高消防保障水平。听取和审议省政府关于珠三角河障整治情况的专项报告，进一步推进珠三角地区防洪、水生态环境治理和航运安全的保障工作。跟踪监督省饮用水源水质保护条例的实施，努力确保群众的饮水安全。开展广东省少数民族非物质文化遗产保护工作情况的专题调研，督促出台政策措施，加强对少数民族非物质文化的保护。听取和审议省政府关于发展职业教育情况的专项报告，督促政府切实解决广东省职业教育面临的问题和困难，加快推进广东省实现从职业教育大省向职业教育强省的跨越。2011年，省人大常委会以听取和审议专项工作报告、组织代表视察、重点督办代表建议等多种方式，推进珠三角交通一体化建设，推动省政府全部撤销政府还贷的二级公路收费站，比国务院规定时限提前了3年。

2013年至2015年，广东省人大常委会连续三年开展底线民生保障情况监督，2014年、2015年三次组织省人大代表交叉检查底线民生保障资金落实情况，并听取和审议专项工作报告，推动全省底线民生保障超过全国平均水平，有些项目位居全国前列。如全省城乡居民基础养老金标准提高到每人每月100元，位居全国第12位；全省城镇、农村低保标准分别从2012年的每人每月325元、262元提高到510元、400元，在全国的排名分别由2012年的第29名、第22名均提高到第6名；全省农村五保对象集中供养、分散供养标准分别从2012年的每人每月458元、283元提高到700元、542元，全国排名均上升至第5位；孤儿集中供养、分散供养标准分别从2012年的每人每月1000元、600元提高到1240元、760元，位居全国前列；全省医疗救助年人次平均补助标准从2012年的467元提高到1708元，在全国排名由2012年的第29名提高到第13名；全省残疾人生活津贴、重度残疾人护理补贴从2012年的每人每年100元、600元提高到1200元、1800元，位居全国前列。

---

① 王更辉、张兴劲等：《敢于监督善于监督的实践者》，载《南方日报》2014年11月27日。

第四节 其他国家机关监督

其他国家机关监督主要包括行政监察、正在推进的国家监察体制改革和审计机关监督。

一、从行政监察到国家监察体制改革

（一）行政监察制度的探索与实践

广东省的行政监察制度创立于中华人民共和国成立之初，历经20世纪50年代初步构建、80年代恢复、90年代与纪律检查委员会合署办公三个发展阶段。行政监察制度的演进历程显示，其创立、撤销、恢复与合署办公，均与党的纪律检查制度发展演进密切相关，反映着完善党政监察制度相互关系对于构建不敢腐、不能腐、不想腐的反腐倡廉长效机制的极端重要性。

行政监察作为行政机关内部的一种自律性监督，是行政管理运行机制中不可缺少的组成部分。有学者分析，我国现代的行政监察制度主要存在以下问题：①行政监察机构权威性不足；②行政监察决定执行刚性不足；③监察范围过于宽泛，监察运行缺乏透明度；④行政监察缺乏相应的补救机制。[1]改革开放以来，广东省对行政监察制度进行了大胆的探索与实践，尤其是近十年来，广东省行政监察制度改革一直走在全国前列。广东省纪检监察机关每年受理信访举报量都很大。据统计，2013年全年广东纪检监察机关共受理信访举报62065件（次），2014年前10个月，全省纪检监察机关共受理信访举报53076件（次）。

2007年4月20日，全国第一个省级行政审批电子监察系统——广东省行政审批电子监察系统正式宣告开通运行。该系统的建成开通，实现了对行政审批事项事前的公开，事中的实时监控、预警纠错，事后的责任追究以及对审批全过程的绩效评估，有利于从机制上规范行政审批行为，督促政府机关工作人员依法行政。广东省行政审批电子监察系统，具有实时监控、预警纠错、绩效测评、信息服务、投诉处理五大功能。该系统将行政审批规则、实施步骤环节、审批时限等内置于系统之中，一旦审批事项在法定时限内未能办结或违规办结，系统就会自动预警、发出黄牌或红牌并留下相关记录，监察机关将据此

---

[1] 伍劲松：《我国行政监察制度之缺失与完善》，载《学术论坛》2001年第6期。

进行责任追究。从前段该系统试运行情况看,省直各厅(局)行政审批事项提前办结率明显提高,超期、违规的现象逐渐减少。广东省各级监察机关充分利用行政审批电子监察系统程序规范、监控同步、操作透明的特点,加强对行政审批行为的监督,规范权力运作,增强透明度和社会公信度,发挥电子监察卫士的作用,强化对行政权力的制约和从政行为的规范,坚决铲除滋生腐败的土壤和条件,遏制和防范腐败现象的滋生蔓延。2007年7月13日,《广东省行政审批电子监察管理办法》通过,自2008年1月1日开始实施。广东省纪委监察厅早在2006年10月,就率先创建了行政审批电子监察系统,在此基础上,2008年3月建立了广东省电子纪检监察综合平台。综合平台搭建在省政务外网上,是借助信息网络技术、自动化办公系统和移动信息技术等,结合纪检监察业务研发的综合信息平台。①

2014年5月29日,《广东省行政许可监督管理条例》经省十二届人大常委会第九次会议表决通过,为广东省落实党的十八届三中全会精神、深化行政审批制度改革、加快政府职能转变再添推动力。这既是顺势而为,又是主动出击,为改革探索法制引领保障之路。该条例的出台,与习近平总书记强调的"凡属重大改革都要于法有据。在整个改革过程中,都要高度重视运用法治思维和法治方式,发挥法治的引领和推动作用,加强对相关立法工作的协调,确保在法治轨道上推进改革"的要求相吻合,是以法制手段健全政府权力运行机制的重要举措。②

在行政效能监察方面,近年来广东也走出了一条有效的行政监察之路。一是针对群众反映强烈的工程招投标中的违规操作问题开展效能监察。为促进政府投资的重点工程优质、高效、低耗地进行建设,防止工程建设中腐败问题的发生,各级纪检监察机关要会同主管部门,把工程的效能监察与廉政监察结合起来,把加强对工程招投标的监督作为效能监察的重要内容一并抓好,创建出更多优质、高效、廉洁工程。二是针对非法征用地、违法建设等问题开展效能监察。特别是纠正在征用农村集体土地和土地征用款征用中非法征地、损害农民利益问题。我省从去年起已在全省开展此项执法监察工作,收到了初步效果。今年各地要继续做好这项工作,务求取得农民群众看得见的实效。三是针对其他损害群众切身利益的突出问题开展效能监察。各级纪检监察机关要督促和配合有关部门坚决纠正城镇拆迁中不依法办事、滥用强制手段,损害居民利

---

① 吴冰、赖伟行:《广东省开通行政审批电子监察系统》,载《人民日报》2007年4月2日。
② 陈亭利:《将权力关进制度的笼子——〈广东省行政许可监督管理条例〉解读》,载《人民之声》2014年第7期。

益的问题,规范拆迁管理行为,严肃查处拆迁中不依法办事,滥用强制手段等行为;坚决纠正企业重组改制和破产中违反中央和省的有关政策规定,损害职工合法权益问题;坚决纠正拖欠和克扣农民工工资问题,保护农民工的合法权益。通过针对上述损害群众切身利益的问题开展效能监察,切实维护人民群众合法权益,促进政府机关依法行政,维护改革发展稳定大局。四是围绕深化改革重大措施的出台开展效能监察。各级纪检监察机关要坚持改革创新,深入到政府机关行政管理的重大活动中去,坚持效能监察与改革措施的出台同步进行,把事前监督、事中监督和事后监督结合起来。改革措施尚未出台前,纪检监察机关可采用提前介入的办法提出看法和建议,使出台的改革措施更趋完善;改革措施出台后,通过开展效能监察,确保改革措施的落实。如在政府推进行政审批制度改革过程中,纪检监察机关要积极协助政府加强对这一改革措施的效能监察,解决"多头审批"、程序繁琐、效率低下等问题。①

2012年以来,广东省进一步扩大电子监察的领域和范围,加强对行政权力运行的全程监督,落实以行政首长为重点的行政问责制度,明确问责范围,规范问责程序。全省21个地级以上市全部建立并落实了依法行政定期报告制度。省行政审批电子监察系统实现了对省直48个部门共712项行政审批许可事项办理过程的全程监督,并与各地级以上市、各县(市、区)电子监察系统联网监察。广东是行政复议大省,行政复议案件数约占全国总数的1/10。2004年至2013年,全省行政复议案件总数共计96338宗,年均9634宗,案件总数呈持续上升趋势,收案数和立案数均居全国首位,行政复议在化解行政争议、维护社会和谐稳定中的作用不断提升。截至2013年底,全省共有16个市县(区)开展了行政复议委员会试点工作。②

(二) 国家监察体制改革

党的十八大以来,大量"老虎"被打、"苍蝇"被拍,反腐败斗争取得巨大成效。可以说,反腐败斗争充分发挥了"不敢腐"的震慑作用,但是"不能腐""不想腐"的效应还只是初步显现,滋生腐败的土壤依然存在。如何真正从源头上遏制腐败,用法治思维和法治方式解决腐败,推进国家反腐败立法,已然形成共识。2014年10月,党的十八届四中全会通过的《中共中央关于全面推进依法治国若干重大问题的决定》强调,加快推进反腐败国家立法,

---

① 陈亭利:《将权力关进制度的笼子——〈广东省行政许可监督管理条例〉解读》,载《人民之声》2014年第7期。

② 李强:《广东将涉民生重大事项纳入决策听证审批全程监督》,载《南方日报》2014年10月20日。

完善惩治和预防腐败体系，形成不敢腐、不能腐、不想腐的有效机制，坚决遏制和预防腐败现象。2015年1月15日，中共十二届全国人大常委会党组召开会议，学习贯彻十八届中央纪委第六次全会精神，研究部署进一步推进党风廉政建设和反腐败工作时，特别提出加快推进反腐败国家立法，抓紧做好行政监察法修改工作，为形成全面覆盖国家机关及其公务员的国家监察体系提供法律保障。

党的十九大报告指出，深化国家监察体制改革，将试点工作在全国推开，组建国家、省、市、县监察委员会，同党的纪律检查机关合署办公，实现对所有行使公权力的公职人员监察全覆盖。深化国家监察体制改革是党中央做出的重大决策部署，是事关全局的重大政治体制改革。一年多来的改革试点经验表明，此项改革完善了党和国家自我监督体系，实现了党内监督与国家监察相统一，强化了党对反腐败斗争的统一领导，实现了对公职人员监察全覆盖，构筑起规范内部运行和纪法衔接的制度体系。

广东省委高度重视监察体制改革试点工作，省委带头担负主体责任，省委主要负责同志带头履行"施工队长"的职责。全国推开国家监察体制改革试点工作动员部署电视电话会议召开后，广东省委迅速成立由省委书记李希任组长的省深化监察体制改革试点工作小组及办公室，李希同志在省委二次、三次全会和省委常委会会议、工作小组会议上对改革试点工作进行深入动员部署。工作小组按照中央确定的改革蓝图和时间表、路线图，周密制定广东省的实施方案。在省委和改革试点工作小组的领导下，省纪委认真履行专责职责，协助省委抓好改革试点工作的组织实施和任务落实。省各有关单位相互支持、相互配合，齐心协力推进改革试点工作。省纪委还加强对市县改革试点工作"一竿子插到底"的指导，专门制定工作方案，对全省21个地级以上市和126个县（市、区）进行"全覆盖"督导、"面对面"指导。

2017年12月29日，广东首个监察委员会在广州市海珠区挂牌，此后10天的时间里，广州所有市辖区全部挂牌成立监察委员会。与此同时，韶关市、县两级监委全部挂牌，清远市、县两级监委全部挂牌，全省各地有力有序推进改革。从省深化监察体制改革试点工作小组第一次会议召开到省、市、县三级监察委员会全面组建，广东仅用了72天。根据改革试点工作方案，监察体制改革整合行政监察、预防腐败和检察机关查处贪污贿赂、失职渎职以及预防职务犯罪等工作机构和工作力量，成立监察委员会，与纪委合署办公，实行一套工作机构、两个机关名称，履行纪检、监察两项职责，将大力增强惩治腐败工作合力。

按照"机构、编制、职数'三个不增加'"原则，改革后省纪委省监委设立 24 个内设机构，包括综合部门 10 个、执纪监督部门 7 个、审查调查部门 6 个，以及 1 个专司追逃追赃部门。改革后，直接从事执纪监督和审查调查的人员占比增加了 10%，达 76%，形成执纪监督、审查调查、案管审理的相互配合、相互制约机制。2017 年，广东省纪检监察机关立案 2.11 万件，同比增长 21.7%；结案 2.07 万件，同比增长 21.4%；处分 2.02 万人，同比增长 23.2%，全省追回外逃人员 170 人。在推进监察体制改革试点工作过程中，全省纪检监察机关做到了思想不乱、队伍不散、工作不断，"打虎""拍蝇""猎狐"节奏不变，力度不减。

2018 年 2 月 1 日上午，广东省委书记李希出席省监察委员会成立大会，对省纪委省监委机关干部提出要求，寄予殷切希望。此前一天，省十三届人大一次会议选出省委常委、省纪委书记施克辉为广东省监察委员会主任，省人大常委会第一次会议任命了省监委副主任、委员。至此，广东省、市、县三级监察委员会全部组建。①

二、审计监督全覆盖的广东路径

审计监督，是国家审计机关依法独立监督政府及其部门财政、财务收支的真实、合法、效益的行为。我国在 1995 年实施的《审计法》对审计监督作了比较全面的规定。为贯彻实施《审计法》，国务院于 1997 年颁布了《中华人民共和国审计法实施条例》。为了规范审计行为，提高审计质量，审计署于 2000 年 1 月 28 日颁布了《中华人民共和国审计基本准则》等一系列配套的审计规范。2006 年 8 月 27 日，十届人大二十三次会议通过的《中华人民共和国各级人民代表大会常务委员会监督法》不仅提升了对预算执行审计监督的法律层次，还进一步明确和细化了预算执行监督的具体内容。党的十八届四中全会明确将审计监督列为党和国家的八大监督制度之一，并提出了"完善审计制度"以及"实行审计全覆盖""探索省以下地方审计机关人财物管理改革"等重大改革任务。2015 年 11 月，中办、国办印发《关于完善审计制度若干重大问题的框架意见》及相关配套文件，要求广东、江苏、浙江、山东、重庆、贵州、云南 7 省市率先开展省以下地方审计机关人财物管理改革试点工作。

在此背景下，近年来，广东省各级审计机关强力推进审计全覆盖，突出抓重大政策落实、抓重点领域监督、抓重大问题查处，仅 2014 年全年就开展审计（调查）项目 4273 个，查出违规金额 81.29 亿元、侵害群众利益问题金额

---

① 《广东省市县三级监察委员会全面组建》，http://www.gdjct.gd.gov.cn/zhyw/59010.jhtml，访问日期：2018 年 3 月 13 日。

2.12亿元、损失浪费金额2.93亿元、管理不规范金额2605.62亿元,为国家增收节支71.5亿元,有力促进中央和省委、省政府重要决策部署落实,有力促进公共资金、国有资产、国有资源规范管理,有力促进民生资金落实和群众生活改善,有力促进权力规范运行和反腐倡廉建设。

广东省各级政府依法直接领导本级审计机关,及时研究解决审计工作中遇到的突出问题,把审计结果作为相关决策的重要依据。凡是涉及管理、分配、使用公共资金、国有资产、国有资源的部门、单位和个人,都要自觉接受审计、配合审计,不得设置障碍。突出审计重点,狠抓宏观政策落实情况、各项改革举措的跟踪审计,加强对各类风险隐患的审计和预警,强化对廉政规定落实情况的跟踪审计,更好地服务改革发展大局。全力推进审计全覆盖,不断提升审计监督层次和水平。2015年按照国务院、审计署的统一部署,组织开展基本养老保险基金审计和保障房建设情况跟踪审计。强化审计结果运用,严格落实整改责任制,推进审计公开,严肃整改问责。推动审计方式创新,推进依法审计,加强审计队伍和作风建设,进一步提升新时期审计服务能力和工作水平。①

2016年9月,为全面履行审计监督职责,对公共资金、国有资产、国有资源和领导干部履行经济责任情况实行审计全覆盖,根据省《关于完善审计制度若干重大问题的实施意见》,广东省审计厅制定《广东省关于实行审计全覆盖的实施方案》。该方案要求:全省各级审计机关要建立健全与审计全覆盖相适应的工作机制,科学规划,统筹安排,分类实施,注重实效,坚持党政同责、同责同审。通过在一定周期内对依法属于审计监督范围的全省所有管理、分配、使用公共资金、国有资产、国有资源的部门和单位,以及党政主要领导干部和国有企事业单位领导人员履行经济责任情况进行全面审计,实现审计全覆盖,做到应审尽审、凡审必严、严肃问责。对重点部门、单位要每年审计,其他审计对象1个周期内至少审计1次,对重点地区、部门、单位以及关键岗位的领导干部任期内至少审计1次,对重大政策措施、重大投资项目、重点专项资金和重大突发事件开展跟踪审计,坚持以问题为导向,对问题多、反映大的单位及领导干部要加大审计频次,实现有重点、有步骤、有深度、有成效的全覆盖。充分发挥审计监督作用,通过审计全覆盖发现国家和省重大决策部署执行中存在的突出问题和重大违纪违法问题线索,维护财经法纪,促进廉政建设;反映经济运行中的突出矛盾和风险隐患,维护经济安全;总结经济运行中好的做法和经验,注重从体制机制层面分析原因和提出建议,促进深化改革和

---

① 袁睿:《论实现广东省审计监督全覆盖的路径》,载《审计与理财》2017年第1期。

第五章　法治监督与权力运行制约监督体系

体制机制创新。

总体来看,近年来广东审计监督全覆盖取得了如下一些成就和经验:

一是建立领导干部管理新模式。2016年7月21日,省委印发《广东省关于完善审计制度若干重大问题的实施意见》及相关配套文件,为顺利推进省以下地方审计机关改革试点工作规划了路线图。通过改革,建立起了审计机关领导干部管理新模式,强化了上级审计机关对下级审计机关的领导。改革后,广东省、市、县级审计机关领导干部管理权限全面上收,其中广州、深圳市审计局正职由省委管理,1个地级市审计局正职由省委委托省委组织部管理,其他领导班子成员和县级审计机关领导班子成员委托地级以上市党委管理。任免市审计局领导班子成员和县(市、区)审计局正职,须事先征得省审计厅党组同意。上级审计机关对下级审计机关的考核制度全面建立,考核结果与领导干部任免、奖惩挂钩,审计机关双重管理体制的重要作用得到充分发挥。①

二是加强人员管理,健全运行机制。通过改革,加强了机构编制和人员管理,健全了内部运行机制。改革后,广东全省审计机关的机构编制由省编办实行统一管理,省审计厅协助。经省编委会同意,省审计厅增设并相应调整了内部处室职能,干部管理、业务管理、财务管理等职能得到了强化。按照审计计划、实施、审理和整改"四权"分离等要求,积极推动市、县级审计机关完善内设机构和人员编制配备,与审计全覆盖相适应的工作机制逐步形成。全省审计机关新招录人员从今年开始实现了由省级统一招录,为审计职业化建设提供了制度保障。②

三是经费得到保障,履职更有保证。通过改革,经费和资产管理得到了较好保障,为履行职责提供了坚实保证。改革后,广东全省审计机关(深圳市除外)经费预算由省财政厅统一管理,具体实行两级预算管理模式,省审计厅作为一级预算单位,地级以上市审计局作为二级预算单位,县级审计局由地级以上市审计局统筹管理。审计机关经费实行分类保障。各项经费标准在现有法律法规框架内结合实际确定,不低于现有水平,经费和资产管理得到了较好的保障。③

四是实现全省审计业务"一盘棋"。通过改革,整合全省审计资源,审计

---

① 严丽梅:《广东审计改革试点取得四大成效 建立领导干部管理新模式》,http://news.ycwb.com/2017-05/10/content_24797947.htm,访问日期:2018年3月13日。
② 严丽梅:《广东审计改革试点取得四大成效 建立领导干部管理新模式》,http://news.ycwb.com/2017-05/10/content_24797947.htm,访问日期:2018年3月13日。
③ 严丽梅:《广东审计改革试点取得四大成效 建立领导干部管理新模式》,http://news.ycwb.com/2017-05/10/content_24797947.htm,访问日期:2018年3月13日。

业务管理迈出新步伐。改革后，在审计项目计划管理方面，实现对全省审计机关的统一管理，成立了审计计划统筹委员会，探索了县委书记、县长经济责任异地交叉审计，提高了审计监督的独立性和有效性。在审计结果报告方面，要求市、县级审计机关的审计结果和发现的重大违纪违法问题线索及时向上级审计机关报告，成立了审计工作报告审核委员会，严格实行"三级审核制度"，提高了审计工作报告质量。这些改革大大强化了省审计厅对全省审计机关业务工作的领导，为实现全省审计"一盘棋"奠定了坚实基础。①

第五节 政协民主监督

习近平同志指出："社会主义协商民主在我国有根、有源、有生命力、是中国共产党和中国人民的伟大创造，是中国社会主义民主政治的特有形式和独特优势，是党的群众路线在政治领域的重要体现。"

民主监督是人民政协发挥作用的三大职能之一，与政治协商、参政议政相互关联而又有所区别。民主监督是加强社会主义协商民主的重要任务，也是推进国家治理体系和治理能力现代化的内在要求。改革开放40年来，广东省政协积极探索富有政协特色和时代气息的民主监督方式，争取党委政府支持，加强民主监督的顶层设计；围绕中心选准议题，确保民主监督有的放矢；积极创新方式方法，增强民主监督生机活力；培育倡导民主监督氛围，确保委员善监督、敢监督，有力地推动了党委、政府重大决策部署的落实和相关工作改进；不断拓宽监督领域，为促进广东经济、政治、文化、社会、生态文明建设和依法治省进程做出了重要贡献。

一、探索完善监督形式，推动政协民主监督实践

改革开放40年来，广东省政协准确把握政协民主监督的定位、方向和原则，坚持以问题为导向，注重通过调查研究和协商讨论提出批评性意见建议，做到监督有计划、有题目、有载体、有成效。重视发挥委员提案、视察、大会发言、反映社情民意信息和来信来访等民主监督作用，加强和改进特约"四员"选派工作，积极反映各界意愿诉求，履行民主监督职责。坚持在监督中参与服务、在服务中参与监督，探索开展专项集体民主监督，选取群众高度关注、反映强烈的民生问题，协调省市县三级政协力量，紧盯关键环节和重点领

---

① 严丽梅：《广东审计改革试点取得四大成效 建立领导干部管理新模式》，http：//news.ycwb.com/2017-05/10/content_ 24797947.htm，访问日期：2018年3月13日。

域,持续开展具有监督性质的调研视察,切实提高民主监督实效。研究制定加强政协民主监督的具体办法,进一步完善民主监督的组织领导、权益保障、知情反馈、沟通协调机制,推进监督工作组织化、制度化、规范化。

不断探索完善政协提案监督形式。一是协助提案人做好知情明政工作。坚持在省政协全会召开前,印发《致全体委员和政协各参加单位的公开信》,倡议提案人提出"有情况、有分析、有建议"的提案;坚持向有关提案承办单位征集提案参考题目,并对征集的参考题目和线索进行筛选、整理,印发给广大委员和政协各参加单位,供撰写提案参考。二是加强提案审查工作。坚持提案"三审"制,提案组对大会期间的提案进行初审、二审后,交提案委员会三审,实行提案委员会负责人三审签名负责制,严格坚持立案标准,不符合条件的一律不予立案;对一些内容单薄或不符合提案撰写要求的提案,通过电话或信函提请提案人修改完善,使其更具分量和价值。三是做好优秀提案表彰工作,发挥高质量提案的示范引领作用。坚持在政协全会上对上一年度优秀提案进行表彰,激励政协委员立足本职工作,紧扣时代脉搏与形势要求,提出高质量提案,发挥高质量提案的引导和示范作用。四是高度重视集体提案。倡导支持民主党派、工商联开展提案撰写和选题的培训工作,会同他们开展重点提案培育工作。①

探索完善政协提案省领导督办制度。从 2008 年开始,时任广东省委书记汪洋连续五年领衔督办政协重点提案。在省主要领导的带领下,领导带头督办政协重点提案现象也成为广东政协界的普遍现象。2012 年 5 月,省委办公厅正式下发了《广东省党政主要领导同志督办政协重点提案暂行规定》,明文规定要求党政主要领导同志每人每年应督办一件以上政协重点提案,并将此工作纳入政绩考核。2013 年,广东省政协认真总结省市县党政领导多年督办政协重点提案工作的经验,推动省委省政府出台了《关于进一步加强我省人民政协提案办理工作的意见》,加强提案办理协商制度建设。"关于加快我省区域协调发展"系列提案、"关于进一步加强我省交通基础设施建设"系列提案在2013 年由省主要领导直接督办,为各级党政领导督办政协提案和开展提案办理协商树立了典范。2015 年,遴选出"关于全面推进创新驱动发展战略系列提案""关于加快我省自贸试验区建设的提案""关于加快发展智能制造,引领广东制造业转型升级的提案""关于落实四中全会精神,保障律师执业权利的提案""关于以筹划纪念孙中山先生诞辰 150 周年为契机,进一步做好华

---

① 王荣:《中国人民政治协商会议第十一届广东省委员会常务委员会工作报告》,载《南方日报》2017 年 2 月 6 日。

人、华侨工作的提案"等作为省领导重点督办提案。提案委对省委书记、省长和政协主席会议督办的提案分别进行整理合并和修改完善,并会同省委办公厅、省政府办公厅和有关主办单位积极做好省领导督办提案的前期调研、联络协调和服务工作;及时加强与承办单位及提案者的沟通和联系,组织或协助组织调研座谈和实地考察工作,推动承办单位突出办理重点,认真研究提案建议,办好办实重点提案。①

推动民主监督信息化建设,提高提案工作效率。信息化是提高提案工作效率的重要手段,广东省政协常委会提案委一直高度重视这方面工作。一是做好提案办理单位标准名称的更改或增补工作,以及省政协委员数据库中所有资料的完善工作。二是完善改造电脑终端系统。对提案委、承办单位、委员三方的电脑终端系统软件进行改造完善。完善了手机终端系统,实现了手机终端系统提交提案,方便省政协委员提交提案和提案查询,方便提案办理单位与提案人的沟通和联系。三是实行无纸化接收提案。经报省政协领导批准,从2015年12月起,实现100%网上提交提案,进一步提升了提案工作信息化水平。四是举办省政协提案动态管理系统操作培训班。2015年,在省信息中心举办了四期提案动态管理系统操作培训班,全省136个提案承办单位经办人员参加了培训,通过学习,进一步提高了各承办单位提案经办人员的业务能力。②

二、围绕民生进行监督,为公平普惠发展进谏言

改革开放40年来,广东省政协坚持以人民为中心的履职宗旨,重点围绕教育、医疗、养老、精准扶贫、社会保障、环境保护等重要民生问题,开展监督性强的调研协商活动,坚持调研、协商、监督有机结合,深入一线摸准情况,紧盯重点追踪监督,认真负责地提出批评性、建设性意见建议,推动相关工作改进和问题的解决。

助推打赢脱贫攻坚战。广东省政协高度关注精准扶贫、精准脱贫攻坚任务,深入贫困山区、民族地区,与基层干部、驻村干部探讨交流,进村入户查看贫困群众生产生活情况,紧盯扶贫项目建设和资金管理等关键问题,提出创新扶贫资金使用模式、建立包干到底工作机制等建议。这些建议大部分被吸收到省扶贫开发实施方案中,促成了民族地区减免基础设施建设配套资金、小额贷款贴息、生态保护补偿等多项政策措施出台。委员们响应号召,积极参与产

---

① 王荣:《中国人民政治协商会议第十一届广东省委员会常务委员会工作报告》,载《南方日报》2017年2月6日。

② 王荣:《中国人民政治协商会议第十一届广东省委员会常务委员会工作报告》,载《南方日报》2017年2月6日。

业帮扶、科技下乡、捐资捐药、济困助学,为全省同步实现全面小康出钱出力。2017年,广东省政协就"省重点支持建设45家县级综合性医院"开展了专项民主监督。①

助推改善群众生产生活环境。生产生活安全是关系群众切身利益的重要民生问题。委员们高度关注食品安全监管问题,持续跟踪"从种子到筷子"的生产流通全过程,提出深化监管体制机制改革、推动社会力量参与监管、借助科技手段提高监管能力等建议,推动广东省健全加工小作坊登记管理办法等法规制度,进一步完善监管机构网络。广东是畜禽生产和消费大省,病死畜禽的处理问题备受社会关注。自2016年起,广东省政协持续两年就病死畜禽无害化处理体系建设,多次组织视察和提案督办,促成省政府出台相关政策,加快10个畜禽无害化处理示范中心建设进度。根据委员所反映的危化品运输存储、安全生产、火灾事故隐患多等问题,省政协开展了安全生产工作、沿江沿海危化品运输管理提案督办,组织创建消防安全社区调研视察,引导全社会共同关注安全生产管理问题,落实安全生产责任,增强安全生产意识。2017年,广东省政协对"黑臭水体治理""消防安全社区创建工作"等进行了视察性民主监督。省政协还把加强安全生产、沿江沿海危化品运输管理提案分别纳入主席会议和专委会督办的重点提案,由省政协领导牵头实地调研了解企业安全生产经营、安全社区和基层安监机构建设等情况,就落实提案建议提出具体办法。省政府领导根据省政协建议,要求各地各部门特别是沿江沿海各市切实重视和抓好危化品安全监管工作。该重点提案促进了安全生产责任制有效落实、专项整治持续深化、保障能力明显提升、群众安全意识进一步增强。在生活领域,持续关注广东省食品安全问题,开展加强农产品安全监管专题调研,深入乡镇农产品监管机构、交易市场、生产企业等实地调研,摸查农产品安全监管存在问题,为实现"舌尖上的安全"出谋划策。省领导批示有关部门,对尚未建立农产品质量安全监管机构的县(市、区)进行专门督办。密切关注环境治理问题,组织全国、省、市三级政协委员,围绕广深铁路沿线环境治理、茅洲河污染综合治理、农村生活垃圾治理、病死禽畜无害化处理等,开展监督性调研视察,督促解决存在问题,既推动了人居环境改善,又提升了广东形象。②

助推完善公共服务体系。自2013年以来,补齐民生短板、解决民生热点,成为广东省政协委员们议政建言的高频词,相关提案比例逐年上升,占了提案

---

① 王荣:《中国人民政治协商会议第十一届广东省委员会常务委员会工作报告》,载《南方日报》2018年1月23日。
② 王荣:《中国人民政治协商会议第十一届广东省委员会常务委员会工作报告》,载《南方日报》2017年2月6日。

总数近40%。针对基层群众看病难,就全科医生队伍建设、家庭医生签约服务等问题,省委、省政府决定推进"45家中心卫生院升级项目建设"开展协商式监督,推动相关部门解决医疗服务和项目建设难题。针对入学难,就义务教育公用经费、中职教育发展等问题开展监督性视察,推动改进义务教育经费管理,提高了中职学校补助标准。针对日益突出的养老难,就养老护理和民办养老机构问题积极议政建言,推动相关扶持政策出台,助推了广东省养老事业发展。针对群众反映的看病难、看病贵问题,组织医卫界委员,就补齐医疗卫生事业发展短板、推进公立医院改革和基层医疗机构能力建设,深入基层、深入群众调研考察,从深化医改、建立分级诊疗制度、增强贫困地区医疗服务内生力等方面提出意见建议。针对文化事业发展存在问题,组织文化艺术界委员,就公共文化服务均等化、培育新型文化业态、广东名人故居及古村落保护利用等开展调研视察,推动完善公共文化服务体系,促进了城乡基层文化工作。关于广东名人故居及古村落保护利用专题调研报告,提出创新古村落保护利用模式、推动活态化保护、提高村民自主保护积极性等建议,引起省市文化部门重视支持。关于杨家祠保护修复落实情况的跟踪调研,促成杨家祠升级为广州市文物保护单位,省市有关部门拨付专项经费进行修复,为宣传展示杨匏安志士革命事迹和中共早期革命活动历史提供了重要基地。针对重要民生工程落实情况,组织社会和法律等相关领域的政协委员,深入镇村(社区)和司法所,就一村(社区)一法律顾问工作落实情况开展跟踪调察;组织体育、教育界委员,围绕体育场馆设施开放利用开展专题调研和对口协商,就扩大体育资源增量、盘活存量、提高开放利用质量等达成一致意见,推动重要民生实事办实办好。①

助推创新社会治理。围绕建设平安广东、法治广东,省政协就法治环境优化、基层社会治理、社会组织建设、司法体制改革等方面献计献策。比如,组织全国和省市县四级政协委员连续3年就基层社会治理难题,分别在佛山、珠海、中山、惠州等地开展专题调研和专场研讨,针对基层法治观念不强、行政执法存在偏差、行政诉讼办案质量不高等问题议政建言,促进了广东基层社会治理工作水平提升。例如,2015年8月24日,由省政协社法委和惠州市委、市政府、市政协联合主办、南方报业传媒集团协办的"运用法治方式,创新社会治理"专场研讨会在惠州市召开。2015年11月12日,省政协赴中山专题调研"全民参与社会治理"模式。调研组前往开发区健康花城小区、体育

---

① 王荣:《中国人民政治协商会议第十一届广东省委员会常务委员会工作报告》,载《南方日报》2017年2月6日。

路小学、第二人民医院等地,分别调研中山全民修身、全民禁毒、全民创业等项目。委员们在历年政协大会上踊跃"抢麦","取消车辆年票制""设立地铁女性车厢"等话题引发社会各界持续广泛热议,广东省政协就此组织对口协商和提案督办,推动了相关部门取消车辆年票制,广州和深圳地铁试点设立女性车厢,提升了城市文明形象,彰显了政协关注民生、以人为本的为民情怀。①

三、坚持绿色发展理念,推进生态文明建设民主监督

改革开放40年来,广东经济快速发展,然而以污染环境和过度消耗自然资源为代价的增长模式已经走到了尽头。党的十八大提出"五位一体"的总体布局,对于正处在发展关键时期,着力建设幸福之城、美丽之城的广东有着极为重要的战略意义。广东应把生态文明建设放在突出地位,融入经济建设、政治建设、文化建设、社会建设各方面和全过程,这是因为:生态文明既是物质文明、政治文明和精神文明的基础和前提,又是民生的重要保障。如果缺乏生态文明的支撑,那么其他一切民生幸福都将成为空中楼阁,甚至经不起一场沙尘暴的"洗礼"和雾霾的笼罩。绿色发展是广东可持续发展的必然要求,绿水青山、碧海蓝天是人民群众的热切期盼。自2013年以来,广东省政协常委会持续关注生态文明建设,每年组织界别委员围绕解决突出环境问题履职建言,为推动广东省生态环境持续改善提供民主监督。

广东省有黑臭水体243个,数量为全国最多,部分河流污染严重。自2013年以来,广东省政协连续开展茅洲河污染综合治理、黑臭水体整治等专题视察,举办保护饮用水源安全的界别协商,提出了全面推进水污染防治行动计划、加快水上污染处置能力建设、建立完善饮用水源保护协调合作机制等意见建议,助力系统治水、制度治水、科学治水、持久治水。省政府出台水污染防治行动计划实施方案,加大对茅洲河综合整治力度,推进集中式饮用水水源保护区标准化建设。自2014年起,省政协持续三年围绕广深铁路沿线环境治理开展提案督办,以及提案办理"回头看",推动实施"广深铁路绿廊计划",广深铁路沿线环境得到明显改善,受到沿线群众一致好评。②

紧扣建设美丽乡村建真言。着眼破解垃圾围城、垃圾围村困境,省政协连续多年围绕农村人居环境综合整治、生活垃圾处理、垃圾资源化利用等专题协

---

① 王荣:《中国人民政治协商会议第十一届广东省委员会常务委员会工作报告》,载《南方日报》2017年2月6日。
② 王荣:《中国人民政治协商会议第十一届广东省委员会常务委员会工作报告》,载《南方日报》2017年2月6日。

商议政，在垃圾合理分类和资源回收、发挥村民自治组织作用、完善运输链条等方面提出解决办法，为新农村、美丽乡村建设提供了重要参考。针对广东省采石场数量多、对生态环境影响大、复绿治理难等问题，开展矿山石场复绿和管理专题调研，建议加强矿山企业履行环境保护义务情况审查，严禁在水源保护区、生态脆弱区内采矿采石，对严重破坏生态环境的依法关闭，切实减少对生态环境的破坏，实现美丽与发展共赢。①

紧扣绿色发展建真言。省政协运用大数据综合分析广东绿色发展的目标任务和实施路径，从宏观统筹、法律法规等八个方面，提出了前瞻性、针对性较强的意见建议。多途径持续呼吁利用西江、北江水运优势，加快发展广东省内河航运。省政府就此进行专题研究，投入 117 亿元对主要航道进行扩能升级，促进了低碳绿色运输业发展。围绕健全生态文明体系，开展新型城镇化和生态文明建设规划纲要专题协商，提出 62 条建议，为广东天更蓝、水更清、山更绿建睿智之言。2014 年 9 月，广东省政协召开了《广东省生态文明建设规划纲要（2015—2030 年）》专题协商会，与会政协委员、各民主党派、工商联负责人就进一步完善《纲要》提出了意见建议。②

四、助力创新驱动发展战略，围绕发展主线进行民主监督

2016 年启动的珠三角国家自主创新示范区建设是广东省实施创新驱动发展战略的重要举措，也是政协协商议政的重点议题。省主要领导领衔督办加快推进珠三角国家自创区建设重点提案，主持召开提案办理情况汇报会，与委员共同研究协商提案办理，有力地推动了自创区建设相关工作的落实。省政协将珠三角国家自创区建设列入年度重点协商议题，召开常委会议进行广泛协商。省政协领导带领相关界别政协委员和智库专家组成的调研组，深入珠三角 9 市以及赴上海张江、江苏苏南国家自创区实地调研考察，召开各类座谈会 32 次，发出调查问卷 460 份，充分掌握广东省自创区建设情况。在深入调研、综合比较、反复论证基础上，形成调研主报告和 3 个专题子报告，深刻剖析珠三角国家自创区的比较优势、存在问题，从推进创新政策落地、强化企业主体作用、加大金融支撑、培育创新人才、创新制度环境等 9 个方面，提出有较强针对性、可操作性的对策建议。省委、省政府领导对调研报告予以充分肯定，认为其站位高、分析透、对策实，要求有关方面认真研究、逐条逐项消化吸收政协

---

① 王荣：《中国人民政治协商会议第十一届广东省委员会常务委员会工作报告》，载《南方日报》2017 年 2 月 6 日。

② 王荣：《中国人民政治协商会议第十一届广东省委员会常务委员会工作报告》，载《南方日报》2017 年 2 月 6 日。

所提出的意见建议。省政协还围绕强化高校创新资源对创新驱动发展战略的服务支撑作用，开展了广东省高水平大学建设专题调研和对口协商，省政府领导、职能部门负责人与政协委员代表和重点建设高校负责同志充分协商，共同探讨加快推进广东省高水平大学建设的思路举措，激发高校创新创造活力，推动高校成为广东省基础研究的主力军、技术创新的生力军。①

助力推动供给侧结构性改革。为落实"三去一降一补"等供给侧结构性改革任务，精心选择促进民营经济发展、中小民营企业降成本、加快珠江西岸装备制造业发展、推动经济结构战略性调整等课题，进行专题调研、专题协商和提案督办。其中，省主要领导领衔督办有效化解广东省房地产库存重点提案，多次召开会议研究政协提案所提对策建议，把提案办理与房地产调控实际工作相结合，制定了省属国企专业化住房租赁平台组建方案和试点方案，将二三线城市部分库存商品房转换为公租房，为群众提供更多保障性住房，促进房地产市场平稳健康发展。关于降低中小民营企业经营成本专题调研报告，提出建立完善中小微企业综合服务平台、降低税负等具体建议，省委、省政府领导批示要求国税、金融、经信等部门认真研究应对。围绕推进广东省产业转型升级，开展加快珠江西岸装备制造业发展专题协商，采取实地调研与委托有关地市协助调研相结合的方式，对珠江西岸6市进行全覆盖调研，提出要抓住供给侧结构性改革契机，制定完善珠江西岸先进装备制造业中长期发展规划，以产业共建为抓手，完善产业政策，优化区域产业分工合作，推动装备制造业由中低端向中高端跃升，引领和支撑全省产业转型升级。②

第六节 舆论监督

习近平总书记指出：党的新闻舆论工作是党的一项重要工作，是治国理政，定国安邦的大事。舆论监督是公众通过舆论机构或运用舆论工具，行使宪法和法律赋予的监督权利。除对社会不良现象进行批评外，重点是对权力组织与决策人物的监督。在我国，舆论监督是人民群众行使社会主义民主权利的有效形式，其主要监督方式有报道、评论、讨论、批评、发内参等，但其核心是公开报道和新闻批评。随着互联网技术的发展，舆论监督的主战场已经完成了

---

① 王荣：《中国人民政治协商会议第十一届广东省委员会常务委员会工作报告》，载《南方日报》2017年2月6日。

② 王荣：《中国人民政治协商会议第十一届广东省委员会常务委员会工作报告》，载《南方日报》2017年2月6日。

阵地转移。新兴媒体的迅猛推进和广泛应用，使得舆论监督的主角已由传统媒体让位于新兴媒体。虽然传统媒体的舆论监督作用仍然不可轻视，但是，新兴媒体的舆论监督权重越来越大，已是不争的事实。改革开放40年来，舆论监督在广东依法治省进程中的作用不断加强，在很多方面走在全国前列。

一、改革开放40年来广东舆论监督的发展

1978年以来，处于改革开放前沿的广东新闻媒体，率先冲破思想禁区，重新按照新闻规律进行新闻报道，恢复了社会主义新闻事业的真实面貌，这也使党的新闻舆论监督的优良传统得以恢复并不断地向纵深发展。改革开放以来广东新闻舆论监督的历史演进轨迹可以划分为三个发展阶段。

第一阶段是从1978年十一届三中全会的召开一直到1992年邓小平视察南方及中共十四大会议召开之前，为广东新闻批评传统的恢复和发展期。在这一时期，广东的新闻媒体领改革开放风气之先，及时拨乱反正，积极实行新闻改革，屡次突破了灾难新闻等报道禁区，同时加强了党务政务活动的报道，使新闻批评的优良传统得以恢复与发展。这一时期，广东新闻界紧紧围绕党和政府的中心工作，不遗余力地宣传改革开放的方针和政策，批评各种阻挠十一届三中全会精神落实的错误观念和做法，使新闻批评的优良传统获得全面恢复和发展，并开创了新闻舆论监督的新局面。广东新闻界在这一时期的舆论监督工作可以分为三个层次。①

第一层次：新闻批评传统的恢复与发展。广东新闻媒体舆论监督功能的发挥，首先从新闻批评传统的恢复和发展开始，以《南方日报》为代表的新闻媒体逐步恢复了新闻批评的传统。各媒体立足当时经济矛盾与社会矛盾凸显的社会现实，充分发挥"耳目喉舌"的功能，移歪风，易陋俗，揭露批评各种官僚腐败行为，维护社会经济正常秩序。

第二层次：新闻报道禁区的屡次突破。广东新闻界推动舆论监督发展的努力，并没有停留在对新闻批评传统的恢复上。1980年2月，《羊城晚报》报道了广东开平的一起重大海难事故（即"曙光401号客轮"沉船事件，有200多人遇难。对开平海难事件的报道，标志着广东新闻界对灾难新闻这一禁区的首次突破。

第三层次：政治协商对话功能的发挥。1987年，中共十三大报告中第一次以党的正式文件确认"舆论监督"这个概念，并提出各媒体"要通过各种现代化的新闻和宣传工具，增强对政务和党务活动的报道，发挥舆论监督的作

---

① 陈映：《广东新闻舆论监督的演进与发展》，载《南方学刊》2011年第3期。

用，支持群众批评工作中的缺点错误，反对官僚主义，同各种不正之风作斗争"。在这种背景下，广东各媒体纷纷加强了党务政务活动的报道，报道的透明度进一步提高。例如，1987年宝安县（现深圳市宝安区）人民代表大会选举县长，两位候选人票数均不过半，但大会主席团却宣布其中一人当选。对于此事，广东新闻界进行了及时报道，引起社会舆论的反响，促使这个县重新依法选举。又如1988年1月"两会"期间，对于当时差额选举副省长、差额选举省高级人民法院院长未能选出的情况，广东各新闻媒体也都作了报道。①

综观这一时期广东新闻界舆论监督的发展历程，可谓成绩斐然。从率先恢复新闻批评的传统，到率先突破灾难新闻的报道禁区，再到率先冲破党报不能批评同级党委的禁区。广东的新闻媒体勇立解放思想与改革开放的潮头，突破了单纯新闻批评的窠臼，开始迈向更广泛、更深入的舆论监督，不仅开创了舆论监督工作的新局面，也为广东的改革开放和经济建设创造了良好的社会舆论环境。

第二阶段为1992年至21世纪初，开创了舆论监督新局面。随着改革的不断深入和社会主义市场经济体制的确立，广东新闻媒体的数量迅速增长，传媒市场竞争日益激烈，广东的新闻舆论监督工作也实现了长足的进步和巨大的飞跃。具体表现为：新闻批评密度明显加大，频率明显加快，内容范围也明显拓宽。与此同时，舆论监督被正式纳入依法治省、依法治市的政策体系，成为广东省委、省政府推动"善政"的有力手段，新闻舆论监督制度化和保障机制的建设开始启动。

1992年邓小平视察南方和党的十四大召开，不仅推动广东掀起新一轮深化改革、扩大开放、加快发展的热潮，而且极大地促进了广东新闻媒体的发展。随着改革的不断深入和社会主义市场经济体制的确立，媒介政治环境进一步放宽。同时，在急剧增长的社会信息需求刺激下，广东新闻媒体的数量迅速增长，媒介运行机制也日益朝着市场化、企业化的方向转变，传媒市场竞争日益激烈，媒介多元化的格局逐步形成。在这种社会背景下，广东新闻媒体的舆论监督工作实现了长足的进步和巨大的飞跃，取得了十分显著的成就。

1996年8月，广东省委做出《关于进一步加强依法治省工作的决定》，提出要建立舆论监督与党内监督、法律监督、群众监督相结合的强有力的监督体系，将舆论监督工作提到依法治省的高度来审视，尝试将舆论监督制度化。

1999年5月11日，珠海市委在全国率先出台了一项地方性的舆论监督管理办法——《珠海市新闻舆论监督办法（试行）》。该办法要求新闻媒介大胆

---

① 陈映：《广东新闻舆论监督的演进与发展》，载《南方学刊》2011年第3期。

行使舆论监督的权利，被监督的对象必须配合，不得拒绝、抵制、隐瞒，任何批评对象不得要求审稿等，被珠海新闻界称之为"尚方宝剑"，全国新闻界为之瞩目。①

2000年1月26日，珠海市委又制定了《珠海市新闻舆论监督采访报道的若干规定》，进一步放宽了珠海市新闻舆论监督的采访范围，指出："只要不涉及国家安全、国家机密及军事机密的……在履行新闻舆论监督职能时，任何单位、部门尤其是公务人员都有责任接受采访，并与之密切配合，如实反映情况和问题，不得以任何借口拒绝、抵制、回避、推诿，或进行人身攻击和打击报复。"

第三阶段为2003年至2012年，构建了立体化的舆论监督体系。自2002年十六大报告明确提出"发展社会主义民主政治，建设社会主义政治文明"目标之后，广东的改革开放开始向纵深发展，广东新闻媒体的舆论监督工作也进入了一个全新的发展时期。主要在以下几方面实现了突破：

第一，舆论监督空间获得拓展。2003年早春，一场非典型性肺炎的疫情突然袭击广东，一时谣言纷飞，形势几近失控。在传统的新闻管理和控制机制下，广东的新闻媒体一度失声，但很快便冲破禁区，一马当先地投入疫情报道。在对"孙志刚事件"的报道中，广东新闻界表现出了大无畏的为民请命的勇气和敬业精神。2003年3月，孙志刚——一位来穗务工人员——因未带身份证而被送往广州收容遣送站，后于收容站内死亡。对于这一敏感事件，《南方都市报》以极大的勇气，冲破重重阻挠，先于4月25日作独家报道，揭开了媒体对"孙志刚事件"舆论监督的序幕。随即，广东各新闻媒体都进行了及时的跟进和追踪报道，它们不仅大胆揭露事实，而且对有关部门隐瞒事实、拒绝各报记者申请旁听的行径进行了批评。对"非典"和"孙志刚事件"的报道，可谓广东乃至全国新闻界舆论监督历程的两大里程碑，标志着广东新闻界在推进舆论监督方面实现了又一次质的飞跃，标志着舆论监督空间的进一步拓展。

第二，舆论监督话语空间放开。进入2002年以来，广东省开始在全省县级以上政权机关全面推行政务公开，先后出台了一系列加强信息报送和新闻发布工作的相关文件，并在全国率先建立了完善的突发事件信息报送和发布制度体系，出台了全国第一部系统规范政务公开的省级地方性法规——《广东省政务公开条例》，极大地改善了广东新闻媒体舆论监督的生态环境。到2006年6月初，广东已在全省范围内全面建立新闻发言人制度。越来越多按惯例应该

---

① 陈映：《广东新闻舆论监督的演进与发展》，载《南方学刊》2011年第3期。

保持"神秘"的信息都走上新闻发布的平台,第一时间传达给外界。新闻媒体舆论监督的权利获得制度和法规保障。深圳在2004年底通过了《深圳市预防职务犯罪条例》,在全国首次以法规形式对新闻媒体的舆论监督权作明确规定。2011年4月15日,广东省高级人民法院发布了《关于在全省法院进一步推进司法公开的意见》,规定法院公开审理案件要为媒体旁听专设记者席。目前,广东省舆论监督工作已逐步实现由"人治"走向"法治",并有望在地方新闻立法方面在全国率先取得突破。

2009年《南方日报》推出了《广东江河水》系列调查报道,连续对练江、韩江、北江等8条广东江河的污染及治理状况进行了全景式舆论监督报道,图文并茂地展现了广东江河水的现状,问诊每一条江河存在的病症,并提出建设性意见。2010年1月25日《每天数百吨问题气流向珠三角》的报道引起时任中共中央政治局委员、国务院副总理王岐山,时任中共中央政治局委员、广东省委书记汪洋的高度关注,一场打击珠三角液化气掺假战由此打响。2010年3月9日《龙川非法开采稀土矿死灰复燃》经时任中共中央政治局常委、国务院副总理李克强批示,国土资源部派出专门调查组,黄泥裸露、污染严重的矿山得到有效整治。2010年9月15日《鼎湖山脚下黑水入西江》的报道同样引起强烈反响。时任肇庆市委书记的覃卫东早上阅报后立即做出批示,要求有关部门高度重视《南方日报》的报道,就报道提到的问题立即召开专题会议进行调查研究,并拿出有效措施解决存在问题,确保鼎湖区的良好生态环境。

第四阶段是2013年至今。这一阶段,新媒体及互联网技术飞速发展,网络舆论监督成为广东舆论监督的主战场。网络舆论跨越了地域和时空的限制,延伸了传播范围,使得民众对事件的关注与评论更加广泛,在监督范围的广泛性方面显著强于传统的舆论监督。网络技术的发展引领了传播方式的飞跃,带来了传播技术的解放,实现了传播内容的生动性和传播方式的灵活性。表现形式的多样化使舆论监督报道更为形象、直观、立体化,增强了感染力和影响力。不仅如此,它还使公众能够更有效快捷地整合信息,让舆论监督有声有色,灵活凸显。

随着微博、微信等网络媒介的发展,近年来广东省不少举报者通过网络渠道发布反腐信息,引发了公众对网络反腐的热议。在新形势下,广东纪检部门拓宽反腐监督渠道,发挥网络等新兴媒体舆论监督作用,引导民众积极有序参与反腐。2013年2月,广东省高级人民法院率先在全国法院中推出网络舆情白皮书——《司法公正与网络舆情——广东法院网络舆情白皮书》。该书通过梳理分析近年来全国及广东省的网络舆情事件,提出涉事方的回应是处置舆情事件的治本之策，及早公开信息，可主导舆情事件走势。呼吁网络立法是当务之急，要制定一部独立的"网络法"，全面规定有关网络的法律问题。与此同时，广东省高院希望，主动公开法院的各项工作，自觉接受社会监督，推进司法作风改进，促进审判工作公正高效廉洁。近年来，法院网络舆情事件频发，如何正确地应对网民言论及情绪已成为法院必须面对的重大课题。广东省高院理性剖析和主动公开舆情产生后被动回应的得与失、利与弊，填补了法院系统网络舆情应对白皮书的空白。①

2013年8月8日，惠州博罗县村民陈某某被确诊为人感染H7N9禽流感疑似病例。由于是广东发现的首个人感染H7N9病例，疫情引发社会高度关注。事后，惠州成立专门的疫情应对小组，并通过专家发布会、新闻信息发布会与官方微博发布等渠道，第一时间收集权威声音，公开、透明地发布疫情信息及防控情况。截至8月16日惠州终止Ⅲ级疫情响应，该市共发布关于H7N9禽流感病例滚动微博信息21条。大量的官方权威信息占领了舆论的高点，让主流舆论跑在了谣言和小道消息前面，为疫情应对和维护社会稳定营造了有利的舆论环境。②

2013年以来，广东省各级党政部门不断加快以微博、微信为代表的各类移动政务平台建设，逐步形成以政务微信为代表的移动政务矩阵，充分发挥政务新媒体在社会管理、信息公开、舆论引导、凝聚共识等方面的积极作用。各级各类移动政务新媒体，围绕创新、协调、绿色、开放、共享的发展理念，积极探索、创新作为。其中，省政府新闻办官方发布平台"广东发布"，微信粉丝量突破80万，微博粉丝数近600万，微信平台全年推送文章985篇，阅读量近6000万，传播力、影响力进一步增强，在人民网、新华网近两年发布的"全国政务新媒体综合影响力报告"等权威榜单中位居前列。

2014年1月3日，为期3天的广东省第九期领导干部党纪政纪法纪教育培训班在省委党校举行开班仪式，时任中共中央政治局委员、省委书记汪洋作专题辅导报告。汪洋指出，领导干部尤其是"一把手"要带头适应和运用包括网络在内的舆论监督。要正确对待网络监督，规范网络监督，善于利用网络监督，使之成为推进工作的重要平台。要带头运用监督手段来解决问题、推动工作。要给舆论监督撑腰壮胆、鼓劲打气，使舆论监督更理直气壮些，分量再多一点，力度再大一点，从而更好地推动和改进我们的工作。

---

① 刘进：《广东首批舆情引导优秀案例出炉》，载《南方日报》2014年4月19日。
② 刘进：《广东首批舆情引导优秀案例出炉》，载《南方日报》2014年4月19日。

二、改革开放 40 年来广东舆论监督的经验

改革开放 40 年来，广东的舆论监督已经形成一个明确的路线图：以政治自觉推动官员善待舆论监督，以制度安排约束官员接受舆论监督，以整改实效引导官员善用舆论监督，进而在各方的良性互动中走向善治。

（一）在改革与稳定的前提下逐步推进舆论监督工作

综观改革开放以来广东新闻舆论监督的发展历程，不难看出其发展轨迹与改革开放步伐息息相关。一方面，改革开放极大地促进了广东市场经济和传媒市场的发展，给广东民主法制的建设带来了长足进步，从而为广东新闻媒体创造了一个宽松而富有活力的生存环境，使舆论监督工作得以不断地向纵深发展；另一方面，舆论监督借社情民意之力，涤荡社会不良风气，弘扬社会正气，匡扶先进，鞭挞落后，反过来又促进和保障了改革开放的顺利进行。因此，只有继续坚持和深化改革开放，不断地推动社会经济改革、政治改革与新闻改革向纵深发展，充分激发新闻业的生机与活力，营造文明、民主的社会政治环境，新闻舆论监督工作才能不断进步。

在保持稳定的前提下逐步推进舆论监督工作，是广东推进舆论监督的另一点经验。一方面，广东省委、省政府在积极推动新闻改革和舆论监督的同时，始终把"坚持党管意识形态，牢牢把握领导权"作为建设文化大省的一条基本原则，在以一种宽容姿态对待新闻媒体的同时，又紧紧地把握住正确的舆论导向，使新闻舆论监督与社会、政治、经济发展相协调；另一方面，广东新闻媒体始终立足全局，围绕广东省委、省政府的中心工作来开展舆论监督。无论是进行批评报道，还是组织协商对话，广东媒体都能站在建设性的立场，正确处理和协调政府与公众的矛盾，使舆论监督有利于问题的解决、有利于全局、有利于稳定。

因此，广东舆论监督工作之所以能取得如此巨大的成就，离不开一个基本的前提：在改革与稳定的前提下逐步推进舆论监督。促进改革开放和社会稳定发展是目的，而舆论监督只是手段。

（二）把舆论监督纳入民主政治体系

在现代监督体系中，舆论监督是作为一种体制外的力量而发挥作用的。因此，舆论监督普遍面临的一大难点便是由于对权力和行政的监督而导致媒体与政府关系的紧张。而在这一问题上，广东新闻舆论监督的状况显然要相对理想。这其中的原因，除了广东省各级政府采取开明的政策和广东新闻媒体注意

舆论监督艺术外，主要还是对舆论监督角色和功能的准确认识和定位。

从习仲勋、杨尚昆等政府领导人对批评报道的支持和鼓励，到广东省各级官员在"两会"上高调表态欢迎舆论监督，广东省委、省政府各届领导人显然充分认识到了舆论监督对于促进改革发展、维护社会稳定的重要意义。他们并没有将舆论监督视为外在的束己力量，而是将舆论监督作为畅通民意表达和解决社会矛盾的渠道，作为现代民主政治和实施善政的重要载体，及时纳入现代民主监督体系，与法律监督、人大监督、群众监督等其他监督形式有机地结合起来。随着改革开放的逐渐深入，在各种利益矛盾日趋尖锐的情况下，更及时地将舆论监督纳入依法治省的范畴，有效地推动了舆论监督相关配套保障机制的建设。

（三）推动舆论监督走向"法治"

改革开放40年来，广东全省上下正在形成一种自觉接受舆论监督、保护舆论监督的社会和政治气氛，各级政府正在成为舆论监督的有力推动者。一方面，政务公开和信息公开的法规制度建设逐步推进，水平位居全国前列。从2003年初《广州市政府信息公开规定》的实施，到2004年深圳《行政机关政务公开暂行规定》的实施，再到2005年《广东省政务公开条例》的出台，广东各级政府信息公开和政务公开的法制建设再上一个新的层次。到2006年底，广东省、地市级以上人民政府已全面建立新闻发言人制度，定期组织新闻发布会议，极大地改善了舆论监督的生态环境。另一方面，广东各级政府在立制、立法保护舆论监督方面再进一步。从2003年深圳《关于加强和改进舆论监督工作的意见》以及《中共广东省委宣传部、广东省高级人民法院关于规范采访报道法院审判案件活动的若干规定》的出台，到2004年《深圳市预防职务犯罪条例》在全国首次以法规形式对新闻媒体的舆论监督权作出明确规定，广东舆论监督地方立法的步伐走在了全国其他省市前面，有力地推动舆论监督由"人治"走向"法治"。

（四）实现多形式、多渠道、立体式的舆论监督

进入新时期以来，广东舆论监督的形式和手段更加多样，渠道更加多元，初步形成一个多形式、多渠道、多层次的立体化舆论监督格局。一方面，各新闻媒体进一步突破舆论监督原有的以批评报道、调查报道为主的格局，充分利用社会协商对话、公众讨论、民意测验、网络评论等多种新的形式和手段开展舆论监督，从而将媒体议程与政府议程、公众议程三者更加有效地结合在一起，极大地提升了舆论监督的质效。另一方面，舆论监督不仅实现了媒体监督

与政府推动的互动,而且突破了长期以来舆论监督单纯由媒体作为主体来实施的单一格局,实现了媒体监督与群众监督的统一,有效地夯实了舆论监督的民意基础。同时,随着互联网等新的传播手段的兴起,传统媒体与新媒体之间的互动和合作也日益频繁。这不仅大大扩展了舆论监督的议题范围,使潜舆论有更多的机会上升为显舆论,同时加速了舆论的形成,扩大了舆论的影响力,有利于舆论监督强势的形成。①

---

① 广东省依法治省工作领导小组办公室编:《广东法治建设 30 年》,广东人民出版社 2008 年版,第 136 – 149 页。

第六章 全面从严治党与依规治党

在以"全面推进依法治国"为主题的党的十八届四中全会上,中国共产党首次将党内法规上升到法治体系重要组成部分的高度,指出党内法规是法治中国建设的有力保障,提出把全面从严治党和依法治国相结合,表征着中国共产党试图通过依规治党方略强化全面从严治党的决心。① 党的十八届四中、五中、六中全会,深刻梳理与分析了当前制度治党、依规治党和全面从严治党面临的主要形势和基本任务,系统分析和总结了制度治党、依规治党和全面从严治党的理论与实践。在中国特色社会主义进入新时代的当下,对党的建设和治理做出新的重大战略部署,这充分体现了以习近平同志为核心的党中央坚定不移地推进依规治党与全面从严治党的坚定决心和历史担当,也体现了全体党员的一致追求和愿望。学习贯彻党的十八届四中、五中、六中全会精神,必须深入地认识和把握依规治党与全面从严治党的基本意涵和重大意义。回顾党的十八大以来,推进依规治党全面从严治党的实践,关键就是坚持把党规挺在前面。不断严明政治纪律,不断加强政治规矩,不断扎紧制度笼子,不断增强管党治党的能力与水平。依规治党推进的全面从严治党使得党和国家的面貌发生了巨大变化,党的政治作风严谨有序,党的生活作风焕然一新,赢得了全国人民的赞许和肯定,这充分体现党中央实施的依规治党推进的全面从严治党战略的高效性和正确性,为党和国家事业发展营造了海晏河清的新景象,为发展和繁荣党和国家事业提供了坚实保障。

全面从严治党是中央管党治党的主要方略,依规治党则是贯彻落实全面从严治党的有力保障。② 当前,中华民族正处于走向伟大复兴的关键时期,各种矛盾叠加、风险集聚,考验不断,只有严格贯彻落实依规治党和全面从严治党

---

① 《中共中央关于全面推进依法治国若干重大问题的决定》指出,"党内法规既是管党治党的重要依据,也是建设社会主义法治国家的有力保障"。

② 参见王若磊《依规治党与依法治国的关系》,载《法学研究》2016年第6期。

的战略举措,才能把党要管党、全面从严治党的水平迈向新的台阶,才能有效带领全国各族人民应对各种挑战,才能有力带领国家抵御各种风险。依规治党是推进全面依法治国的基础前提,是全面从严治党的重要抓手,是加强制度建党、制度治党的内在要求。党中央明确将全面从严治党纳入"四个全面"战略部署与整体布局,是在新时代确保我们党始终能应对世情、国情、党情变化的必然选择;是确保我们党始终成为最先锋的政治组织的必然基础;是确保我们党长期执政的必然要求。全党同志紧密团结在以习近平同志为核心的党中央周围,全面深入贯彻党的十八届四中、五中、六中全会精神,树立正确的政治意识、大局意识、核心意识、看齐意识,把制度建设摆在突出的位置,坚定不移维护党中央权威和领导,为党的长治久安提供坚强的制度保障。在前进的道路上,我们一定要不断深化依规治党引领的全面从严治党基本战略,建设好学习型、服务型、创新型的马克思主义政党,这样我们党就一定能带领全国各族人民开创中国特色社会主义事业新时代、新气象、新局面。

2014年10月23日,党的十八届四中全会的《决定》指出:"全面推进依法治国,总目标是建设中国特色社会主义法治体系,建设社会主义法治国家。这表明,在中国共产党领导下,坚持中国特色社会主义制度,贯彻中国特色社会主义法治理论,形成完备的法律规范体系、高效的法治实施体系、严密的法治监督体系、有力的法治保障体系,形成完善的党内法规体系,坚持依法治国、依法执政、依法行政共同推进,坚持法治国家、法治政府、法治社会一体建设,实现科学立法、严格执法、公正司法、全民守法,促进国家治理体系和治理能力现代化。"① "在新时代,中国共产党一直致力于建设中国特色社会主义法治国家,一直致力于制度治党、依规治党和全面从严治党,推进国家治理体系和治理能力现代化。依规治党是与全面依法治国紧密联系在一起的,依法治国与依规治党是社会主义法治体系的重要组成部分。"② 随着中国共产党执政经验的丰富、执政理论的成熟和领导能力的提升,党中央越来越意识到应该在依法治国的基础上,促进制度治党、依规治党的纵深发展,推进依法治国与依规治党的有机统一,这对建设社会主义法治国家具有重要意义。党内法规体系的科学化和规范化能促使各级党组织和全体党员作风严肃、言行规范,不断提高党的执政能力和领导水平。通过依规治党推进全面从严治党的贯彻与落实,使得制度治党、依规治党得以贯彻与落实,使得党的建设和治理迈向一条规范化、程序化和法治化的新路子。

---

① 《关于全面推进依法治国若干重大问题的决定》,载《人民日报》2014年10月29日,第1版。
② 杨天宗:《处理好依法治国与依规治党的关系》,载《求是》2015年11期。

第一节 全面从严治党与依规治党的含义及意义

全面从严治党是建党以来的主要宗旨和一贯要求,依规治党是新时代管党治党面对的核心内容与重要任务。党的十八大以来,以习近平同志为核心的党中央把依规治党作为全面从严治党的主要抓手和核心内容,并做出统一的安排、统筹、谋划和部署。在党中央"四个全面"的整体布局和具体谋划下,全面从严治党具有基础性的重大意义。从逻辑上来分析,全面从严治党是全面建成小康社会、全面深化改革、全面依法治国顺利推进的基础前提和根本保证。如何一步一步具体贯彻落实全面从严治党?必然是需要依据科学制定的党内法规为主要工具和方式,推进全面从严治党的贯彻与落实。运用科学的、规范的和完善的党内法规体系推进全面从严治党迈向新台阶。在新的历史条件下,在新的治党管党理念下,党的建设和党的治理应该遵循科学的基本规律和法治方式。依规治党推进全面从严治党也是中国共产党长期执政和科学执政必须长期坚持的主要方式。习近平总书记指出:"从严治党,最根本的就是要使各级党组织和全体党员、干部都按照党内政治生活准则和党的各项规定办事。"由此可知,依规治党是实现全面从严治党的基础前提和根本途径,也是党长期执政和科学执政的客观要求。依规治党推进的全面从严治党,业已基本形成规范的体系:一方面,"把党内法规规定的标准和措施贯穿于管党治党全过程和各方面",这表明了依规治党的全面性和根本性;另一方面,"坚持制度治党、依规治党,运用党规之治把管党治党实现标本兼治的效果",这表明了依规治党的长期性和规范性。可见,依规治党推进的全面从严治党是我们党对执政规律和领导水平的深刻认识和准确把握。

一、全面从严治党的含义和要求

全面从严治党是新时代坚持和发展马克思主义和中国特色社会主义的重要组成部分。党的十八届四中、五中、六中全会,都要求全面贯彻落实依规治党、扎紧新时代全面从严治党的制度笼子。其中,党的十八届六中全会专题研究全面从严治党的重大问题,充分展现了党中央坚定不移推进依规治党推进全面从严治党落实的决心。全面从严治党至少包括两个方面的内容:一方面,需要全方位用劲,体现落实全面从严治党的全面性;另一方面,也需要重点发力,体现抓住全面从严治党的关键点。综上,全面从严治党主要脉络是以习近平总书记的重要讲话精神和党的十九大精神为新时代全面从严治党提供行动指

第六章 全面从严治党与依规治党

南;牢牢把握新时代制度治党、依规治党和全面从严治党的正确政治方向;全面推进新时代党内法规制度建设,真正让铁规发力、禁令生威。以科学执政的理念为指导,尊重治党的内在规律,遵循正确的政治方向,坚持使命情怀、坚持战略定力,把全面从严治党的基本方略推向纵深发展。

(一) 全面从严治党的提出

从严治党是中国共产党管党治党的重要战略举措和方向指引,是新时代深化改革开放和社会主义现代化建设的主要方针和基本要求。党的十三大、十四大、十五大、十六大报告中都明确强调,加强党的建设必须坚持从严治党的基本要求。党的十八大以来,以习近平总书记为核心的党中央坚持使命情怀和问题导向,深刻分析实际形势和具体情况,着重从六个方面不断推进全面从严治党的贯彻与落实:一是思想从严;二是管党从严;三是执纪从严;四是治吏从严;五是作风从严;六是反腐从严。这六个方面的从严,为全面从严治党确立了主要方向和具体指引。2012年11月,习近平在党的十八届中央政治局常委同中外记者见面时指出:"我们的责任,就是同全党同志一道,坚持党要管党、从严治党,切实解决自身存在的突出问题,切实改进工作作风,密切联系群众,使我们党始终成为中国特色社会主义事业的坚强领导核心。"① 这是在新历史起点上,党中央第一次正式提出与具体阐述了全面从严治党的核心要义和基本内涵,充分表明全面从严治党进入新的阶段,充分表明全面从严治党有了新的要求,充分表明全面从严治党在治党管党中的重要作用。2014年10月,习近平在党的群众路线教育实践活动总结大会上强调"加强党的作风建设、全面推进从严治党"。同时对全面从严治党提出了八点要求:一是落实从严治党的主体责任;二是坚持思想建党和制度治党相结合;三是严肃党内政治生活;四是坚持从严管理干部;五是持续深入改进作风;六是严明党的规矩与纪律;七是加强人民监督作用;八是深刻把握从严治党规律。这是对全面从严治党思想的完整、首次、权威的清晰阐述与深刻理解,是全面从严治党的任务书、路线图和时间表。这八个方面的要求是全面从严治党的行动方案和行动指南。2015年2月,习近平总书记再次强调把包括全面从严治党在内的"四个全面"定位于党中央的战略布局。习近平指出:"党中央从坚持和发展中国特色社会主义全局出发,提出并形成了全面建成小康社会、全面深化改革、全面

---

① 《习近平等十八届中共中央政治局常委同中外记者见面》,载新华社网 http://www.xinhuanet.com/politics/2012-11/15/c_113697411.htm,访问时间:2018年2月3日。

依法治国、全面从严治党的战略布局。"①由此可知,全面从严治党是党中央"四个全面"部署的有机组成部分,是关于建党、管党治党重要的一场深刻革命,进一步明确了党与国家事业的前进方向,是党在新时代的政治宣言和行动纲领。

总体而言,中国共产党是一个拥有 8900 多万党员的世界第一大政党,中国共产党是在一个拥有 13 亿多人口的文明古国长期执政的党,党中央坚定不移地实施与推进全面从严治党方略是执政规律的本质要求与长期执政的客观需要。党的十八届四中、五中全会,紧紧围绕依规治党和全面从严治党做出新的重大部署,颁布新的重要举措,提出新的具体要求,为新时代落实党要管党与全面从严治党提供了明确指引和根本遵循;党的十八届六中全会,以"依规治党与全面从严治党"为主题,表明了制度治党、依规治党的重要意义和核心作用,表明了执政党通过依规治党推进全面从严治党的主要路径和基本方略。在党中央坚强的领导下,加强党的制度建设和党内法规建设,完善党内法规制度体系的体制与机制,形成结构合理、规范科学、程序正当、配套完备的党内法规制度体系,运用党内法规制度体系把全面从严治党落到实处,这是当前和今后党中央与各级党组织的主要使命与重要任务。

(二) 全面从严治党的新意涵

全面从严治党方略是以习近平同志为核心的党中央,在中国特色社会主义进入新时代治国理政的鲜明特色。党中央在推进全面从严治党伟大实践中,提出一系列新的重要思想和具体举措,强调把思想建党和制度治党紧密地有机结合在一起,坚持以思想建党为基础,以制度治党为根本,以改进作风为突破口,以反腐败为重要任务,以制度治党、依规治党为根本保障,全面提高党的领导水平和执政能力,在新的历史条件下,为加强党的建设和管党治党提供了根本遵循。②

习近平总书记指出:"要进一步加强党的建设,突出党要管党、从严治党,全面加强党的思想建设、组织建设、作风建设、反腐倡廉建设、制度建设。"这是对全面从严治党的新概括,是深刻阐释全面从严治党的新含义,也是全面从严治党举措的进一步明确和强调。概括而言,习近平总书记的强调表明了全面从严治党包含着党的建设在内的三个方面基本内涵:一是全面从严治

---

① 《习近平同党外人士共迎新春》,见新华网 http://cpc.people.com.cn/n/2015/0212/c64094 - 26557510.html,访问时间:2018 年 2 月 3 日。
② 参见秋石《"打铁还需自身硬"——学习习近平总书记关于全面从严治党的重要论述》,载《求是》2015 年第 5 期。

党首先表明的是管党治党的全面性。全面意味着全部、无例外、无死角,包括党的思想建设、党内的制度建设、党的组织建设、党的作风建设、党的反腐倡廉建设等五个主要建设的合力。二是全面从严治党方略体现党中央战略的顶层设计的科学性,其覆盖主体包括中央、地方,通过凝聚两者的合力,确保全面从严治党各项制度的立体化。三是全面从严治党方略的全面实施在全面深化改革和进一步开放、全面推进依法治国的历史节点上,表明全面从严治党各项制度和任务的复杂性和繁重性。从全面从严治党落实的实践情况看,可见党中央全面从严治党的落实力度之强与党中央全面从严治党的决心之大,这充分体现了党中央全面从严治党的长期性和制度性的特征。综上所述,全面从严治党永远在路上,从宽松软到严紧硬是一个长期过程,要在坚持中发展、在发展中坚持;全面从严治党永远在路上,要在实践中深化、在深化中实践,这也彰显着中国共产党人全面从严治党的恒心和决心。

(三) 全面从严治党的新要求

全面从严治党目的是使党永葆生机和活力,始终成为中国特色社会主义事业的领导核心。在新时代,落实全面从严治党的新要求,核心就是要把党的宗旨落到实处,把党要管党体现到日常管理监督过程中;落实全面从严治党的新要求,主要就是要各级党组织担负起管党治党过程中的主体责任;落实全面从严治党的新要求,重点就是严格贯彻落实党规之治;落实全面从严治党的新要求,关键就是要把反腐败工作落到实处。① 从法理来分析,全面从严治党,基础在"全面"、关键在"严"、要害在"治"。对全面从严治党新要求的理解和把握是源于对中国共产党执政规律的认识、发展和深化。

1. "全面"是全面从严治党的基础

"全面"就是面向全体党员,就是建党、管党、治党的各个方面,就是从中央和地方各级党组织,覆盖管党治党的各个领域、各个层次、各个部门。"全面"既体现为"管党治党"对象的全方位、全覆盖、全过程,也体现为"管党治党"内容的全方位、全覆盖、全过程,同时还体现为"管党治党"目标、手段、方法的全方位、全覆盖、全过程。"全面"是全面从严治党的基础,主要因为:其一,就"治党"对象来说,就是党的各级组织、各级领导干部和全体党员都对全面从严治党负有责任,其既是主体,也是客体;既是履行者,也是执行者;既是监督者,也是被监督者。其二,就"治党"内容来说,它涵盖了思想建设、制度建设、组织建设、作风建设、反腐倡廉建设等五

---

① 李源:《把握全面从严治党的新内涵新要求》,载《人民日报》2016年1月18日,第1版。

个方面。其三，就"治党"目标来说，既治标又治本，既抓大又抓小，既立足当前又着眼长远。就"治党"手段来说，既注重继承又注重创新，既注重程序又注重实体；既注重体制又注重机制。其四，就"治党"方法来说，既惩戒又激励，既靠教育又靠制度；既有上级监督又有公众监督；既有党内监督又有党外监督。其五，从时间维度来说，把握"永远在路上"，意味着全面从严治党只有起点没有终点；既具历史性又具时代性；既具当前性又具前瞻性；既具经常性又具一贯性；既具长期性又具稳定性。综上，党要管党、全面从严治党的基础要体现全面性。

2. "从严"是全面从严治党的关键

"从严"就是要做到严格、严肃、认真、负责。从严的管党治党方式，是中国共产党建党以来一贯坚持的态度和指导一切工作的作风与方式，是做好党一切工作的重要保障和主要方法。对广大党员干部的管理要做到思想教育从严、政治生活从严、生活作风从严、党规规范从严、反腐倡廉从严，把党的建设的各项要求与任务落到实处，从而确保从严治党落到实处。"从严"是全面从严治党的关键是因为：其一，全面从严治党的"从严"，就是要认认真真和踏踏实实地贯彻与落实管党治党措施。其二，全面从严治党的"从严"就是要贯穿到管党治党的各个部门与各个方面。其三，全面从严治党的"从严"就是要贯穿到思想治党与制度治党的全过程并落到实处。其四，全面从严治党的"从严"就是从严抓管党治党，严厉惩罚违法乱纪行为，把全面从严治党纳入战略布局。其五，全面从严治党的"从严"就是净化党内政治生态，严抓中央"八项规定"精神的落实工作，严明党的政治纪律和政治规矩。综上，全面从严治党的"从严"就是要使各级党组织和全体党员干部都按照党内政治生活准则和党内法规、规范性文件的要求，把党规党纪作为办事指南和标尺；就是要严明党内法规的规范具体要求，把严格贯彻落实党规之治作为党的"标本兼治"策略，这是党的光荣传统和独特优势。通过贯彻"从严"要求，推动全面从严治党不断向纵深发展。

3. "治理"是全面从严治党的要害

"治"或者说"治理"就是严格和严肃的"治理"、及时与效率的"治理"、标与本兼顾的"治理"。从本质上看，治理不是一套规则、条例和文件之治，而是一个综合的治理过程；治理不以支配、管制和控制为基调，而以规制为基础。从党中央到地方党委，从中央党委（党组）到地方基层党支部，都要全面肩负起管党治党的主体责任，落实管党治党的各种具体措施，才能真正落实全面从严治党方略，才能使管党治党、全面从严治党真正从宽、松、软，不断走向严、紧、硬。"治理"是全面从严治党的要害是因为：其一，全面从严治党的"治理"是从根本上加强和落实党的建设和管党治党的基本要求。其二,全面从严治党的"治理"是防止个别党员干部政治变质、经济贪婪、道德堕落、生活腐化,在思想上和制度上筑起拒腐防变的堤坝。其三,全面从严治党的"治理"是制度之治和规范之治,其具有根本性、全局性、程序性、稳定性、长期性,为全面从严治党提供制度保证。其四,全面从严治党的"治理"是要坚持党内法规面前人人平等、贯彻落实党内法规制度没有例外,不留"暗门"、不开"天窗",坚决维护党内法规制度的严肃性和权威性。综上,全面从严治党的"治理"是严肃之"治"、标本之"治"、效率之"治"和及时之"治",这充分体现了全面从严治党的本质是培养广大党员干部的为民精神、担当精神和务实精神,以严格的标准要求党员干部,以严明的纪律管理党员干部,以严厉的党规规范党员干部,促使广大党员干部坚定理念与信念,做到清正、廉洁、奉献,做到心有所信、言有所戒、行有所范。

二、依规治党的内涵与使命

依规治党意味着严格按照党的法规来规范各级党组织和全体党员的行为,通过党的各项具体制度来保证包括党章在内的党内法规体系成为各级党组织和全体党员的主要行为准则和依据。依规治党是中国共产党贯彻制度治党的具体实践,是中国共产党新时代的历史使命,是全面从严治党的主要方式,是我们党实现建党宗旨的根本保证。

(一)依规治党的提出

党的十八届四中全会上明确提出了依规治党方略。从本质来看,依规治党的管党治党理念业已成为中国共产党制度治党的一种主要方式。依规治党的思想最早可以追溯至恩格斯,他曾指出,"党章是党的法律",是党的各个部分的"唯一的""共同法律"[①]。从历史维度看,中国共产党从建党开始就是一个高度制度化的政治组织,具体来讲至少包括两个方面:一方面,从中国共产党的"一大"纲领到"二大"章程;另一方面,从党的一大到现在的党的十九大通过和公布的决议,都有力印证了中国共产党的制度化、规范化、法治化、程序化的发展历程。党的十八大以来,以习近平总书记为核心的党中央对党内制度建设有了新的认识和新的理解,做出了新的部署与新的指导。由此可见,党中央高度重视党内法规制度建设,把加强党内法规制度建设作为全面从严治党的长远之策、根本之策来贯彻落实。党的十八大以后,习近平总书记就加强

---

① 《马克思恩格斯全集》(第34卷),人民出版社1972年版,第395页。

党内法规制度建设做出多次重要指示,特别强调坚持依法治国与制度治党、依规治党统筹推进、一体化建设,做到依法治国与依规治党有机统一;坚持制度治党与思想建党相结合,做到让思想引领制度建设,用制度规范思想与行为,使得制度治党与思想建党高度一致,使得制度治党与思想建党的结合迈向新的台阶。2017年7月出版的《习近平关于制度治党、依规治党论述摘编》集中反映了习近平总书记制度治党、依规治党的重要思想和基本方略;深刻认识到制度治党、依规治党的重要性和紧迫性;准确把握了制度治党与依规治党的总体目标、主要任务和内在规律;反映了以习近平同志为核心的党中央加强党内法规制度建设的重大意义与战略举措。习近平总书记关于制度治党、依规治党的重要论述,一方面,集中反映了以习近平同志为核心的党中央加强党内法规制度建设的主要思想和基本方略,为发展和完善中国特色社会主义法治理论夯实了坚实基础和主要保障;另一方面,深化了我们党对执政党建设内在规律和执政方式改革的认识和理解,为加强中国共产党的党内法规制度建设提供了方向指南和重要遵循。因此,我们要全面系统把握习近平总书记制度治党、依规治党的重要思想,以科学的理论和内在的规律指导党内法规制度建设,不断营造尊规学规、守规用规的社会风尚,切实推动党规之治的实践进一步贯彻落实。由此可见,依规治党推进的全面从严治党既是管党治党的重要依据,也是建设社会主义法治国家的有力保障。

(二) 依规治党的新内涵

依规治党是党的十八大以来党中央全面深化改革的战略部署。依规治党作为全面从严治党的重大制度设计,亦即,依规治党要实现党中央明确要求的全面从严治党总体目标,并为全面建成小康社会、全面深化改革、全面依法治国提供基础保证。作为"四个全面"基础保障的依规治党是部署党和国家事业的基础、办成党和国家事业的主要道路。在中国特色社会主义进入新时代的当下,依规治党的重点应该是将党风党纪建设与党内治理有机结合,其主要目的在于探索按照现代法治精神和法治原则,使党执政方略和领导方式更加适应执政党的规范化建设需要,更加适应社会主义现代化建设的需要,更加适应更好地为人民服务的需要。通过加强和改善党内纪律和规则,将成熟的党内制度上升为党内法规,转变执政思维和执政方式,提高执政能力与领导水平,依规治党的最终目标是服务于党领导的社会主义建设事业发展的需要。

把依规治党摆在全面从严治党中的突出位置,为党的长治久安提供坚强的制度保障。运用党内法规来管党治党,通过党内法规来规范党的权力,确保党的权力行使过程的程序性、规范性和合理性。依规治党是一种符合现代法治精神和法治原则的管党治党的方式和管党治党的思维。① 在新时代，依规治党是以实现保障党员个人的合法权利、规范政党权力行使为主要目标，以党内法规、党内制度、党内规则等作为行为准绳，以规范政党的行为、约束政党的权力，确保广大党员干部严格依据党内法规行使权力，保障政党权力合法高效贯彻落实作为最终的依归。依规治党的新含义意味着，依规治党是一种符合法治精神和法治原则的建党与管党治党的方式，依规治党必须遵循三个基本要求：一是各级党组织和全体党员必须在宪法与法律允许的框架内从事各种活动，不得超越于宪法和法律规定的权限；二是全体党员都必须遵守党内法规，任何党员干部都不得有超越党内法规规定的权力；三是提高党内法规的制定质量，确保治党的党内法规是良规，确保每项法规制度都立得住、行得通、管得了；四是党员干部行使党内法规赋予的权力必须符合正当的法律程序原则。对于中国共产党而言，依规治党是党在取得执政地位后对于党内治理的一种主体自觉，是党的建设和管党治党的一种必要遵循，是党自觉探索马克思主义政党执政规律中国化的主要体现。从学理上分析，要全面实现依规治党，至少要处理好两层关系：一是从政党的外部看，就是注重党内法规同国家法律的衔接和协调，如何理顺依规治党与依法治国的有机统一的问题；二是从政党内部看，就是注重制度治党与思想建党同步进行与同向发力，如何加强党内治理、提升管党治党水平的问题。在中国特色社会主义进入新时代的背景下，在全面推进依法治国的当下，随着现代法治思维和法治方式不断融入党的执政过程和执政方式之中，依规治党的含义也有了新的发展，这是中国共产党执政多年来执政规律的发现、深刻的理论概括与宝贵的经验总结。依规治党的新内涵至少体现五个方面：其一，依规治党的依据在于党内法规。其包括党章、准则、条例、规则、规定、办法、细则等党规。其二，依规治党是党内治理的一种主要方式。依规治党是其中重要的亦是较为科学的规范的党内治理形态。从过去仅强调"思想建党"到新时代的"思想建设和制度治党相结合"的转变，是我们党建设和管党治党方式的升华。其三，依规治党的"规"必须是科学的、合法的、合理的制度和规范，也就是说，制定的党规必须是良规。其四，依规治党的基础前提条件必须是全体党员对于党内各项制度、规范、纪律和规则的认可和认同。其五，实现依规治党与依法治国有机统一。依规治党是依法治国的重要前提和根本保障，依法治国是依规治党的主要目标和根本依归。因此，新时代的依规治党必须要注重依规治党与依法治国的有机统一。其六，落实依规治党必须提升党内法规的执行力。徒法不足以自行，徒善不足以为政。严格贯彻落实

---

① 参见王若磊《依规治党与依法治国的关系》，载《法学研究》2016年第6期。

依规治党,要求各级党组织和广大党员领导干部要以身作则、自觉遵守党内法规、带头维护党内法规、严格执行党内法规。党内法规制度难在执行,也贵在执行,要狠抓党内法规执行,让遵守党内法规制度蔚然成风。

(三) 依规治党的新使命

党的十八大以来,以习近平总书记为核心的党中央强力正风,雷霆出击,拉开依规治党的大幕,党风政风焕然一新,党和国家、社会与人民无比振奋,党内政治生活气象更新,党内政治生态风清气正。实践证明,党以壮士断腕的决心、自我革命的勇气,着力解决党的建设和管党治党过程中存在的各种不良现象和问题,不断增强党的自我净化、自我完善、自我革新、自我提高能力,坚定不移地贯彻执行党中央提出的依规治党越来越严的基本方针。在新时代,依规治党有其新的历史使命:要把从严的要求贯彻和体现在建党与管党治党的全过程之中,不断严肃党内政治生活,不断净化党内政治生态;要从严加强持之以恒的作风建设,形成风清气正的社会环境,努力建设廉洁政治;坚持为人民服务的宗旨,坚守人民立场,从严夯实思想建党与制度治党的基本架构。我们坚持和完善依规治党是全国各族人民的利益所在,这关乎全国各族人民的生活是否得到真正实惠,关乎党和国家的治理能力是否得到明显提升,关乎广大党员的权益是否得到有效的保障,也关乎中华民族的伟大复兴能否得到早日实现。中国共产党自建党以来,一直以"全心全意为人民服务"作为宗旨。我们党的发展之所以能从小到大、从弱到强,关键就在于我们党始终重视与落实依规治党的基本方略,始终能以人民的根本利益为依归。自从党的十八大、十九大顺利召开以来,党中央明确指出,依规治党是现代文明社会最根本的制度保障,是党最大的制度保障,是管党治党重要制度优势,是全面从严治党的战略举措。具体来讲,依规治党的新使命主要体现在以下几个方面:

1. **全面扎紧制度笼子,形成完善的党内法规体系**

没有规矩,不成方圆。制度可以有效地规制权力,规范权力的有序运行。全方位扎紧制度笼子,创新党内法规制度,形成完善党内法规体系,必然要求从制度的顶层设计上做到有章可循、有规可依。习近平总书记指出,依规治党,首先是把纪律和规矩立起来、严起来。因此,我们关键要抓住党内法规建设这个重点,必须根据管党治党的新要求不断创新和完善党内法规制度,实现党内法规的程序化、规范化、体系化和法治化。完善的党内法规制度,至少具备以下条件:第一,程序上的要求,完善的党内规则体系包含两种规范,一种是党自我管理的制度,即党制定的进行自我约束、自我管理、自我规制的规范;另一种是党的治国理政的规则,即党制定的协调和管理国家社会事务的规范。形成完善的党内法规体系至少要做好以下四个方面的工作：一是党自我约束制度的体系化。完善对党的各级组织和全体党员的权利、义务的规范，使自我约束型的党内法规符合体系化的要求。二是党治国理政制度的体系化。对党的治国理政的党内法规制度的制定主体、权限、程序进行严格规制，运用科学立法的理论和实践，努力提升党内法规的制定质量，以使党内法规体系符合体系化的要求。三是党内法规立改废制度的体系化。立足于法治精神和法治原则，对党内法规的立改废等工作进行规范与指引，以使党内法规立改废工作符合体系化的基本要求。四是党内法规与国家法律协调与衔接的体系化。做到在确保党内法规不与国家宪法与法律相抵触的前提下，制定配套合理与衔接顺畅的党内法规制度，以使党内法规体系与国家的法律体系协调一致，以使党内法规体系符合体系化的要求。第二，实体上的要求，实现党内规则体系法治化、制度化和规范化，也就是要推进党的治理本身的法治化、制度化和规范化。[①] 要以法治精神和法治原则，建立、梳理、解释、贯彻、落实党内法规制度。切实推进党的治理实质的法治化、制度化和规范化，应着重做好以下两个方面的工作：一方面，积极推进党内民主立规、科学立规和依法立规。要深化改革、转变职能，从体制机制上堵住不正之风的漏洞，运用民主立规、科学立规、依法立规的理论和实践全面加强党内法规制度建设，以法治思维和法治方式抓作风制度建设，建设完善的作风建设党内法规制度体系。另一方面，坚持党的基本理论、基本路线、基本纲领、基本要求不动摇，加强问责制度的落实。要做好管党治党工作，必须认真贯彻落实主要责任和主体责任，加强责任追究工作，强化广大党员干部对党、对社会和人民的责任意识，实现党内法规责任制度建设的制度化、规范化、常态化。

2. 发挥干部的主体作用，提高党内法规的执行力

作为中国产党的党员，党内法规必须自觉遵守和严格执行。党的十八大以来，以习近平总书记为核心的党中央高度重视党内法规制度执行情况，党内法规的执行力不断提升。制度一经形成，就必须严格执行。在提高党内法规的执行力的问题上，要坚持制度为先、执行为要的指导方针，充分发挥党内法规制度的刚性约束作用，坚决维护党内法规制度的严肃性和权威性。习近平总书记强调："制度执行力已经成为影响我国社会主义制度优势充分发挥、党和国家事业顺利发展的重要因素。"如何提高党内法规制度的执行力，充分发挥党内法规制度的刚性约束、充分发挥党内法规制度"标本兼治"的功能，业已成

---

① 参见周叶中《关于中国共产党党内法规体系化的思考》，载《武汉大学学报（哲学社会科学版）》2017 年第 5 期。

为我们党贯彻落实依规治党的新使命。党内法规的执行要形成自觉、形成习惯，提升党内法规的执行力是实现依规治党、全面从严治党的关键抓手和重要落脚点。在完善的党内法规制度的前提下，发挥党员的主体作用，不断提升党内法规的执行力。党内必须加强党内法规的教育和学习，把懂规矩懂党内法规、守规矩守党内法规作为衡量一个干部是否合格的重要标准。习近平总书记指出，党内法规不能锁在柜子里。党内法规必然是在运用和执行中发挥其作用的。各级党组织应该根据社会的发展需要不断完善党内法规，重点抓好党内法规的贯彻落实工作，真正做到执行党内法规必须严格、违反党内法规必须追究。各级党员干部一定要认真学习党内法规制度，运用党内法规制度进行管党治党知识分析和解决现实中的具体问题，自觉将党内法规规定的标准作为判断工作是否合格的"准绳"或"准星"，作为判断生活作风是否良好的"尺子"，作为判断政治作风是否先进的"鞭子"，发挥广大党员干部的主体作用，营造遵纪守法的良好氛围，做依规办事的先锋和模范。① 依规治党的贯彻落实需要广大党员干部充分发挥干部的主体作用，提高党内法规的执行力，共同维护党内法规制度的严肃性和权威性。作为中国共产党员、作为党的领导干部，自觉遵规守纪，发挥主体作用不仅是一种政治自觉，更是一种对党的信仰。

3. 遵循依宪执政，坚持不移推进依法治国

"坚持依法治国首先要坚持依宪治国，坚持依法执政首先要坚持依宪执政。"② 2014年10月20日，党中央出台《中共中央关于全面推进依法治国若干重大问题的决定》并指出，"依法治国，首先是依宪治国；依法执政，关键是依宪执政"；2015年2月2日，习近平总书记在省部级主要领导干部学习贯彻十八届四中全会精神全面推进依法治国专题研讨班开班式上的讲话中指出："法是党的主张和人民意愿的统一体现，党领导人民制定宪法法律，党领导人民实施宪法法律，党自身必须在宪法法律范围内活动。"这就充分表明了：一是党内法规和国家法律的有机统一；二是党的领导和依法治国的高度统一；三是依规治党与依法治国的有机统一；四是准确地把握了党领导立法、保证执法、带头守法的基本立场。遵循依宪执政、坚定不移推进依法治国要求党的活动在法治国家框架内展开，政党的政治活动要在国家政治框架下运作。在新形势下，做到党要在法治国家的框架内活动，主要体现就是党要依宪执政。"依宪执政是要把党领导人民制定和实施宪法法律同党坚持在宪法法律范围内活动

---

① 参见邹从清《论提高党内法规的执行力》，载《山东社会科学》2016年第12期。
② 参见周叶中《关于中国共产党党内法规体系化的思考》，载《武汉大学学报（哲学社会科学版）》2017年第5期。

统一起来，善于使党的主张通过法定程序成为国家意志。"① 我们党是长期执政的党，能不能坚定不移地依宪执政、依法执政，能不能准确领导立法、带头守法、保证执法，对依法治国的进程具有能动的影响作用。具体而言，依宪执政要做到以下三点：一是依宪执政意味着党要高度尊重和遵守宪法法律，做实实在在的"奉法者"。中国共产党作为长期的执政党，遵守和奉行国家的根本大法——《宪法》，应该准确贯彻党的领导立法、保证执法、支持司法、带头守法。二是依宪执政意味着全体党员要忠诚宪法和信仰宪法，做真实虔诚的"守约者"。牢记党的宗旨和党的使命，坚守对人民的郑重承诺，坚持对宪法宣誓忠诚，做到为了人民、依靠人民、服务人民、保障人民。三是依宪执政意味着党严格接受宪法的规范和规制，形成遵纪守法的自觉性，做实实在在的"守法者"。做到以宪法的规范作为执政的指南，保持对宪法与法律的敬畏之心，铭记法律规定不可逾越、牢记法律底线不可触碰、谨记法律义务不可推卸。

三、依规治党对全面从严治党的意义

积极运用党规之治进一步推进全面从严治党贯彻落实。加快党内法规制度创新，强化党内法规制度执行，让党内法规制度成为管党治党的刚性约束。依规治党是全面从严治党的具体体现，也是党自我完善的战略举措。习近平总书记对制度治党做出了一系列重要论述，全面和完整地揭示了党内法规在全面从严治党过程中的突出位置和重大作用，具体体现在以下七个方面：一是根本性，二是全局性，三是稳定性，四是规范性，五是长期性、六是完备性、七是管用性。② 这意味着只有不断完善党内法规制度体系建设，才能不断提升党要管党、全面从严治党的力度与广度，才能更好地推进党中央提出的"四个全面"发展战略的实现。依规治党推进的全面从严治党是全面建成小康社会、全面深化改革的根本保证。依规治党是全面从严治党的根本要求和主要方式，也是全面推进依法治国的基础前提和政治保障。依规治党与全面从严治党的提出，充分表明了党中央的战略思维、顶层设计和全局意识，体现了建党、管党、治党的系统化、科学化、规范化的发展方向，因应了中国共产党实施科学执政的本质要求。

依规治党推进的全面从严治党是管党治党措施的重大变革，是党和国家事业发展的主要基石和制度保障，是提高党领导水平和执政能力的主要基础。党

---

① 姜伟：《全面深化改革与全面推进依法治国关系论纲》，载《中国法学》2014 年第 6 期。
② 许耀桐：《党内法规制度建设与全面从严治党》，载《人民论坛》2017 年 11 月。

的十八大以来，中国共产党坚定不移地贯彻落实了制度治党、依规治党的战略部署，全面从严治党取得了巨大的成就和历史性的突破。加强党的法规制度体系建设，全面落实制度治党、依规治党是全面从严治党的长远之策、根本之策。坚持依规治党是中国共产党人的集体智慧结晶和实践经验总结，是经过了实践证明的行之有效的科学之治、制度之治、规范之治，是得到广大人民群众普遍认同和赞许的长期执政方式和领导方式。综上，严格贯彻落实依规治党推进的全面从严治党才能更好地保持党的先进性、纯洁性；才能更好地确保全面建成小康社会如期实现；才能更好地促进全面深化改革有序展开；才能更好地保证全面依法治国稳步前进。

1. 保持党先进性与纯洁性的本质要求

依规治党推进的全面从严治党是保持党先进性与纯洁性的本质要求。"（党的）先进性是马克思主义政党的根本特征，也是马克思主义政党的生命所在、力量所在。"① 保持党的先进性与纯洁性能确保党始终保持工人阶级先锋队本质特点，确保党始终成为社会主义事业的领导核心，确保党始终成为国家长期执政的重要基础。当前，党内的个别领导干部忘记初心、思想松懈，政治作风和工作作风懒散，甚至滋生违法腐败问题，损害党和国家形象，侵蚀党的先进性与纯洁性。在中国特色社会主义进入新时代的当下，要保持党的先进性与纯洁性，主要方式之一就是坚持贯彻与落实依规治党推进全面从严治党的实现，其主要原因体现在两个方面：一方面，保持党的先进性和纯洁性需要通过依规治党推进全面从严治党，加强管党治党的制度体系建设，规范党员干部的生活作风和政治作风。党员干部应该发扬理论联系实际、以实际解决问题作为导向的优良作风，来提高党的执政能力和领导水平，保持党的先进性与纯洁性。另一方面，需要通过依规治党推进全面从严治党的制度化、规范化、程序化的建设，通过制度化方式密切联系人民群众与切实维护人民群众的利益，始终保持与人民群众血肉相连——"心连心、同呼吸、共命运"。"我们党来自人民、根植人民、服务人民，党的根基在人民、血脉在人民、力量在人民。失去了人民的拥护和支持，党的事业和工作就无从谈起。"② 通过依规治党推进全面从严治党，加强党的战斗力和生命力，永葆党的先进性与纯洁性。综上，依规治党推进的全面从严治党是中国共产党管党治党的基本原则，是中国特色社会主义进入新时代加强党的建设的主要方式，是进一步加大改革开放形势

---

① 参见周锦尉《先进性是党的生命所系力量所在》，载《人民网》2006年7月13日。
② 参见《党的群众路线教育实践活动工作会议召开 习近平发表重要讲话》，见新华网（http：//www.xinhuanet.com/politics/2013-06/18/c_116194026.htm），2013年6月18日。

下，加强党现代化建设的基本要求。保持党的先进性与纯洁性，提高党的领导水平和长期执政能力的关键是依规治党推进的全面从严治党的贯彻落实。依规治党推进的全面从严治党的制度化和规范性是保持党的先进性与纯洁性的本质要求。

2. 实现全面建成小康社会的根本保证

坚持依规治党推进的全面从严治党是实现全面建成小康社会的根本保证。① 贯彻落实依规治党引领的全面从严治党凝聚了各级党组织与广大人民群众的共同愿望，是我们党长期治国理政实实在在的经验总结。从本质上分析，依规治党引领的全面从严治党为我国全面建成小康社会提供理论支撑和制度保障，更重要的是依规治党引领的全面从严治党的贯彻落实能保证我国经济高速增长的发展成果由人民群众共享，早日建成小康社会，实现共同富裕。以依规治党推进的全面从严治党来保证全面建成小康社会是最适合中国国情的路径，原因有四：其一，依规治党把制度建设摆在突出的位置，为全面建成小康社会提供坚实的制度保障。其二，依规治党推进的全面从严治党可以加深广大党员干部对中国特色社会主义道路的理解和认识，凝聚党与人民群众的共同愿望，充分激发广大党员和人民群众的创造活力，夯实了走中国特色社会主义道路的社会根基，树立道路自信、理论自信、制度自信和文化自信，为我国全面建成小康社会提供制度支撑和制度保障。其三，依规治党推进的全面从严治党要求加大党的作风建设力度，提升党员干部的政治作风和生活作风，引导风清气正的社会风尚，提高党和国家的治理能力，改善党内政治生态，保证全党落实"干部清正、政府清廉、政治清明"，为全面建成小康社会提供风清气正的政治局面。其四，依规治党推进的全面从严治党确保全面建成小康社会始终坚持党的领导，发挥广大党员干部在建设小康社会中的主观能动性，领导与引导广大群众投身于全面建成小康社会的伟大事业中。严格贯彻落实依规治党也确保全面建成小康社会遵循从群众中来、到群众中去的基本路线，保证国家社会的创造的发展机会和文明成果由全民共有、全民共享、全民共用。综上，通过依规治党引领全面从严治党为全面建成小康社会架构了基础的制度保障和制度支撑，促使社会在政治、经济、文化等方面的发展成果惠及全国人民。通过依规治党引领的全面从严治党来保障全面建成小康社会是尊重人民群众历史主体地位的体现，是尊重人民群众是国家财富的创制者的具体体现，也是党中央深邃的思考和生动的实践。

---

① 参见姜伟《全面深化改革与全面推进依法治国关系论纲》，载《中国法学》2014年第6期。

3. 促进全面深化改革的内在需要

依规治党推进全面从严治党是全面深化改革的内在需要。"全面深化改革固然需要有敢为天下先的勇气和精神，但必须要理性地运用法治精神与法治的方式；党规之治和制度治理的思维，坚持'依法'变法，坚持制度治党、依规治党。"① 当前，中国特色社会主义进入了新时代，全面深化改革也步入深水区，我们必须通过依规治党引领的全面从严治党确保党和国家的全面深化改革于法有据、有序推进。在新时代，习近平总书记指出："面对复杂多变的国际形势和艰巨繁重的改革发展稳定任务"，"必须坚持党要管党、从严治党"。全面深化改革也是一场伟大的革命。全面深化改革必然涉及方方面面的问题，改革的深度和广度前所未有，缺乏先前的经验遵循，没有可以借鉴的规范指引，改革的难度可想而知。一是在经济体制改革方面，国家的经济增长步入新常态，政府的角色从社会管理者转变为社会治理者，在经济体制改革上必须要调节好政府与市场的辩证关系，大力推进供给侧结构性改革，充分发挥市场在资源配置中的决定性作用。二是在党和国家机构改革方面，要严格贯彻落实党中央关于党与国家机构改革的顶层设计和战略部署，深化党与国家机构改革的落实，理顺党与国家机构的职能。深化政府职能转变，简政放权，落实行政职权下沉，落实电子政务，提升行政效率，建设服务型政府、阳光型政府、信息型政府。三是在文化体制建设方面，弘扬社会主义核心价值观、弘扬正能量的社会主旋律、发扬中国传统文化的优秀品质，完善移动互联网文化作品的内容和形式，提升国家文化战略定位。四是在社会治理体制建设方面，通过现代科技升级社会治理体制，大力培育以大数据、移动互联网、人工智能为底色的社会治理体系的构建和完善，尽快构建具有中国传统和中国特点的现代化社会治理体系。五是在生态文明建设方面，通过全面深化改革，树立资源节约型社会，树立绿水青山就是金山银山的发展理念，建立人和自然环境和谐型与友好型的发展模式。综上，全面深化改革需要再出发，需要再开放，需要再精准，通过依规治党引领的全面从严治党为全面深化改革提供制度保障，使依规治党推进的全面深化改革始终坚持社会主义方向、始终坚持党的领导。

4. 保证全面推进依法治国的必然要求

依规治党引领的全面从严治党是全面推进依法治国的必然要求，是依法治国的"助推器"。② 党的十五大明确提出依法治国、建设社会主义法治国家的

---

① 参见姜伟《全面深化改革与全面推进依法治国关系论纲》，载《中国法学》2014年第6期。
② 陈宇峰：《依规治党与依法治国相统一的原理和要求》，载《当代世界与社会主义》2017年第1期。

总体目标后,党的十八届四中全会也明确提出全面推进依法治国的战略举措。在新的历史时期,党中央提出和确立全面依法治国方略是提高党科学执政的必然结果,也是党对执政规律探索的必然结果。依规治党引领的全面从严治党是全面推进依法治国的必然要求,主要有以下三个方面的原因:其一,依规治党引领的全面从严治党是依法治国的逻辑基础和重要前提。众所周知,治国必先治党,治党务必从严,从严必依法度。广大党员干部作为依法治国的主要参与者、推动者、领导者,在法治建设过程中其自身是否能够奉行和遵循党内法规,对党与国家的法律保持足够的敬畏和重视,是能否实现全面依法治国的关键因素和基础条件。① 依规治党引领的全面从严治党也体现了法律面前人人平等原则和法律面前没有特权的现代法治原则。严格贯彻落实依规治党,才能更好地保证党员干部没有超越党内法规之上的个人特权。如此,为全面推进依法治国奠定了基础条件。其二,依规治党引领的全面从严治党是依法治国的"助推器"或"孵化器"。完善党内法规制度建设,严格贯彻落实依规治党,能很好地熏陶广大党员干部的法治精神和法治思维。党员干部法治思维的培养应该通过依规治党引领的全面从严治党来推动执行,要通过持续不断地学习党内法规,使党员干部掌握法律精神,形成法治思维,用党内法规的法治思维和法治方式来指导和处理党务工作中的各种实际问题,坚定不移地落实党内法规作为广大党员干部政治作风、生活作风和各项工作的办事准则和规范,助推依法治国的实现。其三,依规治党引领的全面从严治党必须坚持依法治国与制度治党、依规治党有机结合、统筹推进和一体化建设。建构以党章为党的根本大法、以若干配套党内法规为支撑的党内法规制度体系,注重党内法规制度体系同国家法律体系的衔接和协调。依规治党保证依法治国贯彻落实,深化了我们对中国共产党长期执政规律的认识,为全面依法治国指明了前进的方向,提供了重要遵循。

综上所述,从历史经验的深刻总结和对当前形势的清醒认识两个维度观察,依规治党引领的全面从严治党也是一场伟大的革命,其既是一场攻坚战,也是一场保卫战。中国共产党作为长期的执政党,而且又在单一制国家中,作为国家治理有机组成部分的执政党治理无疑是国家治理的关键。② 依规治党是全面从严治党的制度保障,也是依法治国的重要保障,是中国共产党带领全国各族人民,取得革命、建设、改革伟大胜利的重要法宝,是我们党和国家独特的制度优势。在新时代,运用好依规治党引领的全面从严治党方略,把全面从

---

① 沈国民:《论依法治国、依法执政、依规治党的关系》,载《东方法学》2017年第4期。
② 周义程:《全面从严治党内含制度逻辑》,载《中国社会科学报》2016年3月11日。

严治党落到实处，关系到民族的命运、国家的前途、人民的幸福。

第二节 依规治党的广东实践

近年来，广东认真贯彻落实依规治党推进全面从严治党的重大战略部署，从指导思想、重大部署、示范引领、主要成果和体制机制建设等方面落实党中央全面从严治党的一系列重大战略部署。

一、广东贯彻落实《中国共产党党内法规制定条例》

2013年5月，中共中央印发了《中国共产党党内法规制定条例》《中国共产党党内法规和规范性文件备案规定》两部主要的党内法规"立法法"。党内法规"立法法"的颁布为贯彻落实党中央提出的制度治党、依规治党战略部署奠定了制度建设的基石和制度建设的指南。《中国共产党党内法规制定条例》的出台对于推进中央党内法规和地方党内法规的制定提供了明确的指引和具体的规范，使得制定处理的党内法规具备科学性、民主性和合法性，用良规善治的基础得到进一步夯实。党中央着力于建章立规，加强制度的落实，使得全面从严治党呈现"综合治理"态势。依规治党的制度"笼子"编织得更加紧密、细致、牢固。在中国特色社会主义进入了新时代的背景下，为了巩固制度治党、依规治党的成果。习近平总书记为党内法规制度的体系化建设专门做出重要指示："必须坚持依法治国与制度治党、依规治党统筹推进、一体建设。以改革创新精神加快补齐党建方面的法规制度短板，力争到建党100周年时形成比较完善的党内法规制度体系。"①，这为进一步推进依规治党与全面从严治党提供了基本遵循。

广东认真贯彻落实《中国共产党党内法规制定条例》，深化科学立规、民主立规和依法立规的理论研究和实践探索，制定《广东党内法规制定办法》，完善广东地方党内法规制定体系，努力实现"良规善治"的执政本质。广东严格贯彻落实党中央提出的党内法规制定的"第一个五年计划"和"第二个五年计划"，按照党中央关于党的建设总体要求，关于制度治党、依规治党的战略部署，统筹党的建设等各个方面党内法规规范性文件制定工作。一方面，紧密对接中央党内法规和制定相关的配套、细化省级党内法规。另一方面，根据《中国共产党党内法规制定条例》和中央的授权制定实施方案和行动计划，

---

① 参见《中共中央关于加强党内法规制度建设的意见》。

广东省仅仅在2016年就制定省委党内法规11个，其中规则1个、规定1个、办法4个、细则5个。广东省加强贯彻落实《关于加强党内法规制度建设的实施意见》（以下简称《实施意见》）。《实施意见》对加强新形势下广东省党内法规制度建设提出明确要求，并做出统一部署和具体安排。《实施意见》要求深入贯彻以习近平同志为核心的党中央关于全面从严治党、依规治党的决策部署，从指导思想、总体目标等方面着手，围绕中心、服务大局，有序推进制度治党、依规治党步伐，使得党内法规制度体系内容科学、程序正当、配套合理、运行高效。

广东省一直高度重视党内法规制度体系的建设工作，一直把党内规范的建设摆在核心的位置，不断加强党内法规的组织领导，积极推进党内法规制度建设，对党内法规的制定进行统一部署，及时解决在法规建设工作中的难点和重点问题。广东省严格贯彻落实《中国共产党党内法规制定条例》《中国共产党党内法规和规范性文件备案规定》。具体的行动方案有：其一，加强对制定的党内法规的审核和把关工作。通过严格的审核和把关，确保我省制定出台的每一项党内法规都要与以习近平总书记为核心的党中央保持高度一致，确保我省出台的每一项党内法规都要符合党中央的政策导向和政治导向，确保我省出台的每一项党内法规都要合法合规。其二，加强对重要党内法规的部署和批示工作。广东省对于《党的问责工作实施办法》《深化推进全面从严治党的决定》《党领导立法实施意见》等重点党内法规的制定，省委主要领导都亲自部署、亲自批准、多次组织专题研讨会，确保党内法规的科学性和严肃性。其三，加强落实第一责任人制度的工作。积极落实班子成员分管领域党内法规制度建设安排。党内法规规范的内容是专门性的，由主要的主管部门负责起草和制定工作，能够更好地促进科学立法的原则的运用，确保制定的党内法规符合良规的要求。其四，加强党内法规工作联席会议工作。建立健全党内法规工作联席会议机制，能更好地形成促进党内法规制度建设的合力。广东省特别重视和强调党内法规工作联席会议的作用，构建党委统一领导、省委办公厅统筹协调、文电法规处负责指导落实、其他各部门分工负责和共同参与的工作格局。其五，加强党内法规工作机制建设工作。目前，广东省21个地级以上的市设立了文电法规处（科），专门负责党内规范工作，为省级党内法规制度提供贴合实际的素材，为科学立规配齐加强基础保障。其六，加强对党内法规制定试点城市的指导工作。广东省深圳市是党中央批准的全国6个能制定地方党内法规的试点城市之一，省委密切加强对深圳市制定党内法规的联系和指导工作，促进深圳市制定的党内法规符合党中央的规范，符合广东省的规定；促进深圳市制定的党内法规体现科学立规、民主立规、依法立规的精神；促进深圳市制定的党内法规符合《中国共产党党内法规制定条例》《中国共产党党内法规和规范性文件备案规定》的要求。

二、广东贯彻落实《中国共产党地方委员会工作条例》

2015年12月，中共中央颁布实施的《中国共产党地方委员会工作条例》（以下简称《条例》），是地方党委工作和生活的主要准绳与基本遵循。制定出台《条例》，是依规治党的关键一步，为在新时代下完善和改进各级地方党委工作提供了"基本法"，为依法治国与依规治党提供了坚实的制度保障。广东省学习贯彻《中国共产党地方委员会工作条例》，是贯彻落实党的十八大和十八届三中、四中、五中全会精神的具体体现，强调推进省市县三级地方党委在本地区发挥总揽全局、协调各方的领导核心与主心骨的作用，推进贯彻落实中央决策部署、推动地方党委的工作规范化、制度化和程序化。在新时代，以习近平总书记为核心的党中央明确提出并协调推进"四个全面"战略布局下，广东省委的工作必须进一步加强，领导能力必须进一步提高。

广东省在认真学习贯彻《条例》的主要原则和基本精神后，更加明确和清晰地方委员会的班子配备的具体要求和基本规范，地方委员会的工作规划与计划、具体事情的行动方案和议事规则，以及追究违法违规党员干部的法定程序与监督追责制度。广东省认真学习贯彻《条例》，以《条例》作为广东做好地方委员会工作的主要准绳和基本遵循。一是，广东省地方委员会工作创新性和严格遵循中央规定有机融合。广东的地方委员会开展工作的创新性是在保持正确的政治方向、严守政治纪律、遵循政治规矩的前提下提高工作效率的信息化创新。二是，广东省地方委员会工作特点是把联系实际摆在突出的位置。坚持广东实际，坚持解放思想，坚持实事求是，运用合理性、科学性、创造性等方法和方式开展领导和指导工作，努力探索符合地方特色的领导方式和工作方法。三是，广东省地方委员会的工作宗旨是全心全意为人民服务，以广大人民群众根本利益为依归，坚持引领经济、社会、文化和政治的发展与文明，坚定不移地运用依规治党引领全面从严治党的贯彻与落实。四是，广东省地方委员会的工作目标是要全面发挥地方委员会的领导核心作用，突出党的领导的基本内涵是总揽全局、明确方向、协调各方。按照党中央的指示，善于通过法治的方式和法治的精神贯彻党对国家和社会的领导，注重发挥地方党组织的领导核心作用。

广东省严格贯彻落实党中央要求，切实增强学习贯彻《条例》的思想自觉和行动自觉，切实维护《条例》的严肃性和权威性，切实提高运用《条例》的能力和水平，不断开创依规治党引领全面从严治党的新气象、新局面。广东省的地方委员会必须增强遵循正确的政治方向的政治责任感和历史使命感。广东在地方委员会的工作要求呈现新气象、展现新作为,要站在新的历史方位,适应新时代新形势的新任务。广东省在地方委员的领导方式上严格贯彻落实集体领导和个人分工负责制。在地方委员会的日常工作中,强化党委(党组)的把握方向、做出决策和加强监督的作用,凡属疑难问题或者重大问题,原则上都应当按照《条例》的规定,由党组或者常委会会议集体开会研究决定,同时要落实好个人分工负责制。在实施集体领导制度上任何个人或者少数人无权擅自做出决定。综上,广东省严格贯彻落实《中国共产党地方委员会工作条例》,奋力开创广东省地方委员会工作制度建设新局面。

三、广东贯彻落实《中国共产党问责条例》

2016年7月,中共中央印发的《中国共产党问责条例》是全面从严治党、推进标本兼治的又一重要制度成果,是制度治党、依规治党的制度利器。《中国共产党问责条例》的颁布实施强化了执政党问责的制度保障能力。[①] 其既是对党章规定的细化、具体化,也体现了党的十八大以来全面从严治党的新理念、新思路、新要求。《中国共产党问责条例》的出台进一步扎紧了问责的制度笼子,必将有力震慑党内工作和政治生活上的种种不负责任的行为、不敢担当的行为和腐败违法行为,推动党组织和党的领导干部切实把责任担负起来,保证党的领导坚强有力。《中国共产党问责条例》是继《中国共产党廉洁自律准则》《中国共产党纪律处分条例》之后,党中央依规治党引领全面从严治党的又一条例,充分表明党中央紧紧抓住落实主体责任这个"牛鼻子",把问责制度作为全面从严治党的制度利器,强化问责成为管党治党、治国理政的鲜明特色。《中国共产党问责条例》的实施不仅释放出"有责必问、问责必严"的强烈信号,也表明党内的问责制度迈向制度化、法治化和规范化。《中国共产党问责条例》与《中国共产党廉洁自律准则》《中国共产党纪律处分条例》《中国共产党巡视工作条例》一起,构成了以党章为遵循、以责任为导向的制度体系,让有权必有责、有责必追究、问责必严肃成为党内工作的常态。

广东省一向高度重视责任追究问题,认真学习和贯彻落实党的十八届三中全会提出的要求,落实党风廉政建设责任制,党委负主体责任,纪委负监督责任,制定实施切实可行的责任追究制度;认真学习和贯彻落实党的十八届中央纪委六次会议精神,完善和规范责任追究机制。这明确了中共广东省委依规治

---

① 胡洪彬:《论执政党问责能力的系统配置与长效机制——对〈中国共产党问责条例〉的学理性支撑》,载《新疆社会科学》2016年第4期。

党与全面从严治党的坚定决心,也为制度创新积累了重要经验。2017年3月,中共广东省委印发的《广东省党的问责工作实施办法》,以党章和《中国共产党问责条例》为遵循,深度结合广东省管党治党的实际情况,将尊重广东历史、尊重广东省情作为制定《广东省党的问责工作实施办法》的基本出发点,密切联系我省管党治党的实际情况,是一部符合立法规律的重要地方性党内法规。《广东省党的问责工作实施办法》指出,在进行党内问责时,要明确落实"三个区分"标准。一是把因缺乏经验、先行先试出现的失误与明知故犯而违纪违法的行为区分开来;二是把国家尚无明确规定时的探索性试验与国家明令禁止后有法不依的行为区分开来;三是把为加快发展的无意过失与为谋取私利故意违纪违法的行为区分开来。《广东省党的问责工作实施办法》在遵循上位法的原则上,新增了党内问责的从重情形、加重情形、从轻情形、减轻情形和免责情形,促使广东省的问责制度更加明确、具体和规范。《广东省党的问责工作实施办法》进一步明确问责的方式、问责的启动程序、具体的调查程序和事后的救济程序。广东省严格贯彻落实《中国共产党问责条例》和认真抓好《广东省党的问责工作实施办法》的学习宣传和贯彻落实工作,把管党治党的责任担当起来。《广东省党的问责工作实施办法》有三个基本要求:一是要求各地级以上市党委,各县(市、区)党委,省委各部委,省直各单位党组(党委),省各人民团体党组,中直驻粤各单位党组(党委)遵照执行。二是要求各级党委(党组)、纪委(纪检组)要适时对《广东省党的问责工作实施办法》执行情况进行专项检查,确保各项规定落到实处。三是要求各地区各部门在执行《广东省党的问责工作实施办法》过程中的重要情况和建议,要及时报告省委。

"问责"与"担当"是全面从严治党的关键词。广东省严格贯彻落实《中国共产党问责条例》《广东省党的问责工作实施办法》,牢牢把握加强党的执政能力建设、党规之治的建设这条主线。《中国共产党问责条例》《广东省党的问责工作实施办法》将党内的问责情形深化、细化和规范化,推动管党治党从宽、松、软走向严、紧、硬。广东省严格贯彻落实《中国共产党问责条例》《广东省党的问责工作实施办法》,这是中国共产党干部人事制度改革的重要内容,是中国共产党制度治党、依规治党的具体体现,是中国共产党全面从严治党的一项重要举措。

四、广东贯彻落实《中国共产党党内监督条例》

2016年10月,中国共产党第十八届中央委员会第六次全体会议通过《中国共产党党内监督条例》,该条例是新时代党要管党、全面从严治党的重要党

第六章 全面从严治党与依规治党

内法规,是新形势下党要管党、全面从严治党的总体规划和顶层设计。《中国共产党党内监督条例》的出台颁布,在全党全社会引起了热烈反响,被认为是中国共产党严格监督党员干部,全面从严治党的"动真格之作""用心之作"。该条例的实施从党内法规的层面规范全体党员的政治生活、深化党内监督,为加强和规范制度治党、依规治党与全面从严治党提供了制度保障和基本遵循。党的十八届六中全会审议通过的《关于新形势下党内政治生活的若干准则》和《中国共产党党内监督条例》这两部党内法规内在统一、相辅相成,推动党内监督法规化的纵深发展,是推进依规治党与全面从严治党的重要制度法规保障,因应了贯彻落实党的十八精神的需要,体现了习近平总书记对制度治党、依规治党和全面从严治党制度建设思想的深刻领悟。《中国共产党党内监督条例》的出台实施将会在党要管党、全面从严治党的制度建设中发挥重要作用,甚至是巨大推动作用。

广东省在党中央领导下,采取如下措施贯彻落实《中国共产党党内监督条例》《关于新形势下党内政治生活的若干准则》:其一,严格贯彻落实《中国共产党党内监督条例》,使其成为规范和约束各级党组织、广大党员和领导干部工作行为、生活作风的行动指南和行为标尺。党内监督不力或者监督缺位,必然导致党的领导弱化、党的建设缺失、全面从严治党不力。其二,严格贯彻落实《中国共产党党内监督条例》,广东省积极探索党内监督和党外监督相结合的模式,加强主要领导干部上班以外时间的监督工作。其三,严格贯彻落实《中国共产党党内监督条例》,广东省落实五项监督机制,一是重点领导干部监督机制;二是重要事项请示报告机制;三是党纪与法律衔接机制;四是领导干部家风建设机制;五是党内监督和群众监督衔接机制。其四,严格贯彻落实《中国共产党党内监督条例》,广东省积极开展述责述廉述德"三述"工作的长效机制。述责述廉述德的"三述"机制,突出的特点是让党的领导干部"亮亮相",现场直接回答提问者、监督者的具体问题,这是贯彻落实《中国共产党党内监督条例》的创新方式和有效方法,在很大程度上解决了在党内监督中对同级监督不力和不敢也不能监督单位"一把手"的困境。其五,严格贯彻落实《中国共产党党内监督条例》,广东省积极开展党风廉政制度建设和反腐败斗争制度建设,做好党内监督的实践者和推动者。广东着力打造作风优良、业务精湛、对党忠诚的过硬监察工作队伍,充分发挥广东省监察委员会的监督职能,依法依规依正当程序惩治各种职务犯罪,促进广东省监察委员会发挥在国家权力监督体系中的重大作用。

广东省坚定认为和特别强调,党的十八届六中全会通过的《中国共产党党内监督条例》《关于新形势下党内政治生活的若干准则》,是中国共产党在当前和今后一个相当长时期,加强和规范党内监督的"基本法",广东省在监督重点、监督体系和监督合力方面都认真贯彻落实。强化和规范党内的有效监督是新时代推进制度治党、依规治党与全面从严治党的基础保障。在改革开放最前沿的广东省,党内监督的方式必须与各种问题和现象相适应。党内监督的严肃程度必须认真、全覆盖、无死角、无例外。认真贯彻落实《中国共产党党内监督条例》《关于新形势下党内政治生活的若干准则》,强化党要管党、全面从严治党的基础性工程。在中国特色社会主义进入新时代的当下,在中国共产党的正确领导下,充分发挥党内监督制度的强大力量和制度优势,营造全党河清海晏、时和岁丰的新局面。

五、广东贯彻落实《党内法规和规范性文件集中清理工作的意见》

2012年6月,中共中央批准印发的《中共中央办公厅关于开展党内法规和规范性文件清理工作的意见》,启动了党的历史上第一次党内法规和规范性文件集中清理工作。这次集中清理工作是中共中央为了做好党内法规体系化构建做出的战略部署。党内法规制度建设的时间跨度比较长,从中华人民共和国成立至今60多年时间不同时期出台的"老中青少"法规并存,这使得党内法规制度体系化建设问题日益突出、越来越紧迫。党内法规和规范性文件集中清理在党的制度体系化建设史上具有里程碑意义。① 党内法规和规范性文件集中清理,是加强党内法规制度建设、加快形成完善的党内法规体系的一项重点任务,是深化党的建设制度改革、提高党的建设科学化水平的一项重大举措,是完善和发展中国共产党政治文明和执政能力的基础保障,是推进国家治理体系和治理能力现代化的一项制度保障。广东省按照党的十八届四中全会要求,加强对党内法规制度建设的组织领导,健全工作机构制度,积极推进党内法规和规范性文件的立改废释,不断夯实党内法规制度基础,为到建党100周年时全面建成内容科学、程序严密、配套完备、运行有效的党内法规制度体系做贡献。

为进一步加强广东省党的制度建设,加快构建党内法规制度体系,保证党内法规制度的统一性和权威性,中共广东省委建立了党内法规清理工作小组,于2013年初开始开展了党内法规和规范性文件的清理工作。广东省根据中央部署和省委工作安排,省委办公厅牵头开展了对广东省的党内法规集中清理工

---

① 参见盛若蔚《中央党内法规制度完成全面"体检"》,载《人民日报》2014年11月18日,第17版。

作。这次清理工作分三个阶段进行：第一阶段，顺利完成了 1978 年 1 月至 1995 年 6 月的党内法规和规范性文件的清理任务；第二阶段，顺利完成了 1995 年 7 月至 2012 年 6 月对以省纪委起草或者牵头起草、以省委或者省委办公厅文件名义制发的党内法规和规范性文件，省纪委制定或者牵头制定的党内法规和规范性文件的清理；第三阶段，2015 年以来，广东省委在广东省档案局的配合和支持下，完成了 1978 年以前的省委文件电子化工作，为建立长效性的党内法规和规范性文件清理机制奠定了基础。2013 年 5 月，按照"谁起草，谁清理"的原则，省委办公厅于 29 日下发了《关于做好省委党内法规和规范性文件清理审核工作的通知》。通知要求："省档案馆协助各单位做好文件的清理工作。省档案馆配合省委办公厅党内法规和规范性文件清理工作小组进行了两个阶段的清理工作，接待来自省直 32 家单位及省委清理小组的查档人员 558 人次，调阅 1955 年至 2012 年形成的档案 3234 卷，提供档案复制件 8183 页。由于时间紧、任务重、要求高，并涉及大量密件的复制，为确保档案信息的安全，省档案馆专门就此项工作向省保密局进行了业务咨询，并与省委办公厅文电法规处共同制定了相关档案的调阅、复制的审批流程以及档案复制件的领取手续。"① 广东省委高度重视、严格贯彻落实党中央的指示，加强组织领导，周密部署，对广东党内法规和省委文件进行全面梳理，殊为不易。广东省这次集中清理工作的重要意义，至少体现在以下两个方面：一方面，经过清理，摸清了广东省党内法规制度和规范性文件的基本情况，解决了广东省党内法规制度和规范性文件中存在的不适应、不协调、不衔接、不一致问题，为今后新制定的党内法规和规范性文件提供了历史参照和客观素材；另一方面，经过清理，全面梳理省级党内法规和规范文件，分类汇编、细化工作流程，完善清理工作机制和制度。

广东省党内法规经过集中评估与清理，依规治党引领的全面从严治党工作的党内法规制度体系框架正以全新的面貌清晰地呈现，为广东省党内法规制度建设奠定了坚实的基础，为广东省依规治党在一个新时代、新形势下完成新任务、新要求吹响了奋进的号角。当前，党内法规制度建设已迈入一个崭新的历史阶段。适应加强和改善党的领导，全面推进依法治国，提高党科学执政、民主执政、依法执政水平的要求，党内法规制度建设任重而道远。要做到让制度健全起来，就需要按照整体推进、重点贯彻的原则，加快构建内容科学、程序严密、配套完备、运行有效的党内法规制度体系。随着广东省党内法规制度建

---

① 《广东省馆开设"绿色通道"服务省委党内法规和规范性文件清理工作》，载《中国档案报》2014 年 7 月 24 日，第 1 版。

设科学化、制度化、规范化水平的不断提升，制度的笼子必将越扎越紧，为依规治党与全面从严管党治党、推进依法治国与依规治党的有机统一，为实现"两个一百年"奋斗目标和中华民族伟大复兴中国梦提供坚强的制度保障。

六、广东贯彻落实《关于推进"两学一做"学习教育常态化制度化的意见》

2017年3月，中共中央办公厅印发了《关于推进"两学一做"学习教育常态化制度化的意见》并发出通知，要求各地区各部门认真贯彻落实，这充分表明推进"两学一做"学习教育成为常态化、制度化。党章是管党治党的总章程，是党员思想和行为的具体遵循；习近平总书记系列重要讲话是中国特色社会主义理论体系最新成果。"两学一做"，一是要紧紧抓住学习这个首要任务，做到作风优良、素质全面；二是扎扎实实提升工作能力，要坚持"两手抓""两促进"，注重"学"与"做"的有机结合，做到以学促做、以做促学，重视紧紧围绕中心任务和工作大局，进一步运用中国共产党党章、党规和习近平总书记系列重要讲话精神建设全党、治理全党、武装全党，做一个合格的共产党员。

广东省要求，各级党委（党组）要将贯彻落实维护核心、担当作为，推进"两学一做"学习教育常态化制度化作为重要政治任务。学习贯彻系列讲话精神，贯彻"两学一做"，使得全省党员不仅能知其然，亦知其所以然。深化"两学一做"，基础在学。广东省贯彻"两学一做"，坚持从实际出发，分别对全省党员和县处级以上党员领导干部的学习内容、要求等做出安排，增强学习教育的针对性和实效性。第一，深入学习贯彻习近平总书记系列重要讲话。坚决维护和捍卫习近平总书记的核心地位，坚持"四个服从"，学习贯彻党的十九大精神，持续抓好巡视反馈意见整改落实工作，做到久久为功，领导班子领导干部带头示范走在全国前列。第二，全省党员要抓住重点学，通读熟读党章，通读熟读廉洁自律准则、纪律处分条例和党员权利保障条例等党内法规，认真学习《习近平总书记系列重要讲话读本（2016年版）》，着力解决在坚定理想信念、树立党的意识和党员意识、强化宗旨观念、践行社会主义核心价值观、推动改革发展稳定实践中建功立业等方面存在的问题。第三，县处级以上党员领导干部要全面系统深入学习，在系统学习领悟、全面把握党章基本内容的基础上，重点掌握党章规定的党的组织制度、党的各级组织的职责和任务、党的领导干部必须具备的6项基本条件、党的纪律等，以《习近平谈治国理政》《习近平总书记重要讲话文章选编（领导干部读本）》为基本教材，学习《习近平总书记系列重要讲话读本（2016年版）》，着力解决带头树立理想信念和政治素养、带头严守对工作负责和对自己负责的责任意识、带头攻坚克难敢于担当的精神实质、带头落实基本遵循和现实需求等方面存在的问题。

广东省通过认真贯彻落实中央办公厅印发的《关于推进"两学一做"学习教育常态化制度化的意见》，突出问题意识，坚持学思践悟、知行合一，坚持用党章党规规范党组织和党员行为，建立完善及时发现和解决问题的有效机制，用习近平总书记系列重要讲话精神武装头脑、指导实践、推动工作，推动各级党组织和党员依靠自身力量修正错误，充分发挥领导机关、领导干部带头示范作用。学习党章党规、学习系列讲话，以学促思，以思促悟，以悟促行，进一步增强"四个意识"，做"四个合格"党员，培养风清气正的工作作风和政治生态，营造干事创业的实干精神。

第三节　依规治党的广东经验

党的十八届四中全会强调要"加强党内法规制度建设"，将"形成完善的党内法规体系"纳入全面推进依法治国的总目标，并将党内法规体系的建设作为"建设中国特色社会主义法治体系，建设社会主义法治国家"的有机组成部分。习近平总书记在关于《中共中央关于全面推进依法治国若干重大问题的决定》的说明中明确指出，"在我们国家，法律是对全体公民的要求，党内法规制度是对全体党员的要求，而且很多地方比法律的要求更严格"。在推进依规治党的贯彻落实上，广东省坚持以习近平新时代中国特色社会主义思想为指引，深入贯彻党的十九大精神，坚持"四个走在全国前列"的标准和要求，切实树立"四个意识"，坚决维护以习近平同志为核心的党中央权威和统一领导；带头贯彻落实党中央的各项决策部署和党的各项规定，以更加奋发有为的精神和动力推动广东依规治党与全面从严治党的繁荣与发展。

2017年3月31日，广东省党内法规工作会议在广州召开。时任广东省委书记胡春华同志做出重要批示，为新形势下广东省党内法规制度建设提供根本遵循、注入强大动力，进一步贯彻落实全面从严治党的重要制度保证。胡春华同志在批示中强调："一是全省各级党委（党组）要深入学习贯彻习近平总书记系列重要讲话精神特别是关于制度治党、依规治党的重要指示要求，深刻认识加强党内法规制度建设的重要性、紧迫性；二是牢牢把握正确政治方向，落实好党内法规制度建设的主体责任，不断提高我省党内法规制度建设质量；三是加强党内法规制度建设是全面从严治党的长远之策、根本之策；四是狠抓党内法规制度落实落地，为深入推进依规治党与全面从严治党、推动广东经济社会持续健康发展提供有力制度保障。"广东省运用党内法规推进的全面从严治党的丰富实践和新鲜经验，为广东党要管党、全面从严治党提供了扎实的制度保障，为党规之治奠定了坚实的制度基础。现阶段，亟需把握行之有效的实践和新鲜的经验，促进完备的党内法规制度体系的形成，以刚性的党规之治确保有效推进国家治理体系和治理能力现代化，为实现"四个走在全国前列"目标提供坚强而有力的政治保证，为实现中华民族伟大复兴的中国梦提供有力的制度保障。

一、推进依规治党的宏观策略

广东依规治党方面积累的丰富经验，为管党治党与党内法规制度的创新奠定了坚实基础。从宏观上看，广东省推进依规治党的策略是坚持思想建党与制度治党相结合，加强党内法规体系化建设，促进依法治国与依规治党有机统一。

1. 坚持思想建党与制度治党相结合

中国共产党一向重视党的思想建设。习近平总书记在省部级主要领导干部专题研讨班开班式上的讲话中强调："我们党是高度重视理论建设和理论指导的党，强调理论必须同实践相统一。坚持思想建党和制度治党紧密结合，是全面从严治党的重要原则，集中体现了以习近平同志为总书记的党中央对建党治党规律的深刻把握。"[1] 习近平总书记提出："坚持思想建党和制度治党紧密结合，坚持同向发力、同时发力，既要使加强制度治党的过程成为加强思想建党的过程，也要使加强思想建党的过程成为加强制度治党的过程。"[2] 中国共产党是依靠革命理想和严明纪律组织起来的马克思主义政党，思想建党和制度治党双管齐下、相辅相成。从严治党靠教育，也靠制度，二者一柔一刚，思想建党是制度治党的前提和基础，它影响着、规定着制度建设的方向，对制度的制定、执行和保证至关重要。

改革开放以来，邓小平同志在总结正反两方面经验教训的基础上，深刻指出："领导制度、组织制度更带有根本性、全局性、稳定性和长期性。"邓小平同志也明确指出："党的建设要解决思想问题，也要解决制度问题。"此后，党的领导人反复强调，把制度建设贯穿于党的思想建设、组织建设、作风建设和反腐倡廉建设之中，党的制度建设进入快车道。其一，广东省坚持和发展中

---

[1] 韩冰：《把思想建党和制度治党紧密结合起来》，载《人民日报》2015年11月19日，第7版。
[2] 韩冰：《把思想建党和制度治党紧密结合起来》，载《人民日报》2015年11月19日，第7版。

国特色社会主义,贯彻落实加强思想建党和制度治党双管齐下策略。在建党的过程中既靠思想自律,又靠制度他律。从逻辑上分析,思想建党和制度治党是有机统一的。思想建设最终要落实到制度建设上来,要靠制度来保证其稳定性和有效性,否则就难以为继。而制度是靠人来执行的,如果思想建设不到位,党内的各种制度就形同虚设。总之,离开思想建党,制度治党就会失去根基;离开制度治党,思想建党就会失去保障。其二,广东省坚持和发展中国特色社会主义,贯彻落实让制度治党为思想建党提供科学规范。坚持思想建党与制度治党相结合,更加重视思想建党与制度治党同步部署、同步实施,保障思想建党与制度治党的同步性、整体性与协调性,使思想建党获得制度化的规范。具体表现在:一是注重思想理论工作的制度化;二是注重党政治作风规范的制度化;三是注重党工作作风整改的制度化;四是注重党的廉政建设的制度化。其三,广东省坚持和发展中国特色社会主义,贯彻落实加强思想建党和制度治党双管齐下策略的目的,是让思想建党保障制度治党取得实效。党内法规制度体系的制定是否科学、党内法规是否得到严格的贯彻落实,都在一定程度上取决于全体党员的思想觉悟和政党信仰。因此,要把思想建党贯穿于制度的创建、执行和维护全过程,确保党的各项规章制度落地生根、取得实效。其四,广东省坚持和发展中国特色社会主义,贯彻落实制度治党是思想建党的支撑和保障,必须把思想建党结合制度规定来进行,抓住主要方面、主要矛盾,要在全面实施党规之治的规程中加强思想建党的落实,也要使得加强思想建党的过程中加强制度治党,把热爱党、爱护党、发展党落实到制度治党和思想建党的全过程中去。

党的十八大以来,广东省坚持把思想建党的成果体现在制度建设中,促进制度治党与思想建党有机结合、统筹推进、一体发展。各级党组织和全体党员把制度治党与思想建党紧密结合广东省近些年发生的违法、违规的各种腐败案件,及时吸取经验和教训,全面深化改革和开放,全面加强党内法规制度建设。强化运用党内法规进行问责,遏制不良作风,防止腐败蔓延,坚持依规治党与思想建党有机结合,坚守宗旨和阵地,深化改革、加大开放,坚定不移地推进党风廉政建设,深化纪律检查体制改革和加强党风廉政法规建设,确保"两个责任"的贯彻落实。

2. 加强党内法规的体系化构建

中国共产党将"体系化"思维引入党内法规建设,提出了形成完善的党内法规体系这一现实命题。党内法规体系化需要满足目标任务一致性、制度统筹整体性、实质内容统一性、形式结构层次性等构成要素。① 因此，构建完善的党内法规制度体系是一个系统工程。近年来，《中国共产党党内法规制定条例》《中央党内法规制定工作五年规划纲要（2013—2017年）》《中央党内法规制定工作第二个五年规划（2018—2022年）》《关于加强党内法规制度建设的意见》相继出台，中共中央关于党内法规制定和体系化构建文件的公开印发意味着中共党中央统筹规划推进党内法规体系化构建的明确指示和坚定决心。这些党内法规制定和体系化构建的文件中也给我们提出了具体行动方案和细致实施步骤、总体目标。加快构建完善的党内法规制度体系，能够使得党的各项制度更加完善、成熟和定型。整体性和统一性的党内法治制度顶层设计有利于协调各方、统一领导、统筹推进，确保到建党100周年时，形成完善的党内法规体系。

2017年3月31日，广东省召开全省党内法规工作会议，按照中央部署要求完善广东省党内法规制度体系，科学合理地制定广东党内法规五年计划、年度计划和具体的行动方案，加强和巩固省委对未来五年党内法规制定和体系化建设工作的主导性、计划性。广东省委要求："全省各级党委（党组）要深入学习贯彻习近平总书记系列重要讲话精神，特别是关于制度治党、依规治党的重要指示要求，深刻认识加强党内法规制度体系化建设的重要性。"广东省把党内法规的体系化构建进行整体布局、统一安排，突出建构"大法制、强法治"的大格局。其一，统筹推进广东省党内法规与广东省地方立法的协调衔接机制体制，广东在制定党内法规时不侵越国家地方立法的权限，不与立法的规定"打架"，同时也保持不与地方立法相脱节。其二，严格注重广东党内法规与中央党内法规的贯彻落实，广东制定的党内法规注重体现执行性、注重体现地方性、确保与中央党内法规的一致性。其三，明确区分广东省党内法规与规范性文件的联系和区别，尝试将规范化和常态化的规范性文件通过"科学立法"的原理和途径变成规范性和长效性的党内法规。其四，广东省委与地方党内法规制定的试点城市——深圳市的党内法规制定进行标准化和规范化的指导工作和保持密切的联系，使得深圳市制定的党内法规与省委制定的党内法规一致、协调和有机融合，保证广东省的党内法规治党形成体系化的发展方向，形成体系化的党内法规制度建设合力。广东省党内法规体系化建设行动方案的具体步骤有：第一步，统筹推进党内法规的立改废工作。广东省党内法规的清理工作成效明显，全面"体检"了有关档案6400余卷次，梳理了党内法

---

① 周叶中：《关于中国共产党党内法规体系化的思考》，载《武汉大学学报（哲学社会科学版）》2017年第5期。

规和规范性文件目录 13342 件。经过审查列入清理范围的党内法规和规范性文件 1305 件,经过严格和科学的评估、清理和勘验,确定废止 635 件,失效 288 件,继续有效运用的 382 件。第二步,扎实推进备案审查,坚持自主审查与联合审查相结合,健全建立下一级备案工作机制,学习中央备案法规,按照中央备案法规的要求开展党内法规和规范性文件备案工作。第三步,夯实工作队伍,广东省委大力加强业务培训和职务指导,建立跟班学习机制,对年轻干部进行统一、仔细的指导,切实提升干部的能力和素养。广东省通过总结提炼,把管党治党的新实践转化为制度成果,统筹推进省级党内法规的立、改、废、释的工作,加快构建符合党中央精神和国家大政方针的党内法规制度体系,加快建构完善的地方党内法规制度体系,为推进新时代依规治党推进的全面从严治党迈向纵深发展、推进"四个走在全国前列"提供坚强有力的制度保障。

3. 促进依规治党与依法治国有机统一

党中央坚持依法执政,全面提高党依据宪法法律治国理政、依据党内法规管党治党的能力和水平,努力形成国家法律法规与党内法规制度相辅相成、相互促进、相互保障的格局。因此,党规与国法本质上是一致的,是相辅相成的,党内法规的制定工作充分体现了依规治党与依法治国的要求。[1] 一方面,要正确处理党内法规与国家法律的关系。党内法规和国家法律都是以规范权力的运营、保障个人权利为根本宗旨,从本质上都是人民意志的根本体现,在这一点上党内法规和国家法律都是一致的。另一方面,在许多方面,党内法规是制定国家法律的指引和规范,同时也是国家立法和国家司法的重要指导。要灵活和科学运用法治精神和法治原则,并通过正当的法律程序使得党的主张和党的规范性文件成为国家法律,同时通过法律保障党的政策正确、高效地贯彻落实。党内法规和国家法律虽然调整对象有所区别,但是本质上是一致的,可以有效地和有机地相互协调衔接,二者相辅相成、相得益彰。[2] 党的十九大报告指出,要坚持"依法治国和依规治党有机统一",将党内法规明确规定为中国特色社会主义法律体系的有机组成部分。贯彻落实党的十九大精神,必然要深刻学习、领会、贯彻、落实坚持依法治国和依规治党有机统一的重大意义。通过研究和分析其在法治中国中的战略要义、辩证关系和实现路径,坚持法治国家、法治政党、法治政府和公民社会一体化建设,为实现社会主义法治国家提供基础保障。

新时代,将依规治党与依法治国有机统一是中国特色社会主义的制度文明

---

[1] 杨小军:《国法与党规关系》,载《法学杂志》2017 年第 8 期。
[2] 参见张文显《治国理政的法治理念和法治思维》,载《中国社会科学》2017 年第 4 期。

成果和法治成就,广东省充分吸收党内法规与国家法律有机统一的"外溢"效应与引领、规范作用,从各个领域、各个方面推进广东省党内法规与广东省地方立法的相容与统一。主要体现在以下几个方面:其一,广东省扎实推进依法治省,认真贯彻落实法律、法规的规范,保障国家法律高效运行,执行国家法律就是执行党的意志和党内法规,依法行政和依法办事就是遵循和执行党的政策,因此,社会主义法律体系里党的领导和法治建设是一致的,党内法规与国家法律是有机统一的。其二,广东省扎实推进依法治省。在体制和机制上,成立"广东省依法治省领导小组",在依法治省的过程中坚持广东省党内法规与广东地方立法的相容与统一,贯彻党规国法并重的理念,将党内法规和国家立法统一在党的领导之下,统一在法治精神之下,统一在保障人权的基本理念之下。其三,广东省扎实研究依法治国与依规治党的基础理论问题。党内法规与国家法律的关系是法治中国建设的核心问题,在依法治国与依规治党上把握正确的政治方向,明确认识到依规治党是依法治国的前提和重要保证,依法治国是依规治党的重要目的和根本依归。促进依规治党与依法治国的有机统一确保了中国特色社会主义法治体系的基本属性和前进方向。其四,广东省扎实推进广东党内法规与广东地方法律的有机衔接。我们深刻理解到法律是对全体公民的规范和行为准则,而党内法规制度是对中国共产党全体党员的规范和基本要求,有些党内法规的规范的"外溢效应"也同样会直接或者间接影响到党外人士的权利与义务,因此,广东在推进依法治省的过程中,尽力促进国家的法律制度和党内法规体系形成相辅相成和相互保障的基本局面。其五,广东省在促进依规治党与依法治国有机统一的过程中,严格贯彻党中央的指示,严格落实国家的政策方针,自觉在宪法法律规范的范围内活动,发挥好全体党员,特别是领导干部的模范带头作用。第六,广东省在促进依规治党与依法治国的过程中,严格以党章为标尺和重要依据,保证党的宗旨、路线、方针、政策完完全全地贯彻落实,不断提升我们党依据党内法规管党治党的能力和水平,确保依规治党与依法治国有机统一。

二、推进依规治党的微观措施

在新形势下,我们党面临着许多严峻的挑战,党内法规建设也存在亟待解决的问题。从微观上看,在提升党内法规的制定质量,确保每项法规制度都立得住、行得通、管得了上,在狠抓制度执行以及让遵守法规制度蔚然成风上,应该从大力发展党内民主、坚持科学立规、着力弘扬自觉守规、不断提升党内法规的执行力等方面着手。

1. **大力发扬党内民主**

依规治党的纵深发展必须以党内民主的持续深化为基础,特别是在党内法规制定时,大力发扬党内民主显得尤为重要。① 因此,在制定党内法规时,应当积极听取广大党员的意见,充分保障党员的合法权利与正当权益。党的十八届六中全会审议通过的《关于新形势下党内政治生活的若干准则》,重申"发扬党内民主和保障党员权利",对党内民主各项制度和程序做了具体规定,有利于推动党内民主的贯彻落实并确认党内民主的成果。党内法规制度对于规范党内民主具有积极作用,同时党内民主对于党内法规的作用更为关键。

随着中国特色社会主义事业的不断发展和经济社会文化水平的提高,党员群体年轻化、知识化的发展步伐加快,党员法治精神更为明显,理性思维更为突出。这对于依规治党而言,是一种机遇,同时也是一种挑战。除了"立法"过程中贯彻党内民主的原则外,还应注重尊重党员主体地位、保障党员民主权利。② 党内法规在党内法规的贯彻落实与制定执行的过程中的具体运用,主要体现在以下三个方面:一是广东省在贯彻落实和制定党内法规的过程中充分认识到党员意见和利益的多元化,在制定党内法规时要合理和科学协调广大党员意见和利益,要充分保障党员个人的民主权利。二是广东省在贯彻落实和制定党内法规的过程中充分认识到要以党内法规制度充实党内政治文化,通过党内的制度文化,影响或熏陶党员在遵守党内法规与执行党内法规过程中的主体作用和主观能动性。三是广东省在贯彻落实和制定党内法规的过程中充分认识到通过集中集体的智慧和广大党员的聪明才智,才能形成"良规善治"的良好格局。

2. 坚定推行科学立规

党内法规制度体系是中国特色社会主义法律体系的有机组成部分,本质上就具备法的特征和法的精神。因此,党内法规同国家法律一样具备法的严肃性、权威性、规范性和程序性。从法理的角度分析,党内法规与国家法律之间主要呈现五种关系:一是价值取向的一致性;二是调整对象的差异性;三是效益发挥的互补性;四是程序规范的正当性;五是制度建设的衔接性。③ 这五种关系阐述表明党内法规与国家法律紧密联系,也从一个侧面反映了党内法规如同国家法律一样是一种行为规范。党内法规制度是从党内实践活动、党员具体行为中高度抽象出来的一种行为规范和行动指南,它的创制必须注重推行"科学立法"的基本理论和基本原则。科学立规要代表全体党员的意志,具备稳定性、制度化;要体现党的建设和管党治党的具体实践与主要经验,既要具

---

① 张力:《发扬党内民主是党的建设关键环节》,载《中国教育报》2016年12月8日,第5版。
② 参见张力《发扬党内民主是党的建设关键环节》,载《中国教育报》2016年12月8日,第5版。
③ 参见张文显《治国理政的法治理念和法治思维》,载《中国社会科学》2017年第4期。

备立规的必要性、可行性、针对性、规范性和效益性,又要具有全局性和前瞻性。党内法规是依规治党的基础,也是依规治党的依据。① 党内法规制度的制定要本着于法周延、于事有效和明确简便的原则,体现法的精神和与时俱进的理念,与新鲜的经验有机结合,努力制定科学、完备的党内法规制度体系;同时,党内法规的制定还要着眼于长远,建立健全党内法规制度,把制度的笼子扎紧,确保制定的党内法规符合常识、常情与常理,确保党内法规立得住、管得了,推进党内法规制度建设的体系化、实效化和常态化发展。

广东省通过不断完善党内法规运行的机制体制,设立专门的党内法规制定机构,细化制定程序,提升党内法规制度化水平。广东省在科学立规上,认为"良规"至少具备以下基本特征,即内容合法、程序正当、规范明确、过程透明。在制定地方党内法规时坚定不移地推进科学立规,具体表现在:一是确保合宪性,注重党内法规同国家法律的衔接和协调,谨慎、严肃地对党内法规进行合法性审查和清理,从源头和清理两个方面着力提高其法治化水平,确保党内法规的合宪性。党内法规的合宪性,一方面是指内容的合宪性,指党内法规的规定没有超越宪法法律的特权,也不存在违背宪法法律的基本原理;另一方面是指效力范围的合宪性,要规范党内法规调整的具体范围,专属国家事务的规范性文件不能直接以党的文件形式出台,需不断减少并最终消除此不良现象。二是推进体系化,加强党内法规制度体系的顶层设计和整体规划,党内法规制度体系化为维护党内法规统一性和权威性提供了坚实的体系保障。体系化意味着内容协调、程序严密、配套完备、有效管用,体系化是健全党内法规制度体系顶层设计的总体要求,体现了党的制度建设科学化、体系化的基本思路。② 广东省在制定地方党内法规时充分认识到法制建设的基本规律、法治的基本要求,法制建设和法的统治成败的关键在于其制度化和体系化的水平上。体系化既要有完善的制度体系,还要有严密的组织机构与体制以及正当的法律程序设置。广东省在制定地方党内法规时严格遵循科学立规的精神,并借助严谨的、体系化的制度设计实现程序正义与实质公正。为此,广东省在确保制度治党、依规治党的长效性、稳定性、规范性和实效性方面,设计了严密的设立、修改、清理、废止党内法规的程序和规则。③ 三是提高明确性,实现党内规则成文化、公开化、明确化、稳定化。广东省充分认识到,不成文规则与现代法治精神是悖离的。规则只有公开、明确、稳定,方能使人知晓并预见行为

---

① 参见张文显《治国理政的法治理念和法治思维》,载《中国社会科学》2017年第4期。
② 张晓燕:《充分认识党内法规制定规范化的意义》,载《人民日报》2013年7月5日,第7版。
③ 参见王若磊《依规治党与依法治国的关系》,载《法学研究》2016年第6期。

后果，以此合理安排自己的行为与生活，党内法规亦应如此。不成文规则让人无法确切知晓其准确要求，内容变迁难以捉摸。更重要的是，一旦将不成文规则常态化，权力往往可对其任意扮扮、任意解释、任意改变、任意推翻，不成文规则体系实际还是一种人治思维和人治方式。广东省充分认识到依法治国、依规治党方略正是用明规则代替潜规则，用公开性代替私密性。因此，其在创制自己的省级党内法规时贯彻明确、细致、稳定、成文的创制方式，做到规范明确、赏罚有据。四是提升透明性，提高党内法规制定的开放性和透明度，体现了党内法规"开门立法"的发展趋势。① 从法理上讲，法治本质上就是用不偏不倚替代因人而异，用必然性替代可选择性。党内法规应该借助制度运转的公开性、透明度增强党内法规制度刚性。传统政党事务具有内部性，因此，一般可以不公开或半公开。然而在中国特色社会主义进入新时代的当下，中国共产党作为长期执政党，肩负着国家转型、民族复兴的使命，党内事务也需要接受普通党员和全体人民的意见与监督。因此，在现阶段，广东省的党内制度及其运转当在公开和透明上着力，逐步实现在党内重大决策、重大规则制定、重大事件处置中的追责事由、程序过程、处理结果等方面做到公开和透明。

3. 着力弘扬自觉守规

党内法规制度能够全面发挥法规的示范、指引和强制功能，源自全体党员对党内法规的内在认可和自觉遵守。党中央和各级党组织应该加强对全体党员学习党内法规、了解党内法规和运用党内法规的教育，把懂规、守规和用规作为判断合格党员的核心标准，作为党员领导干部合格的重要指标。主动学规、自觉守规和科学用规既是一种自律，也是一种自觉。作为一名合格的共产党员，应该有一种自觉守规的习惯和大力弘扬制度治党、依规治党的精神。

中国共产党作为一个政治作风和生活作风传统优良的无产阶级政党。各级党组织和全体党员需要不断加强对制度治党、依规治党的学习和理解，对党内法规的规范要严格自觉遵守和认真落实，以高度的责任感和对党信仰的理念加强自我规范与自觉守规。广东省加强广大党员行为自律与守规自律的具体措施有：一是广东省努力增强广大党员干部对党的宗旨目标、理念与价值的认同，大力弘扬广大党员干部自觉遵守党内法规的社会风尚。众所周知，广大党员干部对政党宗旨、目标和理念的接受与认同，对制度治党、依规治党方略的贯彻落实大有裨益，也会明显提升党内法规的执行和实效。二是广东省在党的十八大以来，在全省反复强调和贯彻落实思想建党和制度治党有机结合，重视党员思想的先进性和纯洁性的倡导和指引，大力弘扬广大党员领导干部的自律、自

---

① 张晓燕：《充分认识党内法规制定规范化的意义》，载《人民日报》2013年7月5日，第7版。

觉与自省，提升党内法规的执行，促进依规治党的贯彻落实。三是广东省特别强调高级领导干部要做严守党的纪律的模范。各级领导干部要发挥引领、示范、榜样的带头作用，以上级领导下级，下级学习上级，让自觉遵守党内法规制度蔚然成风。习近平总书记再三强调："各级领导干部特别是高级干部要牢固树立纪律和规矩意识，在守纪律、讲规矩上作表率。"① 高级领导干部时时刻刻、处处言传身教、以身作则，就会在全社会、全党和全体党员中产生强大的示范作用和效应。特别强调和教育广大党员干部要破除"特殊党员"的思想，不以任何理由脱离党内法规的规范和约束。将党内法规作为依规治党与全面从严治党的主要抓手，全体党员干部要认真学习党内法规、自觉遵守党内法规，要时刻做到心存敬畏、手握戒尺，使得遵守党内法规浸在骨子里和融在血液中。唯有如此，依规治党引领的全面从严治党才具有内在的力量、具备坚强的支撑，其成果必然更加显著。

4. 不断提升党规执行力

加强党的制度建设，是中国共产党一贯坚持的建党治党的基本遵循。自中国共产党成立以来，党始终高度重视制度建设与制度建党，注重运用党内法规制度管党治党。党的十八大以来，以习近平同志为核心的党中央高度重视制度治党、依规治党，中国共产党的党内法规建设迎来"春天"，党内法规制度建设也逐步常态化、程序化和规范化。如何执行党内法规制度，提升党内法规的执行力，成为制约和影响当前党执政能力和领导水平的核心问题。因此，广东聚焦党内法规制度的执行力问题，着重对广东省级党内法规制度执行力问题进行全面与系统的研究，为完善我省党内法规制度提供决策依据，进而推进依规治党引领的全面从严治党的历史进程。广东省不断提升广东省级党内法规的执行力，采取的具体措施有：一是广东省充分认识到要提升党内法规的执行效果必须要首先提高党内法规制度的设计科学性。如果治党的党内法规脱离实际、操作性不强就会刚性约束不强，甚至导致有些党内法规制度的规定"相互打架"，因此，党内法规制定一定要防止流于形式。在制定党内法规制度时要严格遵守科学立规、民主立法和依法立规的原则，要做到严格审批程序、强化审查程序、严肃责任追究，做到周密严谨和实际可行。二是广东省充分认识到党内法规能否发挥其应有的作用，关键取决于执行力度。亦即是，"徒法不足以自行"，党内法规的执行力的大小、执行状况的好坏和执行效果的高低直接决定着制度治党、依规治党引领的全面从严治党的实际成效。因此，严格落实党

---

① 《习近平在十八届中央纪委五次全会上发表重要讲话强调深化改革巩固成果积极拓展不断把反腐败斗争引向深入》，载《人民日报》2015年1月14日。

内法规,提高党内法规执行力,有利于制度治党的全面性、从严性和根本性要求的实现。① 三是广东省充分认知到执行党内法规必须从严,贯彻落实执行党内法规制度不能出现折扣执行和象征行政的现象,凡是违反党内法规的案件都必须严格依照法定的程序和具体的规定严格执行。四是广东省充分认识到制定正确和严谨的党内法规制度不容易,要贯彻落实好更不容易,因此,在执行党内法规时要务实求真,实事求是,党内法规制定出来后,必须雷厉风行、不折不扣贯彻落实到底,抓出成效,维护和保障党内法规制度的权威性与严肃性。五是广东充分认识到党内法规制度的规定是一种刚性约束,制定和出台是要十分谨慎的,只要是正式实施的党内法规就必须令行禁止,规定了就必须严格执行,执行了就必须提升效果。"法立而不行,与无法等。"② 党内法规是依法治国的重要保障,要把党内法规严格贯彻落实到每一个党内违纪案件中,确保党内法规的有效运行。

第四节 结 语

党的十八大以来,以习近平总书记为核心的党中央,把全面从严治党纳入"四个全面"战略部署,以高度的责任感提出了依规治党与全面从严治党,推动制度治党、依规治党的制度建设取得了重大成就和实效。习近平同志围绕制度治党、依规治党的重要论述和明确指示思想深刻、立意高远、内涵丰富,准确把握了党要管党、全面从严治党的总体目标、内在要求和基本规律,这充分证明了党中央的战略布局是符合中国国情的正确路线。特别是依规治党的提出和落实极大地加强了党要管党、全面从严治党的建设。思想是行动的先导,理论是实践的指南。广东把贯彻落实依规治党与全面从严治党的基本方略与党的十九大精神紧密结合起来,把力量凝聚到十九大确定的目标上来,不断强化"四个意识",逐步实现"四个全面",自觉用习近平新时代中国特色社会主义思想提供新指引,开启"四个走在全国前列"新征程。广东在我国的改革开放和社会主义现代化建设中都具有举足轻重的地位和作用。广东进一步解放思想、改革创新,真抓实干、狠抓落实,为全面实现依法治国增添砝码,为全面从严治党提升水平,开创广东依规治党的新局面,推动广东党要管党、全面从严治党的领域更广、举措更多、力度更大。随着依规治党与全面从严治党的贯彻落实,党的建设和党的面貌焕然一新。中国共产党的领导是实现"中国梦"

---

① 参见周叶中《关于中国共产党党内法规建设的思考》,载《法学论坛》2011年第4期。
② 沈家本:《历代刑法考》,中华书局1985年版,第34页。

的根本保证,是中华民族实现伟大复兴的根本保障。历史已经并将继续证明,办好中国的事情,关键在党。广东严格贯彻实施依规治党与全面从严治党战略部署,严肃纪律、建章立制、重拳出击、铁腕反腐,增强了党的领导权威和领导水平,提升了党的创造力、凝聚力、战斗力,对坚定不移推动制度治党、依规治党和全面从严治党具有十分重要的意义,为党和国家事业发展提供了坚强制度保证。中国特色社会主义进入新时代,我们要不断推进依规治党与全面从严治党的战略部署,把中国特色社会义各项事业推向前进。中国共产党始终与全国各族人民共同进退、荣辱与共,担负起依靠人民、服务人民、带领人民迈向美好生活的重要使命和历史责任。党的十九大绘就了走向美好未来的宏伟蓝图,把蓝图变为现实,是一场新的长征、一项伟大的事业。伟大的事业需要伟大的政党。我们只要毫不动摇坚持和完善党的领导,毫不动摇贯彻落实依规治党,毫不动摇推进全面从严治党,就能让人民有信仰、民族有希望、国家有力量,就能让亿万人民精诚团结、众志成城、万众一心,在以习近平同志为核心的党中央坚强领导下,实现中华民族的伟大复兴。

参考文献

[1] [法]卢梭. 社会契约论[M]. 何兆武,译. 北京:商务印书馆,1981.

[2] [美]伯尔曼. 法律与宗教[M]. 梁治平,译. 北京:三联书店,1991.

[3] [英]彼得·斯坦,等. 西方社会的法律价值[M]. 王献平,译. 北京:中国人民大学出版社,1990.

[3] 广州知识产权法院简介. 载http://www.gipc.gov.cn/showu/2_content.jsp?id=f18ef9d8a5244f1884e9f89897eb566b. 访问时间:2018年2月10日.

[4] 国家法官学院广东分院简介. 载http://njc.chinacourt.org/article/detail/2012/06/id/1473309.shtml. 访问时间:2018年2月10日.

[5] 党的群众路线教育实践活动工作会议召开 习近平发表重要讲话. 载新华网,http://www.xinhuanet.com/politics/2013-06/18/c_116194026.htm.

[6] 广东法院多元化诉讼服务促立案登记制惠及民生. http://www.chinapeace.gov.cn/zixun/2017-10/12/content_11433405.htm. 访问时间:2018年2月10日.

[7] 《广东改革开放纪事》编纂委员会. 广东改革开放纪事(1978—2008)(上)[C]. 广州:南方日报出版社,2008.

[8] 广东高级人民法院成立环境资源庭. 载http://www.gdep.gov.cn/zwxx_1/201601/t20160126_209086.html. 访问时间:2018年2月10日.

[9] 广东广州试点刑事案速裁程序. 载http://www.chinapeace.gov.cn/2015-12/28/content_11308963.htm. 访问时间:2018年2月10日.

[9] 广东省"12348"公共法律服务网络平台上线试运行. 载广东省司法厅网站,http://www.gdsf.gov.cn/info.do?infoId=3969600. 访问时间:2018年2月19日.

[10] 广东省法律服务工作"十三五"时期发展规划．载广东省司法厅网站，http：//www.gdsf.gov.cn/info.do? infoId = 4991249．访问时间：2018 年 2 月 19 日．

[11] 广东省高级人民法院 2014 年工作报告．2015．

[12] 广东省高级人民法院 2017 年工作报告．[2018]

[13] 广东省馆开设"绿色通道"服务省委党内法规和规范性文件清理工作［J］．中国档案报，2014 年 7 月 24 日．

[14] 广东省行政复议案件量继续居全国第一．载法律图书馆网站，http：//www.law – lib.com/fzdt/newshtml/gddt/20130704133505.htm．访问时间：2018 年 2 月 19 日．

[15] 广东省人大常委会审议省高院报告．载 http：//www.npc.gov.cn/npc/xinwen/dfrd/guangdong/2015 – 07/30/content _ 1942120.htm．访问时间：2018 年 2 月 10 日．

[16] 广东省人民检察院 2018 年工作报告．2019．

[17] 广东省人民政府关于我省"六五"普法决议执行情况的报告．载广东人大网，http：//www.rd.gd.cn/pub/gdrd2012/rdhy/cwhhy/1227/hywj/201607/P020160726397478799881.pdf．访问时间：2018 年 1 月 26 日．

[18] 广东省市县三级监察委员会全面组建．http：//www.gdjct.gd.gov.cn/zhyw/59010.jhtml．访问日期：2018 年 3 月 13 日．

[19] 广东省司法行政工作"十三五"时期发展规划．载广东省司法厅网站，http：//www.gdsf.gov.cn/webWebInfo/showWebInfo.do? id = 4446463．访问时间：2018 年 1 月 20 日．

[20] 广东省司法厅 2016 年全省司法行政工作总结．载广东省司法厅网站，http：//zwgk.gd.gov.cn/006940167/201702/t20170220_693698.html．访问时间：2018 年 2 月 18 日．

[21] 广东省司法厅关于推进公共法律服务平台建设的实施意见．载广东省司法厅网站，http：//www.gdsf.gov.cn/info.do? infoId = 9567833．访问时间：2018 年 2 月 18 日．

[22] 广州市青少年法治教育基地建设标准指引．载广东省司法厅网站，http：//pufa.southcn.com/wjhb/201607/t20160714 _ 781141.htm．访问时间：2018 年 1 月 26 日．

[23] 广州市推进法治化营商环境建设成效初显．载广州政法网，http：//www.gzszfw.gov.cn/Item/8848.aspx．访问时间：2018 年 2 月 16 日．

[24] 加大纪律教育力度　督促养成纪律自觉为全面从严治党营造良好氛

围——党的十八大以来广东省纪检监察机关加强纪律教育工作综述.载广东省纪委官网,http：//www.gdjct.gd.gov.cn/ttxw/41428.jhtml.访问日期：2018年4月16日.

［25］孟子·离娄上.

［26］深圳法院的司法改革（1982—2015）.载http：//www.szcourt.gov.cn/sfgg/spzx/2016/03/30114425484.html.访问时间：2018年2月10日.

［27］省高院出台意见 协调和解有据 可望"官了民了".载https：//news.qq.com/a/20061225/000632.htm.访问时间：2018年2月10日.

［28］习近平等十八届中共中央政治局常委同中外记者见面.载新华社网,http：//www.xinhuanet.com/politics/2012-11/15/c_113697411.htm.访问时间：2018年2月3日.

［29］习近平同党外人士共迎新春.载新华网,http：//cpc.people.com.cn/n/2015/0212/c64094-26557510.html.访问时间：2018年2月3日.

［30］习近平在十八届中央纪委五次全会上发表重要讲话 强调深化改革巩固成果积极拓展不断把反腐败斗争引向深入［N］.人民日报,2015年1月14日.

［31］小额钱债法庭曾经火了一把.载http：//s.yingle.com/w/jj/160852.html.访问时间：2018年2月10日.

［32］中共中央关于加强党内法规制度建设的意见.

［33］中共中央关于全面推进依法治国若干重大问题的决定［N］.人民日报,2014年10月29日.

［34］中华人民共和国全国人民代表大会常务委员会公报.1993.2号.

［35］安徽省人事厅组.公务员通用能力教程［C］.合肥：安徽人民出版社,2008.

［36］本书编写组.新党章学习问答200题［M］.北京：中共党史出版社,2016.

［37］本书编写组.法治中国梦［C］.北京：当代中国出版社,2014.

［38］本书编写组.全面深化改革新形势下领导干部必备的18种能力［M］.北京：中共中央党校出版社,2014.

［39］曹建明.形成严密法治监督体系 保证宪法法律有效实施［J］.求是,2014（24）.

［40］曹康泰.国务院关于加强市县政府依法行政的决定辅导读本［M］.北京：中国法制出版社,2008.

［41］曾兴华.2017年全国仲裁"两化"试点工作座谈会在惠举行［N］

．惠州日报，2017年3月30日．

［42］曾哲．我国重大行政决策权划分边界研究［J］．南京社会科学，2012（1）．

［43］陈创中，王磊．广东省检察院引入律师参与接访化解矛盾［N］．民主与法制时报，2017年8月31日．

［44］陈创中．广东推行国家工作人员网上学法用法考试 每年进行一次．载民主与法制网，http：//gd. mzyfz. com/detail. asp？ id＝374592&dfid＝2&cid＝32.访问时间：2018年1月26日．

［45］陈洪波．法治政府建设论集［C］．武汉：湖北人民出版社，2011.

［46］陈捷生．广东将社会矛盾化解纳入法治轨道［N］．南方日报，2014年10月22日．

［47］陈金钊，宋保振．法治国家、法治政府与法治社会的意义阐释——以法治为修辞改变思维方式［J］．社会科学研究，2015（5）．

［48］陈亭利．将权力关进制度的笼子——《广东省行政许可监督管理条例》解读［J］．人民之声，2014（7）．

［49］陈晓华，等．行政复议机制 闯出"广东经验"［N］．南方都市报，2014年8月8日．

［50］陈燕．广东惩治腐败"零容忍"［N］．南方都市报，2017年4月12日．

［51］陈映．广东新闻舆论监督的演进与发展［J］．南方学刊，2011（3）．

［52］陈宇峰．依规治党与依法治国相统一的原理和要求［J］．当代世界与社会主义，2017（1）．

［53］陈云．陈云文选［M］．北京：人民出版社，1995.

［54］程癸键．执法办案格式化 助推警务改革．http：//epaper. timedg. com/html/2013－08/16/content_1206879. htm.访问时间：2018年3月1日．

［55］邓小平．邓小平文选（第二卷）［M］．北京：人民出版社，1994.

［56］邓新建，刘冬梅，江励丽．为法治平安广东建设护航——广东司法行政系统积极建设法律服务体系纪实［N］．法制日报，2016年2月22日．

［57］邓新建．法治思维渗入每个社会细胞：广东培育出一系列岭南特色普法品牌［N］．法制日报，2017年5月13日．

［58］邓新建．广东成立全国首个省级"法治宣传专家顾问团"［N］．法制日报，2017年11月22日．

［59］邓新建．广东全面提升普法覆盖面感染力［N］．法制日报，2016

年1月5日．

[60] 邓新建．政府要花钱人大说了算——广东预算审批监督条例出台[N]．法制日报，2001年2月25日．

[61] 董柳．广东认罪认罚从宽试点一年办案1.8万件上诉率仅为0.63%．载http：//news.ycwb.com/2018-01/24/content_25927583.htm．访问时间：2018年2月10日．

[62] 杜洪波．国家司法考试攻略——理论法攻略[M]．3版．北京：中国财政经济出版社，2014．

[63] 方晴，周琦．广东高院出台实施意见 优化营商法治环境．载大洋网，http：//k.sina.com.cn/article_1700715830_655edd36020002nkc.html．访问时间：2018年2月18日．

[64] 方世荣．论我国法治社会建设的整体布局及战略举措[J]．法商研究，2017（2）．

[65] 符畅，岳青．千名青年律师 千场法律服务 进校园[N]．羊城晚报，2017年12月4日．

[66] 符信．马兴瑞主持召开省政府全体（扩大）会议暨常务会议[N]．南方日报，2017年12月22日．

[67] 付子堂．法理学初阶[M]．5版．北京：法律出版社，2015．

[68] 葛洪义．广东法制建设的探索与创新（1978—2008）[M]．广州：华南理工大学出版社，2009．

[69] 弓建明．浅议加强法院司法能力建设[J]．江南论坛，2006（7）．

[70] 关于全面推进依法治国若干重大问题的决定[N]．人民日报，2014年10月29日．

[71] 广东法制建设的探索与创新（1978—2008）[M]．广州：华南大学理工出版社，2009．

[72] 广东省地方史志编撰委员会．广东省志·审判志[C]．广州：广东人民出版社，1999．

[73] 广东省地方史志编纂委员会．广东省志·检察志[C]．广州：广东人民出版社，2006．

[74] 广东省高级人民法院．广东法院年鉴（2007）[C]．广州：广东人民出版社，2008．

[75] 广东省高级人民法院．广东法院年鉴（2009）[C]．广州：广东人民出版社，2008．

[76] 广东省人大常委会法制工作委员会．制定广东省信访条例 推动以

法治方式解决信访突出问题. http：//www. npc. gov. cn/npc/lfzt/rlyw/2015 – 09/28/content_ 1947305. htm。访问时间：2018 年 3 月 25 日.

[77] 广东省人力资源和社会保障厅. 广东省人力资源和社会保障厅 2017 年度法治政府建设情况报告. 载广东省人力资源和社会保障厅网站，http：//www. gdhrss. gov. cn/zh/20180131/11103. html. 访问时间：2018 年 2 月 20 日.

[78] 广东省人民政府. 广东省人民政府 2016 年政府信息公开工作年度报告. http：//zwgk. gd. gov. cn/006939748/201703/t20170321_ 697140. html. 访问时间：2018 年 2 月 28 日.

[79] 广东省司法厅. 2017 年全省司法行政工作总结. 载广东省司法厅网站，http：//zwgk. gd. gov. cn/006940167/201802/t20180214_ 753250. html. 访问时间：2018 年 2 月 19 日.

[80] 广东省司法厅. 法律援助工作统计数据（2016 年度）. 载广东省政府信息公开目录，http：//zwgk. gd. gov. cn/006940167/201701/t20170117_ 690372. html. 访问时间：2018 年 2 月 19 日.

[81] 广东省司法厅. 法律援助工作统计数据（2017 年度）. 载广东省政府信息公开目录，http：//zwgk. gd. gov. cn/006940167/201801/t20180131_ 750877. html. 访问时间：2018 年 2 月 19 日.

[82] 广东省司法厅. 公证工作统计数据（2016 年度）. 载广东省政府信息公开目录，http：//zwgk. gd. gov. cn/006940167/201701/t20170123_ 691212. html. 访问时间：2018 年 2 月 19 日.

[83] 广东省司法厅. 公证工作统计数据（2017 年度）. 载广东省政府信息公开目录，http：//zwgk. gd. gov. cn/006940167/201801/t20180129_ 750577. html. 访问时间：2018 年 2 月 19 日.

[84] 广东省依法治省工作领导小组办公室. 全省企业依法治理试点工作座谈会在广州召开［J］. 人民之声，2013（7）.

[85] 广东省依法治省工作领导小组办公室. 广东法治建设 30 年［M］. 广州：广东人民出版社 2008.

[86] 广东省志库·审判志. 载 http：//www. gd – info. gov. cn/books/dtree/showSJBookContent. jsp? bookId = 10701&partId = 200&artId = 48777. 访问时间：2018 年 2 月 10 日.

[87] 郭学敬，甘尚钊. 广州中院少年家事审判庭正式挂牌. 载 http：//www. sohu. com/a/122285558_394937. 访问时间：2018 年 2 月 10 日.

[88] 韩冰. 把思想建党和制度治党紧密结合起来［N］. 人民日报，2015 年 11 月 19 日.

［89］何家弘．司法公正论［J］．中国法学，1999（2）.

［90］胡洪彬．论执政党问责能力的系统配置与长效机制——对《中国共产党问责条例》的学理性支撑［J］．新疆社会科学，2016（4）.

［91］胡锦涛．坚定不移沿着中国特色社会主义道路前进 为全面建成小康社会而奋斗［N］．人民日报，2012年11月18日．

［92］胡谋．深圳宝安区探索中共党代表常任制强化责任［N］．人民日报，2009年12月21日．

［93］黄辉，凌曲刚，郑成桑，王景喜．广东：监督制度建设聚焦"一把手"［N］．中国纪检监察报，2010年9月7日．

［94］黄丽娜．广东法院或将设立专门的环境资源审判机构．载http://news.southcn.com/g/2015-08/01/content_129741572.htm．访问时间：2018年2月10日．

［95］黄龙云．广东地方立法实践与探索［M］．广州：广东人民出版社，2017.

［96］黄少宏．劳动仲裁裁决书 将"晒上网"［N］．南方日报，2017年7月24日．

［97］黄祖健．全面推动落实"谁执法谁普法"责任制［J］．南方日报，2017年12月15日．

［98］江必新，王红霞．法治社会建设论纲［J］．北京：中国社会科学，2014（1）.

［99］江必新．法治政府的制度逻辑与理性构建［M］．北京：中国法制出版社，2014.

［100］姜明安．行政法与行政诉讼法（第二版）［C］．北京：北京大学出版社、高等教育出版社，2005.

［101］姜伟．全面深化改革与全面推进依法治国关系论纲［J］．中国法学，2014（6）.

［102］蒋斌，梁桂全．敢为人先：广东改革开放30年研究总论［C］．广州：广东人民出版社，2008.

［103］金选．广州设立全省首个以律师个人命名的调解工作室．载南方网，http://news.southcn.com/gd/content/2017-10/13/content_178265438.htm．访问时间：2018年2月21日．

［104］李春晓．广东交通运输综合行政执法大检阅［N］．中国交通报，2015年2月2日．

［105］李海明，居燕芳．广东省商事登记制度改革调查研究．载：http：//www.saic.gov.cn/zt/sszdgg/ztzw/201607/t20160708_167700.html.访问时间：2018年3月1日．

［106］李林，田禾．中国地方法治发展报告［C］．北京：社会科学文献出版社，2015.

［107］李林．建设法治社会应推进全民守法［J］．法学杂志，2017（8）．

［108］李林．以十九大精神引领法治社会建设新征程［J］．法治社会，2018（2）．

［109］李龙．法理学［M］．武汉：武汉大学出版社，2011.

［110］李强．广东将涉民生重大事项纳入决策听证　审批全程监督［N］．南方日报，2014年10月20日．

［111］李锐忠，张丽娥．党的十八大以来广东法治建设砥砺奋进成效显著［N］．民主与法制时报，2017年10月12日．

［112］李若兰．全民守法筑牢法治社会根基［N］．学习时报，2018年3月26日．

［113］李舒瑜．我市出台全国首部人大主导立法的专门文件，建立人大主导多方参与立法新机制［N］．深圳特区报，2014年9月25日．

［114］李源．把握全面从严治党的新内涵新要求［N］．人民日报，2016年1月18日．

［115］梁文悦．粤公共法律服务实现全覆盖［N］．南方日报，2016年5月8日．

［116］林莉红．失当行政行为救济研究［C］．武汉：武汉大学出版社，2016.

［117］林依标．由思集：土地管理研究与实践［M］．福州：福建人民出版社，2013.

［118］刘冠南．广州首批1069名员额法官集体宣誓　近4成是硕士学历．载http：//news.southcn.com/gd/content/2016-09/30/content_156796957.htm.访问时间：2018年2月10日．

［119］刘国权．公正司法在法治中国建设中的地位和作用．载http：//blog.sina.com.cn/s/blog_87f81c090102uxc7.html.访问时间：2018年2月10日．

［120］刘恒，等．走向法治——广东法制建设30年［M］．广州：广东人民出版社，2008.

［121］刘红霞，辛均庆．预算联网：守护"国家账本"［N］．人民政坛，2018年1月5日．

［122］刘进．广东首批舆情引导秀案例出炉［N］．南方日报，2014年4

月19日.

［123］刘竞宇. 广东省首届国家机关"谁执法谁普法"履职报告评议会在穗召开. 载南方网 http：//news. southcn. com/gd/content/2017 – 12/22/content_179828467. htm. 访问时间：2018年1月24日.

［124］刘倩. 广东商事制度改革成效显著 多证合一群众办事少跑腿. 载 http：//news. southcn. com/gd/content/2017 – 08/28/content_176823286. htm. 访问时间：2018年3月1日.

［125］刘珊. 行政执法体制改革广东样本［J］. 瞭望新闻周刊，2014（46）.

［126］刘远忠，陈育柱. 习近平总书记对广东工作作出重要批示［N］. 南方日报，2017年4月12日.

［127］刘子阳. 孟建柱. 推动人民调解工作更好地服务群众［N］. 法制日报，2017年6月28日.

［128］罗艾桦，贺林平. 十项措施强化监督"一把手"［N］. 人民日报，2017年3月22日.

［129］罗海. 广东推进律师参与化解和代理涉诉信访案［N］. 人民法院报，2016年3月20日.

［130］罗豪才. 为了权利与权力的平衡 法治中国建设与软法之治［M］. 北京：五洲传播出版社，2016.

［131］罗先泽，等. 社会主义法治文化建设研究［C］. 北京：中国政法大学出版社，2016.

［132］罗有远. 对问责情形逐条进行细化［N］. 中国纪检监察报，2017年2月6日.

［133］罗有远. 广东巡视利剑发威 近四成被查省管干部线索来源于巡视［N］. 中国纪检监察报，2016年12月14日.

［134］马菁璟. 省法制办大力推进"阳光复议"工作. 载南方网，http：//news. southcn. com/gdnews/yfzsxlbd/gcxm/zddc/content/2012 – 12/19/content_60443465. htm. 访问时间：2018年2月19日.

［135］马克思. 哥达纲领批判［C］//杨琦，等. 马克思恩格斯名言集锦. 西安：陕西人民出版社，1991.

［136］马克思恩格斯全集（第1卷）［M］. 北京：北京人民出版社，1972.

［137］马克思恩格斯全集（第34卷）［M］. 北京：人民出版社，1972.

［138］莫纪宏."全面推进依法治国"笔谈之一 全民守法与法治社会建设［J］. 改革，2014（9）.

[139] 莫纪宏．法治中国与制度建设［M］．北京：方志出版社，2016．

[140] 欧志雄．广东省第一届人民调解员调解技能大赛圆满结束［J］．人民调解，2015（2）．

[141] 彭道伦，等．新常态下的法治国家建设研究［C］．北京：红旗出版社，2016．

[142] 彭澎．广东大部制改革：比较与思考［J］．探索，2010（2）．

[143] 彭新林，高佳元．在法治实践中培育法治信仰．载 http：//www.qstheory.cn/zhuanqu/bkjx/2017 – 08/09/c_1121457295.htm．访问时间：2018 年 2 月 10 日．

[144] 彭真．在首部新闻界人士座谈会上的讲话［N］．人民日报，1984 年 4 月 8 日．

[145] 彭志强，汤云佩．法治广东行：东莞市企业法治文化建设气氛浓厚．载南方网，http：//law.southcn.com/c/2017 – 06/30/content_173519015.htm．访问时间：2018 年 2 月 18 日．

[146] 彭志强，汤云佩．法治广东行：记者深入企业 探访法治文化建设成果．载南方网，http：//law.southcn.com/c/2017 – 11/15/content_178837769.htm．访问时间：2018 年 2 月 18 日．

[147] 齐卫平．依法治国依赖有效监督［N］．文汇报，2014 年 12 月 1 日．

[148] 祁雷，邱伟平．广东普法求真务实推进法治进程［N］．南方日报，2015 年 12 月 4 日．

[149] 祁雷．连续四年保持刑事发案数下降［N］．南方日报，2018 年 2 月 6 日．

[150] 祁雷，等．扎实推进新时代广东全面依法治省工作［N］．南方日报，2017 年 10 月 29 日．

[151] 青锋．抓规范执法，促经济发展［J］．政府法制研究，2006（4）．

[152] 丘海．深圳充分发挥人大在立法中的主导作用［J］．广东人大信息，2015（8）．

[153] 秋石．"打铁还需自身硬"——学习习近平总书记关于全面从严治党的重要论述［J］．求是，2015（5）．

[154] 全国政协文史和学习委员会．十四个沿海城市开放纪实·广州卷［C］．北京：中国文史出版社，2015．

[155] 任琦．管住"一把手"的权力［N］．深圳特区报，2013 年 4 月 27 日．

[156] 尚黎阳．广东成立全国首个高院破产审判庭［N］．南方都市报，

2016年8月9日．

［157］尚黎阳．广州试点公证参与法院司法辅助事务［N］．南方日报，2018年1月24日．

［158］沈国民．论依法治国、依法执政、依规治党的关系［J］．东方法学，2017（4）．

［159］沈家本．历代刑法考［M］．北京：中华书局，1985．

［160］盛若蔚．中央党内法规制度完成全面"体检"［N］．人民日报，2014年11月18日．

［161］石静莹．广东反腐压倒性态势已形成［N］．南方，2017年2月23日．

［162］石佑启，潘高峰，朱最新．中国地方立法蓝皮书：中国地方立法发展报告（2016）［C］．广州：广东教育出版社，2017．

［163］石佑启．地方立法原则析论［C］//石佑启、朱最新．软法治理、地方立法与行政法治研究．广州：广东教育出版社，2016．

［164］舒天戈，孙乃龙．领导形象塑造：赢得好口碑的方法与艺术［M］．成都：四川大学出版社，2016．

［165］宋大涵．建设法治政府总蓝图，深度解读《法治政府建设实施纲要（2015—2020年）》［C］．北京：中国法制出版社，2016．

［166］唐亚林，刘伟．权责清单制度：建构现代政府的中国方案［J］．学术界，2016（12）．

［167］田禾．广东经验：法治政府建设［C］．北京：社会科学文献出版社，2014．

［168］汪永清．推进多层次多领域依法治理［N］．人民日报，2014年12月11日．

［169］王更辉，张兴劲，等．敢于监督善于监督的实践者［N］．南方日报，2014年11月27日．

［170］王荣．中国人民政治协商会议第十一届广东省委员会常务委员会工作报告［N］．南方日报，2017年2月6日．

［171］王若磊．依规治党与依法治国的关系［J］．法学研究，2016（6）．

［172］王珊珊．不断提升刑事案件庭审实质化水平——广州中院深入开展"三项规程"改革试点工作［N］．人民法院报，2017年8月10日．

［173］王永．揭秘仲裁效能提升背后的"要素"——广东省深圳市劳动人事争议仲裁院要素式办案改革纪实［N］．中国劳动保障报，2016年4月22日．

［174］魏徽徽．广东成立法律援助基金会［N］．信息时报，2017年12

月26日.

[175] 魏徽徽.广东省首届国家机关普法履职报告评议会召开[N].信息时报,2017年12月24日.

[176] 魏丽娜."2017广州法治化营商环境论坛"举行[N].广州日报,2017年11月22日.

[177] 吴邦国.形成中国特色社会主义法律体系的重大意义和基本经验[J].求是,2011(3).

[178] 吴冰,赖伟行.广东省开通行政审批电子监察系统[N].人民日报,2007年4月2日.

[179] 吴珂.打造广东中立 法律服务社品牌[N].南方日报,2017年10月24日.

[180] 吴珂.广州法治化营商环境建设 获专家点赞[N].南方日报,2017年11月22日.

[181] 吴明场.强化行政执法监督,促进政府依法行政[C]//广州市法学会.法治论坛.北京:中国法制出版社,2011.

[182] 伍劲松.我国行政监察制度之缺失与完善[J].学术论坛,2001(6).

[183] 习近平.加快建设社会主义法治国家[J].求是,2015(1).

[184] 习近平.坚持依法治国和以德治国相结合.载新华社 http://www.xinhuanet.com/politics/2016-12/10/c_1120093133.htm.访问时间:2018年3月2日.

[185] 习近平.决胜全面建成小康社会 夺取新时代中国特色社会主义伟大胜利[N].人民日报,2017年10月19日.

[186] 夏志强,闫星宇.完善基本公共法律服务体系的五大着力点[N].光明日报,2015年11月4日.

[187] 肖海棠.关于知识产权审理模式的探析与思考——以广东知识产权审判为视角[J].电子知识产权,2006(10).

[188] 肖培.健全党和国家监督体系[N].人民日报,2018年1月16日.

[189] 肖扬.共和国第一个反贪局[J].党风与廉政,1994(3).

[190] 谢非.加强法制建设 坚持以法治省[J].人民之声,1995(2).

[191] 谢思佳,符信.今年7月底基本完成省市县机构改革[N].广州日报,2014年2月26日.

[192] 辛钧庆."民告官"或将实现独立裁决 粤行政复议申请全国第一[N].南方日报,2013年9月7日.

[193] 辛钧庆. 八成以上行政纠纷在复议环节化解［N］. 南方日报，2013年9月11日.

[194] 辛钧庆. 全面依法治省上新水平 法治广东建设走在前列［N］. 南方日报，2017年5月20日.

[195] 熊红斌，王嘉新. 以"四级同创"为契机推进法治示范街道建设［N］. 检察日报，2017年12月28日.

[196] 徐汉明，张新平. 提高社会治理法治化水平［N］. 人民日报，2015年11月23日.

[197] 许耀桐. 党内法规制度建设与全面从严治党［J］. 人民论坛，2017（11）.

[198] 严俊伟. 广东法治精神深植民心［N］. 深圳特区报，2017年9月11日.

[199] 严丽梅. 广东审计改革试点取得四大成效 建立领导干部管理新模式. 载http：//news.ycwb.com/2017-05/10/content_24797947.htm. 访问日期：2018年3月13日.

[200] 颜晓峰. 建设法治中国［M］. 北京：社会科学文献出版社，2015.

[201] 杨嘉嘉. 深圳公证处在线申办平台上线 四项公证事项可网上申办［N］. 晶报，2015年5月28日.

[202] 杨天宗. 处理好依法治国与依规治党的关系［J］. 求是，2015（11）.

[203] 杨小军. 国法与党规关系［J］. 法学杂志，2017（8）.

[204] 杨洋，魏丽娜. 省十三届人大常委会第一次会议召开在即 回望省十二届人大常委会5年成绩亮眼［N］. 广州日报，2018年1月24日.

[205] 叶前. 广东：法治化营商环境成核心竞争力. 载新华网，http：//www.xinhuanet.com/mrdx/2015-12/18/c_134928532.htm. 访问时间：2018年2月16日.

[206] 袁睿. 论实现广东省审计监督全覆盖的路径［J］. 审计与理财，2017（1）.

[207] 岳宗. 努力成为发展中国特色社会主义的排头兵 深化改革开放的先行地 探索科学发展的试验区［N］. 南方日报，2012年12月14日.

[208] 张力. 发扬党内民主是党的建设关键环节［N］. 中国教育报，2016年12月8日.

[209] 张丽娥，杨斯萍. 广东省揭阳市以"四级同创"为抓手构建法治

大格局[N].民主与法制时报,2017年11月5日.

[210] 张鸣起.论一体建设法治社会[J].中国法学,2016(4).

[211] 张维,邓秉文,叶玉强.惠州仲裁委开展全国仲裁"两化"试点工作成果丰硕[N].法制日报,2015年11月13日.

[212] 张玮.自贸区金融仲裁中心成立[N].南方日报,2015年9月21日.

[213] 张尉心.深圳龙岗横岗街道推行信访调解司法确认制 破解瓶颈促和谐[N].深圳特区报,2014年9月3日.

[214] 张文显.治国理政的法治理念和法治思维[J].中国社会科学,2017(4).

[215] 张晓燕.充分认识党内法规制定规范化的意义[N].人民日报,2013年7月5日.

[216] 张永桃,包玉娥.略论实现"大社会、小政府"的条件[C]//国家机构编制委员会办公室.中国政府机构1991年[M].北京:中国人事出版社,1991.

[217] 张正德、况由志.依法行政的理念与实践冲突研究[M].重庆:重庆出版社,2004.

[218] 章宁旦.广东"12348"公共法律服务网络平台上线试运行.载法制网,http://www.legaldaily.com.cn/locality/content/2016-05/10/content_6620360.htm.访问时间:2018年2月19日.

[219] 章宁旦.广东高院六大举措提高商事合同纠纷司法效率.载法制网,http://www.legaldaily.com.cn/index/content/2012-11/07/content_3968011.htm?node=20908.访问时间:2018年2月13日.

[220] 章宁旦.广东构建"农村一小时、城市半小时"法援服务圈 把实惠送到群众家门口[N].法制日报,2017年7月17日.

[221] 章宁旦.广东行政案件集中管辖完成布局.载http://www.legaldaily.com.cn/Court/content/2015-11/10/content_6347665.htm?node=53949.访问时间:2018年2月10日.

[222] 章宁旦.广东检察打造全国首个侦查监督平台 8个月发现问题案件2719件.载http://www.spp.gov.cn/dfjcdt/201610/t20161014_169504.shtml.访问时间:2018年2月10日.

[223] 章宁旦.广东首创公益律师参与化解涉诉信访案件:律师年接访492起案件65%息访[N].法制日报,2016年9月12日.

[224] 章宁旦.为公益诉讼改革提供广东经验.载http://www.legaldai-

ly. com. cn/index/content/2016 - 11/29/content_ 6895351. htm？ node = 20908. 访问时间：2018 年 2 月 10 日．

［225］赵琦玉．广东青少年普法创多个第一　首创法制副校长制度［N］．南方日报，2014 年 11 月 9 日．

［226］赵杨．刑事案件连续三年大幅下降［N］．南方日报，2017 年 2 月 9 日．

［227］赵杨．粤年法律援助经费达 8566 万［N］．南方日报，2011 年 12 月 21 日．

［228］中共中央办公厅，国务院办公厅．关于实行国家机关"谁执法谁普法"普法责任制的意见．载新华网，http：//www. xinhuanet. com/politics/2017 - 05/17/c_129606579. htm. 访问时间：2018 年 1 月 26 日．

［229］中共中央文献研究室．习近平关于全面依法治国论述摘编［C］．北京：中央文献出版社，2015.

［230］中共中央组织部干部教育局，等．领导干部法治读本［C］．北京：党建读物出版社，2016.

［231］中国社会科学院法学研究所法治国情调研组．广东人大监督的实践与创新［C］//李林，等．中国法治发展报告 No. 11（2013）．北京：社会科学文献出版社，2013.

［232］周斌．大力推进法治社会建设［N］．法制日报，2014 年 4 月 28 日．

［233］周桂清．"医调委" + "调解委"东莞创新第三方人民调解工作模式［N］．东莞日报，2017 年 2 月 15 日．

［234］周锦尉．先进性是党的生命所系力量所在［N］．人民网，2006 年 7 月 13 日．

［235］周叶中．关于中国共产党党内法规建设的思考［J］．法学论坛，2011（4）．

［236］周叶中．关于中国共产党党内法规体系化的思考［J］．武汉大学学报（哲学社会科学版），2017（5）．

［237］周义程．全面从严治党内含制度逻辑［N］．中国社会科学报，2016 年 3 月 11 日．

［238］周颖．广东中立法律服务社免费提供法律服务．载新华网，http：//www. gd. xinhuanet. com/newscenter/2017 - 03/19/c_1120654478. htm. 访问时间：2018 年 2 月 18 日．

［239］周志坤．为实现"三个定位、两个率先"而奋斗［N］．南方日报，2013 年 12 月 4 日．

[240] 朱森林．朱森林访谈录［M］．北京：红旗出版社，2011．

[241] 朱香山，张立．广东：267名扶贫开发廉政监督员上岗．载http：//www.spp.gov.cn/dfjcdt/201608/t20160823_164398.shtml．访问时间：2018年2月10日．

[242] 朱最新，刘云甫．现代政府理念与《行政许可法》的实施［J］．行政与法，2005（6）．

[243] 邹从清．论提高党内法规的执行力［J］．山东社会科学，2016（12）．

[244] 邹铭．着力建设高素质专业化干部队伍［J］．求是，2018（2）．

后　记

　　1978年，古老的东方巨龙再次觉醒，迈向一条强国富民的改革开放之路。40年的筚路蓝缕造就了今日中国之繁荣昌盛，让中国融入世界大舞台，也让世界重新认识中国。这40年的改革开放历程，是中国共产党带领全国人民从"法制"到"法治"、从"依法治国"到"全面依法治国"的治国理政方式的伟大探索。改革开放的实践证明，要实现经济发展、政治清明、文化昌盛、社会公正、生态良好，必须发挥法治的引领、推动、规范和保障作用。广东取天时地利之势，领改革开放风气之先，40年的全面推进依法治省创造了法治建设的"广东模式"。以史为鉴，《广东全面推进依法治省40年》即是对广东法治建设40年实践进行的回顾、反思与展望。

　　本书由广东外语外贸大学石佑启教授等著。参与本书撰写的作者有：石佑启、杨治坤、刘诚、朱最新、黄喆、戴激涛、谈萧、李福林。全书由石佑启和杨治坤负责统稿、定稿。

　　本书按照"总—分"的结构展开。前言部分梳理了广东全面推进依法治省40年的历史进程和伟大成就，然后从地方立法、依法行政、司法改革、法治社会建设、权力监督、依规治党等具体领域进行阐述。每章原则上按照"主要做法——伟大成就——经验规律"的逻辑行文，既全面梳理了广东推进依法治省40年的历史轨迹，又系统呈现出40年来法治广东建设翻天覆地的变化，还试图揭示广东依法治省背后的深层机理，为广东进一步推进依法治省的体制机制创新与制度安排提出初步建议。当然，由于撰写人员的水平及时间有限，难免存在问题和纰漏，恳请读者批评指正。

　　在本书撰写过程中，得到了广东省人大常委会、广东省委宣传部、广东省社会科学院、广东省高级人民法院和广东省人民检察院，以及其他相关部门在资料搜集上给予的大力支持和帮助。特别感谢省人大常委会王波秘书长、广东省委宣传部理论处丁晋清处长对书稿提出的宝贵建议，感谢中山大学出版社工作人员的辛勤劳动！

著者
2018 年 9 月 30 日